集人文社科之思 刊专业学术之声

集 刊 名：民商法论丛
主办单位：中国社会科学院法学研究所民法研究室
主　　编：梁慧星
副 主 编：朱广新

CIVIL AND COMMERCIAL LAW REVIEW

编辑部
主　任：朱广新
副主任：刘骁军
成　员（按姓氏拼音顺序）：
蔡　睿　刘靖悦　姚　敏　易　卉

第73卷

集刊序列号：PIJ-2018-287
中国集刊网：www.jikan.com.cn
集刊投约稿平台：www.iedol.cn

中文社会科学引文索引（CSSCI）来源集刊

民商法论丛
第73卷

Civil and Commercial Law Review
Vol.73

梁慧星　主　编
朱广新　副主编

社会科学文献出版社
SOCIAL SCIENCES ACADEMIC PRESS (CHINA)

目录

专题研究

003 论习惯与任意性规定的民法法源顺位
——以合同漏洞填补为视角 / 张尚斌

027 代位权诉讼和债权执行二元模式论
——兼论《民法典》第537条第2句之适用 / 羊芙蓉

052 安宁疗护的正当性及实施条件 / 汪志刚 陈传勇

078 论董事勤勉义务的判断标准与判断前提 / 李依怡

100 论信托受托人谨慎投资义务的判断标准 / 曹亚君

129 我国央行数字货币法律内涵与属性探析 / 周 煜

154 第三人侵害债权研究 / 吴博宇 孙舜新

202 艺术品与艺术作品之辨析 / 金荣婧

法条评释

219 《民法典》中监护责任的解释论 / 朱正远

233 交互侵夺规则的解释论反思与重塑
——以《民法典》第462条为对象 / 雷秋玉

262 论定作人的监督权
——《民法典》第779条的解释论 / 张博宬

目 录

域外法

287 论英国合同法中"事实上的默示条款" / 王隶沛

303 日本法上的保险冷静期制度及启示 / 陈昊泽

译 文

329 论民族主义对公司法的形塑 /
〔巴西〕玛丽安娜·帕根德勒 著　薛前强　骆广兴 译

专题研究

论习惯与任意性规定的民法法源顺位
——以合同漏洞填补为视角

张尚斌[*]

内容提要：原《民法总则》和《民法典》未区分任意性规定和强制性规定，设立了法律优先于习惯的法源顺位。任意性规定与公共秩序无涉，其在法源顺位安排上优先于习惯并无充分依据。任意性规定适用于合同漏洞填补，合同漏洞填补应属法源规范的调整范畴。法源规范为分权原则的私法表达，其要求产生于社会的习惯作为独立的法源。任意性规定受限于其国家法和制定法属性的弊端，并非总能实现其理想功能。习惯优先于任意性规定，有利于克服其局限性、实现法的安定性和正义性的平衡，维护私法自治。在合同漏洞填补中，习惯应当优先于任意性规定适用。

关键词：习惯　任意性规定　法源　分权原则　合同漏洞填补

一　问题的提出：合同漏洞填补视角的引入

原《中华人民共和国民法总则》（以下简称"原《民法总则》"）第10条规定："处理民事纠纷，应当依照法律；法律没有规定的，可以适用习惯，但是不得违背公序良俗。"《中华人民共和国民法典》（以下简称"《民法典》"）第10条延续了"法律优先于习惯"的法源

---

[*] 张尚斌，北京大学法学院民商法博士研究生。

顺位。① 法律规定分为强制性规定和任意性规定，强制性规定涉及公共秩序，优先于习惯适用无可争议；而任意性规定与公共秩序无涉，本就允许当事人做相反约定，是否也应当优先于习惯适用？

如要讨论习惯与任意性规定的顺位问题，首先必须明确任意性规定的适用情形。任意性规定有解释性和补充性之分，前者为详细说明当事人所期待的和所表示的法律效果，以消除意思表示中不清楚或不精确内容；后者仅在交易各方当事人对其所涉事项未做安排时，方发挥替代性安排的职能。② 前者附从于当事人意思，系法律给出的当事人虽具意思表示但含混不清的解释方法，后者系在当事人并不存在有效约定时，填补当事人法律行为的漏洞。因此解释性任意性规定不属于独立意义上的法源，起决定性作用的是当事人的意思，故本文仅讨论补充性的任意性规定，如无特别说明，本文任意性规定特指补充性的任意性规定。

任意性规定只有在当事人未另作表示或所涉内容因故无效时方得适用。③ 这一情形又可依法律行为的种类进行区分：一是单方法律行为的意

---

① 学理上有关《民法总则》第10条和《民法典》第10条所指称的习惯，究竟为习惯法还是"事实上习惯"，争议颇多，大致可归纳为：习惯法说、事实上习惯说、区分无用说和广义上习惯说。上述学说的资料分别对应参见陈圣利《格式条款遁入习惯法源之危机思考——从"31日不计息"规则说起》，《河南财经政法大学学报》2018年第4期；黄茂荣《民法总则基本规定概论》，《法治研究》2018年第1期；孟强《民法总则中习惯法源的概念厘清与适用原则》，《广东社会科学》2018年第1期；张谷《从民商关系角度谈〈民法总则〉的理解与适用》，《中国应用法学》2017年第4期。但根据全国人大法工委的立法释义，此处习惯是指在一定地域、行业范围内长期为一般人确信普遍遵守的民间习惯或商业惯例，最高人民法院民法典贯彻实施工作领导小组主编的"理解与适用"则认为，习惯是指在某区域范围内，基于长期的生活实践而为社会公众所知悉并普遍遵守的生活和交易习惯。其含义清楚明确、要件完备，因此性质认定不具特别意义。参见李适时主编《中华人民共和国民法总则释义》，法律出版社，2017，第35页；最高人民法院民法典贯彻实施工作领导小组主编《中华人民共和国民法典总则编理解与适用》（上册），人民法院出版社，2020，第86页。

② 参见王轶《民法典的规范类型及其配置关系》，《清华法学》2014年第6期；参见朱广新《合同法总则研究》（上册），中国人民大学出版社，2018，第4页；参见〔日〕我妻荣《我妻荣民法讲义Ⅰ新订民法总则》，于敏译，中国法制出版社，2008，第239页。

③ 例如格式条款导致部分无效的情形，贺栩栩博士指出，此种情形"应首先确定'推定的当事人意思'，若难以确定，则应斟酌交易习惯，依诚实信用原则解释。（《合同法》第61条）仍无法确定条款内容，存在合同漏洞的情况下，才考虑适用漏洞填补规则"。参见贺栩栩《〈合同法〉第40条后段（格式条款效力审查）评注》，《法学家》2018年第6期。

思填补；二是双方法律行为的合同漏洞填补。与合同相比，单方法律行为其意思表示内容通常较为单一和确定，如抛弃、解除、撤销等，① 其解释的唯一目的是确定是否具有抛弃、解除或撤销的意思表示，如不能得出该项意思，则意思表示不成立。而合同内容众多，涉及整个交易的安排，不免有所遗漏。因此，本文选取合同漏洞填补为视角，论证任意性规定与习惯的法源顺位关系。

二　前置问题：习惯在合同漏洞填补中的地位

习惯与任意性规定的法源顺位研究存在一个前置问题：习惯在合同漏洞填补中的地位如何。我国学者在合同漏洞填补的语境下论及习惯时，多采德国法观点，将习惯作为补充性解释的考量因素之一，即法官以当事人假定的意思填补合同漏洞。② 习惯不被视为独立的法源，仅为补充性解释参考的资料之一。③ 法官的合同漏洞填补行为在性质认定上存在互斥的两种可能：其一，法官在当事人意思缺失的情况下依照法源规定适用法律；其二，法官适用任意性规定或以意思表示补充性解释填补当事人意思。前者法官在填补当事人意思时必须受到法源规定的限制，而后者则或受任意性规定的调整，或受意思表示解释规则调整。合同漏洞填补行为的性质认定将决定习惯在合同漏洞填补中的地位是仅作为参考资料还是作为独立于补充性解释的法源。

---

① 笔者唯一想到的可能例外是悬赏广告，存在其表示的内容确有遗漏，需要填补的可能。但悬赏广告本身性质存在究为单方法律行为还是合同的争议。相关争议参见刘宏渭、杨雨潇《悬赏广告的法律性质分析》，《西南政法大学学报》2016年第3期。
② 在立法论或解释论上采此说者，参见崔建远《意思表示的解释规则论》，《法学家》2016年第5期；郝丽燕《意思表示的解释方法》，《北方法学》2015年第5期；冉克平《论私法上的合意及其判定》，《现代法学》2014年第5期；周玉辉《论意思表示的解释规则——〈民法总则〉第142条释评》，《山东审判》2017年第5期。
③ 参见殷秋实《无效行为转换与法律行为解释——兼论转换制度的必要性与正当性》，《法学》2018年第2期；耿林《中国民法典中法律行为解释规则的构建》，《云南社会科学》2018年第1期；朱晓喆《意思表示的解释标准——〈民法总则〉第142条评释》，《法治研究》2017年第3期。

(一) 法源规定：分权原则的私法表达

法源规定包括两项内容：法源种类和法源顺位。法源种类例如制定法、习惯、法官法等，每种法源背后必有一创设主体，诸如制定法的背后为立法权，习惯背后则为与国家相对的社会，法官法背后则为司法权。法源顺位则要求法官必须按照立法者确立的顺序寻找法律。陈自强教授指出，法源论意义及法源概念的实际功能即在宪法要求下应依法解决民事纷争者如何发现纷争解决的实体法规范问题。[1]

如何理解这一"宪法性的要求"？法的获取问题属于方法论问题，方法论问题最终涉及法治国家权力分立问题。[2] 以《瑞士民法典》第1条第2款这一经典的法源规定为例，其昭示了合法性原则，此原则是分权原则的体现。[3] "宪法性要求"体现为分权原则的要求，其旨在让执掌国家权力的各部门之间相互监督、彼此牵制，以保障公民权利不受侵害。[4] 根据分权原则，司法权并无创设法之职能。若其与立法权合二为一，则将对公民的生命和自由施行专断。[5] 理想状态下，法官应仅是呆板的法律代言人。[6] 因此，即使现代国家具有司法权与行政权、立法权的界限日渐模糊的趋势，司法权和立法权仍存在区别，授权法院创制规范，尤其是适用于个案的事后规范必须十分慎重。因此，对法官进行法律续造的活动要存有一定的法律上的限制，法源规定就属于其中之一。[7]

---

[1] 参见陈自强《联合国商事契约通则在契约法中之地位》，《台大法学论丛》2010年第4期。

[2] 参见〔德〕伯恩·魏德士《法理学》，丁晓春、吴越译，法律出版社，2013，第279~282页。

[3] 参见〔瑞〕贝蒂娜·许莉曼-高朴、〔瑞〕耶尔格·施密特《瑞士民法：基本原则与人法》，纪海龙译，中国政法大学出版社，2015，第40页。

[4] 参见王月明《宪法学基本问题》，法律出版社，2006，第54页；参见焦洪昌主编《宪法学》，北京大学出版社，2013，第37页。

[5] 参见〔法〕孟德斯鸠《论法的精神》，张雁深译，商务印书馆，1961，第156页。

[6] 参见〔法〕孟德斯鸠《论法的精神》，张雁深译，商务印书馆，1961，第163页。

[7] 这种限制也表现在单一法源的确定上，例如法律解释是否也要存在一定优位规则？由于本文讨论的是法源种类之间的顺位问题，故不再赘述。相关讨论可参见吴从周《台湾地区民法方法论之发展现状》，《师大法学》2017年第1辑。

用分权原则的视角审视民事法源时,不仅须考虑形式上的分权,还要引入权力分立与制衡的目的:保障公民基本权利不受侵犯。从权力分立制衡与基本权利保护的角度出发,分权原则规制的对象除行政权和司法权外,还包括立法权。在民法法源规定设置之时,立法机关除考虑司法机关权力滥用的可能,还须考虑自身制定的法律在可预期的范围内是否合乎保护公民基本权利的目标。因此分权原则转化为民法规范时将有所改变。宪法上(横向)分权原则的出发点是立法、行政与司法三权应当如何进行职能上的划分,而民法法源规定要解决的则是民法规范的来源问题,除制定规范的权力在三权(或两权,将行政权和立法权合一①)之间如何分配这一"他律"的要求,还须基于保护基本权利的价值进行"自律"。立法权可能在一些情况下自废武功,允许社会上的某些规则进入法源领域,最典型的如习惯。②

综上,法源规定即分权原则的私法表达,其解决的是个案③当中的民事立法权在当事人、社会、立法机关、司法机关之间分配的问题。将这一公法表述投射到民事领域,即变成了在民事案件中当事人约定、习惯、法律、法官补充性解释的法源适用顺位问题。尽管法源规范将国家公权力与社会所产生的规范区分对待,但不意味着各主体相互之间没有影响。以习惯为例,国家公权力在习惯的形成方面具有重要作用。典型如存量房买卖的网签制度④与受政策影响下某些地方习惯法的形成。⑤

---

① 在私法领域,行政法规和法律常处于同一位置,故立法和行政可归为一方,均独立于司法。相关条文例示如下:原《民法总则》第 58 条、第 68 条第 2 款、第 70 条第 2 款、第 85 条、第 143 条第(三)项等。
② 其他如《意大利民法典》所确立之组合规范,《意大利民法典》第 5 条规定:"组合秩序、团体的经济协定、劳动团体的契约及关于团体争议的劳动法院的判决,为组合规范。"
③ 之所以进行这一表述,是因为习惯、法官对法的续造仅有可能发生于个案,法律虽是针对全民一体设定,但本案讨论的是诸法源在个案中的冲突,应当以谁为主的问题。至于在规范层面,立法权如何由立法、行政、司法三家分享,不同"法律"冲突如何处理,《宪法》和《立法法》已经有了明确规定,无须民法中的法源规定进行解释。
④ 参见常鹏翱《存量房买卖网签的法律效力》,《当代法学》2017 年第 1 期。
⑤ 参见广东省东莞市第三人民法院(2018)粤 1973 民初 7681 号民事判决书,"大美商标织造有限公司与东莞市腾进精密金属科技有限公司、深圳市三合通发精密五金制品有限公司无因管理纠纷案"。当地政府、法院等综合治理部门形成了房东在工厂倒闭(企业非正常停止经营)时垫付工人工资以及保管财产的保安人员费用的习惯。

（二）合同漏洞填补：法源规范在当事人意思缺失下的适用

合同漏洞（Vertragslücke），通常是指在履行过程常会发生关于某种事项，依其合同规范计划应规定而未规定的情形。① 理解合同漏洞，应注意以下两点。其一，对合同未约定事项任意性规定已提供补充方案者，仍为合同漏洞。尽管任意性规定和合同补充性解释存在差异，但在合同漏洞填补这一功能上，二者是等值的。② 其二，合同漏洞的填补应置于民事诉讼或仲裁情形下理解，排除履行无争议以及当事人协议补充的情形。如合同正常履行则无须解释合同，③ 若无争议即使存在漏洞也无填补之必要。

传统理论上填补合同漏洞有两种方式：其一，适用任意性规定，任意性规定属于制定法，适用任意性规定自然应受法源规定调整；其二，对合同（意思表示）进行补充性解释。④ 前者乃法律规范的适用，不属于解释问题。⑤ 而后者虽与狭义的解释（或简单解释）不同，但仍属解释的范畴，解释对象是合同整体并补充个别事项。⑥ 补充性解释的任务是探求当事人假设的意思，即若当事人考虑到这一问题将会如何进行约定。⑦ 德国及我国台湾地区理论均认为，"假设的当事人意思"是一种规范性的判断标准，法官应当考虑当事人的意思、交易习惯以及诚实信用原则加以判断。德国联邦最高法院指出假设的当事人意思与当事人自治不存在直接的

---

① 参见王泽鉴《民法总则》，北京大学出版社，2009，第389页。
② 参见耿林《中国民法典中法律行为解释规则的构建》，《云南社会科学》2018年第1期。
③ See Kostritsky, J. P., "Interpretative Risk and Contract Interpretation: A Suggested Approach for Maximizing Value", 2 (2) *Elon. L. Rev.* 109, 118 (2011).
④ 美国法上现代的合同理论认为有两种漏洞填补的方式：任意性规定和强制性规定。强制性规定亦可以认为是合同漏洞填补。See Randy E. Barnett, *Contracts: Cases and Doctrine*, 3rd edition, New York, Aspen Publishers, 2003, p. 403.
⑤ 参见韩世远《民事法律行为解释的立法问题》，《法学》2003年第12期。
⑥ 参见王泽鉴《债法原理》，北京大学出版社，2013，第224页。
⑦ 依据《德国民法典》第157条："若当事人考虑到了未想到的情况并且注意到了诚实信用原则和交易习惯，那么他们所希望的是什么。"参见〔德〕汉斯·布洛克斯、〔德〕沃尔夫·迪特里希·瓦尔克《德国民法总论》，张艳译、杨大可校，中国人民大学出版社，2012，第101页；美国法上的表述为："当事人若事先明确地注意到这一问题，将做何种约定？"See David Charny, "Hypothetical Bargains: the Normative Structure of Contract Interpretation", 89 *Mich. L. Rev.* 1815, 1816 (1991).

联系，其是在法院依据客观情形作利益权衡基础上得出的。① 我国台湾地区认为，假设的当事人意思并非双方当事人的真实想法，而是假设的意思。② 补充性解释的实质为法官以理想中假设的当事人意思之名，所做的意思表示之内容的确定。③ 故补充性解释属于法官自由裁量权的范畴。④

但补充性解释在分权原则上遭到了质疑，其可能导致意思自治被侵犯和司法权滥用。前者侧重对当事人意思自治的保护，后者侧重对法院自由裁量权行使的监督。就前者而言，法官对当事人如何构建法律行为进行最后的评判，其依据诚实信用原则确定某项内容的存在问题，但该意思可能与当事人可推测之意思早已风马牛不相及。⑤ 为预防这一风险，有学者剑指补充性解释本身，提出补充性解释这一概念具有误导性，因其根本不属于解释，而是纯粹的空白填补，系假解释之名行法官实施法律行为之实。基于私法自治原则，除《民法典》第510条等明文授权法官填补漏洞的情形外，不允许对法律行为的其他漏洞进行填补，否则将构成适用法律错误。⑥ 而就后者而言，法官被要求从当事人角度考虑并无有拘束力的规范制约，法官如何分清自己与抽象理性人的角色，取决于其对裁判理由的论证。因此，法官存在极大的滥用权力的风险，其可能凌驾于私法自治之上，成为当事人法律关系的实际决定者。⑦

为控制上述风险，须设定一个清晰的合同漏洞填补的位阶。大陆法系

---

① 参见《联邦最高法院民事裁判集》第 96 卷，第 313 页，第 320 页以下，转引自〔德〕迪特尔·梅迪库斯《德国民法总论》，邵建东译，法律出版社，2013，第 257~258 页。
② 参见王泽鉴《债法原理》，北京大学出版社，2013，第 224 页。
③ Vgl. Wolfgang Kalian, Zur Auslegung zivilrechtlicher Verträge, in: Koch (Hrsg.) Juristische Methodenlehre und analytische Philosophie, 1976, S. 271 (276 f.), 转引自吴从周《法律行为解释、契约解释与法律解释——以"民法"第 98 条之立法溯源与实务运用为中心》，《中研院法学期刊》2018 年第 23 期。
④ 参见朱晓喆《意思表示的解释标准——〈民法总则〉第 142 条评释》，《法治研究》2017 年第 3 期。
⑤ 参见〔德〕迪特尔·梅迪库斯《德国民法总论》，邵建东译，法律出版社，2013，第 258~259 页。
⑥ 参见李宇《民法总则要义：规范释论与判解集注》，法律出版社，2017，第 479 页。
⑦ 参见朱庆育《民法总论》，北京大学出版社，2016，第 232 页。

多采二阶理论,即任意性规定优先于合同补充性解释。① 英美法系则创设了多位阶的一套合同解释与补充的顺位:若合同的文义清楚而明白,则没有解释和补充的空间;在没有清晰而明白的文义或没有书面合同时,周围情况(surrounding circumstances)才允许成为相关的外在证据。再次,外在渊源(source)有顺位,依次是:履约过程(course of performance)、交易过程(course of dealing)、交易习惯(usage of trade)。若上述渊源都不能确定合同意思的话,则适用成文法或法官制定的补充性法律(legal supplementary rules)。最后,传统意义上的补充规则建立在当事人假定的意思之上,因此被称为"推定条款"(implied terms)。这些规则仅在前述渊源无法给出答案的情况下才能适用。② 该顺位要求:第一,合同解释与补充必须穷尽在先渊源方能检索在后渊源;第二,为防止解释的不一致性,后渊源与先渊源相抵触者,应当以在先渊源为准。③

我国大陆地区法上也为合同漏洞填补设定了顺位规则。原《合同法》第61条、第62条(同《民法典》第510条、第511条)创造了"交易习惯或合同有关条款—补充性的任意性规定"的二阶模式,第61条创设的合同补充性解释的方法包括两种:一种是体系解释的方法,另一种是交易习惯解释的方法。④ 体系解释方法的本质是当事人意思之延伸。有学者认为,原《合同法》第61条创设了与我国台湾地区相异、补充性解释优先于任意性规定的规则。⑤ 但第61条、第62条的调整范围过窄,列举有限且仅限于围绕合同给付义务履行的相关问题。立法释义将其适用范围限缩为质量、价款、履行地点、履行方式、履行期限、履行费用。⑥ 换言之,

---

① 参见〔德〕迪特尔·梅迪库斯《德国民法总论》,邵建东译,法律出版社,2013,第260页;〔德〕维尔纳·弗卢梅《法律行为论》,迟颖译,法律出版社,2013,第382页。
② See Ian Ayres, Gregory Klass, *Studies in Contract Law*, 8th edtion, New York, Foundation Press, 2012, pp.642-643.
③ See Eyal Zamir, "The Inverted Hierarchy of Contract Interpretation and Supplementation", 97 *Colum. L. Rev.* 1710, 1718 (1997).
④ 参见王洪亮《债法总论》,北京大学出版社,2016,第88页。
⑤ 参见冉克平《论私法上的合意及其判定》,《现代法学》2014年第5期。
⑥ 参见胡康生主编《中华人民共和国合同法释义》,法律出版社,1999,第110页;官方对《民法典》第510条、第511条的解读观点相似,参见黄薇主编《中华人民共和国民法典合同编解读》(上册),中国法制出版社,2020,第164~168页。

这两条仅是合同履行问题上补充性解释的特别规范，而未创制合同漏洞填补的一般规则，因此并不能得出我国法上所有合同漏洞填补均是补充性解释优先于任意性规定的一般规则。另有学者主张效仿德国法，为防止司法擅断，任意性规定应当优先于补充性解释适用。①

以顺位方式限制补充性解释，其本质即在当事人意思缺失的情况下，法官依何顺位找法并适用。合同漏洞填补的位阶问题涉及立法预设与司法续造，实为立法监督和司法监督的位阶关系。② 任意性规定为立法权分权的形式，补充性解释则为司法权分权的形式。故合同漏洞填补应由法源规定调整，除非另有规定，习惯根据《民法典》第 10 条在合同漏洞填补中发挥法源功能。

（三）习惯：资料还是法源？

仅证成合同漏洞填补须适用法源规定不能当然地得出习惯在合同漏洞填补中起法源功能。法源规定为原则性规定，针对个别制度，法律当然可以设置例外。典型如《民法典》第 510 条和第 511 条（同原《合同法》第 61 条、第 62 条）。③ 交易习惯被置于任意性规定之前。国家亦可通过立法权的行使，硬性地将习惯的一般法源地位降格为解释因素。《德国民法典》第 157 条即属于此种规定。德国法上，法源只有制定法和习惯

---

① 朱庆育：《民法总论》，北京大学出版社，2016，第 232 页；崔建远：《意思表示的解释规则论》，《法学家》2016 年第 5 期；周玉辉：《论意思表示的解释规则——〈民法总则〉第 142 条释评》，《山东审判》2017 年第 5 期。

② 参见金晶《合同法上格式之战的学说变迁与规范适用》，《环球法律评论》2017 年第 3 期。

③ 解释上似乎也可认为是制定法本身的规定，因此该条习惯不属于独立法源，而是制定法的组成部分。笔者认为不妥，以此逻辑，凡设有法源规定的立法例，均为制定法，则法源上习惯法与制定法的讨论即丧失意义。且德国法上规定在总则中的交易习惯并非处于一个独立位阶的位置，而是解释要考虑的要素，是可选的解释规则（optional, interpretive rule）。See Charles Szladits, *Guide to Foreign Legal Materials: French, German, Swiss*, New York, Oceana Publications Inc., 1959, p.378. 理解为法律规则的适用自无问题。而我国原《合同法》第 61 条、第 62 条的规则，习惯处于一个独立的、排他的方法，换言之，其具有法律的属性，法院忽视交易习惯，径行适用第 62 条，应属适用法律错误，如当事人上诉，应当依法改判、撤销或者变更。

法。① 交易习惯不属于法源，只属于补充性解释的要素之一。②

我国《民法典》有两处存在对合同漏洞填补下的习惯降格为资料的可能。第一处是第 142 条第 1 款规定了习惯作为意思表示解释的因素。③但文义解释上该条规定的是简单解释而非补充性解释，简单解释的任务在于既存意思表示的含义，于法源中属于当事人约定。然而文义并不能脱离其他背景资料去机械理解。相关条款、行为的性质和目的、习惯、诚实信用原则是为了理解文义而存在，在解释文义的过程中，之后的四项不得超越文义的范围（误载无害真意除外），而补充性解释的前提是，就某事项没有相关的表示。故第 142 条第 1 款之文义难以辐射补充性解释。

第二处为《民法典》第 466 条第 1 款的规定，即转引第 142 条第 1 款将习惯作为合同解释的考量因素。④《德国民法典》采的是将一般意思表示解释与契约解释分立的立法例，《德国民法典》第 157 条被理解为不同于第 133 条的合同补充性解释的依据。⑤ 那么《民法典》这种意思表示解释与合同解释分立的做法，是否得比照德国法来理解？即后者能否成为将习惯降格为资料的规范依据？单从文义上看，第 466 条第 1 款仍以"对合同条款理解有争议"为前提，确定的是"合同条款的含义"，故仍属简单解释，不涉补充性解释的规则。

综上所述，《民法典》第 142 条第 1 款与《民法典》第 466 条第 1 款

---

① 在德国法上，习惯法与制定法是处于同一位阶的法源。除交易习惯不被视为法源外，法官法（判例）亦不属于法源，但法官法可以阐释习惯法，当一系列判例经过法源进入一般法律思想并且经过长期的如同法律一样的观察和认可。Vgl. Krebs/Becker: *Entstehung und Abänderbarkeit von Gewohnheitsrecht*, JuS. 2013, 97, 97.

② 参见〔德〕维尔纳·弗卢梅《法律行为论》，迟颖译，法律出版社，2013，第 381 页；〔德〕卡尔·拉伦茨《德国民法通论》，王晓晔等译，法律出版社，2013，第 468 页。

③ 该条规定："有相对人的意思表示的解释，应当按照所使用的词句，结合相关条款、行为的性质和目的、习惯以及诚信原则，确定意思表示的含义。"

④ 该条款规定："当事人对合同条款的理解有争议的，应当依据本法第一百四十二条第一款的规定，确定争议条款的含义。"

⑤ 参见台湾大学法律学院、台大法学基金会编译《德国民法典》，北京大学出版社，2017，第 137 页。

仅适用于简单解释，而不适用于补充性解释。我国法上并不存在一般的补充性解释规范，因此习惯从未被降格成纯粹的解释资料，而是属于法源之一部。在不存在合同补充性解释规范的情况下，法官进行合同漏洞填补，应因循法源规定进行。

（四）小结

合同漏洞填补的位阶问题是在当事人意思缺失的前提下如何寻找替代的规范，其本质上为公法上分权原则的妥当安排，即民法法源规定系公法上分权原则于私法领域之投射。在合同漏洞填补这一框架下，合同补充性解释的规定可能将习惯由法源降格为资料。然我国法上对补充性解释未设有一般规定，其亦难以被既有的意思表示或合同解释规范涵盖。合同漏洞填补的方式，无论是任意性规定的方式还是所谓补充性解释均系法源规定适用的结果。故合同漏洞填补中，法官仍应因循法源规定寻求司法裁判之大前提，因此，在我国合同漏洞填补的框架下，合同补充性解释之前尚存在习惯这一法源，其直接依据《民法典》第10条取得法源效力。

三 习惯与任意性规定的适用顺位

在合同漏洞填补中，当事人约定因私法自治原则处于第一顺位，司法权因其原则上不具有立法职能应处于最末顺位。有疑问的只有习惯和任意性规定的顺位关系。

（一）任意性规定的优先地位及其反思

在传统理论中，任意性规定优先于补充性解释，为合同漏洞填补的第一选择。任意性规定与强制性规定是民法规范的最基本分类，该分类明了私人自由的限度以及私法自治的途径。[①] 采该观点的学者，理由有三：其

[①] 参见朱庆育《民法总论》，北京大学出版社，2016，第50页。

一，防止法官通过补充性解释司法擅断;① 其二，任意性规定系立法者进行公平考量之后，引导当事人之间的法律关系向公平角度发展；其三，推定当事人不做约定即有适用法律的期待。②

本文认为，上述理由均值得商榷，首先，诚然任意性规定能够一定程度上发挥限制法官审判权滥用的作用，但对于当事人来讲，从公私法二分的角度而言，立法权并不比司法权高尚多少，一个僵化的、预先制定的法律文本并不比一个依照自己内心公平正义的法官裁断更高明。其次，就公平处理当事人关系而言，任意性规定作为制定法之一部，实现的是立法者的公平观念，可能与事实上的公平相左。任意性规定的运作机理，即为借当事人沉默之便，让立法者的合同正义的准则得以优先，甚至让其他领域的社会需求得以满足。③

综上所述，在无涉公共利益的情况下，法律就不具有当然的第一位阶的地位，应当综合考虑法的安定性和正义性，对法源规定的顺位进行重新排列。

（二）商事习惯对任意性规定优先地位的挑战

学者中，有主张区分民商事习惯理解与任意性规定的顺位关系，其观点可归纳为两类：一是一般性地认为商事习惯应当优先于任意性规定；二是区分民事任意性规范和商事任意性规范，商事习惯优先于民事任意性规范，但后位于商事任意性规范。前者理由如下。其一，商事交易的快速流转和商事主体更高的自治要求。商事习惯是一种自治性规则，其体现出了商事主体解决争议的创造性和自决性。④ 其二，民事主体从事的交易具有不定期性、非专业性的特点；而商事交易具有交易主体职业性、专业性，

---

① 参见朱庆育《民法总论》，北京大学出版社，2016，第232页。
② 参见王泽鉴：《债法原理》，北京大学出版社，2013，第225页。
③ 参见〔葡〕曼努埃尔·德·安德拉德《法律关系总论》，吴奇琦译，法律出版社，2018，第353页。
④ 参见许中缘、颜克云《商法的独特性与民法典总则编纂》，《中国社会科学》2016年第2期；相似观点，参见汪洋《私法多元法源的观念、历史与中国实践——〈民法总则〉第10条的理论构造及司法适用》，《中外法学》2018年第1期。

交易形式定期性、稳定性，为实现交易的快速与便捷，商事习惯比任意性规范更有强制力。① 其三，商事交易本身就代表了主体对法律的变更，而任意性规定的利益衡平具有补充性，即只有当事人在没有对这种利益进行合适取舍的情况下，法律才能予以规范。② 该理由是诚实信用原则的要求，即默认商事主体知晓并遵守商事习惯，如欲变动应主动告知。后者提出商事习惯优先于民事任意性规范的理由在于，商事交易具有特殊性且经常变化，营利企业的活动、合理的交易方式和组织形式，难以与民法调整个别的、固定的交易的任意性规范一一对应，商事习惯更符合双方当事人的预期。其提出商事任意性规范优先于商事习惯的原因为，如使商事习惯优先则在一定程度上架空商法任意性规则，使得各方在任意性规范和商事习惯之间纠缠，不利于案件从速解决。③

上述观点区分任意性规定和强制性规定对法源顺位进行反思值得肯定，但其建立在民事习惯和商事习惯相区分的前提之上。其一，商事交易的界定理论上过于抽象，例如菜农卖菜的交易通常被定性为民事交易，而公司的交易则通常被认为是商事交易，二者的"营利"、"效率"和"安全"方面究竟有何不同？④ 其二，商事交易的效率和创新并不当然意味着对商事交易应当松绑，以日本法为例，在《日本民法典》中留给任意性规定的事项，在《日本商法典》中却是以强制性规定调整。例如《日本民法典》第404条第1款规定："对于可生利息的债权，没有特别意思表示时，其利率为债权发生时的法定利率。"第2款规定："法定利率为每年3%。"而《日本商法典》第514条规定："商行为所生债务的法定利率为每年6%。"商人的专业性、定期性以及对效率的要求，并非仅强调低自治。相反，越强调交易的效率和专业，强制性反而可能越明显，越少掺杂

---

① 参见许中缘、颜克云《商法的独特性与民法典总则编纂》，《中国社会科学》2016年第2期。
② 参见许中缘、颜克云《商法的独特性与民法典总则编纂》，《中国社会科学》2016年第2期。
③ 参见陈彦晶《商事习惯之司法功能》，《清华法学》2018年第1期。
④ 参见罗培新《论商事裁判的代理成本分析进路》，《法学》2015年第5期。

当事人的意思表示,越能够实现交易的效率。① 其三,是否存在民商事任意性规定的区分本身即存在疑问,特别是在民商合一的国家,如何识别一个任意性规范究竟为民事还是商事?此种争议恐不易有解。虽然有些民事单行法看似纯粹为商法规范,但法律适用本身并不对是否营利、效率进行回应。例如《公司法》中的任意性规定不适用于公司之外的民事主体的原因是其非公司的组织形式,而不是不够"商",至于成立公司以营利为目的还是做慈善为目的,并不为《公司法》所考虑。另外,承认民商分离的日本法,恰恰认为民事习惯应当优先于任意性规定。根据《日本民法典》第92条及相应判例,习惯亦优先于"与公序良俗无关"的法律适用。而任意性规定本身就与公序良俗无关,故在日本法上,无论商事习惯还是民事习惯均优先于民法典的任意性规定。② 有日本学者提出,商习惯优先于民法的规定没有必要,借由《日本民法典》第92条,商习惯当然优先于任意性规定适用。③

综上所述,建立于民商事习惯不同而单独主张商事习惯应当优先于任意性规定的理由不足,在民商合一的体例下更无根基可言。民商事习惯二者为普通习惯与特殊习惯的关系,在适用时应以特别习惯即商事习惯为

---

① 强制与自治何者能实现有效率的安排,这一问题在物权法定上尤为突出,沃尔夫冈·维甘德指出,若赋予当事人创设物权的自由,则商品流通性将取决于当事人的处置,这将与以商品流通为导向的市民社会利益相矛盾。参见〔德〕沃尔夫冈·维甘德《物权类型法定原则——关于一个重要民法原理的产生及其意义》,迟颖译、王洪亮校,载张双根等主编《中德私法研究》(第2卷),法律出版社,2006,第100~101页;苏永钦教授则指出:"在现代交易社会绝对不能轻易把法律关系简化奉为美德,个别交易者因为标准化的物权无法完全满足其特殊需求,就会产生物权法定主义松动下的民享财产权体系挫折,也就是不适交易的效率减损。"参见苏永钦《物权法定主义松动下的民事财产权体系——再探大陆民法典的可能性》,《厦门大学法律评论》2005年第1期。
② 依据《日本民法典》第92条之文义,适用习惯的前提是"当事人有适用该习惯的意思",但在判例中,这一要件被修正。在判例中,明知存在习惯的情形下,"没有特别反对的意思,便可以推定依据习惯的意思",参见大判大正3年10月27日民录20辑818页,转引自王融擎编译《日本民法:条文与判例》(上册),中国法制出版社,2018,第63页。并且就该项意思无须进行举证,参见大判大正10年6月2日民录27级1038页,转引自王融擎编译《日本民法:条文与判例》(上册),中国法制出版社,2018,第63页。
③ 参见〔日〕松波仁一郎《日本商法论》,秦瑞玢、郑钊译,中国政法大学出版社,2005,第18页。

先。① 但该差异与对民商事习惯与任意性规定的顺位是否须做不同处理无关。但商事习惯优先于任意性规定的理论尝试揭露了任意性规定与习惯相比功能失范的可能性，为一般意义上讨论习惯与任意性规定的法源顺位做出了贡献。

(三) 任意性规定的功能及反思

苏永钦教授将任意性规定的功能归纳为两类，一种是积极辅助功能，它包括以下三种：减少交易成本、提高裁判可预见性和提示交易风险。第二种功能为消极制衡功能，即任意性规定对典型交易中双方权利义务与风险成本进行公平的分配，制衡定型化契约条款等指导图像的功能。② 一个理想的任意性规定应当担负起上述职责，但是任意性规定是否能够永远立于这样一个"道德无瑕"的地位？不少学者对此提出了质疑。

首先，就效率而言，任意性规定具有以下不足。第一，虽然有效率的任意性规定会节省成本，但无效率的任意性规定会导致协商成本。合同的成本和任意性规定的关系并不是简单的负相关的关系，而是取决于当事人需要就多少条款进行协商，其内容既包括法律未规定的内容的协商，也包括排除任意性规定的协商。故需协商的任意性规定越低，订立合同的成本就越低。立法者如用有效率的任意性规定代替无效率的任意性规定时，所有合同当事人都将受益，受益的程度即就该无效率的任意性规范进行协商的成本。③ 涉及商品和生产交换协议的任意性法律如果由于不合目的的规则造成了不必要的成本和资源浪费，它就是不合法的。④ 第二，有些任意性规定的设计，并非旨在探寻当事人可能的意思，美国法上称之为"惩罚的任意性规定"（penalty default），这些规则的设计通常是双方当事人不想

---

① 参见郑玉波《民法总则》，中国政法大学出版社，2003，第82页。
② 参见苏永钦《私法自治中的国家强制》，中国法制出版社，2005，第26~27页。
③ 参见〔美〕罗伯特·考特、〔美〕托马斯·尤伦《法和经济学》，史晋川、董雪兵等译，上海人民出版社等，2012，第284页。
④ 参见〔德〕汉斯-贝恩德·舍费尔、〔德〕克劳斯·奥特《民法的经济分析》，江清云、杜涛译，法律出版社，2009，第410页。

要的,以此促进当事人互相或者向第三方揭示信息。① 以价格与数量条款缺失为例,根据《美国统一商法典》的规定,缺少价格将被以"合理的价格"补充,缺少数量的合同不具有效力。这种"0数量任意规则"(zero-quantity default)很难解释为"当事人所希望的"。这样的规则一经适用,必然增加交易成本。一个任意性规定的合理之处在于比较事先的合同协商成本(the cost of ex ante contracting)和事后的诉讼成本(the cost of ex post litigation),② 任意性规定虽然能够提高裁判的可预见性,降低诉讼的成本,却增加协商的成本。

其次,从公平的角度讲,若任意性规定应就民事主体的权利义务分配符合多数人的公平感觉,则在制定任意性规定的时候应当做一个广泛的民意调查,采最多人选择的交易模式。③《民法典》制定之时,虽存在个别地域或省份的调研简报,但规模不大,也并不成体系。④ 所谓的公平感,很可能仅为立法者或所参考比较法的公平感。即使任意性规定在制定之时具备公平属性,也会因其作为制定法和国家法的属性难以保鲜。

任意性规定具有制定法和国家法的双重属性,与生俱来地带有二者的弊端。从国家法角度来看,国家权力的局限性决定了国家法作用的局限性,例如国情复杂、信息收集成本高、行政力量覆盖面较为有限、监督力量弱等,⑤ 这导致立法者具有难以避免的局限性。有限理性难以把握社会生活中不断增长的知识和时刻发生的创新。因此,需在制定之时符合多数

---

① See Ian Ayres, Robert Gertner, "Filling Gaps in Incomplete Contracts: An Economic Theory of Default Rules", 99 *Yale L. J.* 87, 91 (1989).
② See Ian Ayres, Robert Gertner, "Filling Gaps in Incomplete Contracts: An Economic Theory of Default Rules", 99 *Yale L. J.* 87, 96 (1989).
③ 不少学者都提议制定民法典之时要进行社会调查,参见王轶《当前民法典编纂争议问题的讨论方法》,《北京航空航天大学学报》(社会科学版)2018年第1期;高其才、陈寒非《调查总结民事习惯与民法典编纂》,《中国法律评论》2017年第1期。
④《民法典立法背景与观点全集》共收录23篇调研简报,其中最多的为婚姻家庭编,有7篇。合同编仅有4篇,且仅涉及广东、福建、浙江(仅物业服务合同)、山东、北京五地,其涉及的人口和省份相当有限。参见《民法典立法背景与观点全集》编写组编《民法典立法背景与观点全集》,法律出版社,2020。
⑤ 参见陈冬春《法治的资源:国家法与民间法的对立和融合》,载谢晖等主编《民间法》(第4卷),山东人民出版社,2005,第389~390页。

人的公平感，但时光荏苒、岁月如梭，社会的剧烈变化可能使得任意性规定不再符合公平的要求。此为任意性规定作为制定法所固有的缺陷。制定法封闭僵化而导致的滞后性，难以适应社会生活变迁之需要。① 为清除不适当任意性规定，需要启动烦琐的程序修改法律。根据《立法法》第7条第2款以及第8条第（八）项，民事基本法律的制定和修改由全国人民代表大会进行。任意性规定本就为当事人可意思自治范围内的填补规范，不涉公序良俗与国家利益，等待一年一度的修法将毫无意义地牺牲个案正义。② 在合同法领域，社会生活的日新月异、交易习惯日渐复杂催生了数量相当可观的无名合同，原《合同法》上的任意性规定已对此力不从心。③ 从原《合同法》到《民法典》合同编，增补了一些有名合同，中间却隔了近22年，在合同领域，立法只能永远地跟在习惯后面不停追赶。

除时间上的考验之外，任意性规定的效果会受制定法形式简单、追求形式公平的影响，并因此难以显示立法真意和忽略具体的妥当性。④ 即使在有名合同中，任意性规定也并不（可能也无法）涵盖人们所存在及愿意承受的全部及不同的利益和风险。⑤ 即使立法者的立法目的符合公平正义，亦会因其制定之文本形式简单而为法官解释所埋没，更何况我国并无立法机关发布的立法理由书，仅有全国人大法工委、最高法以及参与立法人士的回忆构成的资料，其本身欠缺法律权威。这也使当事人对法律的认知可能性减弱，以致裁判的可预测性不如学者所认为的那样强。

基于上述原因，任意性规定并不因立法权至上而立于一个绝对优先的地位，而是一种在多种局限下诞生出的规则。法源规定的设置应当尽可能

---

① 参见高其才《法理学》，清华大学出版社，2015，第80页。
② 参见马得华《民间法与国家法冲突与融合的经济分析》，载谢晖等主编《民间法》（第4卷），山东人民出版社，2005，第498~499页。
③ 参见邓志伟、曾茜《发现"当事人的意思"：规则、流程与标准——合同纠纷中补充性解释的应用及其限制》，《法律方法》2012年第1期。
④ 参见杨日然《"民法"第一条之研究》，载郑玉波主编《民法总则论文选辑》（上），五南图书出版公司，1984，第208页。
⑤ 参见〔德〕汉斯-贝恩德·舍费尔、〔德〕克劳斯·奥特《民法的经济分析》，江清云、杜涛译，法律出版社，2009，第410页。

规避规定的缺陷，而习惯优先于任意性规定的法源顺位或可对其缺陷进行修正。

（四）习惯对任意性规定局限的克服

1. 修正不合时宜的任意性规定

习惯，是指在一定地域、行业范围内长期为一般人确信并普遍遵守的民间习惯或者商业惯例。① 从习惯与成文法的关系来看，习惯既有可能是过去风俗习惯的延伸，也有可能超越法律，是新生事物的代表。法律经常被早期的习惯或快或慢地影响，历史上的法律渊源几乎均取决于习惯。②

有学者片面强调习惯与"风俗习惯"的关系，并以此认为习惯法已经奄奄一息。学者主张此说主要依据社会变革影响了事实上习惯与法的确信，即社会急剧变革、价值日益多元，人们关于一般生活规律和一般知识的观点纷繁复杂，这使得人们对习惯法的认知发生改变，在一定程度上消减了习惯法的效力基础。③

在法理学界，习惯法被归入"民间法"这一略带传统的概念之下时，具有了些许落后保守的影子。有学者认为，民间法的发达程度与社会内部流动性呈负相关，前者越发达，说明后者越差，国家法调整范围的扩大本身就是人类进步的体现。④ 从地域范围来看，民间法主要作用于经济、文化落后的地区，在这些地方，社会流动性极低，大体为国家权力难以介入的熟人社会。在经济、文化社会发达的地域，国家法作用范围广泛，民间法日益萎缩，仅在家庭伦理方面尚存一些作用。⑤

---

① 李适时主编《中华人民共和国民法总则释义》，法律出版社，2017，第35页；石宏主编《中华人民共和国民法总则条文说明、立法理由及相关规定》，北京大学出版社，2017，第24页。
② See G. Tedeschi, "Custom and Modern Law", 15 *U. W. Ontario L. Rev.* 1, 1 (1976).
③ 参见彭诚信、陈吉栋《论〈民法总则〉第10条中的习惯——以"顶盆过继案"切入》，《华东政法大学学报》2017年第5期。
④ 参见李秀群《民间法与国家法的冲突与融合———一个比较的视角》，载谢晖等主编《民间法》（第2卷），山东人民出版社，2003，第82页。
⑤ 参见李秀群《民间法与国家法的冲突与融合———一个比较的视角》，载谢晖等主编《民间法》（第2卷），山东人民出版社，2003，第81页。

本文认为，习惯不仅代表着过去，其本身也具有时代含义，它并非静止而是在实践中不断发展，根据实际情况进行调整。① 实践中民事习惯不但没有日渐衰落，而且在实践中不断发展，具体表现有二：其一，在时代性上，民事习惯紧密结合时代元素和法治元素，不断更新，例如权利意识和权利话语、程序观念与公开征求意见等；其二，在地域性上，各种各样的民事习惯也不断地在都市生活中出现。② 以色列法上亦有类似现象，一些与法律在根本上相冲突的习惯却得到了立法者的认可，例如以色列法上关于预付房租的问题。③ 我妻荣教授指出，民法解释应着眼于习惯法的终局效力，正视成文法通过习惯法得到改废的事实，并给予习惯法与成文民法对等的地位。④ 尽管现代社会谈民间法和国家法的关系，似乎分别代表的是传统与现代、落后与先进的界分，但如果以法律多元的角度就会发现，民间法对国家法的完善和功能发挥具有积极意义。⑤

新的社会领域产生，首先产生的是习惯，其次才会慢慢演化为法律规则。从法制史的角度观察亦是如此，自历史根源观察，习惯是法律规则的渊源，西方法律说到底是对社会群体长期博弈互动中产生的习惯进行确认，并以之为基础继续发展。⑥ 更何况在合同漏洞填补中，任意性规定并不立于绝对法源的地位，起决定性作用的是当事人的意思，若任意性规定因不合时宜丧失了公平属性，没有理由坚守制定法为立法机关之嫡子而不允许不违背公序良俗的习惯对其进行修正。以网络平台与闪送员之间的关系为例，法院认为平台与闪送员之间的关系多为居间合同关系。⑦ 二者关

---

① 参见蔡志伟《从客体到主体：台湾原住民族法制与权利的发展》，《台大法学论丛》2011年第40卷特刊，第1507页。
② 参见李杰、赵树坤《论民事立法对民事习惯的复杂认可》，《求是学刊》2017年第3期。
③ See G. Tedeschi, "Custom and Modern Law", 15 *U. W. Ontario L. Rev.* 1, 2 (1976).
④ 参见〔日〕我妻荣《我妻荣民法讲义Ⅰ新订民法总则》，于敏译，中国法制出版社，2008，第18页。
⑤ 于语和、戚阳阳：《国家法与民间法互动之反思》，载谢晖等主编《民间法》（第4卷），山东人民出版社，2005，第161页。
⑥ 参见厉尽国《法治视野中的习惯法：理论与实践》，中国政法大学出版社，2010，第91页。
⑦ 参见北京市第三中级人民法院（2018）京03民终11107号民事判决书；北京市丰台区人民法院（2017）京0106民初14428号民事判决书；相反案例，参见北京市海淀区人民法院（2017）京0108民初53634号民事判决书。

系与传统居间关系不同：一是网络劳务提供者不同于一般劳动者的自由度，二是网络劳务提供者通过平台获得主要生活来源的依赖性。① 以工伤保险为例，即使不办理工伤保险，现已存在平台为闪送员办理商业保险的实践，如其发展为一种行业习惯，② 而合同中没有约定的话，应当认为基于补充性解释，平台有为闪送员办理商业保险的义务，没有履行要继续履行，造成损害应当承担违约损害赔偿。

2. 实现法的安定性和正义性的平衡

法的安定性有两种含义：一为通过法律达成的安定性，如通过法律实施防止抢夺、偷盗或违约的安定性；二为法律本身的安定性，亦即其认知可能性、操作可能性与时间可能性的安定性。③ 法源顺位所实现的安定性是后者，原则上当事人的行为只要有第一顺位上的依据，则无须查询后顺位的法源。但这一安定性的达成某种程度上是以牺牲正义性为代价的，实证性是法的安定性的要求，但本身却要求在不考虑正义性与合目的性的情形下仍然有效。④ 制定法优先于习惯法适用的理由在于其较习惯法而言确定性更高，更符合法律安全的要求。若对法律安全无所妨碍，习惯法亦可能得到优先适用。⑤

就正义性而言，一种为社会环境所认知的习惯，通常也是正义的，除非该习惯违背公序良俗。在习惯的产生方面，其作为一种社会规范产生于社会自身，众多的民事主体广泛而深刻地参与了习惯的产生。在习惯的认知可能性方面，习惯相较于作为成文法的任意性规定更能为民事主体所认知。首先，法律概念与抽象、简单的法律规范是立法者和法学家对社会实践加工后的产物，在加工的过程中，立法技术和法学研究水平制约了转化表达的正确性，同时导致解释的多元性，法律文本变得更加难以认知。以

---

① 参见王天玉《网络劳务是对劳动法的挑战吗?》，《中国法律评论》2018年第6期。
② 例如同城必应为闪送员办理了商业保险，参见北京市海淀区人民法院（2017）京0108民初53634号民事判决书。
③ 参见〔德〕阿图尔·考夫曼《法律哲学》（第2版），刘幸义等译，法律出版社，2011，第209页。
④ 参见〔德〕古斯塔夫·拉德布鲁赫《法哲学》，王朴译，法律出版社，2013，第83页。
⑤ 参见吴香香《民法的演进——以德国近代私法理念与方法为线索》，世界知识出版社，2012，第39页。

"买卖不破租赁"为例,原《合同法》第229条以惜墨如金的简约文辞,寥寥26个字即概括了这一具有丰富内涵的制度。① 不得不由学者进一步阐释以丰富其内容,当事人并非学者,更难以期待其对该制度有精准的理解。其次,立法与习俗的不相符合也会影响认知可能性,国家制定法若与人们生活差异过大,会使得国家制定法难以落实。② 一个法律如仅靠国家强制力贯彻,即使再公正,也必然失败。③ 人们守法不是因为符合法律,而是因为社会环境对这种行为的认同,即习惯地行动。④ 一种无需法律的秩序可能在治理角度是更有效率的选择。⑤

就安定性而言,为了平衡安定性和正义性,法源安排应尽可能地实现法律制度的连续性与变化性。法律制度具有连续性与变化性的基本特征,法律必须变革以适应变化着的时代需求,卡拉布雷西指出,应当通过缓慢的、有机的变化避免法律激变在社会上制造的深层断裂。⑥ 因此,仅靠成文法难以完成法律的有机变化。为了平衡连续性与变化的需求,美国发展出以普通法院为基本手段,通过普通法的裁判和对先例的修正,法律可以被常规地更新,从而避免激烈的突变,在美国法上遵循先例原则较为宽松,甚至并不具有绝对的拘束力。而立法机关虽具有制定法律的最终权力,但其运用较为保守,并且主要处于修正性的地位。⑦ 由于我国是制定法国家,法律几乎无所不在,为了实现渐进的变化,应当允许对制定法的藩篱有一定突破,而制定法则趋向于一个修正与划界的功能,习惯如处于优先于任意性规定的法源地位,既能起到使法律适应社会变化的作用,又能防止法官的擅断,满足法律制度连续性和变化性的要求。

---

① 参见张双根《谈"买卖不破租赁"规则的客体适用范围问题》,载张双根等主编《中德私法研究》(第1卷),法律出版社,2006,第4页。
② 参见颜运秋、周晓明《认真对待民事习惯》,《甘肃政法大学学报》2007年第1期。
③ 参见苏力《法治及其本土资源》,北京大学出版社,2015,第11页。
④ 参见〔德〕马克斯·韦伯《论经济与社会中的法律》,张乃根译,中国大百科全书出版社,1998,第14页。
⑤ 参见厉尽国《法治视野中的习惯法:理论与实践》,中国政法大学出版社,2010,第122页。
⑥ 参见〔美〕盖多·卡拉布雷西《制定法时代的普通法》,周林刚等译,北京大学出版社,2006,第5~6页。
⑦ 参见〔美〕盖多·卡拉布雷西《制定法时代的普通法》,周林刚等译,北京大学出版社,2006,第6页。

综上所述，习惯有助于实现正义性和安定性的平衡，安定性并不意味着不变性和固定性，而是意味着对于民事主体而言，此项法源的可预知性有多强，在这一点上，习惯不仅实现了二者平衡，还将安定性与正义性的价值进行了统一。

3. 最大限度地维护意思自治

意思自治是民法的核心理念，其对应的宪法价值即自由。基于民法的私法属性以及意思自治的要求，民法法源规定在制定之时，即考虑到如何减少公权力对私人生活的干预。这一考虑尤为重要。① 基于减少公权力干预的目标，习惯也应优先于任意性规定而适用。

学者多主张，允许习惯作为民法法源，有利于维护意思自治。理由如下：一是从限制国家权力的方面出发，承认习惯为法源意味着国家意志在社会生活方面的主动退却，习惯作为法源可以有效防止国家权力干预；② 二是从意志方面出发，认为习惯是人们参与的意思表达，其在某种意义上如同当地政府制定二次法律获取私人交易规则的过程。③ 这一私人自治的结果只要不侵犯国家和他人的权利，即可自由为之。国家制定法应为其留下适当的余地。④

反对的观点认为，意思自治原则并不意味着"默示接受当事人合同约定以及法律规定外的交易习惯"，交易习惯的适用必须以当事人明示或默示的同意为前提。若当事人仅是因为知道一个交易习惯的存在就应受其约束，则势必侵犯当事人的选择权。⑤

---

① 以原《民法总则》制定过程中围绕"法律"的范围讨论为例，根据《民法总则（草案）》三审稿第9条，除法律外，尚有法规可作为法源。而最终原《民法总则》第10条将"法律法规"修改为"法律"。这一修改，根据参与立法的人士回忆，原因如下：其一，从用语上来讲，法规包括法律，但主要指行政法规和地方性法规，考虑实际情况，顶多写到行政法规；其二，公法、公权力尽量慎重介入私法领域；其三，民事法律规范多元化，不利于统一市场的形成，会破坏法制的统一；其四，民事权利是基本权利，公民的基本权利只能基本法规定。参见扈纪华《民法总则起草历程》，法律出版社，2017，第10~12页。

② 参见李凤章、郝磊《民法法典化与习惯缺失之忧》，《法制与社会发展》2005年第1期。

③ See G. Tedeschi, "Custom and Modern Law", 15 *U. W. Ontario L. Rev.* 1, 4 (1976).

④ 参见颜运秋、周晓明《认真对待民事习惯》，《甘肃政法大学学报》2007年第1期。

⑤ 参见宋阳《论交易习惯的司法适用及其限制》，《比较法研究》2017年第6期。

本文认为，上述主张虽有一定道理，原则上当事人的意思自由不应当受到任何其他意志的介入，不论是代表国家的任意性规定，还是代表社会的习惯，当事人应以自己的意志达成契约。但存在以下问题。首先，在合同纠纷中，如果机械地将合同未约定的事项视为不存在显然不妥当。例如某大学生甲购买毕业生乙的自行车一辆，后发现该车有瑕疵，甲要求退货，如机械地理解意思自治，则甲并不享有基于原《合同法》第111条的退货权，原因是意思表示并未涉及退货的问题。此时涉及任意性规定和习惯的填补当事人意思的功能，换言之，将所有的私法关系交由当事人安排是不可能的，法律应当预留下这样的空间，即当事人可以通过意思自治选出法律与习惯的适用。其次，私法自治的另一面是减少国家公权力的干预，在当事人意思自治缺失的情况下，为当事人寻找法律行为的补充规则。若任意性规定可以用于填补当事人的意思，则习惯亦可用于填补当事人之意思，对当事人产生拘束力。在这个意义上，任意性规定与习惯都立于补充之地位，不得与当事人意思相抵触。认为适用习惯侵犯当事人选择权，那么适用任意性规定也侵犯当事人的选择权，最讲求国家主权平等的国际法，对国际习惯法的承认都可以消极的方式进行。① 故这一理由实为"天地同寿"，其必然滑向一个让当事人的合同漏洞停留在原地的结果。

四　结语

在合同漏洞填补的框架下，习惯应当优先于任意性规定适用。在解释论上应于合同漏洞填补中将《民法典》第10条的"法律"限缩为"强制性规定"。相较于解释论，立法上确认该结论，规定在总则或合同编的方法更为根本，在合同编总则中作合同漏洞填补的一般规定更为可取。

上述结论是否适用于其他民法分编仍须进一步探究。原因在于，其他民法分编中有与单纯意思自治相当的价值取向。其中，物权法上的任意性

---

① 参见〔德〕W.G.魏智通主编《国际法》，吴越、毛晓飞译，法律出版社，2012，第52页。

规定数量有限，物权法具有物尽其用和定纷止争的考虑，是否应当单独探讨其漏洞填补规则值得考量。同时，物权法上合同漏洞填补与任意性规定的关系法律规定较为明确，无根据法理探究的空间；① 婚姻家庭继承法上的部分，类似于合同法上的部分或可以借鉴合同法上任意性规定的规则，或有其他的价值考量，法律排除了除当事人通过其法律行为之外的其他主体及形式的影响；② 总之，任意性规定与习惯的法源顺位关系仍须进一步探究，法源顺位如何融合不同分编的价值取向也值得期待。本文揭示的合同漏洞填补领域下二者的法源顺位关系仅为冰山一角，期待后续的相关研究。

---

① 以约定按份共有为例，原《物权法》第104条规定："按份共有人对共有的不动产或者动产享有的份额，没有约定或者约定不明确的，按照出资额确定；不能确定出资额的，视为等额享有。"
② 例如法定继承的排除只能通过遗嘱，因其涉及继承人的指定和遗产的处理，关系当事人的切身利益。此外对遗嘱的形式还具有极其严格的要求，以保证遗嘱的真实性和可靠性。参见梁慧星主编《中国民法典草案建议稿附理由·继承编》，法律出版社，2013，第79～80页。

代位权诉讼和债权执行二元模式论

——兼论《民法典》第537条第2句之适用

羊芙蓉[*]

内容提要：我国民事实体法规定了债权人代位权，民事程序法规定了"对到期债权的执行"，形成了代位权诉讼和债权执行并存的二元模式。尽管两种程序功能有所重合，但二元模式不存在基础性缺陷，理应坚持完善而非废除重建。目前司法实践中对代位权诉讼和债权执行的关系处理失当，二元模式在适用层面存在危机和困境。优化代位权诉讼和债权执行的关系，应以区分单一债权人和多数债权人为方法，在尊重债权人的程序选择权同时注重防止次债务人被重复追索、超额给付，最终实现审判程序和执行程序各有担当。《民法典》第537条第2句是决定选择不同程序债权人的受偿顺位的实体规则，其要旨是承认他案保全、执行或者破产程序的效力，否认代位权人的优先受偿地位，将各债权人的受偿顺位问题交奉行优先主义的强制执行法和奉行平等主义的破产法解决。

关键词：代位权诉讼　债权执行　审执关系

一　问题的提出

20世纪80年代以来，我国企业间"三角债"现象十分普遍，严重妨碍了社会经济发展。[①] 由于1986年《民法通则》并未规定债权人代位权，

---

[*] 羊芙蓉，中国人民大学法学院民事诉讼法学博士研究生。
[①] 参见皮树义《"三角债"探源》，《人民日报》1990年3月13日，第5版；徐耀中、施明慎《国务院召开全国清理"三角债"工作会议》，《人民日报》1991年9月1日，第1版。

实体法层面欠缺解决"三角债"的制度，1992年《最高人民法院关于适用〈中华人民共和国民事诉讼法〉若干问题的意见》第300条规定，被执行人不能清偿债务，但对第三人享有到期债权的，可以执行该债权。随后，1998年《最高人民法院关于人民法院执行工作若干问题的规定（试行）》第七部分进一步规定了执行被执行人到期债权的程序。司法解释创设债权执行不久后，同样为了解决"三角债"问题、完善债权保护体系，立法机关采纳了民法学者的建议，于1999年《合同法》中创设了债权人代位权制度。① 根据该《合同法》第73条的规定，债权人可以起诉方式"以自己的名义代位行使债务人的债权"。至此，对于如何以债务人的债权使债权人得以受偿，1999年后我国形成了代位权诉讼和债权执行并存的二元模式。② 不过，理论界对这种以两个制度解决同一个问题的做法多持保留态度。比较法上，代位权和债权执行并存的二元模式亦非主流，例如法国初期和德国分别采用了单一的代位权模式和债权执行模式。③ 司法实践中，分别提起代位权诉讼和申请债权执行引发的程序冲突已成为困扰"三角债"解决的新问题，这在债务人有多个债权人时尤为严重。

2020年《民法典》第535~537条和2022年修正的《最高人民法院关于适用〈中华人民共和国民事诉讼法〉的解释》（下文简称《民诉法解

---

① 参见梁慧星《读条文 学民法》（第2版），人民法院出版社，2017，第217页。
② 债权执行又称"代位执行"。使用债权执行者，如庄加园《初探债权执行程序的理论基础——执行名义欠缺的质疑与收取诉讼的构造尝试》，《现代法学》2017年第3期；葛文《案外人对到期债权执行的异议——对民事诉讼法解释第501条的理解与运用》，《人民司法》2015年第17期；使用代位执行者，如廖中洪《代位执行中的若干问题研究》，《法律适用》2005年第6期；项斌斌《代位执行与债权人代位权的立法冲突及其解决》，载陈小君主编《私法研究》（第19卷），法律出版社，2016，第272页。两种提法的含义并无不同，《民事强制执行法草案（2019年9月征求意见稿）》第十六章使用了"对债权的执行"的提法，本文亦采之，使用"债权执行"的提法。
③ 一般认为债权执行和代位权分别起源于德国和法国。德国1877年《民事诉讼法典》就债权执行作了较为完备的规定。由于德国强制执行程序较为完备，债权人可以在强制执行程序中收取债务人的到期债权，因此民法典并无规定代位权之必要。法国早期程序法中未规定对债务人的债权执行的制度，故有在民法典中规定代位权制度的必要。日本和我国台湾地区实行的是实体法代位权和程序法债权执行的二元立法体例。参见朱广新《合同法总则研究》（下册），中国人民大学出版社，2018，第436页。不过，法国在后来发展过程中也规定对债权执行的制度。参见罗结珍译《法国新民事诉讼法典》（下册），法律出版社，2008，第1369~1370页。

释》）第499条继续维持了原有的二元模式。《民法典》的颁布标志着我国民事法律制度基本定型，在这一背景下，有必要对已有二十余年历史的代位权诉讼和债权执行二元模式进行回顾反思，厘定《民法典》时代二元模式的运行机制。宏观层面，应讨论二元模式未来发展的大方向，即应坚持完善还是废除重建；技术层面，应对二元模式在司法实践中存在的问题进行梳理和研判，并提出二元模式的适用方案。对二元模式的反思和研究有助于理顺实践中的代位权诉讼和债权执行的关系，服务于《民法典》合同编中债权保全制度的有效实施，[①] 同时对未来"民事强制执行法"的制定也具有重要的参考价值。

二 二元模式的正当性基础

债权执行最初确立于1992年的最高法司法解释，最新规定于2022年修订的《民诉法解释》第499条。代位权诉讼最初确立于1999年《合同法》，2020年《民法典》对该制度作出了进一步的细化和完善。就债权执行和代位权诉讼而言，前者确立更早但规范位阶低，后者规范位阶高但确立更晚。无论是提起代位权诉讼，还是申请在强制执行程序中执行到期债权，本质上都是旨在通过次债权实现主债权。[②] 两制度功能上的一致性和生成史上的交错性叠加，使二元模式的存在一直"理不直气不壮"，因此有必要重新认识二元模式的正当性基础。

（一）二元模式的肯定与否定之争

"肯定论"者认为，代位权制度和债权执行程序的制度构造不一致，二者的性质、行使要件、法律效果不同，各有存在的价值。具体而言，

[①] 例如在"民法与民事诉讼法对话"中，民法学者指出，《民法典》第537条规定了代位权的效果，此时需要考虑其他债权人与行使代位权的债权人的关系，从程序法层面予以解决，否则《民法典》第537条的效果就会大打折扣。参见《"民法与民事诉讼法之高峰对话"对话环节》，微信公众号"民事程序法研究"，2020年10月26日。

[②] 为行文简练，下文将债权人对债务人享有的债权称为"主债权"，债务人对次债务人享有的债权称为"次债权"。

"肯定论"内部对二元模式下代位权和债权执行程序的关系,有"自由选择说"和"先后适用说"两种认识。"自由选择说"认为,两制度都是保护债权人的制度,债权人可根据自身情形选择最有利的方式实现债权。①"先后适用说"则将债权执行作为代位权行使的前置程序,其理由有二:一方面,在债权执行程序中,只要次债务人提出适格的异议,债权执行程序将终止,债权人仍需提起代位权诉讼;另一方面,司法解释规定对债权的执行在执行程序中具有补充性,只有在执行其他财产不能清偿债务时才申请执行到期债权,②而"影响债权人的到期债权实现"亦是代位权的要件。因此,将债权执行前置于代位权诉讼,可以利用债权执行的补充性为"影响债权人的到期债权实现"提供客观的判断标准,从而避免债权人随意提起代位权诉讼,损害债务人和第三人的利益。③

而在"否定论"者看来,代位权和债权执行制度无并存之必要,但该阵营内部对于是选择改造代位权制度还是完善债权执行程序存在争议,不同的改革方案分别着眼于代位权或债权执行各自的不足之处。比如,有观点认为代位权制度会使得债权人过早介入债务人之事务,一方面给诉讼法理论带来了诸多解释上的难题,④另一方面也不利于保障债务人的权利处分自由和第三人对债之相对性的信赖利益,除了保存行为的代位,代位权制度应被就债务人对第三人权利的强制执行制度所替代。⑤ 相反观点则认为,现行的债权执行程序违反程序法的基本原则、极易侵害第三人的实体

---

① 参见崔建远、韩世远《合同法中的债权人代位权制度》,《中国法学》1999 年第 3 期。
② 《最高人民法院关于人民法院执行工作若干问题的规定(试行)》(法释〔2020〕21 号)第 45 条将债权执行的要件描述为"被执行人不能清偿债务,但对本案以外的第三人享有到期债权",似乎仍坚持债权执行相对于其他财产执行的补充性。
③ 参见丘志乔《代位权与代位执行:并存还是归一——对我国债权人代位权制度的思考》,《广东社会科学》2006 年第 4 期。
④ 如,代位权诉讼的诉讼标的是什么?债务人在代位权诉讼中的诉讼地位如何认定?代位权诉讼的管辖与协议管辖、协议仲裁如何协调?代位权诉讼判决的既判力是否及于债务人和其他债权人?针对上述问题进行阐释的文章有吴英姿《代位权确立了民诉法怎么办——债权人代位诉讼初探》,《法学》1999 年第 4 期;赵钢、刘学在《论代位权诉讼》,《法学研究》2000 年第 6 期;蒲一苇《债权人代位诉讼的困境——围绕〈合同法解释〉第 20 条展开》,载张卫平主编《民事程序法研究》(第 2 辑),厦门大学出版社,2006,第 30~46 页。
⑤ 参见娄正涛《债权人代位权制度之检讨》,《比较法研究》2003 年第 1 期。

权利,即使经过《民诉法解释》次债务人异议制度的改良,亦不能克服其根本缺陷。① 总而言之,"否定论"认为代位权和债权执行只能择一而存。

(二) 二元模式的逻辑基础

在逻辑层面,代位权诉讼和债权执行并非不能并存。按照法律体系构建的要求,只有矛盾、对立的制度才有择一而存的关系,否则将引起法律体系内部的冲突;功能重合的制度则既可能择一而存也可能并存,择一而存有利于制度体系的简洁和高效,并存则能丰富权利人的选择、扩大权利保护范围。② 具体而言,代位权和债权执行虽然在功能上是重合的,但适用条件和法律效果有很大不同。而且经过二十余年的摸索与实践,代位权诉讼和债权执行已经实现了"错位发展"。

司法实践中对代位权诉讼和债权执行的不同特点已形成比较成熟的认识。有裁判指出,"对于债权人的权利保护而言,代位权诉讼制度与到期债权执行制度各有利弊。在对到期债权的执行中,次债务人对债权无异议的,即可予以执行,但一旦次债务人提出了异议,申请执行人(债权人)则无法继续通过执行程序向次债务人求偿,而只能通过代位权诉讼途径主张权利。而代位权诉讼虽具有全面审查、明确固定债务人与次债务人之间债权债务关系的优势,但诉讼周期长,到期债权的数额在诉讼过程中可能会发生变化"。③ 这一点评基本概括了两种程序各自的优劣。另外,理论上行使代位权只要求主债权到期,不要求债权人对债务人取得执行依据,其门槛较债权执行更低。④ 另外,《民法典》将代位权的客体明确扩大为

---

① 参见庄加园《初探债权执行程序的理论基础——执行名义欠缺的质疑与收取诉讼的构造尝试》,《现代法学》2017 年第 3 期。
② 在日趋复杂的法律体系中,不同部门法的不同制度功能交叉重合的现象屡见不鲜。这也反映出不同部门法制度之间的分工和协作,立法的精细化水平逐渐提升。例如对于人格权的临时保护,根据是否提起诉讼,当事人既可以寻求《民法典》中的人格权禁令救济,也可以申请《民事诉讼法》中的行为保全裁定。
③ 江苏省高级人民法院(2017)苏民再 91 号民事判决书。
④ 须注意的是,代位权的行使要件包括"影响债权人的到期债权实现",实践中债权人往往通过对债务人其他财产执行不能来证明该要件成立,也就是说,行使代位权的债权人通常会持有对主债权的执行依据。

"与债权相关的权利",包括担保物权、形成权等,①而债权执行限于到期债权特别是金钱债权。可见,代位权诉讼和债权执行虽然功能相同但制度构成不同,债权人应结合自身情况选择适合自己的程序路径,二元模式不仅在法理上没有障碍,还为债权人提供了更为细分的程序选择(见表1)。

表1 代位权诉讼与债权执行的制度构成比较

	门槛	对象范围	效果	时间
代位权诉讼	低,仅需主债权和次债权到期	宽,包括到期债权和与该债权有关的权利	彻底,能取得强制次债务人代位清偿的确定判决	周期长,普通诉讼程序、二审终审,可能在诉讼过程中次债消灭
债权执行	高,需主债权和次债权到期,且就主债权取得执行依据	窄,仅到期债权	不彻底,次债务人提出适格异议即终止	周期短,执行过程中次债消灭的可能性更低

(三) 二元模式的立法选择

坚持二元模式同样是立法者和司法解释制定者的选择。2015年《民诉法解释》的制定过程中,关于到期债权执行制度的存废,存在不同意见。最高人民法院经研究认为,债权执行制度仍应保留,并提出要正确理解债权执行和代位权制度之间的关系,指出申请执行人在第三人提出异议后可将代位权诉讼作为后续救济途径。②2020年、2022年修正的《民诉法解释》延续了这一制度。而在《民法典》中,增加了协调代位权诉讼和债权执行关系的规定,从侧面肯定了债权执行制度。《民法典》第537条后半段规定,"债务人对相对人的债权或者与该债权有关的从权利被采取保全、执行措施,或者债务人破产的,依照相关法律的规定处理"。这里的"债权被采取执行措施",即是指《民诉法解释》第499条所规定的到期债权执行。《民法典》的官方释义书也指出,"代位权诉讼也可以理解

---

① 参见龙俊《民法典中的债之保全体系》,《比较法研究》2020年第4期。
② 参见沈德咏主编《最高人民法院民事诉讼法司法解释理解与适用》,人民法院出版社,2015年,第1326~1329页。

为实现债权的一种途径。除了这种途径之外，一些债权人可能会选择走直接起诉债务人再申请强制执行债务人的债权的途径"。① 可见，《民法典》在规定代位权制度时，仍然对到期债权执行程序给予了必要的关照，这也是在坚持代位权和债权执行二元模式"肯定论"的基础之上做出的拓展。

代位权和债权执行并存的二元模式已经运行了二十余年，《民法典》《民诉法解释》对二元模式也明确表现出肯定的立场，并尝试完善两项制度的衔接和配合。随着规范的完善和实务的积累，代位权诉讼和债权执行制度都变得更加复杂和精密。《民法典》相较于原《合同法》完善了代位权制度，未来的"民事强制执行法"则拟以更大篇幅规定债权执行制度。② 因此，从实体法和程序法发展的趋势来看，在我国废除其中一项制度的现实可能性会变得越来越低，否定二元模式的观点已基本丧失市场。

基于上述考虑可以断言，就债权人如何通过次债权来实现主债权，我国未来仍将坚持二元模式，为债权人提供实体法和程序法的两个选择。基于二元模式不会废除重建而需坚持完善的认识，当务之急是研究二元模式在司法适用中的困境和问题，明确代位权诉讼和债权执行的分工和衔接的规则。

三　二元模式的实践问题

债权人无论是选择提起代位权诉讼，抑或是申请债权执行，用于清偿的实体债权总是同一的。能否处理好"单数的债权"和"复数的程序"间的紧张关系，是二元模式能否畅行无碍的关键。司法实践中，二元模式面临的问题可分为两类：当债务人只有一个债权人时，需要明确债权人开启一个程序后是否还能启动另一程序，两程序是否相互影响、如何互相影响，这是一个纯粹程序层面的问题；当债务人有多个债权人时，很可能出

---

① 参见黄薇主编《中华人民共和国民法典合同编释义》，法律出版社，2020，第175页。
② 如《强制执行法草案（第六稿）》（248条版）第177~187条、《强制执行法草案（第六稿）》（445条版）第334~346条规定了对一般债权的执行规则；《民事强制执行法草案（2019年9月征求意见稿）》第179~190条同样专节规定了对一般债权的执行规则。

现部分债权人提起代位权诉讼、部分债权人选择债权执行的情况，此时不仅需要协调两种程序之间的关系，还需要确定多个债权人的受偿顺位和受偿比例，解决次债权的实际归属问题，可谓程序问题与实体问题交织。基于上述不同，下文区分单一债权人和多数债权人，分别进行讨论。

（一）仅有单一债权人：程序选择与程序协调

当"三角债"关系中只存在一个债权人时，原则上债权人任选代位权诉讼或债权执行中之一就能实现自己的利益。个别情况下，因两程序的要件不能同时满足而不存在程序选择问题。首先，当债权人尚未就自己的债权取得执行依据时，只能尝试提起代位权诉讼，不能启动债权执行。其次，如果债务人已对次债务人提起了诉讼或仲裁，并就次债权获得了生效法律文书，此时根据《最高人民法院关于适用〈中华人民共和国合同法〉若干问题的解释（一）》（以下简称《合同法解释（一）》）第13条第1款，不构成债务人怠于行使其债权的情形，债权人行使代位权的条件并不成就。司法实践中多数法院都持该观点。① 也有个别法院认为，"该条规定的'诉讼方式或者仲裁方式'，既包括提起诉讼或仲裁，也包括对诉讼或者仲裁结果的执行"，因为若是次债务人未履行生效法律文书确定的义务，债务人又拒绝申请强制执行，债务人的财产并未增加，仍然会对债权人造成损害。② 由于《民诉法解释》第499条第3款规定在次债权经生效法律文书确认的，次债务人的异议无效，这种情况下债权人完全可以在对债务人取得胜诉判决后通过启动债权执行程序实现债权。③ 尽管《合同法解释（一）》已于2020年废止，实务中债权人欲在上述情况下行使代位权仍有相当困难。

---

① 参见广东省广州市中级人民法院（2019）粤01民终2898号民事裁定书；四川省彭州市人民法院（2019）川0182民初1896号民事裁定书；山东省德州市中级人民法院（2017）鲁14民终32号民事判决书。
② 参见湖北省高级人民法院（2018）鄂民终574号民事判决书。
③ 极其例外的情况是，虽然次债权经判决或仲裁确认，但次债务人主张次债权已清偿、免除、逾执行时效等判决基准时之后的事实。由于生效法律文书不判断既判力基准时之后的事实，故应对《民诉法解释》第499条第3款做限缩解释，例外地允许次债务人主张上述异议。

需要协调代位权诉讼和债权执行关系的情况主要发生于债权人先就针对债务人的诉讼取得胜诉判决时，此时代位权诉讼和债权执行的程序前提都满足。债权人理论上存在申请执行次债权、提起代位权诉讼、同时申请执行次债权和提起代位权诉讼三个可能。上述程序路径是否合法，司法实践中观点不一。

有法院认为，债权人就主债权取得执行依据后，不应再提起代位权诉讼。在"交通银行股份有限公司宁波分行与芜湖市国土资源局等债权人代位权纠纷案"[①]中，债权人交通银行宁波分行持有的主债权已经调解书确认，但尚未执行到位。一审法院认为，交通银行宁波分行的债权在经过调解书确认的情况下，就同一笔债权向次债务人提起代位权诉讼，有违"一事不再理"规则，会出现债权重复受偿的问题。并进而认为，"交通银行宁波分行的涉案债权，可以通过执行程序，实现权利救济"。因此裁定驳回了债权人交通银行宁波分行的起诉。后者不服一审裁定并上诉至最高人民法院。最高人民法院的裁判观点与之相反，其认为债权人对债务人主张债权，与其对次债务人主张的代位权并非同一权利，三方争议的也并非同一法律关系，不构成同一诉讼标的，不能适用"一事不再理"规则。此外，二审裁判指出，"只有经过执行程序，债务得到清偿以后，债权债务关系才在双方当事人之间消灭，否则债权依然存在"。这一改判的核心观点是，在主债权实际受偿之前，债权人既有权提起代位权诉讼，也有权申请强制执行次债权。

更多法院在裁判中采取了折中处理的方案，但具体做法各有不同。在"周某某与张某某、福建鸿图房地产开发有限公司债权人代位权纠纷案"[②]中，二审法院认为，"为避免造成当事人讼累，一审法院应在审理本案代位权诉讼的同时，要求债权人周某某提出代位执行申请，根据代位执行过

---

① 参见最高人民法院（2012）民二终字第3号民事裁定书。同类型案件包括：山西省临汾市中级人民法院（2019）晋10民终3051号民事裁定书；西藏自治区高级人民法院（2016）藏民申91号民事裁定书；河北省石家庄市中级人民法院（2018）冀01民终11428号民事裁定书；福建省莆田市中级人民法院（2018）闽03民再6号民事裁定书；浙江省嘉兴市中级人民法院（2017）浙04民终671号民事裁定书等。

② 参见福建省三明市中级人民法院（2018）闽04民终713号民事裁定书。

程中的具体情况确定本案代位权诉讼是否继续进行"。在"沈某某等诉泗洪县广厦建筑安装工程有限公司等代位权纠纷案"① 中，二审法院则认为，在债权人与债务人之间的案件中止或者终结执行时，债权人有权向次债务人提起代位权诉讼。而在"江苏省建工集团有限公司与武汉钢铁集团轧辊有限责任公司等债权人代位权纠纷案"② 中，最高人民法院在二审中认为，债权人虽有权提起代位权诉讼，但其通过两案受偿的债权总额不应超过债务人对其所负担的债务数额，次债务人于该案执行完毕后15日内向债权人支付。这似乎表明，在总额不变的情况下，债权人可以兼用代位权诉讼和债权执行。

（二）存在多个债权人：程序协调与实体分配

当债务人有多个债权人时，各债权人对于如何实现权利，可能有各自不同的安排，例如数个债权人选择分别提起代位权诉讼，其余债权人则申请执行次债权。多个诉讼与执行程序同样面临程序协调的问题。另一方面，尽管形成了多个代位权诉讼和债权执行案件，但债务人对次债务人的次债权却是唯一的，实体上各债权人通过不同程序主张的债权总额不能超出次债权本身的数额，因此面临跨越不同程序分配同一次债权的问题。次债权的实体分配问题是存在多个债权人时特有的问题。

当债务人有多个债权人时，司法实践中常见的情形是一部分债权人提起代位权诉讼前或诉讼进行中，次债权被另案执行法院冻结、次债务人接到向债权人履行的通知，此时代位权诉讼和债权执行的关系成为无法回避的问题。从代位权诉讼受诉法院的角度来看，需要考虑债权冻结和执行是否影响代位权诉讼的成立、是否影响代位权诉讼判决给付的数额。对裁判文书的检索表明，此时实践中法院对代位权诉讼主要有两类处理方式，即"判决驳回诉讼请求"和"继续审理并判决"。

法院"判决驳回诉讼请求"主要有以下情形和理由。其一，他案债权

---

① 参见江苏省宿迁市中级人民法院（2016）苏13民终1555号民事判决书。
② 参见最高人民法院（2017）最高法民终976号民事判决书。

人现已启动对债务人的强制执行程序，并向次债务人送达了执行裁定书和协助执行通知书，因此法院在本案中无法确认债权人对债务人尚能享有的债权数额，进而认为本案涉及的款项给付问题应当先行在执行程序中解决。① 其二，因他案债权人在强制执行程序中对到期债权先行申请财产保全予以冻结，且该案已进入执行程序，本案债权人行使债权人代位权已无代位债权执行基础，因此法院不予支持原告的诉讼请求。② 其三，他案债权人向法院申请强制执行后，法院冻结、提取债务人对次债务人所享有的到期债权数额已经超出了次债务人所负担的债务额。③ 其四，他案法院已经冻结债务人对次债务人享有的到期债权，即便债务人对次债务人提起诉讼并取得生效判决，其对次债务人享有的债权亦因前述冻结而无法实现，此时不构成债务人怠于行使到期债权的情形，代位权的行使条件不满足。④

法院"继续审理并判决"的情形和理由如下。其一，另案执行法院对次债务人作出的止付通知和履行通知，均因次债务人的执行异议而实际中止，且次债务人亦未自动履行。因此有法院认为，另案中的止付通知及履行通知事项并非行使次债权的法定阻却事由，也未使得债务人对次债务人的债权金额实际减少或消灭，债务人对次债务人仍然享有到期债权，不影响本案债权人代位权的成立。⑤ 其二，次债务人尚未对他案的债权执行程序提出异议，对于他案既存的协助冻结债权的执行措施，有法院认为次债务人仍有权对此提出异议，在未实际执行前，次债权债务关系并不消灭，本案债权人对次债务人代位权的成立和数额仍不受到影响。⑥ 其三，法院在审查代位权诉讼中的给付金额时，不应考虑本案裁判与判决生效前已有裁定的效力、执行的先后顺序，即本院判决无须因既有裁定而预扣部分裁

---

① 参见北京市西城区人民法院（2019）京0102民初6725号民事判决书。
② 参见湖南省长沙市开福区人民法院（2013）开民二初字第04401号民事判决书；陕西省西安市中级人民法院（2020）陕01民初46号民事判决书。有法院表示，如果债权人有证据证实债务人对次债务人另有到期债权，可依法另行主张。参见江苏省无锡市锡山区人民法院（2019）苏0205民初7175号民事判决书。
③ 参见陕西省西安市中级人民法院（2017）陕01民终6386号民事判决书。
④ 参见陕西省西安市中级人民法院（2020）陕01民终14614号民事判决书。
⑤ 参见最高人民法院（2016）最高法民申429号民事裁定书。
⑥ 参见辽宁省沈阳市中级人民法院（2017）辽01民终11065号民事判决书。

定金额。既有裁定与本案判决确认的给付金额执行的先后顺序或分配方案应由执行程序解决，不属于诉讼的审理范围。① 最高人民法院的新近裁判也持类似观点，认为《民法典》第537条体现出了兼顾代位权人保护和债权平等的法理，如果债务人资不抵债，应当将代位权的实现与参与分配、破产制度予以衔接。② 在次债务人的给付义务实际履行完毕之前，他案债权执行程序不会影响到本案代位权诉讼的进行。

如果在代位权诉讼过程中，次债务人按照执行法院的通知向债权执行申请人给付且次债权未留余额，次债务人可据此提出抗辩，实际上此时代位权人的权利基础已丧失，法院会驳回其诉讼请求。③ 有法院将该情形视为代位权诉讼的固有风险，理由在于代位权诉讼周期长，到期债权的数额在诉讼过程中可能发生变化，如可能因债务人的其他债权人申请强制执行而相应减少。④ 当然，如果次债权经债权执行后还有余额，则代位权人还能对该余额提出请求。个别法院持有相反观点，认为已有债权人在先提起代位权诉讼后，能够排除其他债权人在他案债权执行程序中对同一笔债权做出的冻结扣划行为，应当由受理代位权诉讼的法院取得对该笔债权的处置权，再由各债权人按比例受偿。⑤

此外，在实体层面需要回答，如果代位权诉讼的进展先于其他债权人的债权执行，在代位权判决已生效但未执行到位的情况下，其他未提起代位权诉讼的债权人是否还能通过债权执行程序实现债权？有法院认为，债权人通过代位权诉讼的生效民事判决，取得对到期债权的给付请求权，而非返还请求权，因此债权人对该到期债权享有的并非所有权，不足以排除强制执行。如果债务人的财产不足以清偿全部债权而未进入破产程序，分别进行诉讼或执行程序的债权人如何分配次债权额，该法院认为应适用《民诉法解释》中关于企业法人未申请破产、适用查封优先受偿分配的规

---

① 参见湖北省武汉市中级人民法院（2018）鄂01民初2944号民事判决书。
② 参见最高人民法院（2020）最高法民再231号民事判决书。
③ 参见广东省深圳市宝安区人民法院（2016）粤0306民初25246号民事判决书。
④ 参见江苏省高级人民法院（2017）苏民再91号民事判决书。
⑤ 参见江苏省镇江市中级人民法院（2020）苏11执复78号执行裁定书。

则，由查封在先的债权人优先受偿次债权。①

实际上相较于程序协调问题，实体分配问题会对债权人的利益实现产生更大影响。在当下的司法实践中，由于部分法院在两种程序并行时简单地"判决驳回诉讼请求"，相当数量的实体分配问题被遮蔽了。多个选择债权执行的债权人分别在各自的执行程序中申请执行同一次债权，也存在分配顺位如何确定的问题。

四 二元模式的司法适用

二元模式本质上提供了代位权诉讼和债权执行两种实现权利的程序工具，但在实体层面作为受偿的标的指向同一次债权。围绕同一笔次债权进行代位权诉讼和债权执行，最终将产生超过次债权额求偿（次债务人超额给付）的问题。因此，优化二元模式的"牛鼻子"就是解决单数的、有限的实体债权和复数的、可组合的程序选择权之间的矛盾。在程序层面，需要确定债权人在不同情况下程序选择的合法性，并厘定"两程序并行"的边界、提出应对超额给付的解决方案；在实体层面，需要解决多个债权人针对同一次债权进行求偿时的实体分配问题，特别是探寻《民法典》中相关规范的意旨。

（一）单一债权人的程序适用

当债务人仅有一个债权人时，该债权人在主债权和次债权均到期时，可以通过代位权诉讼主张权利；当对主债权取得执行依据（通过诉讼、仲裁、公证等方式）且次债权到期时，既满足代位权行使条件，亦可申请债权执行，此时即产生二元模式如何适用的问题。首先需要回答，在有债权执行可用的情况下，债权人提起代位权诉讼是否合法，是否构成重复起诉或欠缺诉的利益；如果合法，同一债权人开启的代位权诉讼和债权执行程序应如何协调。

---

① 参见上海市第一中级人民法院（2019）沪01民终240号民事判决书。

1. 代位权诉讼的合法性

前文对裁判文书的梳理表明，有法院认为债权人在已经对债务人取得胜诉判决的情况下，再对次债务人提起代位权诉讼构成重复起诉，法院受理代位权诉讼可能会使债权人就同一权利获得两份判决，最终获得超额给付。尽管这不是裁判实务中的主流立场，但也有必要予以回应和澄清。

判断是否构成重复起诉，应当适用《民诉法解释》第247条，审查前后诉的当事人、诉讼标的、诉讼请求是否"三同"或当事人、诉的客体（诉讼标的和诉讼请求本质上都是在诉的客体范畴）是否"两同"。司法实践中，代位权诉讼中一般以次债务人为被告、债务人为第三人，或以债务人、次债务人为共同被告。① 当债权人仅起诉次债务人时，两诉主体显然不同；当债权人将债务人和次债务人列为共同被告时，前后两诉的主体呈包含关系，通说亦认为这种包含关系亦不构成重复诉讼。②

代位权诉讼的诉讼标的素有争议。通说认为代位权本身就是一种实体权利，代位权诉讼的标的就是代位权；③ "诉讼担当说"则将代位权诉讼理解为债权人代位行使债务人的次债权而起诉，即债权人因诉讼担当而获得诉权，故认为诉讼标的还是次债权债务关系；④ 亦有"双诉讼标的说"，认为代位权与次债权债务关系都是代位权诉讼的诉讼标的。⑤ 不过，在重复诉讼问题上，诉讼标的的不同并无影响。债权人与债务人诉讼的诉讼标的是主债权法律关系，与"代位权说""诉讼担当说""双诉讼标的说"下代位权诉讼的诉讼标的均不同。当然，主债权诉讼对主债权效力和数额的判定，可能会对代位权诉讼中相关事实的认定产生预决效力，但这与重复诉讼显然不是一回事。诉讼请求层面，主债权诉讼的诉讼请求是债权人针对债务人的相对性请求，而代位权诉讼中，债权人提出的是超越相对性

---

① 参见最高人民法院民法典贯彻实施工作领导小组主编《中华人民共和国民法典合同编解与适用（一）》，人民法院出版社，2020，第504页。
② 参见最高人民法院修改后民事诉讼法贯彻实施工作领导小组编著《最高人民法院民事诉讼法司法解释理解与适用》，人民法院出版社，2015，第634页。
③ 参见韩世远《合同法总论》（第4版），法律出版社，2018，第436页。
④ 参见吴英姿《代位权确立了民诉法怎么办——债权人代位诉讼初探》，《法学》1999年第4期。
⑤ 参见赵钢、刘学在《论代位权诉讼》，《法学研究》2000年第6期。

关系的直接求偿请求，故它们在诉讼请求层面也没有重复或互相否定之处。

因此，无论是在诉的主体层面还是在诉的客体层面，代位权诉讼都不与主债权诉讼构成重复诉讼。部分法院否定代位权诉讼合法性的理由是认为债权人可通过执行程序实现债权，从而不具备提起代位权诉讼的必要性。这是因为，直观来看执行程序相较于诉讼程序能更简单高效地实现权利，且代位权诉讼胜诉后一般仍要通过执行程序实现胜诉判决。债权人能够启动债权执行，是否意味着其不再具有提起代位权诉讼的利益？

诉的利益又称权利保护必要性，用于界定纠纷有值得民事诉讼制度救济的必要。传统理论并未将执行程序与诉的利益联系起来。[①] 但受赋予强制执行力的公证债权文书可诉性的启发，新近有研究指出，当权利可以借助强制执行程序实现时，对这一权利的诉讼就欠缺诉的利益，即"执行力阻却诉的利益"。[②] 债权人就债权起诉的诉讼请求是要求债务人给付，而赋强公证债权文书本就可以直接申请法院执行，因此债权人的起诉并无必要性，即债权人缺乏诉的利益。[③]

不过，"执行力阻却诉的利益"并不适用于代位权诉讼和债权执行的关系。从形式上看，"执行力阻却诉的利益"适用于同一客体，即同一实体权利上执行力（可执行性）和诉的利益（可诉性）不能并存。代位权诉讼的对象是代位权，而债权执行的对象是次债权，二者是不同的实体权利，不能以次债权的可执行性否定代位权的可诉性。更重要的理由在于，此时债权人能够启动的债权执行程序是"不完全的执行程序"。根据《民诉法解释》第499条的规定，申请执行人（债权人）可以向执行法院申请冻结次债权（第1款），却未必能获得次债务人的给付，因为一旦次债务人对到期债权提出异议，法院就不予执行（第2款）。可见，债权执行中债权人可以无条件地冻结到期债权，却只能有条件地获得次债务人的给

---

① 参见邵明《论诉的利益》，《中国人民大学学报》2000年第4期。
② 参见黄忠顺《论执行力对诉的利益的阻却——以公证债权文书为中心的分析》，《法学论坛》2016年第4期。
③ 与之相反，赋予强制执行力的公证债权文书的债务人起诉请求债务不成立或已消灭，总是有诉的利益。

付——只要次债务人提出异议，债权执行就会"无疾而终"。债权执行的"不完全性"决定了它无法确定地使债权人受偿，也就无法阻却债权人提起代位权诉讼的利益。因此，就主债权获得执行依据的债权人提起代位权诉讼仍有权利保护的必要性、符合诉的合法性要件。

2. 协调代位权诉讼和债权执行的关系

确认债权人提起代位权诉讼的合法性，也就意味着债权人取得执行依据后，既可以选择债权执行，亦可选择提起代位权诉讼。债权人"二选一"是司法实践中的多数状态，同时也有债权人两种程序兼用之，尽管这是少数情况，但仍有必要予以澄清。

首先，两程序能否并行要考虑债权执行所处的阶段。《民诉法解释》第499条规定的债权执行是"不完全的执行程序"，只要次债务人提出适格的异议，债权执行将"无疾而终"。此后，债权人应当通过也只能通过代位权诉讼来实现受偿，此时代位权诉讼实际上是债权执行的后段程序，发挥着德日强制执行法上"收取之诉"的功能。[①] 因此，当债权执行因次债务人异议终结或行将终结时，债权人就可以提起代位权诉讼。与之相反，次债务人接到履行通知后不持异议并向债权人给付的，求偿程序即告完成，不需要也不能够提起代位权诉讼。总而言之，代位权诉讼是未果的债权执行的后段程序，得以成功受偿的债权执行则与代位权诉讼互斥。

两者关系的难点在于债权执行"状态未定"时程序并行的处理。例如，债权人已申请冻结次债权，但执行法院对次债务人的履行通知尚未送达，或尚在履行通知送达后15日的异议期内。一方面，由于次债务人是否提出异议尚未确定，能否通过债权执行实现受偿也就不能确定，债权人提起代位权诉讼有诉的利益。另一方面，只有在次债务人在履行通知指定的15日期限内既不异议亦不履行的，才能对其强制执行，才能对次债务人的财产采取保全、执行措施。[②] 在"状态未定"的情况下，债权人对次

[①] 代位权诉讼"代行"收取之诉的争议和反思，见庄加园《初探债权执行程序的理论基础——执行名义欠缺的质疑与收取诉讼的构造尝试》，《现代法学》2017年第3期。

[②] 《最高人民法院关于人民法院执行工作若干问题的规定（试行）》（法释〔2020〕21号）第49条："第三人在履行通知指定的期限内没有提出异议，而又不履行的，执行法院有权裁定对其强制执行。此裁定同时送达第三人和被执行人。"

债务人转移财产的行为是无能为力的。此时允许债权人提起代位权诉讼，能填补上述漏洞。代位权诉讼是以次债务人为被告的诉讼，债权人完全可以在代位权诉讼中申请诉前或诉中的财产保全，以查封次债务人的财产来保障债权能够得以实现。[①] 换言之，在债权执行"状态未定"的情况下，债权人提起代位权诉讼才能保全次债务人的财产。基于代位权诉讼附带的"保全效果"，允许在债权执行"状态未定"时提起代位权诉讼，对保护债权具有实益。

不过，代位权诉讼与债权执行并行并不意味两程序将互不影响地进行。如果债权人既获得了胜诉的代位权判决，又在债权执行中获得了直接履行，则可能发生债权人对次债务人的不当得利，即产生债权人双重受偿和次债务人超额给付问题。协调两者关系的稳妥办法是中止代位权诉讼，等待债权执行的结果；如果债权执行成功，则代位权诉讼因次债权消灭而丧失代位权要件，法院应释明原告撤诉或驳回其诉讼请求；如果次债务人提出异议而债权执行无果，则代位权诉讼保全次债务人责任财产的优势得以发挥，代位权诉讼应继续进行直至作出判决，债权人通过执行胜诉的代位权判决获得受偿。法院中止诉讼的依据可考虑准用《民事诉讼法》第153条第5项"本案必须以另一案的审理结果为依据，而另一案尚未审结的"，等待债权执行"水落石出"，再作出代位权判决。另外，"中止诉讼"的做法也能等待对债务人除次债权之外的其他财产的执行，便于在计算可代位数额时正确扣减已清偿的债权数额。

类似地，债权人先提起代位权诉讼、后尝试债权执行亦应以"中止诉讼"为处理原则。这在操作上也不存在障碍：即使是诉讼在先，次债务人在受到债权人的双重追索时，出于避免超额给付的目的，会在代位权诉讼中提出被执行追索之抗辩；受诉法院查明相关事实后，应裁定中止代位权诉讼，等待债权执行的结果再作出判决。个别情况下，次债务人在债权执行程序中向债权人履行后，可能因诉讼进程又在代位权诉讼中被判决代位

[①] 参见韩世远《债权人代位权的解释论问题》，《法律适用》2021年第1期。

清偿。① 如果次债务人在债权执行和代位权判决执行中两次向债权人给付，在实体上构成不当得利，次债务人可在重复给付前提出作为给付之诉对立面的被执行人异议（之诉），② 在重复给付实际发生后可提起不当得利返还之诉。

3. 小结

在债务人仅有单一债权人时，如果债权人尚未就主债权取得执行依据，则只能通过代位权诉讼实现受偿；如果已经取得执行依据，则可以自由选择提起代位权诉讼或债权执行；尽管债权执行比代位权诉讼更简便，但债权人提起代位权诉讼仍合法，不构成重复起诉且具有诉的利益；如果债权人既提起代位权诉讼，又开启债权执行，则原则上应裁定中止代位权诉讼，等待债权执行结果再作出判决。个别情况下，如果次债务人被债权人通过两程序重复追索，则应通过被执行人异议（之诉）或不当得利返还之诉矫正得利关系。

（二）多个债权人的程序适用和实体分配

当债务人有多个债权人时，各债权人可能都希望能以次债权来清偿自己的债权。不过二元模式下各债权人的程序选择不同：有的可能倾向于提起代位权诉讼，彻底地获得给付判决依据；有的可能倾向于申请债权执行，以求快速简便地获得清偿。不论各债权人的选择如何多样，他们求偿的实体基础都是同一次债权，各债权人的权利主张存在"此消彼长"的关系，不可能全部得到满足。《民法典》第 537 条第 2 句针对代位权诉讼追索的次债权被采取保全、执行措施的情况作出规定，是协调代位权诉讼和债权执行关系的实体规范。本文将按照"先程序，后实体"的分析方法，先分析多个诉讼与执行程序间的关系，再探寻各债权人之间实体分配的规则。

---

① 例如在代位权诉讼一审时尚未启动债权执行，一审法院据此支持代位权主张；但在二审过程中，债权人通过债权执行获得了受偿，此时二审法院可能不会改判一审判决，债权人仍能获得有效的代位权诉讼判决。

② 参见金印《论债务人异议之诉的必要性——以防御性司法保护的特别功能为中心》，《法学》2019 年第 7 期。

1. 代位权诉讼与债权执行的程序关系

当债务人存在多个债权人时，各债权人可能各自选择代位权诉讼或债权执行寻求受偿，此时程序选择的多元性与实体次债权的一元性之间的紧张关系最为明显。各个债权人独立开始的诉讼和执行程序之间如何互相制约、互相影响，需要考量多种因素。

首先，从诉讼与执行并行的发生机制来看，债权人的法律地位和权利状态的不同是代位权诉讼和债权执行并行的客观成因。各债权人所持债权的状态各异，部分债权人可能尚未起诉债务人、获得胜诉判决，他们只能选择提起代位权诉讼，但同时已取得执行依据的其他债权人完全可以通过债权执行来受偿。各债权人对实现权利的要求也各有侧重，有的债权人追求实现权利的彻底性而选择代位权诉讼，有的债权人则希望先冻结次债权容后再收取。只要在起诉时次债权尚未全额消灭，代位权诉讼就是有利益的，即使此时因债权执行冻结次债权，亦不影响代位权诉讼之提起；债权执行程序亦不会因代位权诉讼而终结，因为对执行标的的另案诉讼并不能阻却本案执行。① 因此，对次债权出现两种方式的追索，是二元模式下难以避免的现象。

其次，《民法典》第 537 条第 2 句支持代位权诉讼和债权执行可以并行。该句的适用条件是"债务人对相对人的债权或者与该债权有关的从权利被采取保全、执行措施"，这意味着，《民法典》虽然未规定债权执行制度，但充分考虑到了债权执行对代位权诉讼的影响，允许其他债权人通过另案保全、执行次债权来阻止代位权人"直接受偿"。换言之，第 537 条第 2 句是以代位权诉讼和债权执行并行为前提而制定的，旨在从实体效果的层面来协调分别选择代位权诉讼与债权执行程序的债权人的利益。② 因此，《民法典》对多个债权人分别选择代位权诉讼和债权执行持肯定态度，代位权诉讼并不会使次债权免于保全或执行。

---

① 参照适用《最高人民法院关于人民法院办理执行异议和复议案件若干问题的规定》（法释〔2020〕21 号）第 26 条第 2 款："金钱债权执行中，案外人依据执行标的被查封、扣押、冻结后作出的另案生效法律文书提出排除执行异议的，人民法院不予支持。"

② 参见黄薇主编《中华人民共和国民法典合同编解读》（上册），中国法制出版社，2020，第 261~262 页。

在有多个债权人时协调代位权诉讼与债权执行的关系，与单一债权人时有较大不同。在债务人仅有一个债权人时，诉讼和执行都是服务于同一个债权人的利益，中止代位权诉讼、等待债权执行结果的做法具有正当性；有多个债权人时，代位权诉讼和债权执行分别服务于不同债权人的利益，以债权人 A 申请债权执行为由中止债权人 B 的代位权诉讼，缺乏正当性。债权具有平等性，债权的代位实现也应当具有平等性，一个债权人通过债权执行实现受偿，并不能阻止或延缓其他债权人通过代位权诉讼求偿。因此，存在多个债权人时，不能再采取中止代位权诉讼、等待债权执行结果的协调方案。面对多个求偿之和可能超过次债权本身数额的情况，应考虑合并可以合并的程序，不能合并的则通过被执行人异议（之诉）在后端解决。

多个债权人的代位权诉讼可以合并。虽然各债权人的代位权是独立的，但它们的基础仍是同一次债权，因此多个债权人同时或几乎同时提起代位权诉讼时，受诉法院可以合并审理，在判决中按比例确认各债权人可以受偿的数额，这可以避免一部分的超额给付。[①] 而多个债权执行的本质是多个申请执行人"争夺"同一执行标的物，按照执行程序的"优先主义"，[②] 各债权人对次债权"先到先得""分完为止"，也不存在超额给付的问题。实践中超额给付多发生于部分债权人获得代位权判决、部分债权人申请债权执行的情况。例如，债权人 A 在提起代位权诉讼时，债务人尚对次债务人享有 10 万元的到期债权，法院也基于此判决次债务人直接向 A 给付 10 万元；但在 A 申请执行代位权判决时，发现另一债权人 B 通过债权执行从次债务人处受偿 2 万元。此时 A 得以受偿的数额因"债权消灭等执行依据生效之后的实体事由"而减少，次债务人可以主张部分剥夺 A 的代位权判决的执行力，经执行法院裁定后，甲只得就 8 万元而非 10 万

[①] 《合同法解释（一）》第 16 条第 2 款之规定，"两个或者两个以上债权人以同一次债务人为被告提起代位权诉讼的，人民法院可以合并审理。"虽然该司法解释已被废止，但合并审理针对同一次债权的代位权诉讼的做法是正确的。

[②] "先到先得"原则的优势和在我国的确立历程，见肖建国主编《民事执行法》，中国人民大学出版社，2014，第 41 页以下。

元获得强制执行。① 目前次债务人应根据2020年《最高人民法院关于人民法院办理执行异议和复议案件若干问题的规定》第7条第2款提出被执行人异议，未来则应该以被执行人异议的审判程序来完成上述实体判断。② 判决不能全部或部分得到执行的原因在于嗣后实体法律关系的变化而非代位权诉讼的错判，故不能以再审等纠错程序剥夺执行力。③

总而言之，存在多个债权人时，各债权人仍有选择代位权诉讼或债权执行的自由，且原则上各程序互不干扰，中止代位权诉讼等待债权执行的方案缺乏正当性。部分情况下难以避免的次债务人超额给付问题，应通过被执行人异议（之诉）剥夺判决执行力来解决。

2.《民法典》第537条第2句的实体分配规则

债权本身是一种财产性权利，与其他责任财产一样有被保全和执行的可能。当次债权同时受到代位权诉讼和债权执行的追索时，谁能实际受偿是二元模式下最重要的实体问题。《民法典》第537条第2句"依照相关法律的规定处理"将这一问题的答案指向保全、执行、破产规范，下文将对第537条第2句的适用效果进行类型化的界定。

首先，需要明确对次债权采取保全、执行措施的法律效果。这里的保全、执行措施即是指对次债权的查封（冻结）。④ 次债权查封的法律后果首先要适用普通财产查封的规则，即被执行人（被保全人）丧失对次债权的处分权，不得再将该债权转让，否则构成无权处分。同时，普通财产一般通过出卖变价，而次债权作为财产性权利，还可通过次债务人清偿变价，因此查封还具有禁止次债务人向债务人清偿的功能。《民诉法解释》

---

① 二元模式下代位权判决经常因次债权在债权执行中清偿、消灭而无法执行，但这并不影响代位权诉讼的合法性，因为"判决不能执行并非诉的利益的判断标准"。参见邵明《民事诉讼法学》（第2版），中国人民大学出版社，2016，第46页。

② 以执行行为异议处理该类事由，是在缺乏被执行人异议之诉制度下的权宜之计。参见庄诗岳《论被执行人实体权利救济的路径选择》，《河北法学》2018年第10期。

③ 参见金印《论债务人异议之诉的必要性——以防御性司法保护的特别功能为中心》，《法学》2019年第6期。

④ 执行措施包括查封（冻结）和变价（履行）两类，这里的查封、执行措施显然不包括变价（履行），因为变价（履行）后次债权消灭，代位权失去实体基础而不再成立，也就不需要协调二者关系了。

第499条将执行程序中对次债权的查封称为冻结，冻结的法律效果是禁止次债务人向债务人清偿，次债务人坚持向债务人清偿的，次债权不因该清偿而消灭。简言之，查封（冻结）次债权的法律效果，对债务人而言是禁止将次债权再行处分，对次债务人而言是禁止其向债务人履行。

稍显复杂的是查封次债权对查封人的法律效果。大陆法系认为对债务人财产的查封将产生法定优先权性质的"查封质权"，查封人相对于其他普通债权人优先受偿。[1] 目前我国未从实体法的角度规定查封人的优先权，而是规定由"执行法院采取执行措施的先后顺序受偿"，在一个债权人查封之后，其他债权人不能再次查封但可以"轮候查封"。首查封和轮候查封制度实际上和查封质权制度一样承认了查封人的优先顺位。[2] 对次债权的查封亦应遵循这一原理：对次债权成功申请查封的债权人优先于未申请查封的普通债权人，除非该债权人本来就对次债权有优先受偿权（如《民法典》第445条的应收账款质押）；次债权被查封后，其他债权人还可以申请轮候查封，在首查封法院处置后仍有余额的情况下依次受偿。因此，查封次债权的法律效果，对查封人而言是形成优先地位，查封人和轮候查封人按照查封顺序依次受偿。

查封次债权的法律效果间接作用于代位权诉讼，从而决定了选择不同程序路径的债权人的实体受偿地位。代位权的行使基础之一是次债权的完整有效，次债权被冻结意味着次债务人也不能向代位权人清偿，因此代位权人不能像在次债权未被查封时一样获得给付判决。不过，查封次债权亦不可"拔高"为次债权消灭而径行判决代位权人败诉，查封未来亦有解除的可能性，故次债权被查封应属"一时之抗辩"而非"永久之抗辩"，法院应作出附条件的给付判决。如果查封一直未解除，则各债权人的实体受

---

[1] 查封质权是一种法定优先权。查封人优先于普通债权人、劣后于先前在财产上以法律行为设定担保物权的债权人受偿。另外，大陆法系保全和执行法允许对同一财产多次查封，分配该财产变价时先设立的查封质权优先于后设立的查封质权受偿。参见〔德〕奥拉夫·穆托斯特《德国强制执行法》，马强伟译，中国法制出版社，2019，第130页。

[2] 在查封产生的优先顺位问题上，并不区分基于保全的查封和基于执行的查封。参见刘贵祥、赵晋山、葛洪涛《〈关于首先查封法院与优先债权执行法院处分查封财产有关问题的批复〉的理解与适用》，《人民司法》（应用）2016年第19期。

偿顺序应如下安排：债权执行法院向次债务人发出履行通知，次债务人选择直接向查封人履行的，则该债权执行即告成功；次债务人不按时提出异议或异议不适格①的，将裁定追加次债务人为被执行人进行强制执行；次债务人适时适格提出异议的，则法院不得对次债务人执行，债权执行即告失败。对次债权的首查封人的债权执行结束后，紧随其后的轮候查封转为正式查封，继续进行上述债权执行程序。所有轮候查封转正式查封的债权执行完毕后，如果次债权仍有余额，则执行代位权判决。在债权执行法院和代位权判决执行法院不一致的情况下，可能出现次债务人超额给付的问题，此时应遵循上述实体受偿顺序关系，由被执行人异议（之诉）和不当得利返还之诉矫正次债务人和代位权人之间的得利关系。

因此，《民法典》第537条第2句中的"保全、执行措施"具有强大的效力，其决定各债权人的受偿顺位如下：查封次债权的债权人＞轮候查封次债权的债权人＞提起代位权诉讼的债权人。可见，在次债权数额小于各债权人债权总额时，选择代位权诉讼的债权人往往不能得到受偿，这是代位权的"固有风险"的制度来源。

债务人破产时，各债权人间的实体受偿关系则不同。破产又称"一般执行"，以债权人平等受偿为价值取向。当债务人进入破产程序后，对各债权人的个别清偿终止，代位权诉讼和债权执行亦应终止。具体而言，《破产法》第19条要求在破产申请受理后解除财产保全和中止执行，故应解除对次债权的查封；《破产法》第20条要求中止诉讼并由破产管理人接管，由于代位权诉讼的本质仍是个别清偿，债务人只会因代位权判决而失去财产，故代位权诉讼应终止。换言之，破产意味着选择代位权诉讼和债权执行的各债权人"被拉回同一起跑线"，各债权人都

---

① 《民诉法解释》第499条第3款规定，"对生效法律文书确定的到期债权，该他人予以否认的，人民法院不予支持"，如果在执行法院发出履行通知时其他债权人提起的代位权诉讼已产生生效判决，则代位权判决会在判决理由中确认次债权存在，此时次债务人的异议无效，即代位权人提起代位权诉讼反倒帮助了其他债权人通过债权执行优先受偿。最高人民法院官方释义书亦未限定这里的生效法律文书只能是债务人起诉次债务人诉讼判决。参见沈德咏主编《最高人民法院民事诉讼法司法解释理解与适用》（下），人民法院出版社，2015，第1326页以下。

应向破产管理人申报债权，而次债权也会被作为破产财产。次债务人应向破产管理人清偿后，破产管理人再将受偿所得归入破产财产，对各债权人平等分配。

另外，破产中的平等受偿还能辐射到破产前6个月。代位权诉讼和债权执行都是要求次债务人直接向债权人清偿，但该清偿会使次债权消灭，即《民法典》第537条第1句的"债权人接受履行后，债权人与债务人、债务人与相对人之间相应的权利义务终止"。因此，代位权诉讼和债权执行都会使债务人的财产（次债权）减少，故应适用《破产法》第32条个别清偿撤销之规定，撤销发生于破产申请受理前6个月内的代位权诉讼和债权执行，使上述债权人的受偿所得归于破产财产，由全部债权人平等受偿。通过代位权诉讼和债权执行受偿一般有法律裁判文书为基础。虽然司法解释规定有生效法律文书为基础的个别受偿不得撤销，① 但有裁判文书为"背书"亦不能改变其个别清偿的性质，司法解释当属错误规定，破产管理人仍有权行使撤销权，以维持破产程序的平等受偿原则。

3. 小结

当债务人存在多数债权人时，基于各债权人不同选择产生的代位权诉讼或债权执行原则上并行不悖。多个诉讼或执行程序引发的次债务人超额给付的问题，应由被执行人异议（之诉）解决。《民法典》第537条第2句解决代位权诉讼和债权执行并存时的实体受偿问题，它将规则转引到奉行优先主义的保全和执行法、奉行平等主义的破产法。基于查封次债权的法律效果，代位权人一般劣后于对次债权采取保全、执行措施的债权执行人受偿；债务人破产时次债权归入破产财产，由各债权人平等受偿。

---

① 《最高人民法院关于适用〈中华人民共和国企业破产法〉若干问题的规定（二）》（法释〔2020〕18号）第15条："债务人经诉讼、仲裁、执行程序对债权人进行的个别清偿，管理人依据企业破产法第三十二条的规定请求撤销的，人民法院不予支持。但是，债务人与债权人恶意串通损害其他债权人利益的除外。"这一规定认为诉讼、仲裁、执行可以使个别清偿的瑕疵得到补正，在缺乏法律依据的情况下增设了个别清偿撤销的例外，扭曲了实体法与程序法的关系。

五 结语

代位权诉讼与债权执行并存的二元模式是我国民事立法的一大传统，二者在解决"三角债"问题、实现债权人受偿方面有相同的功能。过去对二元模式的正当性有争论，但基于法理和实定法的考察表明，二元模式在我国还将长期存在下去。在此背景下，研究视点应转向二元模式的优化与完善，建构代位权诉讼与债权执行的衔接规则。当债务人仅有单一债权人时，其同时进行代位权诉讼和债权执行应受限制；有多个债权人时，代位权诉讼或债权执行则并行不悖。多个程序带来的超额给付问题需用被执行人异议（之诉）解决。《民法典》第537条第2句从实体层面协调代位权和债权执行的关系，其承认了他案保全、执行或者破产程序的效力，否认代位权人的优先受偿地位，将各债权人的受偿顺位问题交奉行优先主义的强制执行法解决，但在债务人破产时由各债权人平等受偿。未来"民事强制执行法"在规定债权执行时应充分考虑代位权诉讼和债权执行的关系，并与《民法典》的规定形成良好衔接。

安宁疗护的正当性及实施条件[*]

汪志刚　陈传勇[**]

内容提要：安宁疗护本质上是一种旨在达到病患所想要的生活方式的临终医疗照顾模式，将安宁疗护中所发生的放弃维生医疗乃至整个安宁疗护定性为消极安乐死或尊严死并不妥当。患者基于其依法享有的医疗自主权，应有权拒绝维生医疗，医方基于患方的有效同意放弃对末期患者实施维生医疗并不构成医助自杀，也未违反医生的紧急救治义务和生命伦理，反倒可以更好地践行相关生命伦理。安宁疗护的实施应以患者已属疾病终末期患者且患方已对此明确表示了有效同意为条件，其中所述的疾病终末期患者应是指罹患重大疾病，经医生诊断为不可治愈和不可逆转，不管是否施予维生医疗，都将会于近期内死亡者。未来我国立法应对安宁疗护的实施条件作出更为明确的规定。

关键词：安宁疗护　放弃维生医疗　安乐死　疾病终末期患者　医疗拒绝权

安宁疗护作为一种主要针对末期患者实施的缓和医疗，一般都同时包

---

[*] 本文系国家社科基金一般项目"我国安宁疗护法律制度体系的构建研究"（19BFX138）的阶段性成果。

[**] 汪志刚，江西财经大学教授、博士生导师；陈传勇，江西财经大学法学院博士研究生、广东金融学院助教。

含了一项只要缓和医疗、不要维生医疗①的医疗措施选择。② 这一选择虽然符合缓和医疗之本旨，但由于事涉维生医疗的放弃（含不给患者实施维生医疗和终止、撤除已对患者实施的维生医疗）这一事关"生死"的医疗决定，故而在理论上和实践中难免会引起一定的争议，甚至会被认为是一种消极安乐死，一种对患者生命的放弃。而一旦事涉消极安乐死和对患者生命的放弃这一极易挑动民众敏感神经的话题，安宁疗护的试点③和推广势必会在实践中遭遇到更多的观念障碍，甚至会使其自身的正当性受到怀疑。这种怀疑和可能发生的观念障碍，在目前我国相关立法尚未对安宁疗护中的"末期患者"作出明确的定义，也未对安宁疗护的实施所需满足的法律条件作出明确规定的情况下，④更易发生。有鉴于此，同时考虑到我国民众对安宁疗护这种新型的医疗模式普遍缺乏必要的了解，本文认为，在目前我国相关立法尚不够完善，有关安宁疗护的法律讨论也不是很多的情况下，法律上完全有必要对安宁疗护的法律性质及其与消极安乐死等概念的关系展开讨论，以明晰它们之间的区别，方可在此基础上进一步阐明安宁疗护的正当性及实施条件，以便为我国安宁疗护的发展和未来相关立法的完善奠定基础。

---

① 按照我国台湾地区的"安宁缓和医疗条例"第3条和"病人自主权利法"第3条的规定，维生医疗是指任何可用来维持患者生命征象，但无任何治愈效果的医疗措施，如人工呼吸机、血液透析、化疗、注射抗生素和管饲营养支持等。广义的维生医疗除包含前述医疗措施外，理论上还应包含对末期患者实施的心肺复苏术，因为，对于末期患者来说，心肺复苏术所能起到的作用也只是维持其生命，但无任何治愈效果。有鉴于此，同时也是为便于行文，以下除有特别说明外，所述维生医疗皆指广义的维生医疗。
② 我国安宁疗护机构在为患者提供服务时，一般也都会要求患方就此做出选择。例如，广西壮族自治区质量技术监督局2017年发布的《养老机构安宁（临终关怀）服务规范》第4.2条就规定，入住关怀区的老人应答署该规范附录B所附的放弃抢救和心肺复苏同意书。该同意书所载的患者可选择放弃的医疗措施就包含维生医疗。
③ 我国的安宁疗护试点工作始于2017年，当年国家卫生计生委选定了5个全国安宁疗护首批试点地区展开试点；2019年5月，第二批全国安宁疗护试点工作在71个市（区）启动。
④ 2017年，国家卫生计生委印发的《安宁疗护中心基本标准（试行）》、《安宁疗护中心管理规范（试行）》和《安宁疗护实践指南（试行）》都没有对安宁疗护中的"末期患者"作出明确的定义，也没有对安宁疗护的实施所需满足的法律条件作出明确规定，其内容更多的是管理性的和技术操作规范性的。

一 安宁疗护的法律性质辨析

安宁疗护作为一种临终性的、非治疗性的、具有较强伦理关联性的医疗模式,虽然已经得到了世界上许多国家和地区的广泛认同和推广,[①] 但在实践发展过程中,却很容易因事涉维生医疗的放弃而被指认为是一种消极安乐死或尊严死。这种认识虽然并非毫无道理,但实际上并不准确,也不妥当。

(一) 安宁疗护不应被定性为消极安乐死

安宁疗护之所以不应该被定性为消极安乐死,原因主要在于以下几点。首先,消极安乐死作为一种以消极不作为的方式放任患者死亡的安乐死,[②] 系由行为上的不作为即放弃对患者实施维生医疗和结果上相对比较安乐的死亡(患者在死亡前可免受维生医疗之苦)共同构成。这一构成虽然从逻辑上来讲,也可以为安宁疗护所包含,但正如世界卫生组织给安宁疗护所下定义——"针对对治愈性治疗已无反应及利益的末期患者所施予之整体积极照顾,包括给予患者以疼痛控制和其他不适症状的缓解等必要医疗,同时辅之以心理、社会和灵性层面的照顾,以协助患者及其家属获得最佳的生活质量",[③] 安宁疗护在行为构成上的核心内容应为其给患者提供的"整体积极照顾"即缓和医疗,而非其未给患者提供的维生医疗和治愈性医疗。前者相对于后者,乃是安宁疗护的核心构成部分;后者相对

[①] 依学者研究,在全球234个国家和地区中,已经正式开展安宁疗护服务的约占58%,已有初步的相关能力建设活动的约占10%,无任何相关服务或活动的约占32%(See Lynch T., Connor S. and Clark D., "Mapping Levels of Palliative Care Development: a Global Update", *Journal of Pain and Symptom Management*, Vol. 45 No. 6, 2013, p. 1094)。另外,经济学人智库不定期发布的年度死亡质量指数报告也可在一定程度上反映出各国安宁疗护的发展水平。按照2015年的报告,在报告所列80个国家和地区中,中国大陆、中国香港和中国台湾分别排在第71位、第22位和第6位。

[②] 参见黄丁全《医疗、法律与生命伦理》(上),法律出版社,2015,第247页;李惠《生命、心理、情境:中国安乐死研究》,法律出版社,2011,第68页。

[③] *Cancer Pain Relief and Palliative Care: Report of a WHO Expert Committee*, World Health Organization Technical Report (Series 804), Geneva, WHO, 1990, p. 11.

于前者，只是较为次要、附属的一面，目的是辅助前者目的——协助患者及其家属获得最佳的生活质量——的实现。将前者与后者割裂开来，并依后一次要面向将安宁疗护定性为消极安乐死，不仅客观上易导致对安乐疗护核心面向的不当遮蔽，而且明显有以偏概全、误将事物的次要属性上升为主要属性之嫌，实不足为采。更何况，即便是仅从患者死亡这一最终结果来讲，将安宁疗护中的患者死亡称为消极安乐死也不妥当。因为，相对于消极安乐死，安宁疗护中的患者死亡往往更为舒适、安宁——这主要得益于缓和医疗的照顾，是一种比前者死亡质量要高的"优死"，将前者等同于后者，无异于对前者的降格以待。

其次，安宁疗护的服务对象一般仅限于预计会于近期内（一般最长不超过6个月）死亡的末期患者①并兼及其家属，而学理上通常所说的消极安乐死的适用对象并不仅限于末期患者，而是还包含了各种非末期患者，如植物人（不可逆转之昏迷状况）和重度残障者等，其服务对象一般也不包含患者家属或者不会对此作出明示。这种服务对象的不同不仅已经在一定程度上反映出了二者服务理念的不同（详见下文），而且还会直接影响到其伦理评价。因为，相对于安宁疗护中的末期患者，非末期患者的预计生存期限一般都比较长，其因放弃维生医疗所受"生存利益损失"（生存期限的缩短）一般也比较大，但所获"收益"却远不如前者（前者可因缓和医疗的实施获得更好的生命质量和更少的痛苦），甚至会因为得不到适当的医疗照顾而不得不面对痛苦的死亡或者回家等死。② 这种"损失更大、收益更小"的医疗措施选择虽然有时候也是迫于无奈，但从伦理上来讲，其能否经得起行善、不伤害和患者最佳利益原则的检验，显然是有一定疑问的，且更容易诱发伦理上的争议。正因如此，各国在处理非末期患

---

① 参见黄丁全《医疗、法律与生命伦理》（上），法律出版社，2015，第400页。
② 这在目前世界各国的安宁疗护服务能力本就十分有限，尚无力为所有罹患不可治愈疾病且又不愿接受维生医疗的非末期患者提供缓和医疗的情况下，本就是常情。在我国临床医疗实践中，许多已明显不能从重症监护中获益的患者及其家属之所以不肯放弃维生医疗，让患者转出重症监护室（按我国卫生部2009年颁布的《重症医学科建设与管理指南（试行）》第17条的规定，不能从继续加强监测治疗中获益的患者应转出重症医学科，即应转出重症监护室），主要原因之一就是这些患者一旦转出了重症监护室，其将无合适的地方可去或者无法得到良好的医疗照顾。

者放弃维生医疗的问题时，往往会表现得更为谨慎，尤其是在患者本人已无法就此表示同意时。而这本身就足以表明，将安宁疗护定性为消极安乐死，实际上是将不同伦理属性的事物混为一谈。即便如有的学者所言，可以将末期患者的消极安乐死定义为"原义的消极安乐死"，将非末期患者的消极安乐死定义为"转义的消极安乐死"，①这种原义和转义的区分也无法真正起到区分不同伦理事物的作用。更何况，依前文所述，消极安乐死之名本就无力承受安宁疗护之实——无力涵盖缓和医疗的服务内容，用前者来定性后者，无异于以一个名已不能承受其实的概念来强行嵌套另一个与之不同的事物，其牵强之态甚为明显。

再次，不管是消极安乐死，还是积极安乐死，都难逃以死亡为思考问题的原点，以"解决人"作为"彻底解决患者痛苦"的手段的本质，而安宁疗护中之所以会发生维生医疗的放弃，其根本原因并不是患者要"求死"或但求速死、一了百了，而是患者所选择的缓和医疗与维生医疗在目的上是相左的。正是这种目的上的相左决定了，放弃维生医疗只是选择缓和医疗的一个机会成本，而非安宁疗护的本质之所在。安宁疗护的本质之所在应在于其给患者提供的缓和医疗，而缓和医疗作为一种旨在增进患者及其家属生命质量的医疗服务，本身就是以"重视生命并承认死亡是一个正常过程；既不加速也不延缓死亡；提供缓解痛苦和其他不适症状的办法"为基本原则的。②正是这些基本原则决定了，安宁疗护的一个核心理念就是要立基于一种向死而生的人生态度和医疗哲学，在患者的近期死亡已不可避免的情况下，基于对患者生命价值和自主权利的尊重，通过整个医疗团队（医生、护士、社工和心理咨询师等）的合作和共同努力，通过融身心灵社于一体的全人、全家、全程、全队的"四全"照顾③来帮助患

---

① Vgl. NJW 1998, 2747, 2748.
② 除以上原则外，按照世界卫生组织的阐释，缓和医疗还应包含以下服务内容和理念："综合心理与精神层面的病患照护；提供支持系统以协助患者尽可能积极地活，直至死亡自然来临；提供支持系统以协助患者家属应对病患的疾病过程及其哀伤历程；以整个医疗团队的合作来回应患者及其家属的需求，包括有指示时提供丧亲辅导；增进生命质量，同时可积极影响疾病进程等。"Woodrugg, R., *Palliative Medicine*, Oxford University Press, 2004, p.25.
③ 参见黄丁全《医疗、法律与生命伦理》（上），法律出版社，2015，第492页。

者及其家属获得最佳的生命质量,即安宁疗护的核心意旨应在于活、"安宁地活",而非死。它既不是要让末期患者在绝望中等死,也不建议他们在追求治愈和好转的虚假希望中苦苦挣扎,更不容许他们以假安乐或彻底解除痛苦之名去求死,而是要在最小伤害和最大尊重与关怀的前提下,让他们的最后时日尽量过得舒适、安宁和有尊严,从而实现患者拟追求的生活品质。至于安宁疗护中所发生的不可归因于医生的患者死亡,则应被定性为一种安宁自然死,即其死亡并非由缓和医疗和放弃维生医疗所致,而是由患者所罹患的不可逆转的病情所致,是在摒弃了现代医疗科技对近期内必然发生的死亡的人为干预和操控——心肺复苏术是对死亡的逆转,维生医疗是对死亡的延迟——之后所发生的一种死亡,一种比传统的自然死和消极安乐死更为舒适、安宁的自然死。

最后,必须予以强调的是,将安宁疗护定性为消极安乐死,非但不能有效地表达出安宁疗护的本质,而且还会给与安宁疗护相关的一些法律问题的处理带来一些不必要的概念干扰,甚至有可能会导致将安宁疗护定性为一种积极安乐死。因为,不予维生医疗虽然属于不作为,但像拔除人工呼吸机之类的终止或撤除维生医疗的行为显然属于积极的作为——第三人若擅自为之而致患者死亡将构成刑法上的作为杀人,[1] 而非解释上通常所说的"通过作为实施的不作为"。既然是积极的作为,自然也可依积极安乐死的概念,将这种发生在安宁疗护中的终止或撤除维生医疗的行为(加上嗣后发生的患者死亡)定性为一种积极安乐死,而这显然是不妥当的。这表明,将安宁疗护强行拖拽进其本身就已经乱如麋沸、歧见丛生的安乐死议题之下,[2] 只能是人为地制造混乱,并不会给我们正确处理这里所涉的一些基本问题带来任何实益。正确的做法应是将安宁疗护与安乐死切割

---

[1] 参见〔日〕佐伯仁志《日本临终期医疗的相关刑事法问题》,孙文译,《法学》2018年第5期。

[2] 现代意义上的安乐死本身就是一个无明确法律定义、含义极为模糊的学理概念,不同的学者所定义的安乐死往往并不相同。其中,最广义的安乐死甚至可以将所有为免除患者痛苦而自主实施的终结患者生命的行为都包含进来,而不管其适用对象是不是末期患者,也不管其所实施的终结患者生命的行为是作为,还是不作为,是由医生或他人来实施的,还是由患者本人来实施的,甚至不管患方是否已对此明确表示了同意。参见黄丁全《医疗、法律与生命伦理》(上),法律出版社,2015,第244页以下。

开来，并依其所涉问题本身的性质来解决问题本身。至于消极安乐死这一概念及其与积极安乐死的区分则应被抛弃，原因主要在于以下两点。第一，消极安乐死与积极安乐死所涉问题的性质本就不同。前者所涉问题的实质是维生医疗的放弃问题，是一个受知情同意原则调整的医疗措施选择问题，而后者所涉问题已完全脱离了医疗范畴，与知情同意原则无关，而是已直接关涉生命保护这一最高原则。故而，对于前者，原则上可依知情同意原则将其合法化，而对于后者这一已完全脱离了医疗范畴的受嘱托而终结他人生命的行为，法律上只能依生命保护原则将其评价为非法。① 正如德国联邦最高法院在2010年的一起中止人工营养案②中所言："中止医疗这一概念本身就已经蕴含了特定标准，即相应行为必须与医疗相关并且所实现的乃是患者对医疗行为的意志等"。"基于患者同意合法化的安乐死应在其客观和主观方面都必须直接与上述意义上的医疗行为相联系。""这种情形之外的故意结束生命的行为，……不可能通过被害人的同意合法化；从刑法……的规定以及这些条文背后法律体系的价值决定出发，也必然可得出相同的结论。"因为，"自主决定权并不能使个人享有在与医疗无关的场合下让他人侵犯自己生命的权利"。第二，正如前文的分析所示，作为和不作为这一区分标准并不能为正确区分积极安乐死和消极安乐死提供明确的法律指引。对此，德国联邦最高法院曾在前述案件中明确说道："将类似于关闭呼吸机的积极举动视为'规范意义上理解的不作为'，以便能够将这种行为认定为法律所允许的'消极安乐死'的见解，是扭曲了客观真实的规范评价。这种见解……是教义学上所不允许的'诡计'。""将这些行为一概认定为不作为，不仅难以与学说和判例针对刑法第13条规定的不作为犯所发展出来的判断标准相符，而且可能导致判断结果部分地取决于偶然。"

这种力图摆脱消极安乐死的概念给相关立法和法律的适用所带来的不当干扰的做法，在其他一些国家的立法上也有非常明显的体现。例如，在

---

① 这本身就足以表明，将合法的消极安乐死和非法的积极安乐死统摄于同一属概念之下，本身就是欠缺法学上精确思考的产物。
② Vgl. BGHSt 55, 191ff.

美国，虽然在1976年具有划时代意义的"昆兰案"①发生之后，该案所确立的患者有权要求撤除维生医疗的规则曾被引申或包装成为消极安乐死的合法化，但实际上，嗣后出台的美国各州的相关立法并没有采用消极安乐死这一概念，而是更多地采用了"自然死或尊严死"等概念，②其用意之一就是要有意避开安乐死这一已深陷泥沼的概念的不当干扰。更为晚近的立法甚至旗帜更为鲜明地抛开了所有内含死亡的用词，转而采用了一些与医疗相关的概念，如"预先医疗指示法""（末期）患者权利法""安宁缓和医疗条例""缓和医疗法""维生医疗决定法"等。③这种概念上的清晰切割，在世界医学会1987年发表的安乐死宣言中，同样有非常明显的体现，宣言明确说道："安乐死，是指蓄意终结患者生命的行为，即便是基于患者或其近亲的要求而为之，也不合伦理。然而，这并不妨碍医生在尊重患者意愿的情形下，于疾病末期，依循自然过程而产生死亡之结果。"④1992年世界医学会再度重申："医生协助患者自杀，与安乐死一样，均不合伦理，应予以非难。……然而，拒绝医疗乃是患者的基本权利，即便是医生因尊重患者的意愿而致患者死亡，其行为也不违背伦理。"⑤以上宣言足以表明，世界医学会所理解的安乐死实际上仅指积极安乐死，消极安乐死这一概念根本就没有获得其承认，⑥更别说用它来指

---

① In re Quinlan, 70 *N. J.* 10, 335 A. 2d 647 (1976).
② 以加利福尼亚州为代表的一些州采用的是"自然死（Natural Death）法令或法案"的名称，以俄勒冈州为代表的一些州采用的是"尊严死（Death with Dignity）法案或法令"的名称。
③ 例如，1985年美国制定的《统一末期患者权利法》（1993年被《统一健康护理决定法》取代），1995年南澳大利亚州制定的《医疗同意与缓和医疗法》，1996年新加坡制定的《预先医疗指示法》，2000年我国台湾制定的"安宁缓和医疗条例"，2017年韩国制定的《安宁疗护、缓和医疗和临终期患者的维生医疗决定法》，芬兰、丹麦和挪威等国制定的《患者权利法》等，这些立法都明确承认了患者有权拒绝维生医疗。
④ 世界医学会：《世界医学会安乐死宣言》，载世界医学会官网，https://www.wma.net/policies-post/wma-declaration-on-euthanasia/，2020年3月16日访问。
⑤ 世界医学会：《世界医学会关于医生协助自杀的声明》，载世界医学会官网，https://www.wma.net/policies-post/wma-statement-on-physician-assisted-suicide/，2020年3月16日访问。
⑥ 国内也有学者主张，应将消极安乐死的概念排除在安乐死的概念之外，转而采用"不给或撤除生命支持措施"的概念。参见翟晓梅《安乐死的概念问题》，《自然辩证法通讯》2000年第3期。

称安宁疗护这一不管是在理念上还是在实际功用上都已经全面实现了其对消极安乐死的超越的新生事物了。

（二）安宁疗护不应被定性为尊严死

与安宁疗护及其所内含的放弃维生医疗经常会被看成消极安乐死相类似，安宁疗护中的患者死亡也经常会被看成尊严死，而这在很大程度上同样根源于尊严死概念的模糊性。起初，它主要是用来指称与"昆兰案"相类似的终止或撤除已维生医疗的情况；① 但是，在美国俄勒冈州等州颁布的《尊严死法令》中，该词实际上主要是指医生协助自杀，② 即为了彻底解除患者痛苦而由医生提供致死方式，并由患者自己执行以达到死亡结果的一种自杀。而在国内近年来所形成的尊严死和生前预嘱民间推广活动中，许多公益组织所定义的尊严死（放弃维生医疗＋接受缓和医疗）虽然已经与安宁疗护的含义非常接近，但其所倡导的可选择放弃维生医疗的患者并不仅限于末期患者，而是还包含了一些非末期患者（如植物人等），而这显然不是目前我国正在推行的安宁疗护所能涵盖的。正因如此，本文认为，将安宁疗护定性为尊严死并不准确，而且会带来一些不必要的概念混淆。更何况，即便仅从语词的角度看，尊严死和安宁疗护这两个概念的表面文义及其所隐含的价值指涉也是不同的。前者在价值上隐含了一种对"死亡权"的不当指涉③和对与之相反的死亡方式的无尊严性的不当评价，后者在价值上所指涉的乃是一种良善的医疗方式。两相比较，后一概念应更为清晰明确，也更易为民众所接受。在我国政府和包括《基本医疗卫生与健康促进法》在内的许多立法都已明确采用了安宁疗护这一用词之后，尊重这一概念选择，并以之作为相关理论研讨、立法和实践操作的概念基

---

① 参见黄丁全《医疗、法律与生命伦理》（上），法律出版社，2015，第292页。
② 该法是美国首个允许医生协助自杀的州法。See Hedberg K., New C., "Orgon's Death With Dignity Act: 20 Years of Experience to Inform the Debate", *Annals of Internal Medicine*, Vol. 167 No. 8, 2017, p. 579.
③ 死亡权这一概念仅为部分学者所倡，有的学者甚至试图去证成它是一项法律权利，但在笔者看来，这种有违基本法律逻辑和法价值观念的努力是不太可能成功的。相关讨论，参见黄丁全《医疗、法律与生命伦理》（上），法律出版社，2015，第208页以下。

础，应是准确把握这里所述问题的本质，排除因尊严死（和安乐死）等概念的不确定性所带来的干扰之必需。

（三）小结

综上，本文认为，将安宁疗护定性为消极安乐死或尊严死并不能准确反映"事物的本质"，反倒会给我们妥善处理这里所涉的一些基本问题带来一些不必要的概念干扰和理念混淆。安宁疗护更为准确的定性，应是将其定性为一种旨在达到病患所想要的生活方式的临终医疗照顾模式，目的是让末期患者更好地活着，而非仅仅通过维生医疗等无益治疗的排除来实现对某种死亡方式的追求。甚至我们可以说，随着安宁疗护和缓和医疗的发展及其可获得性的日益提高，患者（含末期和非末期患者）对各种无缓和医疗辅助的所谓的安乐死的需求必将大大减少，从而，安乐死这一已日渐式微的概念和议题终将被安宁疗护或缓和医疗所取代。

二 安宁疗护中放弃维生医疗的正当性

安宁疗护作为一种由"缓和医疗的施予"和"维生医疗、治愈性医疗的放弃"共同构成的旨在达到病患所想要的生活方式的临终医疗照顾模式，有关其正当性的讨论一般主要围绕其中所涉的维生医疗的放弃来展开，原因主要在于：缓和医疗的正当性乃是不言而喻的——当然，医生在缓和医疗的实施过程中应善尽其法律义务（如诊疗义务等）也是不言而喻的；而针对原发疾病的治愈性治疗对于那些已不能从中获益的末期患者来说，已属无效医疗，而不为患者提供无效医疗本身就是行善和不伤害的伦理原则的基本要求，同时也符合公正原则，可避免因过度医疗造成的医疗资源浪费，因而其正当性一般也是毋庸置疑的；唯在事关维生医疗的放弃这一事涉"生死"的医疗决定时，有关其正当性的讨论，难免会因不同的学者对尊重患者的自主决定权与保护患者生命——这种保护既是医生的义务，也是国家的义务——这两项法律价值之间的关系所持的不同理解而生发出不同的意见。这种不同的意见在目前我国相关立法并未对患者的维生医疗拒绝权做出明确肯认的情况下，显然更易发生。因此，从法理的角度阐明安宁疗护中医方基于患方的同意放弃维生医疗的正当性或合法性，实属必要，以下详述之。

（一）拒绝维生医疗并不等于自杀

对于患者是否有权拒绝维生医疗的问题，我国现行立法并没有作出十分明确的规定，但从相关立法对患者的知情同意权所作规定来看，解释上应可看出，对于维生医疗这种主要针对危重病患实施的、具有一定侵入性和危险性的"特殊治疗"，患者应有权在知情的基础上做出同意或不同意的选择，即依据现行法，原则上应承认患者有权拒绝维生医疗。这种拒绝对于末期患者来说，虽然影响甚巨，但承认其有权拒绝维生医疗并不等于承认其有权自杀或者放弃自身的生命，医生基于这种拒绝不给患者实施维生医疗或者终止、撤除其维生医疗也不构成医助自杀。[①] 因为，自杀乃是一种为了积极追求死亡而故意终结自身生命的行为，本身已经脱离了医疗的范畴，[②] 是在医疗范围之外，通过某种依事物的通常进程并不会发生或出现的非常态因素的积极引入来为其自身的死亡创造"新"的条件，从而最终实现对其自身生命的否定或抛弃。而在安宁疗护中，患者拒绝维生医疗，只是在医疗的范围内基于其对缓和医疗的选择而同时排除了另一种可能的医疗因素的介入。这种排除虽然客观上可以起到放任病程的进行和死亡的自然到来的作用，但其实质并不是要通过某种非常态因素的积极引入来加速其自身的死亡或者为其死亡创造"新"的条件，更不是要放弃其自身生命或否定其价值，而是为了追求更好的生命质量而做出的一种合目的性的选择，代表的是患者对自身生命价值的一种积极肯认和追求，体现了

[①] "放弃维生医疗在伦理上和法律上都不同于自杀、安乐死（该文献作者所说的安乐死仅指积极安乐死——笔者注）和医生协助自杀。" N. Berlinger, B. Jennings & S. M. Wolf, *The Hastings Center Guidelines for Decisions on Life-Sustaining Treatment and Care Near the End of Life*, Revised and Expanded Second Edition, Oxford University Press, 2013, p.6. 美国联邦最高法院也认为，放弃维生医疗不同于自杀和医助自杀。See Vacco v. Quill, 521 U.S. 793 (1997).

[②] 依据《医疗机构管理条例实施细则》第88条对诊疗活动的定义，医疗行为并不包含自杀和医助自杀。

一种不求死、不畏死，但求向死而生，以灿烂之生走向静美之死的人生态度。简言之，安宁疗护中的患者拒绝维生医疗并不等于自杀，也未违背生命权不可放弃之法理。同理，医生基于这种拒绝而放弃对患者实施维生医疗也不构成医助自杀。因为医助自杀这种在绝大多数国家和地区会被定性为非法侵害他人生命的行为，[①] 本身就是以患者的行为已构成自杀为前提的，而此一前提于此并不存在。

（二）基于患方同意放弃维生医疗并不违法

在安宁疗护中，基于患者或其家属的有效同意不对患者实施维生医疗，并未违反医生的紧急救治义务，也不构成不作为杀人。因为，依据现行法，医生的紧急救治义务一般只在以下两种情况下发生：一是依据《医师法》第27条第1款的规定，[②] 在就诊的急危患者或其家属已明确要求对患者施以急救时，医生应立即对患者施行急救，而不得无故拒绝或拖延，即此时的紧急救治义务主要表现为一种强制缔约义务；二是在《民法典》第1220条所规定的就诊患者生命垂危，而医生一时又"不能取得患者或者其近亲属意见"时，医生得基于其职责或推定的患者同意，在履行了相

[①] 目前，世界上允许医助自杀的仅有荷兰、瑞士、加拿大和美国的部分州（俄勒冈州、华盛顿州、佛蒙特州、加利福尼亚州、科罗拉多州和哥伦比亚特区已有相关立法，蒙大拿州已有允许医助自杀的判例）。

[②] 该条规定："对需要紧急救治的患者，医师应当采取紧急措施进行诊治，不得拒绝急救处置。"依据该条的规定，医生对"需要紧急救治的患者"应负有紧急救治义务，但从法律解释的角度来看，"需要紧急救治的患者"是否可以被解释为也包括"疾病终末期患者"，实际上是容有争议的。早在1974年，美国医学会就曾明确指出，"心肺复苏术的目的是防止未预期的突发死亡，而不应于无法恢复的末期濒死病患身上使用"，并基于此倡议减少无效的心肺复苏术的使用。受此影响，1987年纽约州通过的《公共卫生法》率先确立了医生可签发"不施行心肺复苏术"医嘱的制度。依其规定，这种医嘱一般都是基于患者或其家属或其代理人的同意签发的，但在该法第2965条所规定的"无决定能力的成年患者事先未就此作出决定，其代理人又无法到场或无意愿、无能力就不实施心肺复苏术表示同意"的情况下，主治医生在合理的医学确定性之下，认为心肺复苏术对于病人是无效医疗的，可在经与另一位医院指定的医生达成诊断共识后，径行签发此类医嘱。我国台湾地区的"安宁缓和医疗条例"第7条也规定，在无决定能力的末期病人无最近亲属为其签署相关意愿书时，医生可在经安宁缓和医疗照会后，依末期病人最大利益出具不施行心肺复苏术的医嘱。

关批准程序后，立即对患者实施急救。这里所说的"不能取得患者或者其近亲属意见"的情况，主要是指"患者不能表达意志，也无近亲属陪伴，又联系不到近亲属的情况，不包括患者或者其近亲属明确表示拒绝采取医疗措施的情况"。[1] 这表明，依据现行法，医生在对患者实施心肺复苏等急救时，原则上也应征得患者或其家属的同意，在患者或其家属已明确对此表示了有效的拒绝时，除非法律上有特别的授权，否则医生并无义务也无权对患者施以急救，其放弃对患者施以急救的行为也不构成不作为杀人——不作为杀人是以医生有作为义务为前提的，而基于患方的有效同意放弃对患者施以急救并不构成不为法律所期待之作为的不作为。

同理，对于已实施的维生医疗，患者或其家属也应有权要求终止或撤除，医生基于这种要求终止或撤除相关维生医疗的行为也不构成违法。因为，"不予维生医疗和撤除维生医疗在伦理上并无区别。免受不想要的医疗的基本权利并不取决于该项医疗是否已经开始"。[2] 反之，如果法律于此仅承认患者有权事先拒绝维生医疗，而无权于事后要求终止或撤除维生医疗，则很有可能会造成以下两种明显不合理的情况：一是将有可能造成患者或其家属，为了避免事后无法终止或撤除维生医疗，而不得不于事先就拒绝接受心肺复苏等维生医疗，从而反倒使患者更容易丧失一次获救的机会；二是将有可能造成在患者的维生医疗抉择意愿一时难以查明的情况下，医生基于患者家属的同意或推定的患者同意而实施的维生医疗将无法于事后终止或撤除，即便是事后已查明，患者的真实意愿是不愿接受这种医疗，或者患者已于事后明确对此表示了拒绝，情况也是如此，而这明显是有违法理的。[3]

---

[1] 王胜明主编《中华人民共和国侵权责任法释义》，法律出版社，2010，第285页。

[2] N. Berlinger, B. Jennings & S. M. Wolf, *The Hastings Center Guidelines for Decisions on Life-Sustaining Treatment and Care Near the End of Life*, Revised and Expanded Second Edition, Oxford University Press, 2013, p. 4.

[3] 我国台湾地区在2000年制定"安宁缓和医疗条例"时，只规定了安宁疗护中可不施行心肺复苏术（含维生医疗），而未规定可终止或撤除维生医疗，以至于2002年就被迫进行了第一次修正，将终止或撤除维生医疗纳入了其中。2011年和2013年，该"条例"又经历了两次修正，其修正重点就是进一步放宽了家属要求终止或撤除维生医疗的条件。

(三) 基于患方同意放弃维生医疗并不违反相关伦理

医生作为生命伦理的践行者,在安宁疗护中,基于患方的有效同意放弃对患者实施维生医疗,虽然有可能会导致患者的死亡比不放弃时来得更早,但其行为本身并不违反相关的生命伦理,反倒可以更好地践行之。因为,基于患方的有效同意放弃对患者实施维生医疗,本身就是尊重患者自主原则的必然要求。更何况,基于行善和不伤害的原则,医生的义务应是依其专业标准为患者提供适合于其病情的医疗,"预防可避免的伤害,满足患者的需要,促进患者利益,并确保治疗的益处大于患者所体验到的负担",① 进而提升患者的福祉,同时应尽量避免给患者造成伤害。对于那些已不能让患者从中获益或者益处明显小于害处的无效医疗,② 医生并无义务提供。而在安宁疗护中,对于病情已不可逆转且近期内必然走向死亡的末期患者来说,真正能够让其从中受益并提升其福祉的,并不是以延迟死亡为目的的维生医疗,③ 也非已构成无效医疗的治愈性医疗,而是以提升其生命质量为目的的缓和医疗,也只有后一医疗才能让这些濒死的患者

---

① N. Berlinger, B. Jennings & S. M. Wolf, *The Hastings Center Guidelines for Decisions on Life-Sustaining Treatment and Care Near the End of Life*, Revised and Expanded Second Edition, Oxford University Press, 2013, p. 13.

② 1990 年美国学者施耐德曼等人率先从量化层面和质性层面定义了无效医疗(medical futility)。依其定义,如果根据已发表的实证材料和过往经验,同样的治疗方法经过 100 例都没有成功,即其成功概率低于 1%,则该项医疗即为量化层面的无效医疗;或者如果一项医疗只能维持患者生命征象,而无法让其恢复健康,甚至无法让其脱离重症监护室,则该项医疗应属于质性层面的无效医疗,但任何照护都不会是无效医疗(See Lawrence J. Schneiderman, N. S. Jecker & A. R. Jonsen, "Medical Futility: Its Meaning and Ethical Implications", *Annals of Internal Medicine* Vol. 112 No. 12, 1990, pp. 949 – 950)。此后,美国学者伯纳德又进一步定义了"严格定义的无效医疗"和"宽松定义的无效医疗"。依其定义,前者可由医师依其专业单方面决定是否不施行或撤除,包括缺乏病理生理学上治疗依据、最大治疗下病人仍然心跳停止、在该病人身上已经失败的治疗。后者则需要医生与病人或其代理人经过沟通以达成共识,包括有价值的治疗目标无法达成、治疗成功的概率极低、病人存活的生活质量无法被接受、所预期得到的利益不值得将耗损的资源(See Bernard Lo, *Resolving Ethical Dilemmas: A Guide for Clinicians*, 4th ed., Wolters Kluwer, Lippincott Williams & Wilkins, 2009, pp. 70 – 72)。

③ 按照《重症医学科建设和管理指南(试行)》第 16 条和第 17 条的规定,慢性消耗性疾病及肿瘤的末期状态、不可逆性疾病和不能从加强监测治疗中获益的患者,一般不在重症医学科的收治范围内。

更好地走完人生的最后一段历程，让他们在最后的时日里能够尽量过上一种有意义和有质量的生活。"英雄式地抢救至死"，① 甚至不惜以各种维生医疗手段来"操控和管理"患者的死亡，虽然可短暂延长患者生命，但这种延长实际上并非患者根本福祉之所在，反倒有可能会让患者陷入一种类似于凌迟一样的"痛苦不堪的死亡"。由此所带来的将是一种"四输"的局面，即患者会因此受尽折磨，不得善终；家属会因此散尽家财，深感悔恨；医生会因此有违行善和不伤害的生命伦理原则；国家会因此浪费宝贵的医疗资源，而这在一定程度上是有违公平正义原则的。

以上所述足以表明，在治愈病症和控制病情恶化的"医生"措施已被确证为无效，而"救死"的医疗措施又只能暂时延迟而无法阻却近期内必至的死亡时，将缓和医疗作为安宁疗护中的主要"医生"和"护生"措施，不仅更加符合行善和不伤害的生命伦理原则，② 而且可以在一定程度上避免医疗资源浪费，因而更应该被发展成为一种医疗常规，一种可以得到生命伦理支持的新型医疗常规。③

（四）基于患方同意放弃维生医疗是尊重患者自主和生命价值的统一

在患者的近期死亡已不可避免，维生医疗的施予只能有限地延长其濒死过程的情况下，基于患者或其家属的有效同意放弃对患者实施维生医疗，既非对患者生命的放弃，也非医助自杀，而是在尊重患者自主的基础上对其生命价值的维护。因为，知情同意权作为一项源于身体权或身体自

---

① 按照传统观念，末期患者或高龄老人因心脏骤停死亡应是一个好的死亡，但在现代医疗条件下，这种死亡往往会被"英雄式地抢救"所阻却。于此，正常的自然死亡反倒成为一种"奢求"或者需争取的权利。
② 德国联邦最高法院曾明确表示，医生"对于即将熄灭的生命，不负有不计代价的维持义务，且不是依照机器的功能，而是以尊重生命与人性尊严的个案决定作为医师维持生命义务的基准"。BGHSt 32, 367, 379 ff.
③ 有学者认为，从国际发展趋势来看，末期病人的心肺复苏和维生医疗并非医疗常规，反倒是不施行或终止、撤除维生医疗正在发展成为一种医疗常规。参见王志嘉《末期病人的医疗常规——台湾高等法院高雄分院2007年度医上更（一）字第二号刑事判决评释》，《月旦法学杂志》2012年第12期，第248页。

主权的权利或权能，本身就是以维护身体权人的身体完整性作为其存在目的的。正是这一目的决定了，每一个心智健全的成年人，都有权拒绝未经其同意的对其身体完整性的任何医疗干预，包含挽救生命和维持生命的医疗，纵使这种拒绝可能并不符合其最佳利益，或者有可能导致死亡风险——同意接受医疗同样可能会导致死亡风险，他人也无权不顾其意愿而强行干预其身体的完整性，除非发生了法定的可强制医疗的情形。对此，各国法已普遍加以接受，[1] 德国联邦最高法院甚至认为："任何人均不得在此问题中以法官自居，认为他人在何种情况下应当理智地接受身体完整性的牺牲，以再换取健康。此一指针，对于医生也有其拘束力。"[2]

这种基于对患者身体自主权的尊重而尊重其医疗决定的原则，既是一个私法原则，同时也是尊重人性尊严和自由的宪法原则的必然要求，是基于前述原则而生的宪法意义上的自主决定权在医疗领域的具体贯彻和体现。[3] 而从法理上来讲，要对此一基本权利加以限制或排除，法律上就必须要有更为重大的价值或公共利益需要维护才行，而在安宁疗护中，基于患者拒绝维生医疗既不构成对其自身生命的伤害，也不构成对他人生命健康的危害之理由，[4] 这种更为重大的价值或公共利益于此并不存在。更何况，安宁疗护中的患者并没有拒绝所有医疗，而只是要求医生但为缓和医疗，不为维生医疗和治愈性医疗，而缓和医疗作为一种更重视生命质量而非其长短的医疗方式，所内含的医疗服务和人文关怀恰恰体现的是一种对患者生命价值的尊重——"尊重一个生命，就是要把它的质量维持到生命尽头"，[5] 是尊重患者自主和扩大患者生命价值的统一。甚至我们可以说，

---

[1] See Mendelson, D. & Jost T. S., "A Comparative Study of the Law of Palliative Care and End-of-Life Treatment", *Journal of Law, Medicine & Ethics*, Vol. 31 No. 1, 2010, p. 131.

[2] BGHSt 11, 111, 114.

[3] 德国法上一般都认为，身体自主权系根源于基本法第1条和第2条所保护的人性尊严和自由，二者共同形塑了宪法意义上的自主决定权。Vgl. BVerfGE 52, 131, 171.

[4] 在我国法上，强制医疗一般仅适用于患者所患疾病已经严重危及他人生命健康或人身安全的情况，参见《传染病防治法》第39条，《精神卫生法》第30条和第32条，《刑事诉讼法》第284条。

[5] N. Berlinger, B. Jennings & S. M. Wolf, *The Hastings Center Guidelines for Decisions on Life-Sustaining Treatment and Care Near the End of Life*, Revised and Expanded Second Edition, Oxford University Press, 2013, p. 13.

在现代社会，发展安宁疗护或缓和医疗，保证更多的患者能够获得此项医疗服务，业已发展成为现代国家履行其生命保护义务的一个重要方面。①

简言之，在安宁疗护中，基于患者或其家属的有效同意放弃对患者实施维生医疗，不仅符合生命伦理原则，而且可以从患者所固有的维生医疗拒绝权和处于这一权利延长线上的自主决定权来获得其合法性证明。这些权利目前已经得到了世界上许多国家或地区的立法的明确肯认，我国法也理应如此。

三 安宁疗护的实施需满足的法律条件

安宁疗护作为一项可正当化的医疗行为，其具体实施除了需要像其他医疗行为一样，须满足医方（含医疗机构和相关的从业人员）应具有相应的法定资质外，一般还需要满足以下两个方面的条件：一是其对象必须是经医学诊断为适合于安宁疗护的疾病终末期患者；二是其具体实施必须已经获得了患方就此所做出的特别同意。以下分述之。

（一）对象条件：对象须为疾病终末期患者

安宁疗护的服务对象一般仅限于末期患者即疾病终末期患者，已如前述。然而，对于何谓疾病终末期患者，各国法的规定却不尽一致。我国国家卫生健康委员会印发的《安宁疗护中心基本标准（试行）》虽然也明确规定了安宁疗护的服务对象应为疾病终末期患者，却没有对该概念做出明确的界定，而是更多地将其交给了实践本身。这一做法在目前的试点阶段虽然有其合理性和必要性，但从实践发展的需要角度看，欠缺明确的法律界定终究是不利于安宁疗护的依法有序进行的。有鉴于此，以下将结合相关立法和实践，对我国安宁疗护中的末期患者的含义及其范围做一探讨，

---

① 2003 年，欧洲理事会出台了一项旨在鼓励各成员国发展缓和医疗的政策框架建议，这一建议已经得到了许多欧盟和非欧盟国家的积极响应，许多国家都专门出台了相关立法和计划。See Woitha K., Carrasco J. M., Clark D., et al., "Policy on Palliative Care in the WHO European Region: An Overview of Progress Since the Council of Europe's (2003) Recommendation 24", *European Journal of Public Health*, Vol. 26 No. 2, 2015, p. 230.

以资我国未来相关立法和实践参考。

1. 安宁疗护中的"疾病终末期患者"的通常解释

《安宁疗护中心基本标准（试行）》虽然没有对作为安宁疗护实施对象的疾病终末期患者做出明确界定，但从其给安宁疗护中心所下定义——"安宁疗护中心是为疾病终末期患者在临终前通过控制痛苦和不适症状，提供身体、心理、精神等方面的照护和人文关怀等服务，以提高生命质量，帮助患者舒适、安详、有尊严离世的医疗机构"——来看，这里所说的"疾病终末期"应该不像其表面文义所示的那样，仅指患者所患疾病已进入其发展的最后阶段，而是还应包含以下两个方面的限定。

一是这里所说的"疾病"应是指不可治愈且其病情的恶化已不可逆转和控制的疾病。因为，不管是从一般的医疗常规，还是从医生应尽的诊疗义务的角度看，对于可治愈的疾病和病情的恶化尚可逆转（可恢复到恶化前或接近恶化前的原有状态）和控制的不可治愈疾病,① 医方所应采用的或者说应提供给患者自主选择的医疗措施，应主要是治愈性治疗和疾病控制，而非前述的缓和医疗，否则，医方的做法将有违其诊疗义务。

二是依合理的医学判断，该不可治愈且其恶化已不可逆转和控制的疾病将会导致患者于近期内死亡，即患者已进入临近死亡的临终阶段。亦即，这里所说的"疾病终末期"中"终末期"应是指"生命的终末期"或"临终期"，前述定义中所采用的"临终前""帮助患者舒适、安详、有尊严离世"的表述已经表明了这一点。至于其中所述的"终末期"具体是指多长期限，医学上并无统一标准，而是须依具体病情而定,② 但一

---

① 须予说明的是，这里所说的不可治愈疾病也包含一些理论上本有可用的医疗措施（如器官移植）来治愈疾病，却因患者拒绝或其他客观原因而导致这些可用的措施已无法实施，进而导致疾病不可治愈的情况。

② 医学上在判断特定疾病是否已进入终末期时，一般都是根据临床情况和病理表现来判断的，并且会在此基础上对患者的预期生存期限进行预估（这种预估具有一定的不确定性），而从病理上来讲，对于多数严重威胁生命的疾病是否已进入终末期，医学上还是有相对比较明确的标准的。例如，对于癌症末期，医学上的判断就一般是根据国际通行的《恶性肿瘤 TNM 分期标准》（T 是指肿块大小，N 是指淋巴结情况，M 是指有无脏器转移）来进行的；而对于其他非癌疾病末期，一般也有相应的病理标准。参见刘梦婕《ICU 患者生命末期姑息照护模式的构建研究》，第三军医大学 2016 年博士学位论文，第 13 页。

般认为最长不应超过 6 个月，即预计患者的生存期限不超过 6 个月。①

基于以上理解，本文认为，这里所说的疾病终末期患者，大体上可以被解释为"罹患不可治愈疾病，病情的恶化已不可逆转和控制且预计将会于近期内死亡的患者"，如预计生存期限不超过 6 个月的晚期癌症患者和多器官重度衰竭的高龄老人等。②

2. 疾病终末期的广狭之分及其选择

以上解释虽然从体系上来看，与《安宁疗护中心基本标准（试行）》给安宁疗护中心所下定义较为契合，但实际上也有一个非常不明确的地方。那就是，这里所说的"预计将会于近期内死亡"中的"预计"到底是以"给予患者以维生医疗"为前提做出的，还是以"不给予患者以维生医疗"为前提做出的，并不是很明确。若采前一理解，则其可能包含的末期患者的范围将广于后者。例如，前一理解下的末期患者就可以包含植物人，而后一理解就不会。因为，从医学上来讲，植物人一旦脱离了维生医疗，大多会很快死亡，但若给予其维生医疗，其很有可能会生存数年乃至更久。由此也就产生了法律上较为广义和狭义的疾病终末期之分。

其中，较为广义者会将"不予维生医疗，患者将会于近期内死亡的情形"定义为疾病终末期。例如，美国的《统一末期患者权利法案》第 1 条就规定："末期状态是指罹患的疾病不可治愈且不可逆转，若不给予维生医疗，依主治医生的观点将会于近期内死亡之状态。"与之相对，较为狭义者则会仅将"即便给予维生医疗，患者也将会于近期内死亡的情形"定义为疾病终末期。例如，新加坡《预先医疗指示法》第 2 条就规定："末期疾病是指一种因伤或因病造成的不治之症，患者并无合理希望可期暂时或永久复元，且在该种情况下，依合理的医学判断，不管是否施予维生医疗，死亡亦已临近，而且施予维生医疗的作用仅在于推迟死亡一刻的来临。"我国台湾地区的"安宁缓和医疗条例"第 3 条所定义的末期患者

---

① 参见黄丁全《医疗、法律与生命伦理》（上），法律出版社，2015，第 400 页。
② 我国部分保险机构所推出的人寿保险中也包含"疾病终末期"保险，依其合同规定，疾病终末期一般是指疾病已经无法以现有的医疗技术治疗或缓解并且将导致被保险人在未来 6 个月内死亡。参见湖南省邵阳市大祥区人民法院（2018）湘 0503 民初 242 号民事判决书。

也较为狭义,依其定义,"末期病人,是指罹患严重伤病,经医师诊断认为不可治愈,且有医学上之证据,近期内病程进行至死亡已不可避免者"。其中所述的"不可避免"在解释上一般都会被认为是"即便给予维生医疗,患者于近期内死亡也不可避免"。①

面对以上定义上的分歧,本文认为,从目前我国安宁疗护发展的实际情况来看,我国宜将安宁疗护中的疾病终末期患者定义得较为狭窄,即可将其定义为"罹患重大疾病,经医生诊断②为不可治愈和不可逆转(或对治愈性治疗已无反应或利益),不管是否施予维生医疗,预计都将会于近期内死亡者",具体理由如下。

第一,安宁疗护作为一种内含了放弃维生医疗的临终医疗措施,本身就是一个与死亡密切相关的具有较强伦理属性的法律议题,其推行和发展不仅需考虑到本国民众的生死观念和对伦理、亲情以及安宁疗护本身的理解与认识,而且需考虑到本国安宁疗护服务体系发展的实际水平,以及相关配套法律法规和政策的完善程度。而从目前的情况来看,我国民众对安宁疗护及其内含的维生医疗的放弃的认知度和接受度普遍不高,多数民众虽然对善终普遍抱有一种善意的期许和美好的期待,但在真正面临生死大限时,真正能够做到安然接受生与死的自然法则和医疗的极限,彻底放弃"抢救至死"的惯行者毕竟不多。在事涉患者本可依赖维生医疗生存很久时,更是如此。在此情况下,将安宁疗护的实施对象限定在相对较小的范围内,应该更有利于民众对安宁疗护这一新生事物的接受,将安宁疗护建立在更为稳固的社会共识的基础之上,并使之得以获得更为坚强的社会妥当性支持,进而为我国安宁疗护事业的进一步发展铺平道路。反之,若贸然将其实施对象放得过宽,甚至将那些原本可以依赖维生医疗生存数年乃

---

① 参见陈信如、卢映洁《撤除心肺复苏术与病人生命权保障之争议》,《台湾医界》2012年第3期,第142页。另外,从台湾的"病人自主权利法"第14条将"末期病人"与"处于不可逆转之昏迷状况"、"永久植物人状态"等病人并列为不同类型的患者也可看出,其立法上所定义的末期病人应较为狭义。

② 这种诊断一般至少须经两名专科医师确诊,目的主要是避免误诊。我国安宁疗护机构在实践中一般也都会采取这种做法,我国台湾地区的"安宁缓和医疗条例"第7条则对此作出了明确的规定。

至更久的患者也包含进来，则很难具有社会层面的妥当性——虽然从一般法理上来讲，这些患者也有权拒绝维生医疗，① 甚至有可能会诱发各种假安宁疗护之名而行损患者利益之实的"滑坡效应"。② 更何况，目前我国的安宁疗护服务体系尚就处于建设初期，其服务能力和可得的资金支持本就十分有限，③ 在此情况下，将有限的医疗资源分配给那些最急需安宁疗护的患者，应该更加符合公正分配医疗资源的原则，而且可在一定程度上避免相关法律法规不健全诱发的滑坡效应。

第二，前述定义虽然较为狭义，但实际上可包含的患者类型已十分广泛，足以涵盖未来一定年限内我国安宁疗护服务可惠及的患者类型。因为，从目前的情况来看，我国安宁疗护机构所收治的对象一般仍主要局限于部分晚期或终末期癌症患者，并没有普遍惠及各种非癌类的慢性疾病的终末期患者。④ 而从其他国家和地区的发展情况来看，一国或一地区的安宁疗护服务体系要发展到可普遍惠及前述狭义上的疾病终末期患者，一般都需要一个相对比较长的过程。例如，在安宁疗护事业发展得相对较好的我国台湾地区，其安宁疗护服务的主要对象在20世纪末至2009年，就主要局限于"癌症末期病人"和"不接受呼吸器处理的末期运动神经元病人（即渐冻人）"。直到2009年台湾健保部门在修改相关支付规定时，才新增了八类可纳入安宁疗护健保服务的非癌末期患者，即罹患"老年期及

---

① 对于非末期患者拒绝维生医疗的问题，法律上更适合于通过一般的医疗立法来解决，而不宜将其置于安宁疗护制度中来解决。当然，将来我国也可以考虑进一步扩展安宁疗护或缓和医疗的服务范围。

② 更为详尽的分析，参见甘添贵《医疗纠纷与法律适用——论专断医疗行为的刑事责任》，《月旦法学杂志》2008年第6期，第31页以下。

③ 根据2019年6月3日国家卫健委在全国安宁疗护试点工作推进会上所做介绍，据不完全统计，全国安宁疗护服务机构2018年共服务患者28.3万人。这个数据大致只相当于全国每年死于癌症的患者的1/8（我国2015年死于癌症的患者为233.8万例，相对于2014年的229.6万例和2013年的222.9万例，数据有所上升，参见郑荣寿、孙可欣、张思维等《2015年中国恶性肿瘤流行情况分析》，《中华肿瘤杂志》2019年第1期），如果再加上其他死于非癌疾病的患者和高龄老人，这个比例将会更低。由此可见，目前我国安宁疗护服务体系的服务能力实际上仍非常有限。

④ 依据卫生部2009年颁布的《重症医学科建设与管理指南（试行）》第16条和第17条的规定，前述患者一般都不在重症医学科（即重症监护室）的收治范围内，或者应在摆脱急性危险状态之后转出重症监护室。

初老期器质性精神病态（老年失智）"、"其他大脑变质（中风、帕金森症等）"、"心脏衰竭"、"慢性气道阻塞，他处未归类者"、"肺部其他疾病（如严重肺纤维化）"、"慢性肝病及肝硬化"、"急性肾衰竭，未明示者"和"慢性肾衰竭及肾衰竭，未明示者"的末期患者。① 2016年制定、2019年施行的我国台湾地区的"病人自主权利法"第14条和第16条，又进一步扩大了得拒绝维生医疗和人工营养支持且有权接受缓和医疗的患者范围，并使之得以及于部分类型的非末期患者。台湾地区的以上发展表明，植根于社会现实，在保持一定制度开放性的前提下，逐步扩大安宁疗护的服务对象应是一条较为稳妥和现实的发展安宁疗护的道路。这一经验对于我国大陆发展安宁疗护和构建相关制度，应具有一定的借鉴意义，而前述对疾病终末期患者所做的较为狭义的定义，应可在一定程度上为此奠定较为适切、妥当的法律基础。

（二）意愿条件：患方已对此做出了有效的同意

在安宁疗护中，不管是施予缓和医疗，还是放弃维生医疗，原则上都应征得患方的同意，此为一般法理，同时也是其获得法律正当性的根本依据。正因如此，各国在调整安宁疗护时，大多会将其规范重点放在这种意愿的有效表达上。目前，我国由于尚未制定专门用来调整安宁疗护的特别法，也没有建立起与之相配套的预先医疗指示制度，所以相关的实践一般都主要是依据与之相关的一般法来展开的。在就诊的成年患者尚具备医疗决定能力②时，其实践操作模式与其他医疗情形下的操作模式大体上比较接近，即医生一般都会在对患者的病情进行评估后，与患者及其家属进行

---

① 王志嘉：《末期病人的医疗常规——台湾高等法院高雄分院2007年度医上更（一）字第二号刑事判决评释》，《月旦法学杂志》2012年第12期，第237~238页。
② 在目前我国法上仅有民事行为能力的概念，而无医疗决定能力或同意能力的概念的情况下（行为能力的欠缺一般只能由法院来认定，而有无医疗决定能力一般应由医生来认定，且二者的认定标准并不完全一致乃是比较法上较为共同的法理），对于成年患者有无医疗决定能力的问题，可做如下处理：原则上应推定所有成年患者都具有医疗决定能力，除非该患者已被法院明确宣告为无民事行为能力或限制民事行为能力人，或者经两名医生评估，一致认为患者已无能力做出相应的医疗决定——其评估一般需综合考虑患者有无相应的理解能力、判断能力和意思表达能力。

沟通，在保证患方对相关情况已有较为充分的知情的基础上，由患者和至少一名家属共同签署相关的知情同意书，以明确表达其是否同意接受安宁疗护、放弃维生医疗之全部或一部。一旦患者及其家属明确表达了其共同意愿，这种意愿一般都会得到医方的遵从。当然，患者也可随时自行或由其代理人以书面形式撤回其意愿。实践中较难处理且易诱发争议的主要是无决定能力的患者的医疗决定问题。就此，比较法上较为常见的做法是，在无决定能力的成年患者已经于丧失决定能力之前预立了相关医疗指示或者指定了医疗代理人（或监护人）的情况下，若该指示或指定符合相关法律规定，则原则上应遵从其指示[1]或者由其指定的医疗代理人（或监护人）来代为决定。代理人（或监护人）在代为决定时，应遵从患者就此所做的具体指示（若有的话），或者应依患者可推知的意思——基于患者先前的口头或书面表达、道德或宗教观念和其他个人价值观念等因素来推断患者在此情形下会如何决定——来做出决定；若可推知的意思不可得，则应本着患者最佳利益原则行事。[2] 反之，若该无决定能力的患者事先并未就此做出明确的指示，或者未指定医疗代理人（或监护人），或者患者本就属于无决定能力的未成年人时，则原则上应由其法定监护人或代理人来代为决定。[3] 我国台湾地区的"安宁缓和医疗条例"第7条的规定，也与前述做法大体上保持了一致。

参酌比较法上的以上做法，同时结合我国大陆现行法的规定和相关实践，本文认为，为了更好地保护患者权益的实现和促进我国安宁疗护事业的健康发展，未来我国大陆立法也应在参酌他国或地区相关立法的基础

---

[1] 依据美国《统一健康护理决定法》（Uniform Health-Care Decision Act）第2（a）条的规定，预先医疗指示对于医生、患者的医疗代理人或监护人应具有法律上的约束力。《德国民法典》第1901a条第1款也规定，对于此类医疗指示，照管人应对其是否合乎实际生命情势和治疗情势进行审查，若符合，则应遵从其意思。反之，则应由照管人代为决定。两相比较，德国法的规定更为谨慎。

[2] 参见美国《统一健康护理决定法》第2（e）条和《德国民法典》第1901a条第2款。

[3] 参见美国《统一健康护理决定法》第6（b）条和《德国民法典》第1901a条第2款。不过，此处须注意的是，依据《德国民法典》第1904条的规定，若照管人（或意定代理人）的决定存在置患者于死亡或遭受严重和长期的健康损害之有根据的危险时，其决定须得到照管法院的批准，但在照管人（或意定代理人）的决定与医生意见一致时，这种批准是不需要的。这一规定原则上也可适用于此处所述的放弃维生医疗。

上，建立起较为完备的预先医疗指示制度和维生医疗决定制度。而在此之前，对于无决定能力的患者的维生医疗放弃问题，宜采用以下过渡性的做法来解决其知情同意权的行使问题，以保障其合法权益的实现。

首先，应基于现行法的规定，承认患者家属或法定代理人应有权辅助或者代理无决定能力的患者做出相关的维生医疗决定。因为，从现行法上有关医疗知情同意权的规定来看，除事涉摘除活体器官和实施变性手术这种专以分离人体之一部或改变其物理形态为特征的"医疗"必须只能征得患者本人同意外，① 其他所有情形下的知情同意权的配置，所采用的都是须征得"患者或其家属（或监护人）"或"患者及其家属"同意的规范模式。在这两种规范模式下，患者家属或法定代理人都有权在患者无决定能力时辅助或者代理患者做出相关的医疗决定。② 这种对患者家属或法定代理人的法律地位的赋予，原则上也可适用于末期患者的安宁疗护和维生医疗的抉择。

其次，在成年患者因丧失意识等不能表达意愿，或者虽能表达意愿，却因罹患精神障碍或其他疾病而陷入无医疗决定能力时，依据《民法典》第33条的规定，如果该患者在具备完全民事行为能力时，已经事先以书面的形式确定了自己的意定监护人，且未在该协议中明确排除该意定监护人在医疗方面的代理权，则此时应由其意定监护人代患者（患者已不能表达其意愿时）做出相关的维生医疗决定。若无前述的意定监护人，则原则上应依《民法典》第28条的规定，依法定顺序，由具有法定监护资格的民事主体来履行前述职责。当然，前述监护人在代患者做出维生医疗决定或签署相关知情同意书时，也应遵守《民法典》第35条的规定。亦即，若有充分的事实证明（这种证明既可以由患者的监护人提出，也可以由患

---

① 参见《人体器官移植技术临床应用管理暂行规定》第27条，《人体器官移植条例》第19条，《变性手术技术管理规范（试行）》第3条。
② 参见《医疗机构管理条例》第32条，《母婴保健法》第19条，《执业医师法》第26条，《临床输血技术规范》第6条，《病历书写基本规范》第10条，《产前诊断技术管理办法》第24条，《药物临床试验质量管理规范》第15条，《医疗器械临床试验规定》第8条和第9条，《民法典》第1219条，《全国医院工作制度与人员岗位职责》第28条，《精神卫生法》第31条，《医疗机构临床用血管理办法》第21条，《医疗器械临床试验质量管理规范》第21条和第23条，《医疗纠纷预防和处理条例》第13条。

者的其他近亲属提出），该患者在丧失医疗决定能力之前已经通过书面（如预先医疗指示）或口头的形式明确表达了其维生医疗抉择意愿的，则监护人在签署相关的知情同意书时，应本着"最大限度地尊重被监护人的真实意愿"的原则，在确认患者并无意变更其事先所表达的意愿的情况下，做出与已被证明的患者的真实意愿相一致的抉择。反之，若患者在丧失医疗决定能力之前并未就此明确表达其意愿，则应由其意定监护人或者顺序在先的具有法定监护资格的民事主体本着"最有利于被监护人的原则"，做出相关的维生医疗决定。当然，在患者病情危急且一时尚无法查明患者意愿，或者一时尚无法获得其意定监护人或者其他顺序在先的具有法定监护资格的人的意见时，其他具有法定监护资格的主体也可代患者做出是否接受心肺复苏抢救的决定。

最后，在患者本就属于无相应医疗决定能力的未成年人时，依据《民法典》第28条的规定，原则上应依法定顺序由具有法定监护资格的民事主体来代患者做出相关的维生医疗决定——患者病情危急时可如前文所述不必完全拘泥于其顺序，这些主体在做出相关的医疗决定时，也应依据《民法典》第35条的规定，本着"最有利于被监护人的原则"和"应当根据被监护人的年龄和智力状况，尊重被监护人的真实意愿"的原则来履行其职责。

四 结论

综上，本文认为，安宁疗护虽然一般内含了对维生医疗的放弃，但将这种放弃乃至整个安宁疗护定性为消极安乐死或尊严死并不妥当。安宁疗护本质上乃是一种旨在达到病患所想要的生活方式的临终医疗照顾模式，目的是让末期患者更好地活着，体现的是一种对末期患者的生命价值与尊严的终极关怀和最大尊重，反映了现代医学价值取向的进步，其所内含的回归自然、不执拗于施行无效的医疗、反对极端的对死亡的人为操控的医疗哲学和不求死、不惧死，但求向死而生，以灿烂之生步向静美之死的人生态度非常值得肯定和赞赏。在安宁疗护中，放弃对患者实施维生医疗的法理正当性依据，主要根源于患者所固有的维生医疗拒绝权和处于这一权利延长线上的自主决定权。在目前我国尚未就安宁疗护及其所内含的维生医疗放弃作出专门规定的情况下，依据相关立法，医生在实施这种放弃时，应满足患者已被确诊为疾病终末期患者且该患者或其他有权主体已对此明确表达了有效同意的法律条件。未来我国立法，应对这种放弃所需满足的法律条件和患方意愿的有效表达（含预先医疗指示的有效性等）等，作出更为明确的规定，以保障患者权益的实现和促进我国安宁疗护事业的健康发展。

论董事勤勉义务的判断标准与判断前提[*]

李依怡[**]

内容提要：建立完善的董事勤勉义务制度是我国当下公司法改革的重点课题，其中的关键性问题在于确定董事勤勉义务的判断标准。在设计董事勤勉义务的判断标准时，应采用人格化标准，该标准需根据个案情形进一步具体化，并考虑董事的个人能力。肇始于美国判例的商业判断规则在鼓励董事合理的冒险行为、避免法官的事后偏见等方面有其独特的制度价值，我国在借鉴该规则时应将其定位为董事违反勤勉义务的免责事由，而非判断标准。此外，勤勉与注意在本质上是对董事行为的要求。在判断董事是否违反勤勉义务时，应首先明确董事有怎样的客观行为义务。对此，可以从理论上将董事行为义务分为三大类——守法义务、管理义务与监督义务，并通过实践与学说不断发展和总结各类义务的具体内容。

关键词：董事勤勉义务　商业判断规则　客观行为义务

一　问题的提出

董事勤勉义务是公司治理的核心话题。在董事拥有广泛经营管理权的现代公司中，如何设计勤勉义务制度，以激励董事为实现公司利益最大化而努力，避免因其疏忽、懈怠而给公司带来不必要的损失，是各国公司法

---

[*] 本文的写作得到王洪亮、耿林、施鸿鹏等师友的指教，特致谢忱。
[**] 李依怡，德国慕尼黑大学法学院博士研究生。

的重要任务，也是我国新一轮公司法改革的重点课题。① 我国《公司法》在 2005 年修改时增加了董事勤勉义务条款，但该条款尚停留在成文化的宣示层面，缺少对其判断标准、行为义务等方面的具体规定。② 立法的不足③也给司法审判带来了困难，《公司法》中的原则性表述并不能为法官审理案件提供有效的指引，法官经常需要从各类学说以及国外司法判例中寻找裁判依据，这不可避免地加重了法官的负担，也导致了审判标准的混乱。④

对于如何完善我国的董事勤勉义务制度，公司法学界虽然已有不少有益的探索，但对于其中的关键性问题：应依据什么样的标准来判断董事在履行职责中是否尽到了必要的勤勉与注意，尚未形成统一意见。董事勤勉义务制度是一个舶来品。我国学者在探索董事勤勉义务判断标准时，不可避免地要从外国法尤其从美国法中学习和了解其本来的规则内容。美国法在董事行为标准之外还存在着作为审查标准的商业判断规则。对于同一行为合理性的判断存在两套不同的标准，这一特殊现象给我国法的学习与借鉴带来了一定的困惑与难题，⑤ 也从侧面反映了董事勤勉义务判断标准这一问题本身的复杂性。此外，董事勤勉义务中的勤勉这一主观要求并非空

---

① 参见朱慈蕴《论中国公司法本土化与国际化的融合——改革开放以来的历史沿革、最新发展与未来走向》，《东方法学》2020 年第 2 期。
② 参见施天涛《公司法论》（第 4 版），法律出版社，2018，第 399 页；张红、石一峰《上市公司董事勤勉义务的司法裁判标准》，《东方法学》2013 年第 1 期。
③ 在《公司法》之外，证监会、证券交易所发布的文件中也有关于董事勤勉义务的规定，如《上市公司治理准则》（2018）第 4、21、25、26 条，《上市公司章程指引》（2019）第 98 条，《上海证券交易所股票上市规则》（2022）第 4.3.5 条，《深圳证券交易所股票上市规则》（2018）第 3.1.6 条，《上海证券交易所上市公司董事选任与行为指引》（2013）第四章等。此类文件虽然在一定程度上弥补了《公司法》对董事勤勉义务规范之不足，但相关规定仅是总结归纳了几种实践中常见的董事履行勤勉义务的情形，缺少对董事行为义务和勤勉义务判断标准的统一规定。同时，这些规定仅约束上市公司，非上市公司的董事是否须遵守与上市公司董事同样的谨慎义务，尚存在疑问。再有，此类文件并不具备法律效力，尽管其可以作为行政处罚的依据，但在司法审判中并不能直接作为裁判的依据。
④ 参见周天舒《论董事勤勉义务的判断标准——基于浙江省两个案例的考察》，《法学杂志》2014 年第 10 期；常亮、孙莹《勤勉义务规则的司法适用》，《人民司法》2012 年第 2 期。
⑤ 参见李中立《经营判断法则研究》，武汉大学 2010 年博士学位论文，第 5 页。

中楼阁，而是建立在董事客观行为义务的基础之上。① 从法教义学角度来看，在判断董事是否违反勤勉义务时，应首先明确董事有怎样的客观行为义务，在此基础上方可审查其在具体行为中是否尽到了必要的勤勉与注意。董事行为义务在我国公司法立法与理论中似乎没有得到应有的重视。为正确理解与适用董事勤勉义务判断标准，完善董事勤勉义务体系，有必要对董事客观行为义务做一定思考。鉴于此，本文将尝试设计我国法上的董事勤勉义务判断标准，探讨商业判断标准作为审查标准与免责事由的规则特性，并对董事行为义务体系构建之路径以及义务内容进行初步探讨。

二 董事勤勉义务的判断标准

（一）法规范之不足与司法实务之背离

在我国《公司法》中，董事勤勉义务规定在第 147 条第 1 款以及第 149 条。第 147 条第 1 款规定："董事、监事、高级管理人员应当遵守法律、行政法规和公司章程，对公司负有忠实义务和勤勉义务。"第 149 条规定："董事、监事、高级管理人员执行公司职务时违反法律、行政法规或者公司章程的规定，给公司造成损失的，应当承担赔偿责任。"从文义解释出发，似乎可以得出这样的结论：勤勉义务的判断标准即为守法守章义务。如果董事违反了法律、行政法规和公司章程，那么其构成对勤勉义务的违反。

然而这一理解受到了公司法学界的广泛批评。有学者认为，法律法规或公司章程的具体规定既有强制性规定也有任意性规定，董事违反某规定是否同时违反了其勤勉义务，不能一概而论。② 还有学者进一步指出，守法守章义务并非董事勤勉义务的内核或目的，且法律法规与公司章程无法

---

① 参见陈霄《论经营判断规则在我国的引入及相关问题——以德国的立法和实践经验为参考》，《财经法学》2015 年第 4 期。
② 参见任自力《公司董事的勤勉义务标准研究》，《中国法学》2008 年第 6 期。

保证所有公司在任何商业环境下都能实现利益最大化。① 从董事行为义务体系层面分析，董事的经营管理行为可分为三种类型，在守法守章义务之外还存在着董事将部分职权授权给下级管理层时的谨慎监督义务以及董事须亲自履行职能时的谨慎管理义务。② 虽然董事违反法律强制性规定的行为必然导致对勤勉义务的违反，但违反勤勉义务之情形却不仅限于违法行为。董事在履行监督义务与管理义务时，如果未尽到必要之注意，即使未达到违法的程度或者法律对此未作规定，亦可能构成对董事勤勉义务的违反。抛开具体的公司法理论不谈，将守法守章义务明文规定为勤勉义务的标准，在立法逻辑上已是不通：如果勤勉义务与守法守章同义，那么立法者没有必要在守法守章义务之外再提出勤勉义务这样一个"新"的概念，其更没有必要将守法守章义务写入《公司法》，因为遵守法律法规是法治社会对每一位公民、法人的基本要求。究其本质，董事勤勉义务制度旨在促进董事尽心尽力地为公司利益最大化而行为，守法守章义务仅是不言自明的最低要求，并非董事勤勉义务的本旨所在。

如果说学界的探讨只是从理论层面对董事勤勉义务的制定法规范做出了负面评价，那么司法实务则从实践层面进一步印证了学界的这一批评。在涉及董事勤勉义务纠纷的案例中，法院经常会运用守法守章义务之外的标准来判断董事是否违反了勤勉义务。例如，山东省高级人民法院在2019年的某判决中运用了"普通人在类似情况下应有的谨慎、注意义务"这一判断标准；③ 上海市第二中级人民法院采取的标准较山东省高院多了"类似地位"这一要件，即"普通谨慎之人在相似的地位和情况下所应有的合理的谨慎、勤勉和注意"。④ 此外，还有法院采用了商业判断规则这一标准。合肥市中级人民法院在2017年的某判决中即认为，"基于公司经营业务的复杂性和商业决策自身的特点，考量公司高级管理人员的责任，应当参照商业判断规则。如果做出商业判断的高级管理人员与做出判断的内容

---

① 参见杨淦《公司董事义务法律体系构建：域外经验与中国实践》，《商业研究》2014年第5期。
② *Wolfgang Hölters*, in: Aktiengesetz, Kommentar, 3. Aufl., 2017, § 93 Rn. 41 ff.
③ 山东省高级人民法院（2019）鲁民终615号民事判决书。
④ 上海市第二中级人民法院（2019）沪02民终9066号民事判决书。

没有利害关系,其有正当理由相信其在当时情形下掌握的有关商业判断信息充分、妥当、可靠,其商业判断符合公司的利益的,就应当认定为忠实、勤勉地履行了义务,对由此发生的合理经营判断失误造成的损失,可以减轻或者免除责任"。①

从以上判决可见,不少法院在判断董事行为是否违反勤勉义务时,并未采用守法守章义务这一标准。作为大陆法系国家,法院背离制定法规定的路径进行裁判的情形几乎不会发生。但在勤勉义务案件审判中,我国多个高院、中院均放弃制定法路径而"另谋他路"。这一情形的发生只能是因为制定法路径"走不通",或者其并非真正的路径。从法规范来看,《公司法》缺少对于勤勉义务具体规则如判断标准、内容、范围等的规定,法律对于勤勉义务的规定尚停留在成文化的宣示层面。质言之,《公司法》第147条第1款以及第149条对于守法守章义务的规定并非指向董事违反勤勉义务的判断标准,而仅是勤勉义务原则性表述的一部分。董事违反勤勉义务的判断标准究竟为何,尚需进一步探索。

(二) 判断标准之设计与具体化路径

判断董事是否尽到勤勉义务,其实质是判断董事行为是否有过失。②董事过错标准并非公司法所特有的规则;站在更高的民法层面俯瞰,董事过错标准与人们熟知的合同法、侵权法上的过失规则在本质上并无不同。③德国学者亦认为,"一个通常的、认真的业务管理人的注意"这一董事过错标准(德国《股份法》第93条第1款第1句),与德国《民法典》第276第2款债务人应尽到"交易上必要之注意"以及德国《商法典》第347条第1款商事交易中负有注意义务之人应尽到"一个通常的商人的注意"的规定具有同质性,只是在强度上要高于后两者。④ 因此,董事违反勤勉义务判断标准的设计,实质上是探索董事应尽到何种程度的谨慎注意

---

① 合肥市中级人民法院(2017)皖01民终7901号民事判决书。
② 参见叶金强《董事违反勤勉义务判断标准的具体化》,《比较法研究》2018年第6期。
③ 参见陈本寒、艾围利《董事注意义务与董事过失研究——从英美法与大陆法比较的角度进行考察》,《清华法学》2011年第2期。
④ Klaus J. Hopt/Markus Roth, in: Aktiengesetz, Großkommentar, 5. Aufl., 2016, § 93 Rn. 52.

的过程。

1. 人格化标准: 一个处于类似地位的人

从比较法上看,各国在判断董事是否尽到勤勉义务这一问题上,大多采用了人格化的标准,该标准人为一个合理谨慎的董事,或言与个案当事人处于类似地位的人。德国《股份法》第93条第1款第1句采用了"一个通常的、认真的业务管理人的注意"这一标准,而由于业务管理人在德国股份法中与董事具有相同含义,[①] 因此德国标准实际上为"一个通常的、认真的董事的注意"。在日本法上,公司与董事的关系遵照民法中委任的有关规定,董事应依"善良管理人的注意"标准履行其勤勉义务,这是一种有别于普通人的、程度较高的注意义务。[②] 2006年英国《公司法》第174条采取的是"一个合理勤勉之人"的标准,该合理谨慎之人应具备"一个董事具有的一般技能、知识和经验"。[③] 美国的《示范商业公司法》第8.30条则确定了"一个处于类似地位之人在相似情形中可以合理认为是适当的注意"这一标准。[④]

叶金强教授认为,运用人格化标准来评判个案当事人,是内植于自然人心理机制的合理选择。"主体间内心世界直接观察体验的不可能性、沟通上的障碍,使得人们只能通过自身的心理机制在内心塑造出一定人格形象,进而引入个案情境,作出相应评价。无论名义上是否使用了人格化标准,实质上均只能是采用人格化标准。"[⑤] 这一观点殊值赞同。客观的人格化标准可以使身处复杂商业环境中的董事对于自己应尽的谨慎注意之程度有较为明确、清晰的认知,从而更合理地开展公司经营管理活动。对于法官而言,客观标准也为个案审判提供了可操作的工具,避免了审判标准的不确定性。

在运用人格化标准时,首先需要对标准人进行构建。标准人的内在结构的核心部分是知识和能力问题,即标准人是一个具备什么样的知识、技

---

① 德国《股份法》第76条、第77条分别规定了董事会对公司的管理职责和业务经营职责。
② 参见马一德《公司治理与董事勤勉义务的联结机制》,《法学评论》2013年第6期。
③ Companies Act 2006, Chapter 2 Article 174.
④ American Bar Association, Model Business Corporation Act (2003), § 8.30 (b).
⑤ 叶金强:《董事违反勤勉义务判断标准的具体化》,《比较法研究》2018年第6期。

能和经验的人。人们对于事务的注意在根本上源于其所具备的知识、技能和经验。对于一些看似普通的信息，如时政新闻、经济数据、股市波动等，具有相应知识储备的董事能够敏锐地发现其中的商业机会并及时采取相应行动，但能力不足的董事则很难发现商机的存在，而普通民众对此可能更是毫无察觉。① 正是在这一意义上，英国《公司法》在规定董事注意义务时强调董事应具备相应的知识、技能与经验。而且，董事应具备的知识与能力，即董事应尽的注意要远高于普通人的一般注意。从个案董事的心理机制来看，其不可能认为自己尽到一个普通百姓的注意即已足够；个案董事通常会且应当以一个与自己处于类似地位的人——一个普通谨慎的董事，作为自己的参照标准。因此，个案董事应尽的注意程度为"一个通常的、认真的业务管理人的注意"（德国《股份法》第93条第1款第1句），或言"一个处于类似地位之人在相似情形中可以合理认为是适当的注意"（美国《示范商业公司法》第8.30条）。

2. 标准的具体化路径

在竞争激烈、复杂多变的商业经营世界中，董事的勤勉与注意受到诸多因素的影响。在不同规模、不同行业的公司中，不同职位的董事在公司不同经营状况下，应尽到的勤勉义务程度是不相同的。② 大型公开公司中的董事较小型封闭公司中的董事应更谨慎、勤勉地履行职责，因为前者的行为不仅会影响公司利益，还会对其他利益相关方，甚至社会利益产生重大影响。类似地，与其他行业中的公司相比，银行业的董事应尽到更高的注意义务，因为银行业务经常涉及大量的外部资金，董事须考虑到金融市场的安全与稳定。③ 而在同一公司中，不同职位的董事，如主管财务的董事与主管法务的董事，其应尽到的注意义务之内容亦是不同的；即使是同一公司的同一董事，其在公司的不同经营状况下，应尽的勤勉义务程度也有不同，尤其是在公司财务状况不佳、濒临破产时，董事应投入更多的时间与精力。由此可见，在个案判断中，统一的抽象标准需要被进一步具体

---

① 参见李强《董事注意义务研究》，武汉大学2009年博士学位论文，第96~97页。
② *Wolfgang Hölters*, in: Aktiengesetz, Kommentar, 3. Aufl., 2017, § 93 Rn. 26.
③ *Lars Böttcher*, Bankvorstandshaftung im Rahmen der Sub-Prime Krise, NZG 2009, 1047 (1050).

化。董事究竟应尽到怎样的勤勉义务，取决于个案的具体情况，如该公司的类型、规模、经济状况、董事成员间的具体分工，等等。① 美国《示范商业公司法》第 8.30 条即规定，个案董事应尽到"一个处于类似地位之人在相似情形中可以合理认为是适当的注意"。德国学界亦认为，《股份法》第 93 条第 1 款第 1 句规定"一个通常的、认真的业务管理人的注意"实质上应理解为"一个同样类型和规模公司的通常的、认真的董事在该具体情形中应尽的注意"。② 在我国司法实务中，上海市第二中级人民法院采用了"一个普通谨慎之人在相似的地位和情况下所应有的注意"这一标准，该标准值得采纳。

人格化标准是客观标准，也是最低标准。《上市公司治理准则》第 25 条即要求，董事会成员应当具备履行职责所必需的知识、技能和素质。可以认为，如果个案董事的自身知识、能力不足，无法胜任相应的董事职位，那么其就不应接受该董事职位。③ 但是，即使董事在接受任命时具有相应的知识、技能与经验，其在之后的履职过程中也可能出现力不从心的情况。这与商业环境的日益复杂以及董事义务的持续扩张这一趋势不无干系。④ 对此，《上市公司治理准则》第 4 条规定，董事应当持续学习，不断提高履职能力。这包括了咨询专家之义务，即如果董事在履行某项具体职责时缺少必要的专业知识，那么其有义务寻求专家建议，比如咨询专业律师、会计师、IT 专家等。

与个案董事能力不足相反的情形是个案董事实际具备更高的知识与能力。在这种情况下，对该董事勤勉义务的判断标准也须相应提高。原因在于，建立董事勤勉义务的初衷是，在所有权与经营权分离的情况下，约束享有广泛的公司经营管理权的董事之行为，以避免因董事的疏忽或懈怠而造成不必要的损失。如若不将标准提高，那么将会出现董事实质上有过错

---

① *Gerald Spindler*, in: Münchener Kommentar zum Aktiengesetz, 5. Aufl., 2019, § 93 Rn. 25.
② *Wolfgang Hölters*, in: Aktiengesetz, Kommentar, 3. Aufl., 2017, § 93 Rn. 26.
③ *Klaus J. Hopt/Markus Roth*, in: Aktiengesetz, Großkommentar, 5. Aufl., 2016, § 93 Rn. 59.
④ *Julian Sander/Stefan Schneider*, Die Pflicht der Geschäftsleiter zur Einholung von Rat, ZGR 2013, 725（732 ff.）.

却无须承担责任的状况,这与董事勤勉义务的制度目的相悖。① 此时,提高标准并不会给能力更强的个案董事造成不合理的困难,只要尽到适当的谨慎注意,董事仍可以避免责任的产生。

总结而言,在判断董事是否尽到勤勉义务时,应采用人格化标准,该标准需在个案中进一步具体化,并考虑个案董事的个人能力。换言之,个案董事应尽到一个普通谨慎之人在类似地位和情况下所应有的注意。如果董事在个别情形中缺乏相应能力,那么其负有持续学习、咨询之义务;而如果董事的个人能力超过前述水平,则应以其实际拥有的能力进行衡量。

3. 无过错的法律认识错误

如前所述,判断董事是否尽到勤勉义务,其实质是判断董事行为是否有过失。如果个案董事出于过失而未能尽到必要的注意,那么其应承担相应的责任。在此,可能会有这样的问题:是否会发生个案董事虽然未能尽到必要的注意,但其对此并无过错,因而无须承担责任的情形?

董事的勤勉、注意在根本上源于其所具备的知识、技能和经验。董事未能尽到勤勉义务的情形可分为两种:其一,董事不具备必要的能力;其二,董事虽然具备必要技能,但在具体履行职责中未能实际发挥。对于第一种情形,个案董事自身能力和知识的缺乏不能成为免责事由。② 能力不足但仍接受了相应的董事职位,这一行为本身即有可归责性;③ 如果董事只是在个别的履职情形中缺少相应的专业知识,那么其仍负有向专家咨询的义务;怠于行使该义务,则董事对此有过错。④ 对于第二种情形,董事本应发挥且可以发挥其必要能力,如果在具体情形中董事未能尽到勤勉义务,那么这通常源于董事的疏忽大意或过于自信。此时,董事的过错是显而易见的。综合而言,董事客观上未尽到必要的注意,但主观上对此没有

---

① 参见李强《董事注意义务研究》,武汉大学 2009 年博士学位论文,第 144 页。
② *Wolfgang Hölters*, in: Aktiengesetz, Kommentar, 3. Aufl., 2017, § 93 Rn. 27.
③ 参见叶金强《董事违反勤勉义务判断标准的具体化》,《比较法研究》2018 年第 6 期。
④ *Julian Sander/Stefan Schneider*, Die Pflicht der Geschäftsleiter zur Einholung von Rat, ZGR 2013, 725 (732 ff.).

过错的情形是很难想象的。①

尽管如此，在实践中仍可能发生"无过错的法律认识错误"（unverschuldeter Rechtsirrtum）这一例外情形。德国联邦最高法院在2011年的"Ision"判决中指出，如果董事在具体行为中缺少相应的法律知识，那么其负有向他人咨询的义务。在此，董事简单的询问并不能满足对其谨慎义务的要求。个案董事必须选择独立的、对所需解释的法律问题在专业上合适的职业人，向其充分展示公司中的关系和披露必要的文件，并对该职业人最终做出的法律意见进行仔细的合理性检查。只有满足了以上的选择、指示与检查义务，董事方可免责，意即，即使董事在谨慎咨询后做出的行为仍然违反了法律，客观上构成了义务违反，其主观上也不具有过错。②尽管德国联邦最高法院提出了"无过错的法律认识错误"这一免责事由，但深入分析后就可以发现，董事谨慎的选择、指示与检查已经在义务违反层面排除了其行为的违法性，无须再在过错层面讨论。③董事违反勤勉义务时的损害赔偿责任是典型的过错责任，其构成要件有四：存在违反勤勉义务的董事行为、董事有过错、公司有损害、行为与损害之间存在因果关系。如果董事行为在客观上满足了勤勉义务的要求，那么就不必继续探讨董事在主观上是否有过错以及其是否应承担责任。在个案中，如果董事一时缺少必要的专业知识，那么其直接行为义务即转化为谨慎地获取专家意见的义务。当董事履行了相应的选择、指示与检查义务时，应当认为其已谨慎地获取了专家意见，从而在客观上满足了勤勉义务的要求。④质言之，董事谨慎地获取专家意见义务是董事注意义务在特定情形下的具体化，该特定情形为董事在个案中缺少必要的专业知识；董事谨慎的选择、指示与检查已经在义务违反层面排除了其行为的违法性，即使其获取的专家意见最终被证明是错误的，董事也无须承担责任。

---

① *Klaus J. Hopt/Markus Roth*, in: Aktiengesetz, Großkommentar, 5. Aufl., 2016, § 93 Rn. 392.
② BGH NZG 2011, 1271.
③ *Holger Fleischer*, in: Spindler/Stilz, AktG, 4. Aufl., 2019, § 93 Rn. 35g.
④ *Julian Sander/Stefan Schneider*, Die Pflicht der Geschäftsleiter zur Einholung von Rat, ZGR 2013, 725 (731).

三 商业判断规则：判断标准抑或免责事由？

除了"一个普通谨慎之人在类似的地位和情况下所应有的注意"这一董事勤勉义务一般标准以外，我国公司法学界在讨论董事违反勤勉义务的判断标准时，往往还会深入分析另一项制度——商业判断规则。有不少学者认为，我国公司法有必要将商业判断规则引入董事勤勉义务体系。[1] 在司法实务中，也已经有法院援引商业判断规则来审查董事是否违反了勤勉义务。[2] 对此，显然会有这样的疑问：为何在董事勤勉义务一般标准之外还需引入商业判断规则？这两项规则之间是怎样的关系？为回答这些问题，下文将首先介绍商业判断规则的内涵、探寻其独立的制度价值，在此基础上，厘清该规则与董事勤勉义务判断标准之间的关系，并探讨我国公司法借鉴该规则的必要性以及本土化移植方式。

（一）商业判断规则的内涵与制度价值

1. 商业判断规则的内涵

商业判断规则发源于美国判例法，最早可追溯到1829年的 Percy v. Millaudon 案件。[3] 自20世纪80年代起，商业判断规则开始作为一项单独的规则在判例中得到独立表述，运用该规则的判例数量也迅速上升。[4] 尽管各个判例对商业判断规则的定义并不完全一致，而成文法对此尚无统一的明文规定，但美国法学会起草的《公司治理准则》第4.01（c）条已对

---

[1] 参见李燕、杨淦《董事注意义务的司法审查标准刍议》，《法律适用》2013年第12期；马一德《公司治理与董事勤勉义务的联结机制》，《法学评论》2013年第6期；陈本寒、艾围利《董事注意义务与董事过失研究——从英美法与大陆法比较的角度进行考察》，《清华法学》2011年第2期；夏利民《董事谨慎职责与经营判断规则之关系刍议——以美国法为视角》，《比较法研究》2010年第6期。

[2] 如合肥市中级人民法院（2017）皖01民终7901号民事判决书。

[3] Percy v. Millaudon, 8 Mart. (n. s.) 68 (La. 1829); Holger Fleischer, Die, Business Judgment Rule' im Spiegel von Rechtsvergleichung und Rechtsökonomie, in: FS Wiedemann, 2002, 827 (833).

[4] 参见邓峰《业务判断规则的进化和理性》，《法学》2008年第2期。

商业判断规则做了经典且权威的描述:"董事或者经理如果在做出商业决策时是善意的,则他们在满足以下条件时被认为是履行了其注意义务:(1)与商业决策的对象没有利害关系;(2)其在做出商业决策之前所收集的关于经营判断对象的信息,足以使其在当时的环境下合理地认为是适当的;(3)其有理由相信其商业决策是出于公司的最佳利益考虑。"①

从程序上看,美国法上的商业判断规则是一种推定:推定董事在做出商业决策时是建立在获得信息基础之上的,善意的,可以合理相信所采取的行动是出于公司最佳利益的考虑。② 如果想要推翻商业判断规则的推定,原告必须证明,被告董事的行为不满足上述构成要件中的一项或多项。如果原告不能证明这一点,那么法院将不再审查董事决策的具体内容是否合理,而仅检查董事做出决策的过程是否满足了商业判断规则的构成要件。此时,即使董事的决策本身存在瑕疵并给公司造成了损失,董事也不会因此而对公司承担责任。③ 由此可见,商业判断规则使法院对董事注意义务的审查由严格的内容评价转变为克制的程序评价,审查标准从结果导向转为行为导向,董事不必再过度担心其经营管理行为可能带来的失败后果,只要其行为是合理的、善意的且正当的,即可满足注意义务之要求。较《示范商业公司法》第8.30条确定的"一个处于类似地位之人在相似情形中可以合理认为是适当的注意"这一董事行为标准,作为审查标准的商业判断规则给予了董事更多的庇护与自由空间,因此也被形象地称为"安全港"规则。④

2. 商业判断规则的制度价值

如前所述,董事勤勉义务一般标准,即"一个处于类似地位之人在相似情形中可以合理认为是适当的注意",是衡量董事行为是否合理的标准,而商业判断规则亦是法院用来评判董事决策是否适当的规则。由此自然产生这样的问题:为何在董事勤勉义务一般标准之外仍然需要商业判断规

---

① American Law Institute, Principles of Corporate Governance: Analysis and Recommendations, § 4.01 (c).
② Aronson v. Lewis, 473 A.2d 805, 812 (Del. 1984).
③ 参见李燕《美国公司法上的商业判断规则和董事义务剖析》,《法学》2006年第5期。
④ 参见邓峰《业务判断规则的进化和理性》,《法学》2008年第2期。

则？商业判断规则独立的制度价值何在？

第一，从经济学视角分析，商业世界总是风险与机遇并存的。公司的营利性导向需要董事会能够积极面对商业风险，而非一味躲避。德国联邦最高法院在著名的"ARAG/Garmenbeck"判决中曾指出，"董事会应当在公司业务管理中享有更大的行动自由，如果没有这种自由，董事会将很难开展公司活动。这包括了有意识地接受商业风险以及无论董事会如何认真负责，都会面临的误判和错判的危险……董事会不能仅仅因其在履行管理任务中'运气不好'而承担损害赔偿责任"。[①] 与董事的守法守章义务不同，商业决策充满不确定性和风险，对于"应当做出怎样的商业决策"这一问题，事先并不存在标准答案。良好的商业决策的做出常常需要董事有一定的冒险精神。严格的董事责任会导致董事过度规避商业风险，这既与公司利益相悖，也不利于国民经济的发展。

第二，从评价能力角度来看，法官并非公司经营管理领域的专家，对董事决策的实质内容之合理性进行审查，显然超过了法官的能力范围。[②] 对于具备专业知识与技能的董事而言，其在做出商业决策时可以且应当知道一个处于类似情况的勤勉谨慎的标准董事应如何行为，而缺乏相应知识储备的法官则难以进行这种类比分析。因此，理性人标准只能作为个案董事在行为时的自我判断标准，而无法成为法官的审查标准。法官在对专业的经营管理行为进行价值评判时，应秉持"司法克制"的态度，将评判对象由内容转为程序，即仅审查董事做出商业决策时是不是善意的、没有利害冲突的、符合公司最大利益的以及具备适当的信息基础。

第三，从心理学机制来看，结果导向的审查标准容易使法官产生"事后偏见"（hindsight bias）。如果法官已经知道董事某一具体行为在实践中造成了公司利益的损害，那么该法官对损害发生的可能性的估计往往要高于董事在行为时所能预见的情况，进而对董事提出过高的注意义务要求。[③]

---

① BGH NJW 1997, 1926 (1927 f.).

② *Holger Fleischer*, Die, Business Judgment Rule' im Spiegel von Rechtsvergleichung und Rechtsökonomie, in: FS Wiedemann, 2002, 827 (831).

③ *Michael Hoffmann-Becking*, in: Münchener Handbuch des Gesellschaftsrechts, Band 4, 5. Aufl., 2020, § 25 Rn. 54.

这对于董事而言是不公正的，因为没有人能够预见商业决策最终是否会带来所期待的结果，这与专业知识、实践经验以及个人能力无关，而是由商业决策的特性所决定的，即商业环境是复杂多变的，商业行为是充满风险、难以预判的。董事自己可以决定的只有决策过程的合理性、正当性。因此法官在事后审查时，应将重点放在能够真正体现董事是否尽到必要之注意的决策之过程上，而不应考虑人力所不可控制的决策之结果。

在我国公司法学界，学者们对于建立董事勤勉义务判断标准（如理性人标准）的必要性并无异议，但对于是否应将商业判断规则引入其中，则存在不同意见。有学者认为，对于董事行为是否合理这一问题，美国法是由于历史原因才制造出两套规则，而我国完全没有必要亦步亦趋。[①] 而主流观点则认为，商业判断规则有其独立的制度价值，董事勤勉义务的一般标准无法替代之。[②] 笔者亦赞同后者。虽然商业判断规则在美国的蓬勃发展与其股权市场分散、经理人市场发达等本土因素密不可分，而我国目前缺乏类似的市场背景，但在公司全球化的大潮流中，所有权与经营权日益分离以及职业经理人市场的兴起，将是各国公司的发展趋势。从这个意义上讲，"公司法规则在各国的分布是进化过程中的不同阶段而不是生物多样性的表现"。[③] 另一方面，即使缺少上述的背景因素，放松对公司的管制、鼓励董事合理的冒险行为以及避免法官的事后偏见也是我国公司法改革的方向。任何公司立法或公司章程都难以预见董事在特定商业环境中做出何种行为才是正确的经营决策，而任何事后审查也都难以避免存在以结果为标准来评价事前行为过程的倾向。正是基于这一普适价值，源于19世纪美国判例法上的商业判断规则才会有如此强大的生命力与影响力，[④] 其不仅在美国本土继续发挥着重要作用，而且也成为美国法"出口"他国

---

① 参见叶金强《董事违反勤勉义务判断标准的具体化》，《比较法研究》2018年第6期。
② 参见李燕、杨淦《董事注意义务的司法审查标准刍议》，《法律适用》2013年第12期；马一德《公司治理与董事勤勉义务的联结机制》，《法学评论》2013年第6期；陈本寒、艾围利《董事注意义务与董事过失研究——从英美法与大陆法比较的角度进行考察》，《清华法学》2011年第2期；夏利民《董事谨慎职责与经营判断规则之关系刍议——以美国法为视角》，《比较法研究》2010年第6期。
③ 邓峰：《业务判断规则的进化和理性》，《法学》2008年第2期。
④ 参见李燕、杨淦《董事注意义务的司法审查标准刍议》，《法律适用》2013年第12期。

的典范条款。①

(二) 审查标准抑或免责事由?

从功能上看,董事注意义务一般标准与商业判断规则似乎均为董事勤勉义务的判断标准。对同一董事行为合理性的评价存在两套不一样的规则,这很可能导致法律适用时的困惑与混乱。其实,这一问题在美国判例法的背景下是不存在的。美国法上的商业判断规则是法官审查董事行为适当性的司法审查标准(standard of review),体现了法院对是否评价董事职责是非曲直的审慎与宽松态度;而注意义务一般标准则是董事的行为标准(standard of conduct),是法律对董事的基本要求,董事以此为准则考察自己在处理公司事务时是否尽到必要的谨慎和注意。② 两项规则的适用群体不同,自然不会产生法律适用上的重合或冲突。但是,这种行为标准与司法审查标准的分离与我国的基本法律理念是相违背的:在大陆法系国家,法官不享有广泛的裁量权,而必须依成文法进行裁判,成文法对行为义务标准的规定即为法官的司法审查标准。

在大陆法系背景下,我国应如何正确定位商业判断规则,以使其既能发挥其制度价值,又得与我国公司法内在体系相适应?笔者认为,应当将商业判断规则定位为董事违反勤勉义务的免责事由,而非董事违反勤勉义务的司法审查标准。理由有四。

其一,从规则本质上看,商业判断规则百余年来一直被用来保护董事不因其决策结果的不理想而受责任追究。③ 虽然美国法上的董事注意义务的行为标准与审查标准不一致,但这两项标准都是生存于董事民事责任体系框架下的规则,前者是探究董事民事责任的前提,而后者的适用则可使

---

① *Hanno Merkt*, Rechtliche Grundlagen der Business Judgment Rule im internationalen Vergleich zwischen Divergenz und Konvergenz, ZGR 2017, 129 (132).
② 参见夏利民《董事谨慎职责与经营判断规则之关系刍议——以美国法为视角》,《比较法研究》2010年第6期。
③ 参见李燕《美国公司法上的商业判断规则和董事义务剖析》,《法学》2006年第5期。

董事免除民事责任。① 从这一意义上讲，商业判断规则实质上就是董事违反注意义务的免责事由。

其二，将商业判断规则定位为免责事由并不会影响其制度价值的发挥。在作为董事违反勤勉义务的免责事由时，董事同样受商业判断规则这一"安全港"的保护，其在商业决策时享有广泛的自由决定空间，会更倾向于进行合理的商业冒险。商业判断规则的目的与价值即在于此。

其三，免责事由是与我国法律体系相适应的一类规则，将商业判断规则归类于免责事由，不会产生"系统不兼容"的问题。而如果坚持将商业判断规则原封不动地作为审查标准搬入我国，那么必然会产生这样的困惑：对于同一董事行为合理性之判断，为何会有两种不同的标准？法院在个案审查时究竟应以哪种为准？正确的法律移植应当能够合理地解决现有问题，同时避免新问题的产生。

其四，从比较法上看，将商业判断规则定位为免责事由亦有先例可循。德国在移植美国法上的商业判断规则时即考虑到了法系之间的差异，最终没有采取美国式的行为标准与审查标准两分法，而是将商业判断规则直接确定为免责事由。② 德国立法者在立法理由中明确指出，《股份法》第 93 条第 1 款第 2 句的责任自由空间（Haftungsfreiraum）是对第 1 句的例外和限制，商业判断规则的举证责任由被告董事承担。③ 在此后的十余年实践中，德国法上的商业判断规则经受住了考验，如今正发挥着越来越重要的作用。

总结而言，虽然商业判断规则在其发源地美国是作为董事违反注意义务的司法审查标准而被使用的，但考虑到本土化因素，我国公司法在学习借鉴时应将其定位为董事违反勤勉义务的免责事由，而非判断标准；董事违反勤勉义务的判断标准有且仅有一种，即一个普通谨慎之人在类似的地位和情况下所应有的注意。

---

① 参见夏利民《董事谨慎职责与经营判断规则之关系刍议——以美国法为视角》，《比较法研究》2010 年第 6 期。
② Klaus J. Hopt/Markus Roth, in: Aktiengesetz, Großkommentar, 5. Aufl., 2016, § 93 Rn. 22.
③ Bundestag-Drucksache. 15/5092，S. 12. 德国联邦最高法院在 2008 年的一份判决中进一步明确，商业判断规则是作为对责任的免除（Haftungsausschluss）而被引入德国《股份法》的，vgl. BGH DStR 2008，1104（1105）。

四 董事勤勉义务的客观行为义务

(一)"被忽视的"董事行为义务

目前,我国公司法学界对董事勤勉义务判断标准的讨论基本局限于上文所述的理性人之构建与商业判断规则之引介方面。"判断董事是否尽到勤勉义务,其实质就是判断董事行为是否有过失",[①] 这似乎已成为无须多言的共识。然而,从法教义学角度分析,在过错层面评判行为人的可归责性之前,应首先在义务违反层面探查行为人是否有义务违反之行为,而后者又以明确行为人有怎样的行为义务为前提。具体到判断董事是否违反勤勉义务的情形,自然应首先明确董事有怎样的客观行为义务,在此基础上方可探讨个案董事在具体行为中是否尽到了必要的勤勉与注意。如果个案董事对于自己应当为哪些行为、不应当为哪些行为尚不能有清晰的认识,那么其对于自己应尽到怎样的勤勉注意更无法做出正确的判断。

从法规范上看,我国《公司法》对董事勤勉义务的行为义务仅有"遵守法律、行政法规与公司章程"这一项规定;与此形成鲜明对比的是,《公司法》对违反忠实义务的行为以列举的方式做了较为详细的描述。对于这一差异,有学者认为,在公司治理与经营过程中,存在着无法穷尽的具体义务与情形。尤其是对于何谓"尽心尽职",实难以文字列举之方式予以明确,这也是我国公司法乃至世界各国均未对勤勉义务作出详细规定的缘由。[②]

如果说,法规范的简陋尚可通过行为义务的无限性与法条的有限性而得到解释,那么理论界对于董事行为义务的忽视就令人难以理解了。毕竟责任在本质上来源于义务。无论是过错责任抑或无过错责任,行为人实施了义务违反之行为均是其承担民事责任的必要前提。笔者认为,我国学界对董事勤勉义务的客观行为义务的忽视,可能与两个因素有关。其一,

---

① 参见叶金强《董事违反勤勉义务判断标准的具体化》,《比较法研究》2018 年第 6 期。
② 参见张婷婷《独立董事勤勉义务的边界与追责标准——基于 15 件独立董事未尽勤勉义务行政处罚案的分析》,《法律适用》2020 年第 2 期。

"一个普通谨慎之人在类似地位和情况下应有的注意"这一对于董事勤勉义务的描述本身即具有双重属性。从"……的注意"这一用语来看，似乎其只是判断董事是否违反勤勉义务的过错标准。实际上，该表述同时内含对董事客观行为义务的概括性描述。举个简单的例子。一般认为，了解公司业务经营状况是所有董事的基本义务，而无论其具体职位如何、公司规模如何、公司财力如何。如果某大型公司计划收购一家中型公司，那么对于收购方主管法务的董事而言，其不仅负有了解公司经营和管理状况这一基本义务，而且还须了解公司并购的法律程序、评估相关法律风险、向董事会提出专业的法律意见，等等。这些超出基本义务的具体行为义务即来源于"一个普通谨慎之人在类似地位和情形下应有的注意"时应当有的客观行为义务。由此可见，"一个普通谨慎之人在类似地位和情况下应有的注意"既是董事违反勤勉义务的过错标准，也是董事客观行为义务的来源。正因于此，学者们在讨论董事违反勤勉义务的判断标准时，虽然未涉及行为义务，但似乎并不影响问题的解决。

其二，董事勤勉义务制度是舶来品。我国学界在探讨该制度时，不可避免地要从外国法，尤其从美国法中学习和了解其历史渊源与规则内容。对于董事过错标准，美国法在《示范商业公司法》和《公司治理准则》等权威性文本中已有成文化的表述，而董事的具体行为义务则散见于浩如烟海的判例之中。或许是因为董事行为义务更多的是一个商业实践问题而非法律问题，也或许是因为成文化表述较判例给人以更直接深刻的印象，我国学界对美国判例中的董事注意义务类型并没有太多关注。但这并不意味着，董事行为义务在董事勤勉义务体系中无足轻重。相反，只有明确了董事应当为哪些行为、不应当为哪些行为，法官才能进一步判断董事在具体行为时是否尽到了必要的勤勉与注意。

（二）董事行为义务体系建构：初步探讨

董事行为义务植根于商业实践。在复杂多变的商业环境中，董事的具体行为是不断变化、无法穷尽的。这给我国理论界和实务界全面正确地认识董事勤勉义务的客观行为义务带来不小的困难。对于这一问题，德国法或可为我们提供一种思路:德国公司法学者们创造性地将董事行为义务分为三大类,即守法义务、管理义务和监督义务,并通过实践与理论不断发展着各类义务的具体内容,从而构建了结构完整、内容丰富的董事行为义务体系。[1] 德国式的董事行为义务分类方法具有很好的代表性、延展性与持续性。其既可以适用于所有职位与情形中的董事,同时也能够适应和容纳不断发展变化的董事具体行为义务。三大类董事义务虽然看上去较为抽象、不易理解,但学说与判例在不断充实着、更新着其项下的具体义务,因而不会影响其实用性。

在公司法领域,尽管我国与德国的法规范以及学说理论不尽相同,但我国的董事勤勉义务与德国的董事谨慎义务的制度内核是一致的:享有广泛经营管理权的董事应当负有一定的行为义务和必要的谨慎注意,以避免因其疏忽或懈怠而造成公司的损失。同样是自然人担任的董事,其勤勉、谨慎的行为义务在形式上和内容上具有很大的相似性。同时,董事具体行为来源于商业实践,在商业活动与公司治理全球化的大背景下,各国的董事行为义务趋于相同。从这一点上看,德国法中的董事行为义务相关理论同样适用于我国,只是在细节之处需要根据我国公司法和公司的实际情况进行调整。

首先,德国法上董事谨慎义务中的守法义务是指,董事需要保证自己行为以及公司行为的合法、合章性。[2] 类似地,我国《公司法》第147条规定,董事应当遵守法律、行政法规和公司章程,对公司负有勤勉和忠实义务。《上市公司治理准则》除了在第21条重申了董事自身的守法守章义务之外,还在第26条明确,董事会应当依法履行职责,确保上市公司遵守法律法规和公司章程的规定。由此可见,中国法上的董事勤勉义务要求董事不仅要保证自己的行为守法守章,同时也要保证公司行为的合法性。这与德国法中的董事守法义务的内涵是完全一致的。

其次,德国董事会的管理义务是其业务经营的核心部分。公司的管理

---

[1] *Mathias Habersack*, Die Legalitätspflicht des Vorstands der AG, FS U. H. Schneider, 2011, S. 429, 431; *Holger Fleischer*, in: Spindler/Stilz, AktG, 4. Aufl., 2019, § 93 Rn. 12; *Wolfgang Hölters*, in: Aktiengesetz, Kommentar, 3. Aufl., 2017, § 93 Rn. 41 ff.

[2] *Wolfgang Hölters*, in: Aktiengesetz, Kommentar, 3. Aufl., 2017, § 93 Rn. 54 ff.

事务主要包括四类，即公司的规划与管控、组织责任、财政责任和信息责任。① 这些管理事务只能由董事会整体负责，而不得授权个别董事或下级员工。② 我国制定法规范对董事的管理义务已有较为详细的规定。例如，《公司法》第46条对董事的主要管理义务进行了列举，包括决定公司的经营计划和投资方案、制订公司的年度财务和预决算方案、制订公司的利润分配方案和弥补亏损方案、决定公司内部管理机构的设置、制定公司的基本管理制度等。《上海证券交易所上市公司董事选任与行为指引》亦在多处规定了董事负有勤勉地管理公司的职责，如第37条规定，董事应积极推动公司各项内部制度建设，提出改进上市公司治理结构的建议，等等。这些规范与德国法中的董事四类管理义务大体上是对应的。但需要注意的是，中国与德国在公司治理结构上存在不同。德国的公司治理结构是三权分立式的，公司的业务经营完全由董事会负责，股东会不得干涉，只有在董事会要求时，股东会方可对业务经营问题做出决定（德国《股份法》第119条）。与此不同，中国的公司治理结构是三角形结构，即由股东会产生董事会和监事会。股东会是公司最高权力机关，公司的部分经营管理事项由股东会决定。③ 在"股东会中心主义"的我国，④ 董事会管理职权的范围必然不如德国董事会那般广泛，在义务具体内容方面也会存在差异。我国在借鉴德国董事行为义务理论时，应当注意到两国公司法立法、理论以及实践方面的差异性。

再次，德国法上的董事监督义务指，当董事会将部分职权授权给其他董事以及下级员工时，其谨慎的直接行为义务即转化为对被授权人的谨慎监督义务。其中，对其他董事的监督为横向监督，对下级员工的监督为纵向监督。⑤ 对于监督义务，我国法律文件着墨不多，仅《上海证券交易所

---

① *Wolfgang Hölters*, in：Aktiengesetz, Kommentar, 3. Aufl., 2017, § 93 Rn. 42；*Holger Fleischer*, in：Spindler/Stilz, AktG, 4. Aufl., 2019, § 93 Rn. 51.
② *Jens Koch*, in：Beck'sche Kurzkommentare, Aktiengesetz, 14. Aufl., 2020, § 76 Rn. 8.
③ 参见邓峰《中国公司治理的路径依赖》，《中外法学》2008年第1期。
④ 参见蒋大兴《公司董事会的职权再造——基于"夹层代理"及现实主义的逻辑》，《现代法学》2020年第4期。
⑤ *Holger Fleischer*, in：Spindler/Stilz, AktG, 4. Aufl., 2019, § 93 Rn. 94 ff.

上市公司董事选任与行为指引》在第 32 条提及，董事审议提交董事会决策的事项时，应主动要求相关工作人员提供详备资料、做出详细说明，谨慎考虑相关事项的各种因素；以及在第 33 条指出，董事在将其分管范围内事项提交董事会会议审议时，应真实、准确、完整地向全体董事说明该等事项的具体情况。这两条规定似乎已经体现了商业实践中董事会的纵向授权与横向授权的存在，并隐含对其合法性的肯定，但该文件并未进一步说明授权行为的边界与后果。对于董事会的哪些事项可得授权、哪些必须由董事会亲自负责，以及董事会的授权行为是否等于责任的转移，其是否因此而负有监督义务等问题，尚需更为明确的回答。

关于董事的监督义务应当明确两点。其一，虽然我国立法与理论似乎更关注董事的守法义务与管理义务，而极少讨论其监督义务，但监督义务在董事行为义务中占据相当大的比重，其意义不容忽视。毕竟，在实践中，董事亲自执行的任务仅有一小部分，绝大部分任务都会被授权给下级部门和员工。在授权情形中，董事责任并不会因授权而发生转移，但其义务会由直接行为义务转化为监督义务。董事监督义务即来源于此。① 其二，在设立监事会的国家，如我国和德国，应明确区分董事会监督义务与监事会监督义务。前者以授权行为为基础，义务来源于董事自己责任以及原生的直接行为义务；而后者则以法条为基石，义务来源于法定的公司监督机关的职责。在探讨董事监督义务时，切不可混淆这两种不同性质的监督义务。

从以上对我国公司法中的董事行为义务的初步梳理和分析中可以发现，我国法上的董事行为义务规则是零散的、片面的，更多地来自对商业实践的直接总结与归纳，而缺乏体系化的思考与更深入的研究。不过，尽管我国公司法尚未发展出类似德国法的三大义务理论，但《公司法》以及证监会、证券交易所的各种文件对于董事的守法义务、管理义务和监督义务已有所注意。这一方面印证了上文关于两国董事行为（义务）相似性、趋同性的观点，另一方面也为我国日后引介德国法上的董事行为义务相关

---

① BGH DStR 1994, 1902 (1904); *Klaus J. Hopt/Markus Roth*, in: Aktiengesetz, Großkommentar, 5. Aufl., 2016, § 93 Rn. 162; *Stephan Harbarth*, Unternehmensorganisation und Vertrauensgrundsatz im Aktienrecht, ZGR 2017, 211 (215).

理论提供了适应性土壤。当然，董事行为义务体系的建构绝非一朝一夕之功，具体规则与理论的完善还需学说与实践的不断探索与发展，本文对此的初步探讨仅作抛砖引玉之用。

五　结论

我国新一轮公司法改革正在如火如荼地进行着。董事勤勉义务制度之设计是本次改革的重点课题之一，该课题的关键性问题在于，如何确定董事勤勉义务的判断标准。运用人格化标准来评判个案董事，是内植于自然人心理机制的合理选择，也是各国公司法的通常做法。抽象的人格化标准在个案判断中需要被进一步具体化。董事究竟应尽到怎样的勤勉义务，取决于个案中的情形，如该公司的类型、规模、经济状况、董事成员间的具体分工，等等。简言之，董事勤勉义务的判断标准应为一个普通谨慎之人在类似地位和情况下所应有的注意。该标准是客观标准与最低标准，如果董事个人能力超过前述水平，则应以其实际拥有的能力进行衡量。

商业判断规则肇始于美国判例，是董事注意义务的司法审查标准。其制度目的主要在于赋予董事广泛的决策自由权、鼓励合理的商业冒险行为以及避免法院事后偏见。商业判断规则的制度价值是独立的、普适的，因而对我国公司法同样有借鉴意义。在本土化过程中，我国法应将商业判断规则定位为董事违反勤勉义务的免责事由，而非审查标准。这一调整不仅可以保证商业判断规则制度价值的充分发挥，同时与我国法律体系相兼容，将对董事勤勉义务制度之完善起到积极作用。

勤勉与注意本质上是对董事行为的要求。在判断董事是否违反勤勉义务时，应首先明确董事有怎样的客观行为义务，之后方可探讨董事在具体行为中是否尽到了一定的勤勉与注意。董事行为义务植根于商业实践，是不断变化、无法穷尽的。对于如何明确董事行为义务这一难题，我国可以借鉴德国法的解决思路，从理论上将董事行为义务分为三大类，即守法义务、管理义务和监督义务，并通过实践与理论不断充实和发展各类义务的具体内容。

论信托受托人谨慎投资义务的判断标准

曹亚君[*]

内容提要： 信托管理是信托制度的核心，信托管理失效是目前我国信托发展中遇到的主要问题。现代投资组合理论融入信托受托人谨慎投资义务规则之中，主张保障信托资产实质价值、明确风险的不确定性、确定成本收益衡量法、提倡多样化投资策略等，为完善信托管理规范注入全新的金融理论。受托人职权规范是信托的支柱，受益人权益保障是信托的根基。现代投资组合理论融入信托受托人谨慎投资义务规则之中，改变了以往通过限制受托人投资权以保障受益人权益的方式，提出了通过保障受托人投资权、明确受托人投资责任的方式来保障受益人权益，这是目前理论和实践证明可行的规范信托管理、保障受益人权益的最佳方式。

关键词： 信托受托人　信托受益人　谨慎投资义务　现代投资组合理论

一　问题的提出：如何确定信托受托人谨慎投资义务的判断标准

风险管理是受托人的使命，受托人谨慎投资义务是践行风险管理使命的中心环节。但是，如何确定信托受托人谨慎投资义务的判断标准，一直是信托理论和实务界积极探讨的问题。信托是指在特定的财产上建立的信

---

[*] 曹亚君，中山大学法学院民商法学博士研究生。

义关系，并且可由受托人的职责反映出来。① 何为谨慎投资者？按照通常的理解，信托领域的谨慎投资者应当是能够遵从信托目的、条款、分配要求和其他情况，能够综合权衡回报和风险，谨慎地管理和投资信托资金的受托人。信托受托人的谨慎投资义务调整的是受托人对信托财产进行投资的行为标准，受托人应当如何管理信托财产、如何进行投资，也即信托受托人谨慎投资义务的判断标准如何确定，这是信托的主要难题，是信托能否实际发挥"代人理财"功能的关键。现代信托制度发源于英美信托制度，在当代，尤其以美国的信托制度发展最快，美国信托制度的发展轴线可以说是受托人制度的发展轴线。自1950年以来，域外信托学者关于现代投资组合理论融入信托法律规范已有一定的研究。② 美国的《信托法重述》（第三版）（1990年）、《统一谨慎投资者法》（1994年）、《统一信托法典》（2000年）都将现代投资组合理论融入信托受托人谨慎投资义务的判断标准之中，使信托受托人谨慎投资义务有了更符合信托本质、更自由灵活、更与时俱进的指引标准和评价标准。

在我国，如何评价信托受托人的投资行为是否"谨慎"，亦是信托领域亟待解决的问题。随着我国经济的腾飞，我国信托行业发展比较迅速，有金融学家直言信托在我国已稳坐四大金融支柱的"第二把交椅"。但是，我国现有的信托法律体系较薄弱，关于信托受托人谨慎投资义务的判断标准模糊，未能赶上信托发展实践的需求。在现代投资组合理论融入信托受托人谨慎投资义务的时代潮流中，在我国信托受托人谨慎投资义务判断标准亟须完善的现实情况中，探讨现代投资组合理论融入信托受托人谨慎投资义务这一核心问题尤其具有必要性。完善我国信托受托人谨慎投资义务

---

① 〔美〕爱德华·C. 哈尔巴赫：《吉尔伯特信托法》，张雪楳译，法律出版社，2017，第189页。

② Edward C. Halbach, Jr. "Trust Investment Law in the Third Restatement", 77 *Iowa L. Rev.* 1151, (1992); John H. Langbein, "The Uniform Prudent Investor and the Future of Trust Investing", 81 *Iowa L. Rev.* 641, (1996); Paul G. Haskel, "The Prudent Person Rule for Trustee Investment and Modern Portfolio Theory", 69 *N. C. L. Rev.* 87, (1990); Harvey E. Bines, "Modern Portfolio Theory and Investment Management Law: Refinement of Legal Doctrine", 76 *Colum. L. Rev.* 721, (1976); Stewart E. Sterk, "Rethinking Trust Law Reform: How Prudent is Modern Prudent Investor Doctrine?", 95 *Cornell L. Rev.* 851, (2010).

相关法律规范是我国信托法领域的重要问题，不少学者亦已在这一焦点问题上潜心研究。① 本文则从现代投资组合理论融入信托受托人谨慎投资义务的路径、具体表现、实证检视这三个层面来分析论证现代投资组合理论融入信托受托人谨慎投资义务的判断标准这一核心问题。

二 现代投资组合理论融入信托受托人谨慎投资义务的路径分析

关于信托受托人谨慎投资义务的起源并无定论，有学者坚持认为信托受托人谨慎投资义务具有宗教渊源，也有一些观点将信托受托人谨慎投资义务的思想追溯到《圣经》中的"管家寓言"，还有一些观点将该思想追溯到圣托马斯·阿奎那（St. Thomas Aquinas）所著的《谨慎与正义论》(Treatise on Prudence and Justice)。② 英美国家的信托受托人谨慎投资义务的规范标准经历了"法定清单规则"和"谨慎人规则"，最后形成了当前的以现代投资组合理论为核心的"谨慎投资者规则"。

（一）现代投资组合理论融入受托人投资行为规范的进路

1. "法定清单规则"

在英国和美国，早期有关信托投资的法律的制定基本上由司法部门负责。有些法院试图界定可允许的投资类型，而另一些法院则逐案判断受托人的投资行为，有时没有明确的标准，有时参照通常的、保守的谨慎

---

① 例如，刘正峰：《美国信托法受托人谨慎义务研究》，《当代法学》2003 年第 9 期；黄素萍：《论信托受托人的谨慎投资义务——以美国〈统一谨慎投资人法〉为视角》，《政治与法律》2008 年第 9 期；张淳：《美国社会保障基金投资信托受托人的谨慎投资义务》，《同济大学学报》（社会科学版）2010 年第 6 期；张淳：《〈美国统一谨慎投资人法〉评析》，《法学杂志》2003 年第 5 期；姚朝兵：《美国信托法中的谨慎投资人规则研究》，法律出版社，2016。

② See J. Alan Nelson, "The Prudent Person Rule: A Shield for the Professional Trustee", 45 Baylor L. Rev. 933, 937 – 938 (1993).

标准。①

"法定清单规则"起源于18世纪英国的"南海泡沫"事件。南海公司是英国议会于1711年颁布特许状设立的一家私人公司，1719年英国议会颁布法案允许受托人投资南海公司的股票，1720年"南海泡沫"灾难性事件爆发，南海公司的股票价格下跌了90%，投资于南海公司的众多受托人由于股票价格的暴跌而损失惨重。②"南海泡沫"事件对信托投资金融产生了强烈的冲击，英国衡平法院通过判例法明确列举法院认为适当的、谨慎的投资项目，受托人只有在法院列举的这些投资项目范围内投资，受托人的投资行为才被认为是谨慎的，超出法院列举的投资项目的投资行为将会被认为是不谨慎的投资，这即"法院名录"或"法定清单"在英国的起源。英国的"法定清单规则"在确立之初仅允许受托人投资政府公债，受托人可投资的范围非常狭窄，"法定清单规则"在英国适用了二百多年，允许投资的范围不断扩大。

"法定清单规则"在一个多世纪后有了美国版本，1869年发生在美国的"King v. Talbot"案是美国版"法定清单规则"的典型案例。在"King v. Talbot"案中，委托人为其三个未成年孩子设定了一个遗嘱信托，载明给三个孩子各自留下15000美元的信托财产，信托财产的收益用于支付三个孩子成年之前的生活和教育费用，直到三个孩子成年之后，再分别将信托财产的本金及累积收入支付给他们。受托人将这些信托财产投资于公司股票、银行股票和公司债券，三个孩子成年后，拒绝接受受托人交付的信托财产的本金和累积收入，并将受托人告上法庭，他们认为受托人将信托财产投资于股票违反信托义务，要求受托人支付信托财产本金和自遗嘱人死亡时起算的利益。最后，纽约上诉法院支持了这三个成年子女的诉讼请求，理由是该案的信托目的是维持三个未成年子女的生活，将信托财产投资于公司股票、银行股票和公司债券，信托财产脱离了受托人可控制的范

---

① Edward C. Halbach, Jr., "Trust Investment Law in the Third Restatement", 77 *Iowa L. Rev.* 1151, 1151 (1992).

② See Bubble Act, 6 Geo. I c. 18 (1719). 参见姚朝兵《美国信托法中的谨慎投资人规则研究》，法律出版社，2016，第96~98页，参见〔英〕西蒙·加德纳《信托法导论》，付然译，法律出版社，2018，第152页。

畴，极具不确定性和风险性。① 1889年，纽约州立法机关将"King v. Talbot"案中的标准进行了编纂。此次编纂的规则因列举合法投资清单而被称为"纽约规则"或"法定清单规则"。"法定清单规则"规定受托人只能投资于政府支持的证券或只关注每个单独的证券而不是整个投资组合。在美国"法定清单规则"出台后的50年中，美国大多数州采用了"法定清单规则"。

2. "谨慎人规则"

"谨慎人规则"亦被认为存在过几个版本。其中一个版本的思想缘起于1830年的"Harvard College v. Amory"这一经典且具有里程碑意义的案例，审理该案件的马萨诸塞州最高法院拒绝适用英国规则中要求投资于政府证券的规定，认定受托人在管理信托资产时具有"合理的酌处权"，该案例确定的规则是关于受托人投资行为的相对灵活性规则，是对适用英国"法定清单规则"的挑战。马萨诸塞州最高法院认为，只要受托人用心地进行投资，受托人对私人证券的投资就是合法的。② 在"Harvard College v. Amory"案中，遗嘱人设立了一个遗嘱信托，遗嘱人的妻子是受益人，受益人去世后，受托人将信托财产实际价值的一半转移给哈佛大学，另一半转移给马萨诸塞州综合医院，这些财产的收益分别用于支持两个机构的教学或慈善工作。这些信托财产主要由股票构成，股票价格随后大幅缩水，哈佛大学和马萨诸塞州综合医院起诉受托人，认为受托人不应将信托财产置于私人股票的风险之中，而应将信托财产投资于安全且能有收益的政府债券、银行股票等。马萨诸塞州最高法院未认可该诉讼请求，帕特南（Putnam）法官的经典论述是：受托人必须忠诚行事并进行合理判断，受托人将获得永久处置自有资金的投资权利，绝对的投资安全是不存在的。马萨诸塞州最高法院认为该案的受托人在管理信托财产时是诚实的、谨慎的，如同处理自有财产那样用心。"Harvard College v. Amory"案确立的规则被称为"谨慎人规则"或"马萨诸塞州规则"。该规则比英国的"法定

---

① 40 N. Y. 76 (1869).

② 26 Mass, 446, 9 Pick (1830).

清单规则"更灵活,但其未形成系统的规则,故而美国"King v. Talbot"案确立的同样比英国版"法定清单规则"更灵活的美国版"法定清单规则",在很长一段时间内超越"Harvard College v. Amory"案确立的"谨慎人规则",成为美国较为普遍的规则。

20世纪初,信托法领域的杰出学者奥斯汀·韦克曼·斯科特教授(Austin Wakeman Scott)创建了"谨慎人规则"的另一种版本。斯科特教授是美国1935年的《信托法重述》(第一版)和1957年的《信托法重述》(第二版)的报告人,该两部重述均规定了"谨慎人规则"。有学者提出斯科特教授创建的"谨慎人规则"不如"Harvard College v. Amory"案确立的"谨慎人规则"的标准灵活。[1] 斯科特教授的理念是,受托人是"保护他人财产的人",谨慎受托人首先要确保"财产的保护",即保存信托资产是受托人的主要目标。为了让受托人能够实现保存信托资产的目标,斯科特教授在区分"谨慎"和"投机"时,设定了禁止性投资清单,具体包括"投机性"股票、折扣基金、新兴企业的证券等。[2] "斯科特规则比'Harvard College v. Amory'案的规则的约束性更强,灵活性更差。在通货膨胀时期,保护遗产的任务变得令人困惑;以名义价值保存遗产很可能会违反立遗嘱人将财富转移给下一代的目的,但以实质价值保存遗产需要投资,这可能会损失本金。"[3] 尽管斯科特教授创建的"谨慎人规则"被质疑过于保守,但是,由于斯科特教授的重要影响力以及其他客观原因,其创建的"谨慎人规则"对受托人的谨慎标准产生重大影响,《信托法重述》第一版、第二版和斯科特教授所著的《信托法》中选取的案例和所做的评论在信托法领域中非常具有权威性和代表性,斯科特教授创建的"谨慎人规则"延续了较长一段时间。"在过去的50年中,斯科特教授关于受托人进行投资管理的教义几乎没有改变,《信托法重述》第一版、

---

[1] Jeffrey N. Gordon, "The Puzzling Persistence of the Constrained Prudent Man Rule", 62 *N. Y. U. L. Rev.* 52, 58 (1987).

[2] Restatement (Second) of Trust (1957).

[3] Jeffrey N. Gordon, "The Puzzling Persistence of the Constrained Prudent Man Rule", 62 *N. Y. U. L. Rev.* 52, 60 (1987).

第二版中的相关部分几乎相同,并在今天继续被视为权威。"①

3. "谨慎投资者规则"

《信托法重述》第一版、第二版规定的"谨慎人规则"的局限性不断凸显,《信托法重述》(第三版)规定了一项新的受托人投资行为规范——"谨慎投资者规则"。现代投资领域的知识、经验和实践表明,在传统的"谨慎人规则"下的许多禁令是没有根据的,而且可能适得其反,抑制了熟练的受托人做出正确判断,并给所有受托人带来了承担不合理责任的风险。② 大量的理论和实证研究都支持了这些对"谨慎人规则"的批评。

20世纪30年代,以银行家为核心的多方力量,努力消除"法定清单规则"。路易斯·海德利(Louis S. Headley)和梅奥·亚当斯·沙特克(Mayo Adams Shottuck)这两位专家,制定了他们所谓的"谨慎人投资法规范本"(Model Prudent-Man Investment Statute),该"谨慎人投资法规范本"融入了"Harvard College v. Amory"案中的某些经典思想,创建了一种相比于"法定清单规则"更加灵活的方法。③ 当然,这两位专家制定的"谨慎人投资法规范本"也受到挑战和质疑,例如,学者弗莱明批评它:①没有提供投资损失的处理方法;②不应对通货膨胀;③不承担投资多样化的责任;④不包括新的投资类别。④ 尽管遭受挑战和质疑,但这两位专家制定的"谨慎人投资法规范本"是《信托法重述》(第三版)的重要基础。⑤

"谨慎投资者规则"以现代投资组合理论为核心理论基础,现代投资组合理论弥补了"法定清单规则""谨慎人规则""谨慎人投资法规范本"

---

① Jeffrey N. Gordon, "The Puzzling Persistence of the Constrained Prudent Man Rule", 62 *N. Y. U. L. Rev.* 52, 58 (1987).

② Edward C. Halbach, Jr., "Uniform Acts Restatement, and Trends in American Trust Law at Century's End", 88 *Calif. L. Rev.* 1877, 1919 (2000).

③ See Robert J. Aalberts, Percy S. Poon, "The New Prudent Investor Rule and the Modern Portfolio Theory: A New Direction for Fiduciaries", 34 *Am. Bus. L. J.* 39, 44 (1996).

④ Austin Fleming, "Prudent Investments: The varying Standards of Prudence", 12 *Real Prop., Prob. & Tr. J.* 243, 248 (1977).

⑤ Robert J. Aalberts, Percy S. Poon, "The New Prudent Investor Rule and the Modern Portfolio Theory: A New Direction for Fiduciaries", 34 *Am. Bus. L. J.* 39, 44 (1996).

的不足。1952年，马科维茨教授（Harry M. Markowitz）发表了著名的《投资组合选择》（"Portfolio Selection"）一文，开创性地提出现代投资组合理论，马科维茨教授也凭在这方面的成果获得了诺贝尔经济学奖。① 现代投资组合理论强调整个投资组合的风险和期望收益，《信托法重述》（第三版）中的"谨慎投资者规则"融入了现代投资组合理论，将马科维茨教授思想的精髓融入其中。马科维茨教授在文章开篇中提出，"投资者确实（或应该）预期回报最大化"，但是，"由于未来是不确定的，所以它必须是我们有折扣的'预期'回报"，所以，马科维茨教授在该文章中运用"预期收益－收益方差"规则来说明预期回报和投资组合选择之间的几何关系。② 马科维茨教授提出的即是关于收益与风险的假设，文章对该假设进行了一系列的论证，论证了投资组合中的收益和风险的关系。在英美国家的信托法学领域，现代投资组合理论已成为衡量投资组合背景下资产收益和风险的最被接受的概念框架。"法学学者们用了50年来认可现代投资组合理论体系具有实质意义，尽管认可该理论体系的进程非常缓慢，但是这个认可是明智的。"③

（二）现代投资组合理论融入受托人投资行为规范的主线

梳理信托领域关于受托人投资行为规范的三种典型规则，可以发现一个重要的主线：约束受托人投资行为的规则的局限性不断暴露，受托人的投资行为更趋自主性、灵活性，受托人的投资权逐渐增大。

1. 三种规则演进的表现

现代投资组合理论作为现代金融重要理论，其融入信托受托人谨慎投资义务的过程与大多数法律制度的一般演进规律一致，大致呈现出原有制度的内在弊病暴露和外部新理论融入的可适性和优越性两个层面。就内部

---

① Stewart E. Sterk, "Rethinking Trust Law Reform: How Prudent is Modern Prudent Investor Doctrine?", 95 *Cornell L. Rev.* 851, 858 (2010).
② Harry M. Markowitz, "Portfolio Selection", *The Journal of Finance*, Vol. 7, No. 1. (Mar., 1952), pp. 77 – 91.
③ Robert T. Willis, "Prudent Investor Rule Gives Trustees New Guidelines", 19 *Est. Plan.* 338, 339 (1992).

层面而言，信托受托人投资行为的规范标准由"法定清单规则"到"谨慎人规则"，再发展到"谨慎投资者规则"，这是一场信托受托人谨慎投资义务规则由保守、固化走向自由、灵活的内生发展运动。从美国大多数州广泛通过法律列举允许信托投资的"法定清单"，到美国大多数州陆续摒弃"法定清单规则"，逐渐采用一个不断演进的"谨慎人规则"，再到采用以现代投资组合理论为核心的"谨慎投资者规则"，这是"法定清单规则""谨慎人规则"自身弊病不断暴露的结果，是信托受托人谨慎投资义务内生发展与完善的必然结果。就外部层面而言，随着现代投资组合理论和实践的不断发展，金融市场的投资产品和投资技术不断发展，金融领域的现代投资组合理论为信托受托人谨慎投资义务提供了最新指引，现代投资组合理论的优越性和可适性，让信托受托人的投资行为有了更符合金融规律的评价标准，让信托受托人得以充分发挥"受人之托、代人理财"的职能。

2. 三种规则的联系和区别

"法定清单规则""谨慎人规则""谨慎投资者规则"这三种规则的联系在于以下几点。第一，三种规则都是规范受托人投资行为的法定规则，受托人的投资行为的约束主要来源于信托条款和信托法律，这三种规则属于信托法律中对受托人投资行为的规定，信托条款在不违反法律强制性规定的前提下，关于受托人投资行为的约定优先于这三种规则的相关规定。第二，三种规则都认可受托人的投资权，即在这三种规则的理念中，受托人都不再是信托起源之初时的"人头"角色，这三种规则都认可受托人的理财角色和投资权，受托人处于具有现代意义的"受人之托、代人理财"的信托法律关系之中。第三，三种规则都认可受托人对受益人负有"投资并使信托财产获利的义务"。① 这三种规则均认为受托人是信托财产的法律所有权人，受益人是信托财产的受益所有权人。抑或说，受托人是信托财产的普通法所有权人，受益人是信托财产的衡平法所有权人。受托人管

---

① 〔美〕爱德华·C. 哈尔巴赫：《吉尔伯特信托法》，张雪楳译，法律出版社，2017，第225页。

理信托财产是为了实现受益人的受益所有权。第四，出于规范信托、保障信托受益人的需要，三种规则都规定受托人在管理信托财产时具有一定的谨慎义务，尽管三种规则规定的谨慎义务不同，但三种规则都要求受托人必须履行特定的谨慎义务。

"法定清单规则""谨慎人规则""谨慎投资者规则"这三种规则的区别集中体现于：三种规则采取不同的理念规定了受托人在管理信托资产时不同程度、不同方面的谨慎义务。"法定清单规则"规定受托人在管理信托资产时必须谨慎且公正，必须在州规定的法定清单中列举的许可投资类型的范围内进行投资；"谨慎人规则"规定受托人在管理信托资产时必须运用注意、技能和谨慎义务，要求受托人像管理自己事务一样进行投资；"谨慎投资者规则"规定受托人在管理信托资产时应尽到合理的注意、技能和谨慎义务，应考虑到信托合同的目的、条款、分配要求和其他情况，应从投资组合的整体视角来规划各个投资项目和评价单个的投资等。另外，三种规则在其他方面的区别在于：受托人是否应考虑通货膨胀，保障信托财产的实质价值；对信托风险、信托投资的定义的差异，受托人是否能够投资于股票等。

3. 受托人投资权逐渐增大

"谨慎"一直是受托人投资行为的试金石，现代投资组合理论使得法律制度中的谨慎投资概念产生了翻天覆地的变化。[①] 在现代投资组合理论出现之前，谨慎投资就是保守投资，例如"法定清单规则"即规定受托人投资行为应排除所有普通股投资。即便后来出现了"谨慎人规则"，该规则强调受托人不应进行"投机性投资"，但所有的投资都带有不确定性，何为"投机性投资"着实难以界定。约束受托人投资权的规则的局限性不断暴露，现代投资组合理论融入受托人谨慎投资义务。从"法定清单规则"到"谨慎人规则"，再到"谨慎投资者规则"，尽管三个规则都认可了受托人的理财角色和投资权，也规定了受托人在行使投资权时应尽到相

---

① Stewart E. Sterk, "Rethinking Trust Law Reform: How Prudent is Modern Prudent Investor Doctrine?", 95 *Cornell L. Rev.* 851, 853 (2010).

应的谨慎义务，但三个规则事实上呈现出一个显著的特点：受托人投资权逐渐增大。

在"法定清单规则"中，受托人具有被严格限制的投资权，受托人仅仅能够投资各州列明的清单范围内的投资项目，但"法定清单规则"相对于受托人仅具有"人头"角色的时代而言，受托人的投资权实现了从虚到实的跨越。"谨慎人规则"突破了"法定清单规则"中仅仅能够投资于清单列表中的投资项目的限制，规定受托人能够按照处理自己事务那样谨慎地进行投资，受托人的投资范围扩大，受托人的投资权增大。但由于各种原因，"谨慎人规则"固化，受托人的投资权依然受到限制。直到现代投资组合理论融入受托人谨慎投资义务，"谨慎投资者规则"建立，现代金融理论的融入让受托人获得更灵活的投资权。现代投资组合理论关注通货膨胀，受托人的职责由保障信托资产的名义价值转变为保障信托资产的实质价值，这促使受托人更积极地行使投资权才能应对通货膨胀。同时，现代投资组合理论对投资、风险、收益等进行了更深入的探讨和诠释，对投资组合中的风险、收益进行了分析与论证，亦让受托人更加积极地行使投资权有了坚实的理论基础。

受托人投资权逐渐增大，这似乎是大多数国家信托法治发展趋势中的特点。英国1961年制定的《受托人投资法》（Trustee Investments Act）取消了受托人只能投资于政府公债等限制性规定，增大了受托人投资范围，普通股也成为受托人允许投资的项目。英国于2000年制定的《受托人法》（Trustee Act）吸收了美国信托法中的谨慎投资者规则的精髓，进一步取消对受托人投资范围的诸多限制，受托人获得灵活的投资权。

三 现代投资组合理论融入信托受托人谨慎投资义务的具体表现

1987年，美国法律学会开始着手对《信托法重述》（第二版）进行部分修订，该修订致力于修改信托投资法。在1990年的年度会议上，美国法律学会批准了《信托法重述》（第三版），并于1992年发布了该重述的最终文本。① 1991 年，美国统一法律委员会（The National Conference of Commissioners on Uniform State Laws，简称 NCCUSL）开始了一个为期 3 年的信托法律规范起草项目，根据修订后的信托法重述编纂统一法律，制定出统一的谨慎投资者法。1994 年，美国统一法律委员会颁布了《统一谨慎投资者法》的最终文本。② 2000 年，美国颁布了《统一信托法典》，该法典是美国统一法律委员会耗时 5 年的产物，是美国第一个全国性的信托法。③

美国的《信托法重述》（第三版）和《统一谨慎投资者法》、《统一信托法典》均融入了现代投资组合理论。1974 年，《雇员退休收入保障法》（ERISA）通过，ERISA 制定了谨慎的专家规则、批准了投资多样化、融入了现代投资组合理论思想，鼓励受托人在管理养老金计划时考虑总收益和总投资组合绩效。

（一）管理信托资产：从名义价值到实质价值

《信托法重述》（第三版）在"谨慎投资一般标准"中开宗明义地规定，受托人有责任"根据信托的目的、条款、分配要求和其他情况，作为谨慎投资者投资和管理信托资产"。④ 可见，受托人的职责是投资和管理信托资产，投资和管理信托资产行为的一个重要问题是，受托人的职责是通过投资和管理信托资产以保障信托资产的名义价值还是实质价值？毫无疑问，若能确切地保障信托资产的实质价值，必然更能保障受益人利益，尤其对于期限长的信托而言，唯有保障信托资产的实质价值，才能对抗通货膨胀，保持信托资产的购买力。为何会有保障信托资产的名义价值和实质价值之间的争议？根源还是对于风险和投资行为的认识不同。

名义价值即账面价值，名义价值不考虑通货膨胀、资产贬值等因素，信托资产的名义价值即信托协议中的信托资产的数额。《信托法重述》第

---

① Restatement (Third) of Trusts: Prudent Investor Rule (1992).
② Uniform Prudent Investor Act (1994).
③ See John H. Langbein, "Why did Trust Law Become Statute Law in the United States?", 58 *Ala. L. Rev.* 1069, 1069 (2007).
④ Restatement (Third) of Trusts: Prudent Investor Rule (1992).

一版、第二版中关于"保护本金义务的每一个说明都是从防止名义损失而不是购买力损失的角度来阐述的",保障信托资产的购买力被视为"投机"。[1] 这些规则主张保有信托资产的名义价值,是保守地出于保障资产账面安全的考虑。因为要保障信托资产的实质价值,就要与通货膨胀赛跑,就必然要将信托资产进行投资,仅仅将信托资产投资于政府债券、银行储蓄等,其利率收益并不一定能够赶上通货膨胀,所以就需要将信托资产投资于股票、私人债券等,而股票、私人债券等投资项目具有较政府债券、银行储蓄等项目更高的风险。概言之,体现保有信托资产名义价值的规则或思想的主要观点是,投资有风险,保障信托资产的名义价值才是谨慎、稳妥的做法。但这一观点的问题在于:第一,通货膨胀、资产贬值就是管理信托资产需要解决的一大风险,保障信托资产的账面价值并不表明将风险降到了最低,仅保障资产名义价值,忽视了通货膨胀、资产贬值这些必然发生的潜在风险;第二,不投资并不代表谨慎,投资亦并不代表不谨慎,受托人的谨慎投资义务应当是谨慎地进行投资,而不是保守地不进行投资。

实质价值即购买力价值,实质价值是指不因通货膨胀、资产贬值等因素而降低资产购买力的资产价值,信托资产的实质价值即信托协议中信托资产的购买力价值。《信托法重述》(第三版)和《统一谨慎投资者法》规定,资产的保值不仅包括对资产名义价值的保值,而且包括对资产实际价值的保值。[2] 这些最新的信托法规范强调了对信托资产的实质价值的保障,相比于之前只保障信托资产名义价值的规范是一大进步。保障信托资产的实质价值的重要性在于以下方面。第一,保障信托资产的实质价值更强调对受益人的实质权益的保障,信托通常不是单纯地把本金及利率留给受益人。在案例"Sun Trust Bank v. Merritt"中,部分受益人起诉信托公司,称他们的权益因为受托人集中投资于免税债券而受到损害,他们指

---

[1] Bevis Longstreth, *Modern Investment Management and the Prudent Man Rule*, Oxford University Press, 1987, p.14.
[2] Restatement (Third) of Trusts: Prudent Investor Rule (1992), Uniform Prudent Investor Act (1994).

出，他们的祖父为姑姑创建的相同信托基金价值增加了两倍，因为它们被部分投资于股票。① 第二，保障信托资产的实质价值更贴合信托的本质，信托不同于储蓄，信托是三方法律关系，其本质是"受人之托、代人理财"，理财的目标应当是在保障信托资产的实质价值基础上寻求一定的收益。因此，除了信托协议出于特殊的信托目的，明确要求保障信托资产的名义价值，信托协议中的"保障信托资产价值"应认定是保障信托资产的实质价值。

（二）正视投资本质：明确风险的不确定性

现代投资组合理论蕴含的一个基本原则是，所有的投资都可能无法按照预期的方式进行，这一概念即"风险"。投资是一项复杂的系统工程，投资的复杂性、广泛的外部联系等，是投资风险的主要来源。投资风险与投资自身的特点密不可分，投资风险几乎涉及所有的经济风险范畴，如建设风险、经营风险、利率风险、汇率风险、通货膨胀风险等，任何一项风险因素的出现都会对投资项目造成不利影响。由于所有投资都有风险，谨慎的投资责任"不要求受托人回避风险，而是要求受托人谨慎地管理风险"，② 受托人有责任尽量减少风险，理解受托人最小化风险的责任需要理解现代投资组合理论。③

《信托法重述》第一版、第二版都明确禁止"投机"。④ 投机、多样化的概念很难定义，如何对多样化进行定量检测是个大难题。在1950年到1975年中，研究者们开发了定量技术，可以更加深刻地阐释投机、不适当性、投资效益和多样化的概念。⑤《信托法重述》（第三版）和《统一谨慎投资者法》强调风险不是孤立地评估，而是在整个信托投资组合中评

---

① 612 S. E. 2d 818 (Ga. Ct. App. 2005).
② Restatement (Third) of Trusts: Prudent Investor Rule (1992).
③ Randall H. Borkus, "A Trust Fiduciary's Duty to Implement Capital Preservation Strategies Using Financial Derivative Techniques", 36 *Real Prop. Prob. & Tr. J.* 127, 141 (2001).
④ Restatement of Trusts (1935); Restatement (Second) of Trusts (1959).
⑤ Harvey E. Bines, "Modern Portfolio Theory and Investment Management Law: Refinement of Legal Doctrine", 76 *Colum. L. Rev.* 721, 734 (1976).

估。受托人必须谨慎行事，但谨慎行事并不意味着仅将信托资产投资于国债、存款等来避免风险，而是要求受托人履行谨慎、注意、技能的义务，通过合理的努力来分散信托投资组合的可分散风险。[1] 比如，受托人可以将某种具有风险的投资和基本上没有风险的投资组合起来，而不是持有只由低风险投资构成的投资组合。[2]

根据现代投资组合理论，受托人应该组合有负相关性或低相关性的投资。通过组合有负相关性或低相关性的投资，受托人可以大大降低与特定投资相关的风险。资产分配有两个主要步骤：第一步是将信托资产宏观分配到各种资产类别中，第二步将各种资产类别中资产微观分配具体投资比例。常见的宏观分配是在股票、债券和现金等价物之间分配信托资产。[3] 从1990年开始，美林证券公司（Merrill Lynch & Co.）和其他经纪公司开始明确要求其客户从"保守收入""保守成长""中等风险""激进风险"这四个风险类别中选定一个风险类别。[4] 表1列出了美林证券公司为这四种风险类别设计的投资组合中的资产分配。

表1 美林证券公司设计的投资组合资产分配

单位：%

风险类别	股票 （Stocks）	债券 （Bonds）	现金 （Cash）
保守收入（Conservative for Income）	30	60	10
保守成长（Conservative for Growth）	60	30	10
中等风险（Moderate Risk）	50	40	10
激进风险（Aggressive Risk）	60	40	0

---

[1] Restatement (Third) of Trusts: Prudent Investor Rule (1992), Uniform Prudent Investor Act (1994).

[2] Edward C. Halbach, Jr., "Trust Investment Law in the Third Restatement", 77 *Iowa L. Rev.* 1151, 1164 (1992).

[3] Restatement (Third) of Trusts: Prudent Investor Rule (1992).

[4] William Powell, Merrill Lynch Asks, "How Much Risk Can You Take?", *Wall St. J.*, June 29, (1990). See Robert J. Aalberts, Percy S. Poon, "The New Prudent Investor Rule and the Modern Portfolio Theory: A New Direction for Fiduciarie", 34 *Am. Bus. L. J.* 39, 67 (1996).

马科维茨教授的研究对投资理论带来较大影响的一个观点是，如果谨慎的投资者认为某项投资有足够高的预期收益，则无论该项投资的风险如何，投资者都应当将该项投资纳入投资组合之中。[1] 这是投资者寻求高回报的体现，但是如何实现这些回报"可靠、稳定，不受不确定因素的影响"？马科维茨教授在文章中进一步提出，风险不可以避免，但可以分散风险，"正确类型的"多样化投资可以有效分散风险。[2] 也即可以通过分散投资来最小化整体的投资风险，尽管理论上而言高收益与高风险往往存在正相关关系，投资者不能完全规避风险，但可以通过投资其他的不具有相关风险的高预期收益金融产品来降低整体的风险。因为，除了"市场风险"或"系统性风险"是无法分散的，其他的非"市场风险"或"系统性风险"通常不会一起来临，通过分散投资来降低整个投资组合的投资风险理论上是可行的。

（三）保障主体利益：运用成本收益衡量法

投资行为离不开资本市场，有效市场理论是衡量投资成本与收益的基础理论。有效市场，指的是资本市场中，现有信息被迅速消化并反映在证券的市场价格中。在有效的市场中，价格为资源分配提供了准确的信号，即如果资本市场有效，则证券价格将准确反映这些证券的预期风险和回报。[3] 20世纪60年代，经济学家提出"有效的资本市场假设"（Efficient Capital Markets Hypothesis，简称ECMH），该假设详细说明了特定投资的预期回报。有效的资本市场假设的重大贡献在于：第一，如果该假设是正确的，那么任何个人或公司投资者都无法制定出能持续击败市场的投资策略，因为市场价格已经反映出投资者所依据的信息；第二，如果该假设是正确的，则没有任何投资是不良投资，因为投资价格已经考虑了投资风

---

[1] Harry M. Markowitz, "Portfolio Selection", *The Journal of Finance*, Vol. 7, No. 1. (Mar., 1952), pp. 77 - 91.

[2] Harry M. Markowitz, "Portfolio Selection", *The Journal of Finance*, Vol. 7, No. 1. (Mar., 1952), p. 89.

[3] Eugene F. Fama, "Efficient Capital Markets: A Review of Theory and Empirical Work", 25 *J. Fin.* 383, 383 (1970).

险。接受市场是完全有效的,将导致使用完全被动的投资战略,也就是说,如果一个市场完全有效,投资者就没有理由试图选择低价或"廉价"证券。[1]"支持有效市场理论的实证研究表明,在这种市场中,熟练的专业人员很少能够有规律地识别定价过低的证券或在市场'时机'上取得成功,即在特定投资或投资类别的未来回报方面超越市场。"[2]

事实上,市场在效率方面的差异很大。现代研究表明,"即使在效率最高的市场上,效率低下或异常仍然存在,有效市场理论本身并不完全有效地存储相关信息"。[3]另外,行为经济学理论对有效资本市场假设提出了挑战,认为单个证券(以及整个市场)的定价不仅反映了经济基本面,也反映了投资者的心理。"从众"的心态导致许多投资者抬高证券价格或卖出证券,而不是根据经济原理来进行投资决策。

在存在效率低下或异常的"有效市场"中,如何衡量投资的成本和收益?一方面,如何衡量投资组合中的收益。在投资组合理论中,单个资产的收益是指资产的资本价值增值(或折旧)与现金收入(例如利息收入或股息)之和,投资组合的预期收益是构成投资组合的资产总预期收益的加权平均值。[4]例如,投资组合中的A项投资的资本是30万元,预期收益是10%,B项投资的资本是70万元,预期收益是14%,那么,该投资组合AB的预期收益就是A、B两项投资预期收益的加权平均值,即$(30 \times 10\% + 70 \times 14\%) / (30 + 70) = 12.8\%$。

另一方面,如何衡量投资组合中的风险。单个资产的风险或波动率以其收益的标准偏差计算,标准偏差表示实际收益在预期收益附近的分散程度,标准偏差的数值越高,表示实际收益越偏离预期收益,与投资组合收益不同,投资组合风险不仅仅是加权平均值。投资组合的风险很大程度上

---

[1] See Martin D. Begleiter, "Does the Prudent Investor need the Uniform Prudent Investor Act: An Empirical Study of Trust Investment Practices", 51 *Me. L. Rev.* 27, 37 (1999).

[2] Edward C. Halbach, Jr., "Trust Investment Law in the Third Restatement", 77 *Iowa L. Rev.* 1151, 1161 (1992).

[3] Edward C. Halbach, Jr., "Trust Investment Law in the Third Restatement", 77 *Iowa L. Rev.* 1151, 1161 (1992).

[4] See Robert J. Aalberts, Percy S. Poon, "The New Prudent Investor Rule and the Modern Portfolio Theory: A New Direction for Fiduciaries", 34 *Am. Bus. L. J.* 39, 55 (1996).

取决于投资组合中的资产相互关联的程度。① 例如，投资组合中的 A 项投资的资本是 30 万元，以往数据显示的收益标准偏差为 10%，B 项投资的资本是 70 万元，以往数据显示的收益标准偏差为 14%，那么投资组合 AB 的预期风险如何计算呢？这时，需要按照投资组合中的 A、B 资产之间的相互关联的程度，分三种情况进行计算。第一种情况，如果 A 和 B 完全正相关，那么投资组合 AB 的预期风险也将是两个标准偏差的加权平均值，即（30×10%＋70×14%）／（30＋70）＝12.8%。第二种情况，如果 A 和 B 完全负相关，那么投资组合 AB 的预期风险的计算方式为（70×14%－30×10%）／（30＋70）＝6.8%。第三种情况，如果 A 和 B 完全彼此独立，那么投资组合 AB 的预期风险介于 6.8% 和 12.8%。② 因此，投资组合风险始终小于或等于投资组合中各项投资的风险的标准偏差的加权平均值，并且，如果投资组合中的各项投资的相关程度越低，那么投资组合风险将越低，当投资组合中的各项投资为负相关时，投资组合风险最低。

（四）调风险保收益：强调多样化投资策略

《信托法重述》（第三版）、《统一谨慎投资者法》、《统一信托法典》都在现代投资组合理论的影响下重新塑造了传统的受托人投资方式。现代投资组合理论的宗旨是，谨慎的投资者应寻求分散风险，而不是完全规避风险。③ 在谨慎的风险管理中，多样化至关重要。④ 受托人应优先考虑并寻求在交易成本和风险方面有效的投资。在现代投资组合理论的框架中，只有利用多样化的投资组合才能实现有效的投资组合。⑤ 受托人可以通过多样化来降低风险，而不是通过减少回报来降低风险。⑥ 多样化投资能够

---

① See Robert J. Aalberts, Percy S. Poon, "The New Prudent Investor Rule and the Modern Portfolio Theory: A New Direction for Fiduciaries", 34 *Am. Bus. L. J.* 39, 56 (1996).
② 具体的计算公式为：$\sigma^2 = W_a^2 \sigma a^2 + W_b^2 \sigma b^2 + 2W_aW_b\rho_{ab}\sigma_a\sigma_b$。
③ Stewart E. Sterk, "Rethinking Trust Law Reform: How Prudent is Modern Prudent Investor Doctrine?", 95 *Cornell L. Rev.* 851, 854 (2010).
④ Restatement (Third) of Trusts: Prudent Investor Rule (1992).
⑤ Restatement (Third) of Trusts: Prudent Investor Rule (1992).
⑥ Trent S. Kiziah, "The Trustee's Duty to Diversity: An Examination of the Developing Case Law", 36 *Actec L. J.* 357, 361 (2010).

降低投资组合的整体风险，而不降低总体的预期收益。健全的多样化是管理风险的根本，多样化可能是谨慎投资最普遍接受的准则。《信托法重述》（第三版）明确规定，除非在特殊情况下，依照信托目的，不多样化投资更符合受益人的特殊需要或某些资产的合理利用。多样化投资是《统一谨慎投资者法》的一项基本原则，《统一谨慎投资者法》明确规定："受托人应当多样化投资，除非在特殊的情况下，不多样化投资更有利于实现信托目的。"[1] 当然，多样化投资倒不是"谨慎投资者规则"中的新规定，多样化投资也是"谨慎人规则"的一种应用。《信托法重述》第一版、第二版都要求投资多样化。这表明多样化投资策略在受托人投资行为规范中的重要性。

投资组合的多样化投资效应是现代投资组合理论中的一个核心内容。就上文中关于投资组合收益和风险的计算中，可以看出，投资组合的收益是构成投资组合的资产总收益的加权平均值，投资组合的风险取决于构成投资组合的各项投资之间的相关程度。所以，综合以上例子，当投资组合中的 A 项投资的资本是 30 万元，预期收益是 10%，以往数据显示的收益标准偏差为 10%，B 项投资的资本是 70 万元，预期收益是 14%，以往数据显示的收益标准偏差为 14% 时，投资组合 AB 的预期收益和风险可用表 2 来表示。

表 2　投资组合 AB 的预期收益和风险

A 和 B 的相关性	投资组合 AB 的风险/标准偏差	投资组合 AB 的预期收益
完全正相关	$\dfrac{30 \times 10\% + 70 \times 14\%}{(30+70)} = 12.8\%$	$\dfrac{30 \times 10\% + 70 \times 14\%}{(30+70)} = 12.8\%$
完全独立	$6.8\% < $ 风险 $AB < 12.8\%$	$\dfrac{30 \times 10\% + 70 \times 14\%}{(30+70)} = 12.8\%$
完全负相关	$\dfrac{70 \times 14\% - 30 \times 10\%}{(30+70)} = 6.8\%$	$\dfrac{30 \times 10\% + 70 \times 14\%}{(30+70)} = 12.8\%$

从表 2 可以看出，现代投资组合理论中的多样化投资效应意在通过分

---

[1] Uniform Prudent Investor Act（1994）.

散投资来减低投资组合的风险,当投资组合中的各项投资为负相关时,投资组合的预期收益不变,投资组合的风险最大限度地降低,投资组合的多样化投资效应最大限度地体现。

但是,要发挥现代投资组合理论中的多样化投资效应,还需要一个前提,那就是标准偏差衡量的是可分散风险,也即投资组合中的各项投资所面临的风险是可分散风险。现代投资组合理论将总风险划分为两种类型:可分散风险和不可分散风险。可分散风险是指特定行业或特定公司的、非系统性的风险,比如特定商事主体的劳资纠纷、诉讼纠纷等,可分散风险可以通过多样化投资来降低整体风险。不可分散风险又被称为市场风险或系统风险,包括影响整个经济的通货膨胀、利率变化等,这些市场风险或系统风险无法通过投资多样化予以分散。

如何投资才能构成多样化投资?《信托法重述》(第三版)写道:"并没有可供受托人参考的一套投资资产类别,也不能认为受托人多样化投资的总体义务即所有投资产品的基本类别都应在信托投资组合中有代表。事实上,鉴于投资战略多种多样,信托目的、信托条款、信托义务和其他情况也大不相同,只要谨慎和公正的要求符合特定信托的目标,多样化问题并不一定排除强调单一类别投资的资产分配计划。"[①] 当然,在信托投资中,更广泛的多样化投资通常是首选。虽然法院到目前为止还没有要求多样化投资需将信托资产分散到几个资产类别,但实证研究表明,投资于几个资产类别可以减少风险,在适当的时候,明智的受托人将考虑广泛分散内部资产类别和跨资产类别。[②]

四 现代投资组合理论融入信托受托人谨慎投资义务的实证检视

现代投资组合理论采用协方差来衡量投资组合的风险和收益,投资组

[①] Restatement (Third) of Trusts: Prudent Investor Rule (1992).
[②] Trent S. Kiziah, "The Trustee's Duty to Diversity: An Examination of the Developing Case Law", 36 *Actec L. J.* 357, 366 – 367 (2010).

合的风险总是小于或者等于投资组合中的各个证券风险的加权平均值。现代投资组合理论融入信托受托人谨慎投资义务的相关法律规范之中，如《统一谨慎投资者法》、《信托法重述》（第三版）、《统一信托法典》等，对完善信托受托人谨慎投资义务具有重要意义。从实证角度出发，信托资产是信托法律关系的基石，受托人职权是信托法律关系的支柱，受益人权益是信托法律关系的根基，现代投资组合理论融入信托受托人谨慎投资义务，对保障信托资产的实质价值、规范受托人职权、保障受益人权益，均产生了显著的积极影响。

（一）信托资产实质价值突显

通货膨胀是不可避免的市场因素，仅仅保障信托资产的名义价值，而不强调对信托资产实质价值的保障，事实上是在耗损信托资产，降低信托资产的购买力，只有强调保障信托资产的实质价值，才能真正保障信托资产的价值，才更贴近信托目的。《信托法重述》第一版、第二版中的规范表明，货币通货膨胀对保存本金的影响不是法律中的主要考虑因素，受托人没有义务进行投资以保护本金免受通货膨胀的侵蚀。《信托法重述》（第三版）和《统一谨慎投资者法》改变了《信托法重述》第一版、第二版中的这一规则。《信托法重述》（第三版）和《统一谨慎投资者法》已经认识到现代投资组合理论要求保留信托资产的购买力。《信托法重述》（第三版）和《统一谨慎投资者法》规定受托人几乎可以投资他们认为在投资时适当且合理的任何类型的财产，但同时也规定受托人有义务考虑可能影响整个投资策略成败的重要变量。受托人需要考虑的主要变量包括：总体经济状况、通货紧缩、每项投资或行动对整个投资组合的作用、收入和资本的预期总收益、定期收入、流动性以及资本的保存或增值，以及承担管理信托、遗产或监护权的合理费用。[①]《信托法重述》（第三版）和《统一谨慎投资者法》明确将通货膨胀列为受托人必须考虑的主要变量，

---

① See Restatement (Third) of Trusts: Prudent Investor Rule (1992); Uniform Prudent Investor Act (1994).

体现了受托人不仅应保障信托资产的名义价值,而且应保障信托资产的实质价值。

现代投资组合理论融入受托人谨慎投资义务,对保障信托资产实质价值产生重要的积极作用。在传统的"谨慎人规则"下,受托人的责任是保护遗产、避免财产损失,它不包括保护其余利益免受通货膨胀的影响。[①]在案例"First Alabama Bank of Montgomery v. Martin"中,[②] 受托人购买的债券基金中已发行投资的是6个房地产投资信托的债券,初审法院认为受托人投资债券基金以及购买17家"成长型"公司的股票是不明智的,亚拉巴马州最高法院维持了该判决,最高法院重申了传统的"谨慎人规则",强调了受托人保留信托财产本金的主要责任。事实上,受托人选择的这些信托投资项目具有很高的杠杆作用,但是法院重申传统的"谨慎人规则"的要旨,通过强调受托人保留信托财产本金的责任从而否定了受托人积极行使投资权的行为的合法性。相似的案例还有不少,在案例"Sun Trust Bank v. Merritt"中,[③] 受托人只投资于免税债券,部分受益人起诉作为受托人之一的信托公司,称他们的权益因为受托人集中投资于免税债券而受到损害。起诉方认为,如果受托人将部分信托资产投资于股票,信托资产价值会大大增加。初审法院认为信托公司有义务抵销或超过通货膨胀,上诉法院则指出,信托公司只有"保有而不是增加信托资产"的义务。根据上诉法院的观点,受托人没有义务维持投资资金的购买力。在案例"Law v. Law"中,[④] 受托人只将信托资金投资于免税市政债券,法院同样作出了对受托人有利的判决,否定了起诉方认为受托人应该至少将信托资产的50%投资于股票的诉求,传统的"谨慎人规则"中的"保存本金"思想亦不可否认地影响着该判决。

现代投资组合理论中的"收益"意味着总收益,包括收入和升值。在现代投资组合理论中,收益的类型是无关紧要的,目标是在给定的风险水

---

① Restatement (Second) of Trusts (1957).
② 425 So. 2d 415 (Ala.), cert. denied, 461 U. S. 938 (1983).
③ 612 S. E. 2d 818 (Ga. Ct. App. 2005).
④ 753 A. 2d 443 (Del. 2000).

平下使总收益最大化。在"Harvard College v. Amory"案中,马萨诸塞州最高法院的帕特南法官认为受托人具有对信托财产的永久处置权,并应像处理自己事务那样管理信托财产,这事实上也体现了帕特南法官对于受托人积极行使投资权、保障信托财产的实质价值的支持,毕竟任何人在对待自己的财产时都会尽可能地想要保障财产的实质价值。在案件"In re Mayo"中,法院认为,"除非命令偏离,否则捐赠人防止两个信托本金损失的主要意图将会落空"。同时,该案法院认为,"完全拒绝在投资决策中考虑通货膨胀对信托受益人不利:我们认为,通过对捐赠人指定类型的债券和抵押贷款的投资,加上公司股票的良好、稳健的投资发行,信托将尽可能地抵御通货膨胀、衰退、萧条或价格下跌"。[1] 该案亦体现了法官关于受托人对抗通货膨胀、保障信托资产实质价值的理念。在现代投资组合理论融入信托受托人谨慎投资义务的法条中之后,保障信托财产的实质价值的思想亦在一些案件中得以体现。在案件"Estate of Cooper"中,法院提出,受托人在1978年至1987年管理信托资产获得22.23%的收益,相当于信托资产每年增长2.15%,在对通货膨胀的影响进行平均后,法院发现信托资产的购买力实际上每年下降接近4%,故而法院认为受托人的投资行为未能为其余受益人保留该信托资产的实际价值。[2]

(二) 受托人投资职权能发挥

"谨慎人规则"和"谨慎投资者规则"的重要区别在于:受托人的投资权限的大小。受托人必须投资但不得投机是信托法的一个基本原则。受托人从保存信托资产名义价值的消极职权向保障信托资产实质价值的积极职权转变,要实现对信托资产实质价值的保障,受托人需要对信托资产进行积极的投资。在信托法律关系中,受托人的角色是核心,并且随着信托实践的发展,受托人投资职权逐渐发展成为受托人的核心职能。从信托的起源来看,信托的产生即土地所有权人用以避开土地在其去世后被君王收

---

[1] 105 N. W. 2d 900 (Minn. 1960).
[2] 913 P. 2d 393 (Wash. Ct. App. 1996).

回的工具，受托人仅仅发挥"人头"作用，受托人完全没有投资权；到后来的"法定清单规则""谨慎人规则"，受托人有投资权，但投资权被严格限制；再到现今的以投资组合理论为核心的"谨慎投资者规则"，受托人的投资权最终得以发挥。因而，信托的起源和发展历程，展现了受托人投资权从无到有、从被限制到被保障的发展历程。这一发展历程根本上是由信托实践所推动的，信托从一种旧时规避君王强制土地命令的工具发展成如今的现代金融支柱之一，信托实践的发展推动着信托法律规范的发展。作为现代金融支柱之一的信托要求受托人能够充分行使投资职权，现代投资组合理论融入受托人谨慎投资法律规范，充分地保障受托人行使投资职权。

从信托的法律结构来看，委托人把信托资产的所有权转移给受托人，由受托人负责对信托资产进行管理，这是信托结构中很重要的"信托管理"这一部分的内容，受托人的职责是进行信托管理，受托人的投资权的发挥是进行信托管理的最重要的内容。从受托人的法律地位来看，委托人在设立信托之后基本退出信托法律关系，委托人不再是信托财产的所有权人且不参与对信托财产的管理，英美信托法规定受托人享有对信托财产的普通法所有权，我国尽管未明确规定受托人享有信托财产所有权，但认可受托人享有对信托财产的直接支配权，受托人享有信托财产所有权或直接支配权，是受托人享有和行使对信托财产的投资权的基础。英美信托法规定受托人享有普通法所有权，受托人享有完整的对信托财产的处分权能，因而受托人得以"像处理自己事务那样处理信托财产"。在现代投资组合理论融入受托人谨慎投资义务相关法律规则之前，尽管受托人享有信托财产普通法所有权，受托人的投资权依然受到严格限制，只有在现代投资组合理论融入受托人谨慎投资义务相关法律规则之后，受托人的投资权才能得以较为充分地发挥，受托人才享有真正意义上的对信托财产的普通法所有权。

现代投资组合理论融入受托人谨慎投资义务的法律规范之中，其金融思想让受托人的投资职能得以发挥。具体而言，现代投资组合理论对受托人投资权的影响可体现于对受托人投资行为是否符合谨慎投资义务的评价方法。第一，以受托人做出投资决策行为当时的情况评价受托人的投资行为。《信托法重述》（第三版）和《统一谨慎投资者法》明确表明，不可能制定受托人在投资决策中普遍的、必须遵守的投资惯例和准则，法律允许采取多种方法谨慎地进行信托投资，但是，依然存在可以指导和判断受托人是否谨慎投资的法律标准和投资原则。受托人的投资策略谨慎与否的判断，应当对受托人做出投资决策行为时的总体情况予以考量，即考量受托人的投资决策行为在行为当时是否符合现代投资组合理论。[1] 第二，不孤立地评价受托人的单项投资行为，而是将各项投资置于整个投资组合的视角评价受托人的投资行为。《统一谨慎投资者法》载明："没有任何固有的财产或投资类型是固有的轻率的。"[2] 孤立地评价受托人的某项投资，既不合理也不科学，评价受托人的投资是否谨慎，考究的是受托人对整个信托资产的管理，在受托人存在多项投资的情况下，应当考究受托人对信托资产的投资组合，应当考究整个投资组合的投资思维是否与当时的金融环境相适应。

现代投资组合理论在不少案例中影响了法官对受托人投资权行使是否谨慎的判断，为法官重新审视受托人投资权提供理论基础，从而推动保障和规范受托人的投资权。经典的案例是"Chase v. Pevear"，[3] 该案已经体现了现代投资组合理论的影响，体现了"谨慎人规则的宽松应用"。[4] 在该案中，一份遗嘱信托的受益人对受托人在1968年至1974年的七项投资提出质疑，理由是该七项投资的对象是新兴企业。马萨诸塞州最高法院判定，该案中受托人购买的所有证券均是谨慎的。法官的一个重要判断依据是看该项投资是否被成熟的投资界所接受，即便是新企业，只要该企业的证券被成熟投资界接受，那么该项投资就是谨慎的。"房地产投资信托在投资界被接受，这是由许多机构投资者持有的事实所证明的；埃文斯

---

[1] Restatement (Third) of Trusts: Prudent Investor Rule (1992), Uniform Prudent Investor Act (1994).
[2] Uniform Prudent Investor Act (1994).
[3] 383 Mass. 350, 419 N. E. 2d 1358 (1981).
[4] Paul G. Haskel, "The Prudent Person Rule for Trustee Investment and Modern Portfolio Theory", 69 *N. C. L. Rev.* 87, 95–96 (1990).

（Evans）和美国工业公司（US Industries）尽管最近才进入企业集团领域，但还是由许多机构投资者持有。"① 马萨诸塞州最高法院的判决体现的基本理念是，将某些类型的投资本身归为不谨慎的类别的贴标签方式不是评价受托人投资行为是否谨慎的正确方式，这种评价受托人投资行为的理念体现了现代投资组合理论关于投资的新认识，这种裁判思想亦更符合现代金融社会的发展，更符合信托发展实践。

（三）受益人信托权益有保障

"称受托人享有纯粹法律上的所有权，意味着其不享有受益所有权；即根据信托责任，为受益人或者代表受益人持有信托财产。"② "当信托存在受益人，那么受益人的利益就镜像反映了受托人的义务，受托人被要求做出的任何行为都是基于受益人的利益。"③ 受托人的谨慎投资义务的对象是受益人，受托人在信托管理方面的规则越完善，对受益人权益的保障则越全面。美国著名信托法学者爱德华·C. 哈尔巴赫（Edward C. Halbach）在20世纪法律研讨会上发文总结，近年来信托发展和当前趋势的两大主题之一是"在财产委托人的法律允许目标内追求信托受益人的最大利益的灵活性和效率"。④

英美信托法中，受托人是信托财产的普通法所有权人，信托成立之时表示委托人已将信托财产的所有权转移给受托人，出于保障受益人权益的需要，以公平正义为裁量方法的衡平法院发展出受益人享有信托财产的衡平法所有权，这即是英美信托法中的"信托财产双重所有权制度"。在信托制度引入我国的发展过程中，一个重要的争议问题是，我国没有衡平法院，我国物权法明确规定"一物一权"，即不存在双重所有权制度，那么，引进信托制度是否与我国现有物权法冲突？信托财产的所有权究竟归受托

---

① 383 Mass. 350, 419 N. E. 2d 1358（1981）.
② 〔美〕爱德华·C. 哈尔巴赫：《吉尔伯特信托法》，张雪楳译，法律出版社，2017，第41页。
③ 〔英〕西蒙·加德纳：《信托法导论》，付然译，法律出版社，2018，第248页。
④ Edward C. Halbach, Jr., "Uniform Acts, Restatements, and Trends in American Trust Law at Century's End", 88 *Calif. L. Rev.* 1877, 1881（2000）.

人还是受益人？可以肯定的是，我国尽管没有双重所有权制度，但是引进信托制度并不与我国现有物权法冲突。"'普通法所有权'可以本土化为单一所有权，'衡平法所有权'可以本土化为债权。"① 信托财产的所有权归受托人，即受托人享有信托财产的单一所有权。受托人享有信托财产的单一所有权，那受益人的权益如何保障？"受托人享有收益权，受益人享有受益权。"受益权是指受益人要求受托人转移信托利益的权利，受益权即"衡平法所有权"本土化的债权请求权，受益权是受益人权益的核心。"信托移植的终极目标不在于是否采用双重所有权的形式，而在于实现信托制度的核心功能：理财功能和防范功能。"② 其中的"防范功能"是指防止受托人损害受益人利益的功能，"理财功能"和"防范功能"都是为了保障受益人的受益权。

现代投资组合理论融入受托人谨慎投资义务，对保障受益人的受益权具有重要意义。现代投资组合理论对保障受益人的受益权的具体影响在以下方面。第一，现代投资组合理论强调灵活性，受托人能够发挥自身的专业和技能优势，进行灵活地投资，而不是被限定于投资政府债券、银行债券等项目，受托人充分发挥"理财"职能，保障信托资产的实质价值，从而保障受益人的受益权。第二，现代投资组合理论强调效益性，现代投资组合理论作为现代金融的重要理论，作为投资学核心理论，效益性是其精髓，尽管风险从本质上而言属于不确定性，但现代投资组合理论通过数学方法把风险、成本、收益等进行量化，在排除考虑系统风险的情境下对受托人的投资行为进行更加精准的衡量，从而保障受益人的受益权。第三，现代投资组合理论强调分散风险而不是回避风险，风险是投资的本质，投资和风险都具有不确定性，以现代投资组合理论为核心的受托人谨慎投资义务强调，谨慎不代表不投资，而是在投资时应注意分散风险，多样化投资是分散风险的最佳选择，同时多样化投资又能带来效益，保障受益人的受益权。

---

① 于海涌：《论英美信托财产双重所有权在中国的本土化》，《现代法学》2010年第3期。
② 于海涌：《论信托财产的所有权归属》，《中山大学学报》（社会科学版）2010年第2期。

信托法发展的整个历史以围绕着如何很好地保护受益人权益而展开，"法定清单规则"和"谨慎人规则"通过严格限制受托人投资范围或投资职权来保障受益人权益，"谨慎投资者规则"以现代投资组合理论指引受托人的投资行为、保障受托人的投资权，从而实现保障受益人权益的目的。现代投资组合理论中蕴含的保障信托资产实质价值、正视投资和风险的本质、运用成本收益衡量法、强调多样化投资策略，都突出了对受益人权益的保障。除了前述的体现"保障信托资产实质价值"的案例和"充分发挥受托人投资职权"的案例，还有很多关于多样化投资的案例，都体现了对受益人权益的保障。在"Baker Boyer National Bank v. Garver"案中，受益人认为受托银行将几乎所有的信托资产都投资于免税债券的行为违反了多样化投资义务，法院判定该受托银行对未能多样化投资的行为承担责任。[1] 在案例"Green v. Lombard"中，法院认为，受托人将61%的信托财产投于一块土地上的抵押贷款，该投资行为由于将过多信托资产投于一项投资而存在投资失职。[2] 类似的案例还有"Estate of Collins"，法院同样认为，一名受托人将三分之二的信托资产投资于一项投资，未能适当地使信托投资多样化，从而损害了受益人权益。[3] 这些案例从审视受托人是否符合现代投资理论中的多样化投资规范层面，实现对受益人权益的保障。

五　结论

多年来，受托人的谨慎标准一直在演变，演变的一个重要方面是受托人在进行谨慎投资时应采用何种标准。"一般来说，历史上出现的许多标准，以及目前正在形成的许多标准，都是对当时各种经济条件、投资工具和战略以及监管环境的反应。"[4] "法定清单规则""谨慎人规则""谨慎

---

[1] 43 Wash. App. 673, 719 P. 2d 583 (1986).
[2] 343 A. 2d 905 (Md. App. 1975).
[3] 72 Cal. App. 3d 663, 139 Cal. Rptr. 644 (1977).
[4] Robert J. Aalberts, Percy S. Poon, "The New Prudent Investor Rule and the Modern Portfolio Theory: A New Direction for Fiduciaries", 34 *Am. Bus. L. J.* 39, 40 (1996).

投资者规则"的出现和更迭受特定经济和制度等环境方面的影响,在金融兴起早期,"法定清单规则""谨慎人规则"一定程度上符合当时的金融投资理念,在金融蓬勃发展时期,以现代投资组合理论为核心的谨慎投资者规则更符合当代的金融投资理念。

在目前的金融理论中,现代投资组合理论无疑是在综合权衡回报和风险方面占上风的理论。现代投资组合理论是现代金融理论的重要支柱,现代投资组合理论融入信托受托人谨慎投资义务的判断标准是信托制度发展进程中的一大创举。现代投资组合理论融入信托受托人谨慎投资义务的判断标准之中,主张保障信托资产实质价值、明确风险的不确定性、确定成本收益衡量法、提倡多样化投资策略等,对保障信托财产实质价值、保障受托人投资权、保障受益人权益具有显著的积极作用,对完善信托制度和规范信托管理具有重要意义。

受托人职权规范是信托的支柱,受益人权益保障是信托的根基。历史实践已经充分表明,以限制受托人投资权来保障受益人权益的方式,并不是保障受益人权益的最佳方式,甚至在特定的金融环境中会减损受益人权益。"法定清单规则""谨慎人规则"均采取限制受托人投资权的方式来保障受益人权益,已经被历史实践案例推翻。受托人投资权和受益人权益的保障应当是一种正相关的关系,充分保障受托人投资权,让受托人具有投资自主性,但同时明确受托人谨慎投资义务的判断标准、强化受托人违反谨慎投资义务的责任,这样更有利于保障受益人权益。现代投资组合理论规定受托人享有更自主的投资权,同时运用现代金融理论衡量受托人的投资行为是否符合谨慎义务,进而能够更切实地规范信托管理、保障受益人权益。

我国央行数字货币法律内涵与属性探析*

周　煜**

内容提要：中国人民银行在发行央行数字货币的过程中，具备维护国家货币主权，构建多元货币生态环境及维护平等和谐的国际金融秩序等目的性动机。基于货币的金融属性以及央行数字货币已经开展的实践，发现其与现存法定货币的内涵与外延存在较多的冲突与模糊之处。突出地表现在物债属性争议、法偿性、风险控制等层面。为了弥合冲突并化解其中存在的问题，不但需要从技术层面，更需要基于货币基础原理进行深入探析。建议根据法定数字货币的特性，单独起草"数字货币法"，同时运用监管科技，实现完善的可控匿名的法律治理。随着央行数字货币在实践中的不断深入，针对相关法律问题的探索凸显其重要性。

关键词：央行数字货币　国家货币主权　货币生态体系　法偿性　数字货币法

一　引言

近日，长沙展开全国范围内的第五次数字人民币定向发行试验，① 再

---

* 本文系山东省社会科学规划研究项目"人工智能化养老金投资法律制度研究"（18DFXJ02）的阶段性研究成果之一。
** 周煜，山东财经大学法学院讲师，济南市自由贸易试验区法治研究中心研究员，法学博士。
① 根据长沙市人民政府、中国人民银行长沙中心支行消息，两部门联合主办的"数字人民币 幸福新长沙"活动，于2021年5月22日开启，发放总额4000万元数字人民币红包。红包共计30万份，分100元、200元两档随机发放。其中，100元红包20万个，200元红包10万个。参见中国金融新闻网《"数字人民币 幸福新长沙"红包活动将于22日正式开启》，https://www.financialnews.com.cn/gc/gz/202105/t20210521_219228.html，2021年5月26日访问。

次引发了社会对于我国央行数字货币①的集中关注。这是央行在短时间内继在成都、深圳、苏州和北京进行数字人民币支付试点之后，又一次大规模的定向发行试验，②并呈现试验密度进一步加大的趋势。《中共中央关于制定国民经济和社会发展第十四个五年规划和二〇三五年远景目标的建议》提及"稳妥推进数字货币研发"，使得数字货币成为金融基础性设施，在数字化社会的建设中重要性凸显。③同时，现行法律的修改亦提上日程，并形成了公开的修订意见稿。④

法律修改的动向蕴含了明显的目的和价值性考量，蕴含对于监管和控制的双重关注，即具有货币性质的通货发行不管其存在形式是纸币、硬币还是数字形式，皆只能由中国人民银行来作为发行主体，同时法定数字货币在效力上与纸币、硬币具有相同法律地位，这与单纯基于区块链等技术而产生的具备去中心化特征的私人加密数字货币的原理和目标存在着巨大的不同。这引导出一个重要的问题：国家大力推行央行数字货币的使用，同时坚决限制私人加密数字货币的存在而不是将其进行融合治理或者合规改造，⑤

---

① 在我国，法定数字货币即指由中国人民银行发行的央行数字货币。在不同的语境中，根据业界使用习惯可能分别使用两个词语，其为同义。
② 基于《商务部关于印发全面深化服务贸易创新发展试点总体方案的通知》，提出在京津冀、长三角、粤港澳大湾区及中西部具备条件的试点地区开展数字人民币试点，先行试点区域界定为深圳、成都、苏州、雄安新区等地及冬奥场景，后续视情扩大到其他地区，并确定了北京、天津、上海等28个全面深化试点地区。参见商务部网站，http://www.mofcom.gov.cn/article/b/xxfb/202008/20200802992306.shtml，2021年2月9日访问。
③ 《中共中央关于制定国民经济和社会发展第十四个五年规划和二〇三五年远景目标的建议》，参见中华人民共和国中央人民政府网，http://www.gov.cn/zhengce/2020-11/03/content_5556991.htm，2021年2月9日访问。
④ 虽然数字人民币的真正落地还有待时日，但《中国人民银行法》的修订征求意见稿第19条中已规定了"人民币包括实物形式和数字形式"，这无疑相较于之前的相关规定中仅仅承认"纸币和硬币"，为数字货币的存在提供了法律依据。同时其中亦规定了防范虚拟货币风险，明确任何单位和个人禁止制作和发售数字代币，从而使得央行数字货币与一般加密数字货币在法律地位上产生了本质上的不同。
⑤ 2021年5月18日，中国互联网金融协会、中国银行业协会、中国支付清算协会联合发布了《关于防范虚拟货币交易炒作风险的公告》。随后，5月25日内蒙古发布《内蒙古自治区发展和改革委员会关于坚决打击惩戒虚拟货币"挖矿"行为八项措施（征求意见稿）》，面向社会公开征求意见。这不但表明了我国官方不认可比特币等私人加密数字货币的法律地位，同时亦对涉及的挖矿、炒作和算力浪费等问题予以坚决抵制。

具有怎样的目的性考量?① 根据这种目的怎样界定现有的数字货币的法律性质?

首先,从央行数字货币的功能属性来看,其与《民法典》物权编中关于特殊物的规定并不完全契合,而根据传统货币理论中货币需要具备的五大职能的角度来看,也不完全契合。② 其次,对于货币须在一国境内具备无限法偿性的角度来看,现有的央行数字货币亦难以满足,因为现有实践限于定向试点,尚未完全触及此问题,但实现路径上依然存在很多障碍,可以预见的是在未来的大面积实践中面临的阻碍和法律风险,将成为必须关注和解决的问题。再次,在于"发行"行为的界定,现有的发行试验因其处于试点阶段,故限于一定区域范围内,存在与其他的支付方式的混合使用。③ 这是否可以认为是央行的货币发行行为?存在疑问。最后,现有的央行数字货币在功能上仅仅着眼于替代流通中的现金 M_0,④ 而贮藏手段和价值尺度的作用微弱也使得现有的货币政策工具无法对其进行有效的调控。

纵然应当看到,加密数字货币在全世界范围的兴起,尤其是以比特币(Bitcoin)和天秤币(Libra)⑤ 为代表的私人数字货币的出现,对于各国

---

① 亦有学者认为应当探索法定数字货币与其他加密数字货币之间的公私权合作和融合的路径,并倡导从监管走向治理全球化数字货币治理格局。参见许多奇《从监管走向治理——数字货币规制的全球格局与实践共识》,《法律科学》(西北政法大学学报)2021年第2期,第1~14页。

② 根据通行的货币银行学的界定,货币具有价值尺度、流通手段、支付手段、储藏手段、世界货币五大职能。参见黄达、张杰《金融学》(第5版),中国人民大学出版社,2020,第17页。

③ 现有的实践中全部是采用"数字人民币红包"的形式进行发放。虽然有数字人民币的加密支付卡出现,以及春秋航空的第一笔数字人民币支付订单,但是仍不具备普适意义。

④ 根据国家统计局的公开资料,我国是以 M_0、M_1、M_2 为框架体系。其中货币总量:M_0、M_1、M_2。M_0 = 流通中现金;M_1 = M_0 + 非金融性公司的活期存款;M_2 = M_1 + 非金融性公司的定期存款 + 储蓄存款 + 其他存款。我国在此处的界定与其他国家略有不同,仅仅是金融学研究中约定俗成的说法,并不影响其实质。参见黄达、张杰《金融学》(第5版),中国人民大学出版社,2020,第367页。

⑤ Libra 现已经改名,新版名称 Diem 为拉丁语中"白天"(day)的意思。不同于 Libra 已经有约定俗成的名称"天秤币",Diem 尚未有中文名称。Libra 具有锚定一揽子真实货币的特征,但是 Diem 的改革目标更倾向于在未来只锚定美元。参见链财经《"秤"心不如务"时",Libra 合规路暗藏玄机》,http://liancaijing.com/1850416.html,2021年5月28日访问。

的货币发行和金融监管产生了巨大的冲击,而其交易价格的剧烈波动和"去中心化"天然具备的绕过监管属性导致的种种乱象,使得各国央行对于私人加密数字货币皆保持警觉和排斥,但是作为抵御私人加密数字货币手段之一的法定数字货币的发行,却最终不能"以一种新的混乱来解决以往的混乱",这需要基于目的性的考量对上述涉及的问题进行解决和理顺。本文立足于此,从央行数字货币监管的目的与动机角度出发,并结合数字货币本身的技术性原理和货币的经济学内涵探索央行数字货币的法律属性与定位,意图加深对相关问题的研究层次和对衍生问题研究的展开有所裨益。

二 基础性问题的厘清

(一) 关于 DC/EP 与 e-CNY 的界定

截至目前,央行对于我国法定数字货币并没有做出明确概念性的界定,也使得在实践中和学术研究中相关概念的使用较为混乱,这无疑表现出我国法定数字货币系统还不够成熟的特征。在实践中,最明显的概念混用是 DC/EP 与 e-CNY,很多情况下其皆被用来指代央行数字货币,但显然其内涵并非完全重合。

根据央行数字货币的原型设计,DC/EP 由 DC 和 EP 两部分构成,DC (Digital Currency) 为"数字现金",EP (Electronic Payment) 为"电子支付",中间斜杠的含义尚不明确,似乎在阐明两者既可以是"和 (AND)"也可以是"或 (OR)"的关系。① 而 e-CNY 是在人民币的官方英文缩写 CNY 前加了"e",意指数字人民币。

央行前行长周小川先生表示:"DC/EP 是一个双层的研发与试点项目

---

① 这一解释是通过字面意思,但是至今未有详细的官方解释,亦没有官方中文名称,即在央行的文件中直接使用的就是 DC/EP 的称谓,故引起了一定中文表述的混乱,从后文中可以认为,将其称为"央行数字货币系统"最为贴合。

计划，并非支付产品。DC/EP 项目计划里可能包含着若干种可以尝试并推广的支付产品，这些产品最后被命名为 e-CNY，即数字人民币。DC/EP 与 CBDC①的开发思路并不相同。比如，在 CBDC 的设想中，货币原始所有权和负债责任都归央行，而在 DC/EP 中，作为第二层结构的商业银行实际上拥有 e-CNY 的所有权以及需要进行支付的保证。在 DC/EP 的双层运营体系中，作为第一层架构主体的中央银行与第二层主体之间，并非人们所理解的简单的批发-零售关系。事实上，第二层机构需要承担'了解你的客户'（KYC）②、反洗钱（AML）③、反恐怖主义和个人信息与隐私保护等一系列监管和合规责任，而基于 CBDC 的体系，这些责任往往归属于央行。"④ 现任央行数字货币研究所所长穆长春先生在第二届外滩金融峰会上对"数字人民币"所下的定义为"由人民银行发行的数字形式的法定货币，由指定运营机构参与运营并向公众兑换，以广义账户体系为基础，支持银行账户松耦合功能，与纸钞和硬币等价，具有价值特征和法偿性，支持可控匿名"，⑤ 很好地体现了上述观点。

从前文可以看到，虽仍然没有官方的定义，但是 DC/EP 与 e-CNY 之间应该是一个包含关系，即 e-CNY 只是 DC/EP 序列中的一种产品，其是人民币数字化层面的表现，成为数字化的 M_0 构成，充当了现金的作用，并且与实物现钞可以相互替代与兑换。基于此考量，我国"央行数字货币"应该指向的是 e-CNY。但在讨论相关问题时，应该意识到单纯地孤

---

① CBDC，"Central Bank Digital Currency"的缩写，泛指世界范围内由主权机构发行的央行数字货币，为被各国共识性采用的称谓。
② KYC，"Know Your Customer"的缩写，直译为"了解你的客户"，意指商业银行需要对客户信息和交易历史审查，了解和预测客户行为是否存在异常以及非法交易的倾向，其为金融监管和合规中解决信息不对称的常规手段，在数字经济中的作用尤为重要。参见彭兴韵《金融学原理》（第 6 版），格致出版社，2019，第 35 页。
③ AML，"Anti-Money Laundering"的缩写，在货币金融学中泛指已被各国认可的反洗钱措施。参见彭兴韵《金融学原理》（第 6 版），格致出版社，2019，第 501 页。
④ 周小川：《一个竞争性、多方案的央行数字货币体系更适合中国》，载西部网，http://news.cnwest.com/tianxia/a/2020/12/01/19334384.html，2021 年 2 月 8 日访问。
⑤ 《央行穆长春详解数字人民币：生态建设需保持公平竞争，不会取代移动支付》，《华夏时报》2020 年 10 月 26 日。

立地看待 e-CNY 并不会产生新的金融法律问题，亦未与相关金融体系产生独立的融合。而根据央行在宏观政策层面对于法定数字货币重视以发展的思路来看，显然现在仅仅是起步阶段，更深入的实践还远远没有展开，所以从这个角度上看，可以将 e-CNY 称为对于央行数字货币的狭义定义，而将 DC/EP 称为央行数字货币的广义定义，即可以将 DC/EP 称为央行数字货币系统。

本文所界定的央行数字货币是基于广义层面的定义，即不限于仅仅在 M_0 层面，而以央行设计和运行数字货币系统的动机与目的为主线，对现存和面临的问题进行探讨。

（二）货币职能来源：价值、技术与国家信用

货币职能一般指货币本质的具体体现，既可以体现为货币的效力来源，也可以体现为具体会产生哪些效力。[1] 货币在本质上之所以被称为货币，在于其背后的基础性因素支撑。考察货币发展和制度的历史，可以看到其沿着一条具体到抽象、对称化到不对称化发展的路径进行。[2] 货币起源于原始商品交换中作为媒介物的一般等价物。传统货币理论认为货币的效力来源最先是因为其被区域商业交易环境所认可而产生的节省交易成本和消除期限不对称的作用。一般等价物的本身价值与交换物几乎是相等的，但比要交换的物更利于携带和储存。其中最为核心的因素在于"被一定区域的商品交换所认可"，显然在原始商业交往中尚不存在中央银行，也不存在货币调控手段，能够作为货币的一般等价物既是交易媒介，又是生产资料。原始货币这种并非通过强制而是自发被一定区域内的商业交易所认可的属性，在比特币等私人加密数字货币身上有所体现，具有了"返祖"特征。[3] 从历

---

[1] Frederic S. Mishkin, *The Economics of Money, Banking, and Financial Markets*, 20th (Global Edition), Pearson Education Limited, 2019, p. 100.
[2] 〔日〕黑田明伸：《货币制度的世界史——解读"非对称性"》，何平译，中国人民大学出版社，2007，第 166 页。
[3] 我国央行数字货币模式的提出者姚前先生亦持此观点。参见姚前《数字货币初探》，中国金融出版社，2018，第 359 页。

史的维度看，犹如一条巨蛇咬住了自己的尾巴。①

回溯货币的发展历史，其经历了从实物货币向信用货币的发展历程。在中世纪的商业交往中，虽然金币和银币这些价值高度凝结的货币被人们所使用并具有悠久的历史，但在当代，作为"通货"意义上的金币和银币已经消失殆尽。一般等价物的内涵已从"等价物"演化为"媒介物"。这其中既可以看到传统理论中受格雷欣法则②制约而导致的传导效应，也出现了诸如历史上玛丽亚·特丽萨银币③等通过非主权国家铸造、流通和被广泛认可的货币，甚至历史上出现过有着独特背景的撰钱令④。其后，在经历了布雷顿森林体系和牙买加体系的演进后，最为明显的表现为纸币内在价值的完全空虚化，即不以任何形式与金银等贵金属挂钩，而是依赖于国家信用和法定强制使用令而构建的货币发行和流通体系。纸币完全演变为价值符号，货币发行过程成为发钞行的债务构建过程，同时国家对信用货币发行和流通具有独占性的控制和管理权力。

进一步探析，可以发现货币发行过程背后一直有技术因素的支撑，包括前数字化时代中防伪和便捷化交易的技术。如果单纯从 M_0 层面考察，手交货币⑤所带来的交易匿名化是显而易见的，直到"账户"概念的出现

---

① 即咬尾蛇（Uroboros），北欧神话中洛基的孩子。在哲学上代表一种循环思维观，也代表过去的糟粕在现代反而成为人们推崇的对象。诸智教派认为人类历史没有起点也没有终点。在量子物理学上，代表最微观粒子与最宏观宇宙在研究路径上出现了惊人的重合，也是数学上 ∞ 符号的起源。在很多的时候被加密数字货币用作自己身份和特征的体现。

② 格雷欣法则（Gresham's Law），英国经济学家格雷欣在 400 多年前表明，在实物货币阶段，两种实际价值不同而名义价值相同的货币同时流通时，实物价值较高的货币会被收藏、熔化或被输出国外，从而消亡，但是实物价值较低的货币却最终充斥市场。俗称"劣币驱逐良币"。参见 In-Koo Cho & Kenneth Kasa, "Gresham's Law of Model Averaging", *American Economic Review*, 11 (2017), p. 107.

③ 玛丽亚·特丽萨银币最早是由奥地利发行的法定货币，由 18 世纪著名的奥地利女皇冠名。后来在 19 世纪、20 世纪成为广泛流通于红海周边国家的通用货币，法国和英国也有涉及，甚至出现了别的国家官方进行铸造而在境内流通使用的情况，这些地区既不是奥地利的殖民地也不是奥地利掌控的区域。参见〔日〕黑田明伸《货币制度的世界史——解读"非对称性"》，何平译，中国人民大学出版社，2007，第 18 页。

④ 撰钱令，为日语中独特的金融词语，指公元 1485 年至 1608 年，自诸侯大内氏至德川幕府颁布的一系列"撰钱令"，规定了"精钱""恶钱""岛钱"等的兑换率，尤其是对于"恶钱"的规定具有很深的货币史研究价值。参见〔日〕黑田明伸《货币制度的世界史——解读"非对称性"》，何平译，中国人民大学出版社，2007，第 126 页。

⑤ 手交货币一般指代可以直接交付的实物货币。

才使得"匿名化"成为"账户"的对立概念。这其中有着中央银行基于货币调控的政策性考量，以及 KYC 和 AML 等因素的加入。而在数字货币时代，基于账户的货币发行和流通体系和私人加密数字货币在目的和原理上出现了分离和对立，前者是中心化的，而私人数字货币是去中心化的。

对于数字货币，在前网络时代或者前算法时代的金融理论和实践中均未涉及，其诞生更新了问题的场域和使得完全基于特定技术的货币出现，而"钱包"[1]消解了账户和匿名化无法调和的矛盾。现有研究中多认为数字货币是在中本聪之后才出现的，这种说法不够精确。在中本聪之前，大卫·乔姆（David Chaum）就提出了一种具备匿名化并且可以不被追溯的电子系统。[2] 戴（Dai）提出了 b-money 这样一种匿名化的分布式电子现金系统。[3] 辛西娅·德沃克（Cynthia Dwork）和莫尼·瑙尔（Moni Naor）提出应该依据算力贡献来作为处理节点的奖励，[4] 这一设想被后来雅各布森（Jakobsson）等人总结为数字货币的"工作量证明"（PoW）。[5] 萨博（Szabo）发明了 Bitgold 系统。[6] 而中本聪的经典论文《比特币：一种点对点的电子现金系统》是在上述的研究和论文之后才出现的。[7]

加密数字货币的意义在于交易媒介和支付手段的根基由国家信用演化为对于技术本身的信任，这使得技术的侧重点出现了变化，其由信用基础的保障手段变成了信用产生的本身。其运行的基础并不依赖于国家信用和调控，而是可以绕开现有监管体系独立运行，这足以引起警惕。

---

[1] 为了储存数字货币，通过特殊的软硬件结合而开发的程序。作为数字货币存放的容器。

[2] Chaum, D., *Blind Signatures for Untraceable Payments*, Advances in Cryptology, Springer, 1983, 28, pp. 199–203, https://doi.org/10.1007/978-1-4757-0602-4_18.

[3] Dai, W., *B-Money*, 1998. 未发表，但是学界认为其构建的模型是比特币的雏形。全文详见 http://www.weidai.com/bmoney.txt, 转引自 https://www.scirp.org/reference/referencespapers.aspx?referenceid=1522951。

[4] Dwork, Cynthia & Naor, M., *Pricing via Processing, or, Combating Junk Mail*, Advances in Cryptology, Jan. 1993.

[5] Jakobsson M., Juels A., *Proofs of Work and Bread Pudding Protocols*, Springer, 1999, 64, pp. 53–56, https://doi.org/10.1007/978-0-387-35568-9_18.

[6] Szabo, N., "Bitgold. Unenumerated," URL, http://unenumerated.blogspot.com/2005/12/bit-gold.html (accessed 12.11.2019) (2008).

[7] Nakamoto, S., Bitcoin: *A Peer-to-Peer Electronic Cash System*, August 21, 2008.

各国央行，包括中国人民银行已经意识到了这个显著但是棘手的问题。私人数字货币完全可以在货币监管体系之外运行，同时产生货币发行和流通的效果，存在对流通货币的挤压效应，甚至会间接产生"劣币驱逐良币"效应。① 因此，央行数字货币的出现并不是简单的各国央行对于金融科技的探索行为，而是隐藏着很深刻的监管动机。

货币能不能脱离政府垄断的发行体系而变成单纯的交易媒介并完全依靠自由经济和市场化的手段来调控？在现有的实践看来，这是一个不切实际的乌托邦式的设想。同时私人数字货币其固有的风险和缺陷是无法直接弥补的，因其不具有被法律认可的地位，在根源上并不能将其定义为货币来讨论。② 同时其没有国家的背书、不受监管与调控、价格极度不稳定，从而存在不合理的价格波动和产生不正常的套利空间。③ 以完全价值虚空和国家信用虚空的媒介作为货币使用，无疑其投机动机远远大过了作为支付手段的动机，从而导致价格异化。从特斯拉对比特币的投资动机也可以看到这点。④ 对此，国内学者曾提出私人加密货币是一个"弥天大谎"，完全是以货币的外壳作为投机和躲避货币监管的手段。⑤ 而也有学者认为，现有去中心化的私人数字货币构造，其中的智能合约既无法达到完全的智能也不可能成为受到法律完全保护的合约，大规模泛滥化使用有导致金融系统混乱的可能。⑥

综上所述，在加密数字货币时代，技术因素的考量愈发明显，但是单纯的技术因素不能主导货币的产生，亦无法产生稳定的信用。本质上，中

---

① 对于私人数字货币究竟应该认定为货币还是数字金融资产，各国的态度不一，同时学界对其属性的界定也存在分歧，但是其存在巨大价格波动风险却是共识。
② 而关于私人数字货币是否可以被当作一种数字形式的财产或者是一种电子票证，这是学界关注和讨论的话题，非本文涉及的内容，不再赘述。
③ 因不正常的交割波动，私人数字货币的价格在短时间内会疯涨，在价格高位甚至引发了系统攻击事件，这在间接上表明单纯依赖算法是无法确保安全性和偿付性要求的。
④ 长江商报：《比特币狂飙特斯拉已赚10亿美元 散户需警惕爆仓风险》，转载自中国经济网，http://finance.ce.cn/bank12/scroll/202102/22/t20210222_36327868.shtml，2021年2月22日访问。
⑤ 黄达、张杰：《金融学》（第5版），中国人民大学出版社，2020，第36页。
⑥ 姚前：《关于央行数字货币的若干思考》，载姚前主编《数字货币研究前沿》（第1辑），中国金融出版社，2018，第24~38页。

央银行发行数字货币的目的与动机决定了央行数字货币与私人数字货币的巨大不同。

（三）研究路径的分离：技术性路径与目的性路径

观察学界对于数字货币相关法律问题的研究，呈现出两个层面，一种是对于技术本身的探讨，另一种是对于技术目的的探讨。其中蕴含着一个根源性的问题：在探讨央行数字货币法律性质时，应该选择怎样的研究路径？

人类的发明和创造，永远呈现着技术因素和目的因素螺旋上升而互相影响的历程。即人类是出于某种目的而探索和发明相关技术，并通过掌握这种技术来实现最初的目的。同样反过来，人们在无意间发现一种新的现象，会思索和总结这种新现象背后的原理，并探索其能带来怎样的功用和能够实现怎样的目的，并总结为可以实践的技术，继而衍生出社会科学所关注的价值判断。技术本身是中性的，但是在加入价值判断后，能够为人类造福的技术被允许使用，而会导致不良后果的技术被限制使用或者禁止使用。诸如历史上曾出现的二乙酰吗啡（"海洛因"）的提纯技术，在拜尔药业发明时是合法使用的，开始时是符合人们对于"好药"的价值判断的。而随着严重副作用的慢慢显现，其由"好药"变成了"毒品"，从而价值判断出现了反转，但技术本身在客观上其实并未改变。

同比，在讨论诸如数字货币等蕴含高度技术化因素的事物的法律问题时，其出发点不能单纯基于技术性的研讨，而是要基于目的。即，数字货币之所以要发行和流通，是因为其必须符合货币的本质，同时符合社会利益。这也体现在无论何种货币的发行和流通都必须被监管上。

因此，研究思路应该沿着：央行是以怎样的动机发行数字货币以及要将其行为界定为怎样的法律性质，其后考量对于这种预先设定的目的与实践是否重合。即，预设目的需要作为大前提存在。无论是基于中心化加密还是去中心化的区块链技术，乃至智能合约和自动决策技术的使用，其皆为目的的附属。现存的诸多探讨私人数字货币的研究成果，很多是以区块链等"去中心化"技术的使用为讨论的大前提，在已经默认技术存在的前提下讨论相关法律问题的内涵。这种思路显然很难用在对央行数字货币的探索上。

法律问题的探讨一般具有滞后性，呈现还原主义的主旨。但对于新兴问题应该提前介入，将法律和规制的目的因素镶嵌入事物之中，使其运行本身即为合规。这也是将法律作为激励手段和行为引导，而不是单纯规制手段的考量。对于相关问题的探讨并非仅仅是规制相关的技术，还是为了达到目的去使用或者屏蔽相关技术。

如果忽略了目的性因素的预设，相关法律问题的探讨会陷入虚无。

三 对于央行数字货币蕴含的目的与动机性因素考量

（一）维护国家货币主权

主权是一个政治概念，指民族国家产生以来一个国家对其领土和在管辖范围内所拥有的最高等级的、排他性的政治权力。国家货币主权是国家主权在货币发行和调控领域的体现，与领土主权同样重要。[①] 其体现在以下方面。其一，铸币权。铸币权起源于古代国家享有的独占性地将黄金等贵金属以一定形态或者合金比例浇铸成货币的权力。[②] 后来随着信用货币的产生，铸币权本身的概念变得抽象，其与"货币发行权与管控"同义，意指以国家信用为基础，有权发行法律规定的强制流通并不以贵金属为基础的独立发挥货币职能的货币。这其中依然包括独占性地享有法币、本币辅币、制定货币政策以及确定发行数额等内容。其二，汇率及汇率制度选择权。确定法定汇率及选择怎样的汇率制度是国家货币主权的重要内涵。其三，外汇管制。国家有权对外汇的买卖、贮存、使用和出入境实行管理和限制。

对于数字货币非国家化论断，哈耶克早在《货币的非国家化》中就系

---

① 李伟民：《金融大辞典》，黑龙江人民出版社，2002，"货币主权"词条。
② 我国古代典籍中，亦对此曾有相关记载，如《盐铁论·错币》中："禁御之法立而奸伪息，奸伪息，则民不期于妄得而务其职，不反本何为？""故统一，则不二也，币由上，则下不凝也。"强调国家的统一铸币权之重要性，不允许地方或者私人来掌控铸币权。

统化地提出。① 其认为核心在于关闭一国央行，同时允许私人发行货币并自由且充分地竞争，最终通过这一过程发现最好的货币。可以认为哈耶克的论断为私人数字货币的产生和使用提供了一定的理论基础，但是以完全理想化的状态和无跨境摩擦的环境作为讨论的基点，终究是一个美好的幻想。

对于私人数字货币，Bitcoin（比特币）、Ether（以太币）和Libra（天秤币）② 是发展最为成熟，也是被讨论最多的私人数字货币。

现有的私人数字货币，其底层技术核心要素的区块链和分布式账本使其显示出强烈的"去中心化"属性，即理想状态下的私人数字货币运行中是可以脱媒的。尽管Libra的构成原理更为复杂，但是依然没有摆脱上述的核心要素。③ 基于国家货币主权的三个维度，可以看到私人数字货币存在的问题在于以下几点。

首先，从铸币权上来说，Bitcoin的产生完全是依赖运行于区块链之上的加密算法，而没有任何实物或者信用背书，无论是认为"算法本身即实物"，还是"算法本身即信用"，其内涵与货币都具有差异性。挖矿行为本身所负担的成本不能认为是货币的价值和信用基础，其本身背后的价值是虚无的，并且其中具有的不确定性和根据工作量证明（PoW）的竞争记账行为与货币本身的创造途径具有巨大不同。④ 另外，作为各国普遍禁止

---

① 哈耶克在其中提出："共同参与市场经济的各个国家，以及欧洲的全部中立国（最好也加上北美国家），通过一项正式约条，互相约束自己不对彼此之货币跨越其边界线的自由交易，以及在其境内合法设立之任何机构同样自由地开展银行业务设置任何障碍。"〔英〕弗里德里希·冯·哈耶克：《货币的非国家化》，姚中秋译，新星出版社，2007，序言部分，第2页。
② 如前文所述，对于Libra尚不能称为具备成熟的实践，并且不存在发行和交易，后已经更名Diem，但其原理构架和引导的趋势是学界和实务界所长久不衰讨论的话题。
③ 现有的私人数字货币普遍存在"不可能三角"，即高吞吐量（可扩展性）、去中心化、强安全性，三者之间始终不可兼得，Bitcoin在去中心化和安全性方面优势较大，但其吞吐量每秒最多处理7笔交易，以太坊可扩展性和去中心化明显，但牺牲了一定的安全性，此前发生过"the DAO"事件，EOS采用超级节点的模式，以部分牺牲去中心化特点为代价，实现了每秒百万笔的吞吐量。
④ Bitcoin系统中没有中心化的记账机构，每一个节点都有记账权，因此全网节点共同参与算力竞争，算力高的节点很大概率上会获得记账权，将账本信息同步给整个网络。作为回报，矿工将获得系统新生成的Bitcoin奖励。对这一环节的争议，历来是很强烈的，这在本质上不是一种具有良好能效比和效率的行为，随着越来越多的矿工加入这一工作，大量的算力资源被浪费，而背后是对于电力和能源的浪费。

的"首次币发行（ICO）"更是发生了凭空"征收"铸币税的情况，而这已经超越了一般的融资行为的边界。对于 Ether 来说，尽管相关研究认为以太坊的构架比起 Bitcoin 交易平台的构架有一定的先进性，但是近些年发生的"超级矿机攻击 The DAO"事件①打破了这种表面的神话。对于 Libra，情况更为复杂一点，Libra 与一篮子货币挂钩（类 SDR，美元占比50%），采用100%真实资产储备作为担保，主要包括现金及政府债券等高流动、低风险资产，Move 编程语言和拜占庭容错（BFT）共识机制以及梅克尔树的数据存储结构作为其安全性的保障。可以看到的是即使是具有一定"中心化"管理属性的 Libra，②也并没有被任何的政治主体（包括欧盟在内）所真正地承认。无论是何种私人数字货币，其绕过中心化监管的"超主权货币化"皆不为各国所允许。

其次，对于"汇率"③而言，私人数字货币不依托于任何国家的经济环境，其与一国法币之间的兑换比例很难被称为"汇率"，并且现有汇率调控手段无法与之相匹配。④另一方面，从汇率波动性上来看，法定货币是非常稳定的资产，即使在浮动汇率下其价值波动也不会超过 3~5 个小数位。这显然与私人数字货币汇率的"疯狂"形成了鲜明的对比。⑤

最后，在管控上，由于私人数字货币的去中心化属性以及区块链数据监控的难度，数据的跨境流通几乎不受到任何阻碍，故常规的基于汇率调

---

① the DAO 是一个基于以太坊区块链平台的迄今为止世界上最大的众筹项目。其目的是让持有 the DAO 代币的参与者通过投票的方式共同决定被投资项目，整个社区完全自制，并且通过代码编写的智能合约来实现。黑客利用 the DAO 智能合约中 split 函数的漏洞，在 the DAO Token 被销毁前，多次转移以太币到 Child DAO 智能合约中，从而大规模盗取原 the DAO 智能合约中的以太币。
② 其管理机构是 Libra 协会，这是一个由 28 个会员组成的机构，后更名为 Diem 协会，成员也出现了一定的变化。
③ 数字货币的汇率可以认为是其与一国法定货币之间的汇兑比例。
④ 如果将私人数字货币视为数字资产，则会产生价格。
⑤ 其中对于比特币的价值波动，可以参考"比特币家园"网站，https://history.btc126.com/。比特币的价格在 2017 年前的波动不大，但在 2017 年后产生了巨大的振幅，尤其在 2020~2021 年产生了过山车般的行情。而出现的诸如狗狗币等虚拟货币，其炒作和赌博属性较为明显，2021 年 5 月 18 日，中国互联网金融协会、中国银行业协会、中国支付清算协会联合发布《关于防范虚拟货币交易炒作风险的公告》，认为私人加密货币具有非正常的风险属性，应该被认定为非法金融产品。

控的系统是失效的。

综上所述，发行法定数字货币不仅仅是一国铸币权的实现路径，也是为了抵御私人数字货币对一国货币金融环境冲击而采取的必要措施。

(二) 构建数字央行生态体系

数字货币的存在不是单一维度的，法定货币在地位上作为整个金融体系的核心要素存在。基于数字银行转型的需要，数字货币也将成为未来金融生态体系的核心要素。

央行数字货币将采取双层运营体系，形成"一币、两库、三中心"的模式，其中发行系统和运行系统分离，但又紧密牵连。其与现有的纸币与硬币的运行体系相仿，并没有打破传统的货币供应体系。双层运营体系的第一层是中国人民银行与商业银行及其他终端机构的数字货币批发市场，第二层是商业银行及其他终端机构与个人以及企业等市场参与者之间的数字货币零售市场。其中"一币"指央行数字货币，"两库"指中国人民银行的发行库和商业银行的银行库，"三中心"是央行数字货币的登记中心、认证中心和大数据分析中心。①

预计 DC/EP 构架将在中长期创造每年 269 亿~1524 亿元的市场增量，极大打开央行侧、银行侧、公众侧三个领域的 IT 改造、运维市场空间。其中主要包括上游的央行侧基础技术行业为主的安全加密和网络安全领域，中游银行侧 IT 系统新建、改造及维护，下游公众侧包括支付和应用两方面，其中基于 e-CNY 支付终端行业涉及智能 POS 机和 ATM 金融设施领域。② 在产生这些行业价值增量的同时，亦极大地减少了传统纸币与硬币的制作、运输、保管、防伪等环节的成本。

进一步来看，与央行数字货币紧密相关的数字票据的使用将产生以下数字生态体系：区块链技术在未来数字票据领域及其交易平台中的应用，

---

① 对于中央银行数字货币原型系统的构成图，参见姚前《中央银行数字货币原型系统实验研究》，《软件学报》2018 年第 9 期，第 2716~2732 页。
② 华西证券研究部：《数字货币系列专题：总篇，基于纸币替代的空间与框架》，2020 年 4 月，第 2 页。

将对现有的票据形式及其法律内涵产生很大的影响；会进一步发展基于账户和不基于账户的移动支付体系，发展离线支付模式；推进数字货币"钱包"的使用；数字货币的"可控匿名"技术可以进一步加强银行在 KYC 与 AML 层面的能力；O2O（online to offline）交易模式的构建，进一步推进基于智能合约和监控物联网技术的数字货币与智能零售业的结合；保理业务引入数字货币作为统一支付媒介，可以简化操作，降低成本以及促进在精准扶贫领域的使用。[1]

上述场景和操作，虽大多仍然处于畅想阶段或试验之中，但无一不体现了国家对央行数字货币作为核心的新金融体系构建的重视程度。

（三）破解国际金融霸权

众所周知，美元具有国际货币地位，在一定程度上可以认为美国行使了国际铸币权。二战后，美国通过建立布雷顿森林体系，以其国家信用为基础和以保证货币与黄金硬挂钩为手段，使各国相信美元有黄金背书，以此开启了美元快速输出之路。各国货币普遍"盯住美元"。[2]

自中美贸易战以来，作为地位上应当中立的环球同业银行金融电讯协会系统（SWIFT）和纽约清算所银行同业支付系统（CHIPS），却表现出明显的偏向性和对发展中国家的遏制。作为全球跨境支付体系核心的两大系统均由发达国家特别是美国主导而建立，加之其住所地亦在美国，发展中国家很难获得话语权。SWIFT 是跨境金融信息传输服务的全球领导者和标准制定者，构建了涵盖 200 多个国家（地区）的金融数据交换网络，接入的金融机构数目也超过 11000 家。然而作为一个全球性金融的中枢性组织，董事会的 25 名独立董事中仅有 4 人来自新兴经济体，其执行委员会的成员更全部来自欧美国家。另一方面，CHIPS 则是全球最大的私人部门美元资金传输系统，是所有私人部门中的美元进行跨境交易结算和清算的中枢神经。

我国现有法定数字货币的原型，并没有完全排斥去中心化的区块链技

---

[1] 姚前：《数字货币初探》，中国金融出版社，2018，第 326 页。
[2] 其在若干领域中以美元作为基础货币或者其汇率的确定以美元作为基础。

术和分布式计算技术的使用。只是 DC/EP 在国内的运行中坚决体现的是其完全中心化的特征。① 从这个角度上讲,我国数字货币在设计之初,即蕴含有一定的加快人民币国际化步伐和抵抗美元金融霸权的作用。②

从现实角度考量,我国央行数字货币在跨境支付中的认可度还有待增强,但随着人民币在国际经济交往上的作用愈发重要,其重要性肯定会愈发凸显。③

四 央行数字货币的特征及其存在的冲突

从上文关于央行数字货币的发行目的性角度来看,我国央行数字货币不同于世界上其他很多国家在实践中普遍采用 Corda 平台④作为基础性构架的做法,在法律地位上符合国际清算银行(BIS)提出的"货币之花"的设想的前提下,⑤ 又具备很明显的独立特色。

---

① 央行数字货币研究所前所长姚前认为:无论是法定数字货币还是私人数字货币,区块链技术皆为其底层构建的基础性技术,在现有银行数字货币的登记中心中的技术构架中区块链技术占有非常重要的地位,而最终的法定数字货币以何种技术作为其基础尚处于实验阶段,也具有一定的保密性。姚前:《数字货币研究前沿》(第1辑),中国金融出版社,2018,第31页。
② 但周小川先生表示,这种抵御是防御性的做法,并非人民币要取代美元的国际货币地位。参见新华网《关于数字人民币周小川澄清三大误区》,http://www.xinhuanet.com/fortune/2021-05/24/c_1127483554.htm,2021年5月28日访问。
③ 最新的进展中,SWIFT 联手中国人民银行清算总中心、跨境银行间支付清算有限责任公司、央行数字货币研究所和中国支付清算协会在北京成立了金融网关信息服务有限公司。这说明我国法定数字货币的实践已得到了相关组织的重视,并且已经取得了一定的预期成果。参见腾讯网《SWIFT 牵手央行数字货币,意味着什么?》,https://new.qq.com/omn/20210219/20210219A08PFX00.html,2021年2月22日访问。
④ Corda 是一个独特的区块链平台,它允许在法律上可识别的交易对手之间进行私人交易。数字货币领域使用最多的 R3-Corda 是一个基于许可准入的信息共享区块链网络。在加入网络之前,每个节点所有者都要经过 KYC(Know Your Customer)流程获取身份证书。加入网络后,他们会向网络地图服务发布证明其合法名称、IP 地址和公钥(以及其他信息)的证书节点可以使用此网络地图服务使用私有的、点对点的、TLS 加密的消息传递与知名对手方进行交易。参见登链社区网,《初识 R3-Corda,解析区块链结构》,https://learnblockchain.cn/2019/07/10/r3-corda/,2020年12月8日访问。
⑤ BIS 在 2018 年发布的报告中曾以配图的方式说明了央行数字货币属性,而因为配图神似花的模样,故称之为"货币之花",原文参见 Löber K., Houben A., *Central Bank Digital Currencies*, Committee on Payments and Market Infrastructures Markets Committee, 2018.3。

对于现有我国央行数字货币的特征,可以总结为以下几点。

(1) 基于中心化双层体制的构建。为了实现保护国家货币主权的目的,央行完全主导数字货币的发行,即央行完全控制货币供给的顶层,并且将 DC/EP 体系界定为我国境内唯一合法的数字货币体系。央行将数字货币批发给商业银行,再由商业银行兑换给公众,属于双层运营体系。

(2) 采用"一币、两库、三中心"的模式。[①] 其保持与现有纸币与硬币几乎相同的发行和流通体系,但是法定数字货币作为央行构建其数字生态系统的核心,目前为止,央行还没有启动数字货币与其他金融产品的数字接口。

(3) 具有与纸币、硬币同样的无限法偿性。央行数字货币旨在替代 M_0,但是对于 M_1 和 M_2 的影响较小,采用 100% 存款准备金率缴纳模式。

(4) 实现脱网运行与账户松耦合。央行数字货币可以具有与纸币、硬币相同的使用体验,从而在对方认可央行数字货币的情况下,可以实现跨系统、跨领域、跨国别的点对点支付交易。

(5) 使用中不产生"摩擦"。不存在像纸币与硬币一样的损耗,同时既不产生利息也不收取使用费用,从而可以采用更加灵活的货币调控方式,甚至会触及负利率政策。

综上,可以发现央行数字货币具有纸币与硬币所不具备的特征,但是结合现有法律规定中对于"货币"的定义,可以发现其中依然存在着很多争议性的问题。

(一) DC/EP 的"物"与"债"之讨论

现有的央行数字货币仅仅表现了其支付工具层面的职能,而对于货币的储藏职能及其价值尺度职能表现并不明显。若干次实践中仅仅是以红包的形式作为使用形态,但是这显然与数字货币应该具备的发行和流通途径并不完全符合。另外,基于与实物人民币几乎相同的双层构架体系,究竟应当认为央行数字货币仅仅是人民币的另外一种表现形式,还是其与实物

[①] 范一飞:《关于央行数字货币的几点考虑》,《第一财经日报》2018 年 1 月 26 日,第 A05 版。

人民币之间存在更为复杂的关系？仍然需要进一步讨论。

这其中隐藏在背后的问题归结于央行数字货币到底是物还是债。

现有《民法典》中对于"物"的种类并未作出规定，而考察以往的民事立法，仅仅原《民法总则》涉及了"网络虚拟财产"的概念，但令人遗憾的是，此处同样并未对网络虚拟财产的概念作出明确的规定，对于其边界与内涵也没有达成共识。① 而现行的《中国人民银行法》与《人民币管理条例》中，对于货币并未规定数字形式。虽然《中国人民银行法》与《商业银行法》的修改已经提上了日程，但在法律最终修改之前，以上的问题仍然是不明确的。因此，在现有的法律法规中，央行数字货币并不能认为是法定上的特殊种类物，亦不能认为是具备法律效力的货币。

如果说以上问题可以通过法律加以明确规定进行解决的话，而对于央行数字货币使用中与等额实物人民币进行兑换这一行为究竟在法律上应该如何界定，却显得不够明晰。问题根源在于现有数字货币并未进行计息，而实物人民币无论是在 M_0、M_1 还是 M_2 中都有可能产生计息和通胀，进而催生了商业银行货币和信用派生创造功能。另一方面，加之考虑到央行数字货币 100% 的储备金率，其显示出只有物的外壳，没有物的内涵之属性。因此，可以认为在 M_0 环节央行数字货币与纸币和硬币之间仅仅是替代关系，但想要实现货币的全部功能，其必须有向纸币与硬币兑换的过程。② 而兑换为纸币与硬币，是否可以界定为取现行为？这个问题是至关重要的。如果上述答案是肯定的，那么在整个环节央行数字货币担当的是纸币与硬币的权利证明功能，即等额央行数字货币背后其实蕴含有等额的纸币与硬币。进而，在央行数字货币无法实现纸币与硬币的全部职能之前，这种替代与挤压作用是相互交替存在的。③

而如果再进一步探索，会发现由于央行数字货币未加计息的特性，可

---

① 杨东、陈哲立：《法定数字货币的定位与性质研究》，《中国人民大学学报》2020 年第 3 期，第 108~121 页。
② 因为央行数字货币的 100% 准备金率，其相当于商业银行是央行回收数字货币的一个通道，而无法在其内部产生货币乘数效应，也就没有了商业银行的货币创造过程。
③ 林春：《法定数字货币发行与中国货币政策有效性》，《深圳大学学报》（人文社会科学版）2019 年第 5 期，第 77~86 页。

能会产生属性由物向债的转移问题。① 根据现代货币理论（MMT），货币的信用基础被重新构建，其核心认为人们之所以愿意使用一种货币与其本身到底是什么形态以及其内在是否蕴含有实际价值并没有关系，而仅仅是由于对政府的信任和存在货币使用动机，即使是缴纳税收的过程也不认为是国家财政收入的主要来源，而被认为是政府使民众愿意使用一种货币，并且认为这种货币可以代表一定的价值尺度的过程，从而信用货币可以界定为政府的负债。

央行数字货币不同于现有的网上支付。网上支付需要完全依赖账户在线记账和进行验证，当完全离线而无须第三方参与验证的央行数字货币开始支付利息时，其与政府债务之间的距离被无限挤压了。相较于纸币储蓄存款支付的利息，其背后的信用支撑是商业银行的信用，同时相较于个人购买的政府储蓄国债是政府信用且享有利息，储蓄国债并不具有进行支付的即时流动性。而支付利息的央行数字货币，在信用和收益上与政府债一样，在货币流动性上与纸币、硬币相同，从而成为连接纸币和硬币与政府债务的桥梁，这时支付利息的央行数字货币存在完全替代现金和银行存款的可能。如果未来央行数字货币与数字票据进行连通，其就有了进入 M_1 的可能。②

但是，无论是现有处于实验阶段的将利息率视为 0 的央行数字货币，还是未来有可能击穿 M_0 和 M_1 之间的屏障产生可进行活期存储并设定一定名义利率的数字货币，依照现有的法律法规其依然难以完全地进入"物"或者"债"的行列。考察现有的数字货币运行的模式，反而与政府无息国债更为相像，而在用户的体验上却更像是政府所发行的消费券，这显然与央行设计数字货币的目的是有很大的出入的。虽然现在仍处于"央行数字货币发行试验"阶段，但是在上述问题没有得到明确解决之前依然难以称之为一种法定货币。

---

① 关于此观点的进一步的讨论，可参见王卫国《现代财产法的理论建构》，《中国社会科学》2012 年第 1 期。
② 姚前：《数字货币初探》，中国金融出版社，2018，第 306 页。

（二）无限法偿性的困境

无限法偿性是信用货币的核心要义。法偿性蕴含的两个重要方面在于：无障碍的使用途径和清晰的确权与所有权转移方式。

央行数字货币应该与纸币、硬币具备同等的支付效力和法偿性，但从现有央行数字货币架构和已经开展的实践中却发现存在一定的矛盾。

其一，硬件层面的问题。现有央行数字货币的支付体系依然需要客户端的支持。[1]虽然其与移动支付的原理存在一定的不同，但是在实际的使用过程中与现有的移动支付在使用模式和体验度上皆尚未产生明显的差异，依然需要有网络在线验证的环节，这显然与纸币和硬币在使用时的"匿名离线"具有很大的不同。另一方面，在现有技术条件下，受制于设备普及、网络情况等各种复杂的支付环境，央行数字货币还不可能做到像现钞那样在任何情况下都能实现支付。因此，央行数字货币现在还无法完全取代现钞货币，在零售支付中不能独立拥有无限法偿性。[2]

其二，软件层面的问题。在央行数字货币现有的发展阶段和两次实验中，尚未有统一的钱包App出现，这也使得数字货币的使用领域和范围有着很大的限制，其无法在走出试验区域的其他区域进行使用。现有阶段，对于没有手机设备或者不会使用软件平台的群体来说，无疑数字货币的获取和使用都将遇到很大的障碍。最后一点是现有的其他支付工具对于央行数字货币的使用具有一定的挤出效应，这使得被公众接受并使用需要经历很长的一段时间，其推广仍然面临较为严峻的挑战，甚至需要以立法的方式进行推进。[3]

---

[1] 虽然已经出现了完全离线使用的央行数字货币"钱包"硬件工具，即"数字货币芯片卡"，但现有的双离线支付方式，可交易金额较小，并且受制于设备，支付效率和体验皆难以满意。《使用数字货币芯片卡进行离线支付的方法和系统》中规定数字货币芯片卡包含：可视蓝牙IC卡、IC卡、手机eSE卡、手机SD卡、手机SIM卡5种形态。但是其真正地落地还有待时日。

[2] 刘少军：《法定数字货币的法理与权义分配研究》，《中国政法大学学报》2018年第3期，转引自杨东、陈哲立《法定数字货币的定位与性质研究》，《中国人民大学学报》2020年第3期。

[3] 柯达：《论我国法定数字货币的法律属性》，《科技与法律》2019年第4期，第57~65页。

(三) 基于安全性的考量

央行数字货币的支付方式分为基于账户和不基于账户两种，其中不基于账户的支付方式一般指离线支付方式。

对于基于账户的支付方式，主要涉及的问题在于央行对于用户的个人信息在发行和流通环节的保护。对于用户信息收集和处理算法，是否需要进行规制，一直是学界所关注和担忧的问题。[①] 对于非基于账户的支付方式，主要涉及的问题在于假币的防范和"双花"问题，以及怎样界定所有权的成功转移。

虽然现有的央行数字货币实践中，尚未有非正常获取数字货币所有权或者恶意"双花"等问题出现，但试验区域样本数量尚小，在试验规模扩大和场景更加复杂之后，难以确保相应的法律问题不出现。诸如对于央行数字货币的盗窃行为怎样进行界定，以及怎样划分盗窃的情形和其所牵扯的罪名和罪数，依然很模糊。例如，利用无线信号的嗅探技术，在他人支付的瞬间将字符串嗅探并立即复制于自己设备，使得他人支付环节失效而自己获取真实有效的数字货币的代码串的行为，应该认为是盗窃，还是侵犯计算机网络设施，抑或是盗窃金融机构，现在还尚难以清晰地界定。

(四) 对于金融风险的考量

对于现有央行数字货币在使用中的风险，主要分为挤兑风险和内外系统衔接的风险。其中对于挤兑风险而言，按照目前我国央行数字货币的设计和运行机制，央行数字货币定位 M_0，直接计入央行负债，应当具有法偿性；商业银行存款定位为 M_1 或 M_2，计入商业银行负债，信用等级低于央行数字货币。在商业银行存款转换为央行数字货币的过程中，央行数字货币可能会对商业银行存款类业务产生"挤出效应"，导致"金融脱媒"。考虑到数字货币芯片卡的低风险特性，以及转换的时间成本、财务成本

[①] 相关的研讨，参见董新义《法定数字货币发行流通中的个人信息保护》，马文华《数字货币技术算法问题法律规制》，收录于《第五届中国金融法治研究方阵学术论坛论文集》。

等摩擦成本为零，社会公众有较强的动力把银行存款转换为央行数字货币，而当同一时点发生大量"存款搬家"行为时，可能就会产生"挤兑"，进而影响商业银行的流动性管理，甚至可能造成金融不稳定事件的发生。

因此，在央行数字货币的具体实践中，一方面要进行数字货币的推广，但是另一方面又要防止民众在短时间内大量使用巨额数字货币造成的银行挤兑问题。应该将央行数字货币依然按照和纸币、硬币同样的管理方式进行处置和对待，需要加强流动性监管。

另一方面，在内外系统衔接风险上。各国都在抓紧推进本国法定数字货币的开发与推广进程，但这一过程中未有国际标准出台，使得各国标准很难兼容与衔接，而各国经济发展水平和技术水平又并未在同一维度，这也为未来我国央行数字货币的出海或者与其他国家的法定数字货币进行对接造成了一定的困难。根据央行的设想，其保持对内绝对中心化的同时，对外可能使用去中心化的区块链技术以及分布式账本技术，从而绕过无法进行衔接和没有支付协议的他国系统以解决数字人民币海外数据中心构建的难题。但是由于基于数据本土化和支付体验的考虑，在他国建立数字货币的验证中心的构想并不现实，因而需要进行去中心化的技术性操作。不过，这会引发一个很大的问题：对内与对外的数据衔接怎样保持畅通和完整？这个问题的答案将影响对央行数字货币法律属性及其地位的界定，这显然是一个任重道远的过程。

五　对于冲突的弥合路径

（一）坚持可控匿名化的路径，单独起草"数字货币法"

对于央行数字货币的流通环节的监管采用"可控匿名"技术，与现有的电子银行和第三方支付中"基于账户"的实名化有区别。其实现与纸币和硬币同样的使用体验，在支付流程中并不会记载任何的个人信息和结算明细。在点对点的横向使用途径中，完全实现其"物"的属性，从而实现与账户松耦合。① 在央行数字货币监管方面，利用"前台自愿，后台实名"的特性，通过安全与隐私保护技术来管理相关数据使用权限，实现严格限定使用条件的后台可追溯，确保大数据分析等监管科技有用武之地。央行数字货币还考虑以用户为中心来管理，这将大大减少运营中间环节并直接穿透到最终用户，实现纵向可控化监管。② 但同时必须注重对用户个人信息的保护，尤其是对于支付信息环节中涉及的个人信息应该坚持非必要不追溯的"可控匿名"，即数据中心在进行大数据分析时需要进行数据脱敏，而目的应该指向货币的宏观调控，而不是为了描绘用户的"支付画像"。

在现有的模式下，严格地将央行数字货币界定为债或者物都不是一种最佳的选择，而是可以采用起草"数字货币法"的做法，即在其中单独规定数字货币的概念及其相关属性，而不纠结于传统的物及债的概念。同时注重《中国人民银行法》《人民币管理条例》等法律法规的衔接。一方面有助于监管的实施，另一方面也有助于对相关问题的清晰界定。同时，应该衍生性地对接商业票据、保理、保险、普惠金融以及人民币的跨境结算等相关领域法律的规定，构建以央行数字货币为核心的新金融生态体系。

（二）打破惯例制定基于央行数字货币的特殊货币政策

当今社会已经进入负利率时代，央行数字货币可以有效地防范传统货币体系运行中的"流动性陷阱"。在保证国家货币主权的前提下，实现央行多元化数字金融生态体系构建的目的，并同时有助于抵抗国际金融霸权及人民币出海。

这其中很重要的层面在于央行数字货币可以有助于降低有效利率下限

---

① 央行数字货币有基于账户和不基于账户之分，首倡美国美联储数字货币（FedCoin）的著名经济博主科宁（JP Koning）提出了央行数字账户（Central Bank Digital Account, CB-DA）和央行数字货币（Central Bank Digital Currency, CBDC）的区别。欧洲央行也提出了类似的观点，认为中央银行发行的数字基础货币有基于账户的（account-based）和基于价值的（value-based）两种可选形式。这两种形式在一定程度上具有互补性，在不同应用场景下可以择优使用以满足不同需求。参见范一飞《关于央行数字货币的几点考虑》，《第一财经日报》2018 年 1 月 26 日，第 A05 版。

② 在纵向监管上，根据现代货币理论，数字货币体现了一定的"债"的属性。

(Effective Lower Bound，ELB)。央行自2013年7月20日全面放开金融机构贷款利率的管制，但是对于存款利率的放开，仍然较为审慎，采取循序渐进的方式。① 传统零售端的货币是现金，利率为零。因此，当零售金融资产利率下降至零时，资金会向现金转换，从而使负利率失效，产生名义利率的有效下限实质为零的效果。若发行零售端的央行数字货币，并同时废止大额现金的使用，则可对央行数字货币计实质上的负利率，并同时产生对央行数字货币钱包收取使用费的可能性。由此打破零利率下限约束，释放货币政策空间。②

（三）加快智能终端和多场景运用的普及

人民银行在不断进行央行数字货币实验的同时，亦在不断加强智能终端的建设和多场景应用的普及。这其中有两个需要注意的问题。第一，对于便捷实用性和安全性的权衡。随着科技的不断发展，算力呈几何倍数增长，尤其是量子计算技术的推行，使得数字货币在验钞防止"双花"以及数据传输安全性方面的挑战愈发严峻，这需要对于技术的持续更新和跟进。但与此同时，其内在技术原理的复杂性并不应当影响终端用户的使用体验，依然应该简洁易用，这也是确保央行数字货币无限法偿性的重要层面。第二，应当创造性地嵌入监管科技（RegTech）因素，便于特定法律场景的自动证据固定、自动防御以及快速自动决策，当数字钱包处于异常流通时，能够及时被监控和管制，形成对于盗窃、抢劫、伪造、诈骗等犯罪的有效防控以及事后追查，也成为进一步实现反洗钱、反假币、反恐怖融资目的的途径。

（四）抢占法定数字货币标准的国际制高点

我国央行数字货币自2014年即开始了技术研发进程，甚至领先于熟

---

① 央行货币政策司司长孙国峰在2020年4月10日的一季度金融统计数据发布会上表示，存款基准利率自2015年10月以来没有调整，并不意味着银行实际执行的存款利率就不变化。其实质上的上下限已经放开。
② 姚前：《法定数字货币的经济效应分析：理论与实证》，《国际金融研究》2019年第1期，第16~27页。

知的私人数字货币的推出与使用，在技术累积和实践中都处于国际领先地位。为了抵抗他国金融霸权的影响，维护国际金融支付体系和环境的公平性，我国应当尽快抢占数字货币标准的国际制高点，加强数字人民币在国际上的影响力，提升数字人民币的国际法律地位，实现国际互认及倡导国际标准的出台，从而实现央行数字货币发行与流通的初衷。

六　结语

央行数字货币是我国实现和巩固国家货币主权，实现多元化数字生态环境，以及抵抗国际金融霸权的重要工具之一，对其研究不但有利于澄清其中蕴含的法律问题，更有利于维护稳定的金融秩序，创造更加和谐的金融环境，以及为推进监管科技的使用提供重要的理论研究和具体实践的场所。

本文以央行发行法定数字货币的动机和目的为出发点，结合制度与相关原理，探索我国央行数字货币的法律内涵及属性，通过梳理和总结其中的关键因素，并分析现有央行数字货币存在的矛盾与模糊之处，即其无法与现有的货币定义完全契合，也与债的定义存在距离，因此制定"数字货币法"而单独将央行数字货币界定为一种独特的物的种类更为贴合。

同时，在梳理央行数字货币的法律性质的过程中，会发现涉及的法律问题众多且复杂，这些法律问题的解决并非可有可无的，而是其本身共同构成了央行数字货币得以运行的前提，因而在央行数字货币不断发展和实践的过程中，依然需要后续更加深入的研究和探索。

第三人侵害债权研究

吴博宇　孙舜新*

内容提要：第三人侵害债权制度之基础是债权的不可侵性，但并非对债权相对性之突破。在侵权法保护客体上，债权应为权利，只是因侵害行为所直接指向的对象是债权履行所得之利益，故在构成要件上应与法益相同。在侵权构成上，本文采"三阶层理论"，区分权益侵害与损害结果。第三人侵害债权的损害赔偿范围确定规定具有特殊性，应以侵害行为类型不同而分别采用侵权规则与违约规则。就第三人侵害债权之类型而言，可分为直接侵害型与间接侵害型，但为侵权救济与其他救济的体系平衡，本文结合学说理论观点与对我国判决的实证分析否定某些侵害债权类型之成立。在责任形态上，通过分析具体行为类型的法律效果，发现不真正连带责任并不能妥当解决第三人侵害债权的责任问题。本文在界定不真正连带责任之概念的基础上，认为没有适用所谓"不真正连带责任"之必要，而将其置于连带责任之范畴。

关键词：债权之不可侵性　权益区别保护模式　直接侵害与间接侵害　不真正连带债务

一　问题的提出

一般认为，侵权法保护的对象，是绝对权及绝对权之外的其他法

---

* 吴博宇，华中科技大学法学院2018级本科生；孙舜新，华中科技大学法学院2018级本科生。本文第一、二、三、五部分撰写、通篇修改、最终统稿由吴博宇完成；本文第四部分撰写由孙舜新完成；收集整理文献由二人共同完成。

益。① 债权属权利之范畴，故不属于法益之范畴，但债权又非绝对权，其应否受侵权法保护？若债权不受侵权法保护，在有些情形下，比如甲毁损乙的债权凭证，致其债权不能实现，乙只能"自受损失"而不得诉诸侵权法之救济，这显然有失法律之公正，故诚有必要承认债权的不可侵性，使其受侵权法之保护。倘承认债权为侵权行为之客体，自然应适用《民法典》第1165条第1款，即债权人有权请求加害人承担侵权责任；但若适用《民法典》第1165条第1款，其与侵害绝对权的构成要件是否相同？若相同，是否与现实生活及现行法冲突，并过度妨碍第三人之行为自由？又，当债务人因第三人之原因而违约时，债权人得依《民法典》第593条请求债务人承担违约责任，若承认侵害债权所肇致之损害均可依侵权法救济，未免有弱化契约法功能之虞，如何处理此两种债权救济途径之关系？

以上乃《民法典》生效施行后在理论和实务上亟须回答的问题，本文试就此做必要探讨，分析脉络如下。首先，依当前社会经济背景，本文承认债权的侵权救济之现实必要性，并对债权受侵权法救济可能性提供法律和理论上之依据。其次，为权衡权益保护与行为自由，其不宜与侵害绝对权适用相同的构成要件。结合德国民法、我国台湾地区"民法"对《民法典》第1165条第1款做符合"我国现行法语境"之解释，以总结出第三人侵害债权的构成要件。再次，结合理论观点与我国判决的实证分析，将第三人侵害债权予以类型化，并合理确定其适用范围，以平衡债权之违约救济与侵权救济。最后，分析第三人侵害债权的具体类型并结合我国现行法，对第三人侵害债权的责任形态做出在体系上圆融之解释。

---

① 法益（Rechtsgüter）一词源自德国民法，是指《德国民法典》（后简称《德民》）第823、826条过错责任所保护权利之统称；利益（Interesse）一词在德国侵权法中是指纯粹财产（reines Vermögen）。在我国，法益有广狭义之分，广义法益包括民事权利及民事利益，这与德国法上的法益概念基本无异。狭义法益仅指民事利益，包括纯粹财产或纯粹经济利益。我国法益概念通常采狭义，即"法益=民事利益（纯粹经济利益）"，本文亦从此狭义解释。

二 第三人侵害债权的理论基础

(一) 债权之侵权救济的可能性

第三人侵害债权系20世纪以降发展起来的一项制度。但对于第三人侵害债权，我国司法实务上很多判决仍持否定态度。例如，有的法院认为，"债权不能成为侵权行为之侵害客体"① 或 "侵权是指侵害物权、人身权，并不包括侵害债权"②；有的法院认为，"因为合同相对性，使第三人侵害债权时对债权保护无着"③；还有的法院认为 "第三人侵害债权制度尚未在侵权责任法领域明确规定"④ 或 "原告主张第三人侵害债权没有法律依据"⑤。之所以处于如此现状，主要是受传统观点的影响：①债权具有相对性，没有不可侵犯性；②侵权责任的成立以绝对权受侵害为前提。⑥ 但在现行社会经济背景下，债权受侵权法保护之必要性愈发凸显。第一，某些直接侵害债权之行为本身致债权灭失，并无违约责任的发生；或某些间接侵害债权之行为发生后，虽导致债权相对人之违约责任，但相对人无力清偿。若不承认第三人侵害债权之责任，债权人之权益便无法救济，这有失法律之公正。第二，无论大陆法系（法、德、日、我国台湾地区），抑或英美法系，在理论上及实务上均承认第三人侵害债权制度，承认债权之不可侵性系各国侵权法发展之趋势。⑦ 第三，现代财富的中心已由物权移向债权，这种社会经济的现实要求法律调整和保护的中心，从财产"静的安全"移向"动的安全",⑧ 充分保护债权已是现代市场经济发

---

① 参见广东省中山市中级人民法院（2017）粤20民终4198号民事判决书。
② 参见最高人民法院（2017）最高法民终181号民事判决书。
③ 参见上海市高级人民法院（2011）沪高民一（民）申字第1563号民事判决书。
④ 参见重庆市沙坪坝区人民法院（2016）渝0106民初2382号民事判决书。
⑤ 参见海南省高级人民法院（2016）琼民终72号民事判决书。
⑥ 参见王胜明主编《中华人民共和国侵权责任法释义》，法律出版社，2010，第26页；梅夏英、邹启钊《论债权的相对性与不可侵性的关系》，《烟台大学学报》（哲学社会科学版）第18卷第1期。
⑦ 参见王利明《王利明学术文集·侵权责任编》，北京大学出版社，2020，第543～547页。
⑧ 参见王家福主编《中国民法学·民法债权》，法律出版社，1991，第3页。

展之必然要求。因此，本文从反思传统观点的角度，分析出债权受侵权法保护可能性的法律和理论依据，试分述如次。

1. 债权之不可侵性

（1）债权虽是相对权，但仍具不可侵性

我国目前承认第三人侵害债权的最大障碍是：债权是相对权，没有社会典型公开性（或公示性），第三人处于债之关系以外，或对债权全然不知，无侵害之可能，因此，债权无不可侵性。① 这种见解是我国长期以来的主流观点。但值得注意的是：债权具有相对性，与物权等绝对权在作为侵权保护客体上有所不同，不无道理，但将相对性同公示性、不可侵性联系起来，则会面临一定的问题。

第一，相对性与公示性之间无必然关联。所谓公示性，是指权利之存在或其内容具有可为外界所认识的标志，如通过登记、占有等。通说所主张的"债权具有相对性，而没有公示性"的观点过于绝对化，因为有些债权仍具有公示性，如预告登记之债权、设质之债权证券等。此外，绝对权也并非均具有前述公示标志。例如，未经登记之不动产物权、不以占有为要件之不动产物权、未公开之著作权（未行使发表权）、精神性人格权均不具有公示性。由此可知，一项权利是绝对权还是相对权，不影响其是否存在公示性；反之，一项权利是否存在公示性，亦不改其绝对权或相对权之属性。因此，"债权是相对权，没有公示性"在逻辑上和法理上均是不成立之论断。

第二，是否具有公示性不影响债权具有不可侵性。首先应区分"侵权救济"与"侵权构成"。这是两个完全不同的问题：前者系是否受侵权法保护之问题；后者系如何受侵权法保护之问题。前者好比一个"筛子"，通过筛选确定受侵权法保护之范围；后者在法律技术上通过不同因素决定前者所"筛选"者应适用何种构成要件。公示性这一因素所影响者仅系"侵权构成"而非"侵权救济"，例如，缺乏公示性之权利可能受侵权法

---

① 参见王泽鉴《债法原理》（第2版），北京大学出版社，2013，第61页；王利明《王利明学术文集·侵权责任编》，北京大学出版社，2020，第551页。

保护程度更弱,以保护行为人之行动自由,在"侵权构成"上体现为"门槛"更高侵权责任之成立。决定是否受"侵权救济"的唯一因素是不可侵性,其规范依据是《民法典》第3条,即一切合法民事权益均受法律保护而不可为他人侵犯。因此,债权之不可侵性,其基础在于作为合法民事权益所固有之属性,与是否有公示性无关。由此可知,"债权没有公示性,因此而无不可侵性"之命题亦不成立。

(2)债权有不可侵性,但并非对相对性的突破

承认第三人侵害债权的第二大障碍是:债权的不可侵犯性,是对相对性的突破之结果(相对性的例外、债权对外效力)。① 换言之,承认债权之不可侵性,乃赋予债权对世性效力,即债权之物权化。② 这种见解亦为我国主流之观点。但本文认为"债权之不可侵犯性系对相对性之突破"本身是一个伪命题。

第一,承认不可侵性是对相对性的突破,与我国民事责任体系结构相抵触。为解决债权之相对性与不可侵性关系问题,法国学者拉楼(Lalou)最先提出第三人侵害债权负损害赔偿责任,应直接以《法国民法典》(以下简称《法民》)第1382条(现为第1240条)为法律依据。法国司法实践亦采纳此见解,如Doeuillet v. Raudnitz案、Barahet v. Bigot案、Borney & Desprez v. Dutriue & Isola Frére案;③ 并由此确立债权不可侵性原则——债权之不可侵性是对相对性的突破。我国学者基本继受此见解,或称其为相对性之例外,或称其为债权之对外效力。然而,倘承认债权之不可侵性乃赋予债权之物权对世性效力,即债权人有权请求一切有损债权者承担侵权

---

① 参见朱晓喆《债之相对性的突破——以第三人侵害债权为中心》,《华东政法学院学报》1999年第5期;佟强《侵害债权制度法律性质考察》,《现代法学》2005年第2期。
② 参见王建源《论债权侵害制度》,《法律科学》1993年第4期;佟强《侵害债权制度法律性质考察》,《现代法学》2005年第2期;王利明《违约责任与侵权责任的区分标准》,《法学》2002年第5期;曹险峰《在权利与法益之间——对侵权行为客体的解读》,《当代法学》2005年第4期。
③ 参见张民安《第三人契约性侵权责任研究》,《中山大学学报》(社会科学版)1997年第4期。

损害赔偿责任,那么,在债务人侵害债权的场合,①则会发生违约责任与侵权责任之竞合。②违约责任独立存在的价值将大为弱化,甚至会被侵权责任所取代,即"合同法将会陷入侵权法的海洋"。法国亦面临此类问题,但其在保持"大而宽泛侵权责任请求权"特色下,在司法实务中确立了"责任之非竞合"(non-cumul des responsibilités)原则③以解决上述请求权竞合问题。但是我国在民法制度特色上、体系结构上均与法国不同。我国《民法典》将违约责任(合同编)与侵权责任(侵权责任编)分立,以表明对违约责任与侵权责任基本界分之立场。在具体制度设计上,赋予二者以不同归责原则、损害范围确定方法、责任承担方式及免责事由,并由此形成合同法与侵权法合理分工、互相配合的结构体系。④由此可知,为了保持违约责任的独立存在价值,我国不能直接继受法国民法对债权不可侵性的见解——债权之不可侵性并非对相对性的突破。但债权之相对性与不可侵性究竟是何关系,有待下文进一步讨论之展开。

第二,相对性与不可侵性是债权两种不同的法律特性,分属不同领域。在《德民》中,物权开始独立设编,财产权利便形成了"物债二分"之体系。我国《民法典》也继受此体系结构。物权被理解为支配权,可对抗一切人,因此具有对世性。与此相应,债权就被理解为请求权,仅得对抗特定相对人,具有相对性,又称为"法锁"。无论是物权抑或债权均具有"对抗效力",主要包括"权利实现"与"权利救济"两个方面。在"权利实现"上,物权之对世性体现为无须特定人之行为便可实现权利;债权之相对性体现为须依特定人之行为方能实现权利。在"权利救济"上,即体现民事权益的不可侵性。不可侵性的理论基础在于"主观权利理论",即权利归属具有排他性,其效果在于确定民事权益享有者之外的其

---

① 这里"债务人侵害债权"是指"违约侵害"而非"侵权侵害",详见本文"三 第三人侵害债权的构成要件"。
② 参见曾世雄《损害赔偿法原理》,中国政法大学出版社,2001,第45页。
③ Ferid/Sonnenberger, Das französische Zivilrecht Ⅱ (1986) Rz 2 O 41 ff.; StoffelMunck in Tourneau, Droit de la Responsibilités et des Contrats⁷ (2008) Rz 1017 ff. 转引自〔奥〕海尔姆特·库齐奥《侵权责任法的基本问题》(第一卷),朱岩译,北京大学出版社,2017,第102页。
④ 参见王利明《王利明学术文集·侵权责任编》,北京大学出版社,2020,第553页。

他人不得妨害或不法侵害之法律义务。任何人违反此义务，均应承担相应法律后果，既表现为向一切侵害权利之人主张侵权责任或物上请求权，又表现为向债之相对人主张违约责任。这正如孙森焱所述"就不可侵害性言，债权与物权间无本质区别；然就排他性、追及性、支配性言，二者仍有区分之必要"。① 兹以图示其内在逻辑（如图1所示）。

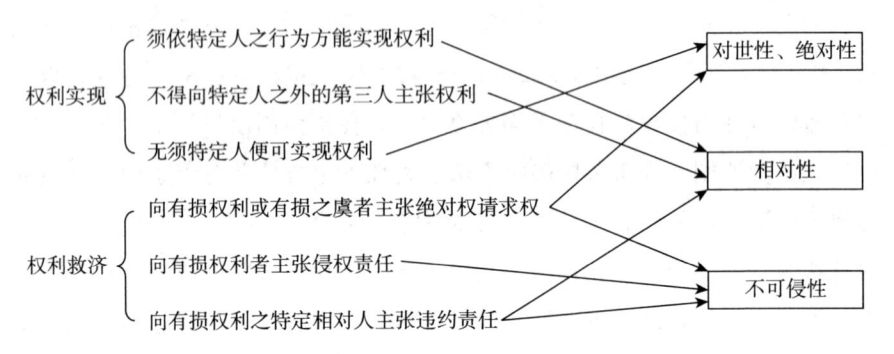

```
权利实现 ┬ 须依特定人之行为方能实现权利 ──→ 对世性、绝对性
        ├ 不得向特定人之外的第三人主张权利
        └ 无须特定人便可实现权利 ──────→ 相对性

权利救济 ┬ 向有损权利或有损之虞者主张绝对权请求权
        ├ 向有损权利者主张侵权责任 ──────→ 不可侵性
        └ 向有损权利之特定相对人主张违约责任
```

图1　物权与债权的区分

综上，债权之不可侵性，并非对相对性的突破，而是其作为民事权益，本身享有不受侵犯的当然属性，② 既包括债权不受债务人侵害（违约责任）的属性，又包括债权不受债务人之外的第三人侵害（侵权责任）的属性。《民法典》第3条也表明此立场，即"民事主体的人身权利、财产权利以及其他合法权益受法律保护，任何组织或者个人不得侵犯"。

2. 债权之侵权救济的请求权基础

传统观点认为，成立侵权责任以侵犯绝对权为前提，因此，侵权法保护范围并不包括债权。这主要因为《侵权责任法》（已失效）第2条并未列举债权，而债权是民事权利又非"其他财产利益"，故而债权不受侵权法保护。但从现行《民法典》规定看，第三人侵害债权应适用第1165条第1款。《民法典》第1165条第1款规定："行为人因过错侵害他人民事权益造成损害的，应当承担侵权责任。"就本条文义言，债权为民法所承认受法律保护之一种权利类型，固属"民事权益"，其于受有第三人不法

---

① 参见孙森焱《论对于债权之侵权行为》，《法令月刊》1986年第5期。
② 参见胡长清《中国民法总论》，中国政法大学出版社，1997，第42页；王伯琦《民法债编总论》，中正书局，1982，第80页。

侵害时，得依本条款之规定，向加害人请求损害赔偿。除此以外，尚存第三人侵害债权责任之请求权基础的其他法律规范，例如，《最高人民法院关于适用〈中华人民共和国公司法〉若干问题的规定（三）》（法释〔2020〕18号）（简称《公司法解释（三）》）第18条第2款、《劳动法》第99条、《劳动合同法》第91条等（本文第四部分详析，兹不展开）。值得注意的是，在法律适用上，应优先适用第三人侵害债权之请求权基础的特别规范；若无特别规范，再考虑适用《民法典》第1165条第1款之请求权基础的一般规范。

（二）侵权法保护客体规范在债权之侵权救济中的适用

保护客体规范①是一项法律技术，主要解决"侵权救济"与"侵权构成"两类问题。如前文所述，债权具有不可侵性，得依相应请求权基础规范主张侵权救济，此所谓"侵权救济"之问题。至于"侵权构成"，即债权如何为侵权法所保护之问题，试分述如下。

1. 债权在保护客体中的法律属性

（1）主要学说之分析

权利说认为，债权虽为相对权，仍是法律明定的权利。任何权利既受法律的保护，当然不容任何人侵害，此权利不可侵性当然之理，物权当然，债权亦然。②此说将债权以权利属性作为侵权行为之客体；倘采此说，侵害债权与侵害绝对权之构成要件相同，此不免使第三人行为自由过度受限，且负担不可预计的赔偿责任，诚非妥当。③兹举一例说明之：A驾车不慎，撞伤将在B歌厅作个人秀的歌星C时，对C身体健康受侵害而生的损害，固应负赔偿责任，但对B歌厅因辍演而受的损失，亦应承担侵害

---

① "保护客体规范"之概念内涵、功能及其意义，详请参见张家勇《合同法与侵权法中间领域调整模式研究——以制度互动的实证分析为中心》，北京大学出版社，2016，第30页。

② 参见王伯琦《民法债编总论》，第73页；洪文澜《民法债编通则释义》，第128页；胡长清《中华民国债编总论》，第127页；曾隆兴《民法债编总论》，第135页；戴修瓒《民法债编总论》，第153页；耿云卿《侵权行为之研究》，第4页。转引自王泽鉴《民法学说与判例研究》（第5册），北京大学出版社，2009，第140~146页。

③ 参见王泽鉴《债法原理》（第2版），北京大学出版社，2013，第61页。

债权之赔偿损害。

法益说认为，债权应作为一种民事利益。因此，债权在侵权法救济上与法益相同，即仅限定于第三人明知债权之存在而故意侵害之情形。[①] 此说基本已为我国之通说。[②] 但此说也存有一定问题：债权本系法律明定之权利（《民法典》第118条），将此归入法益之范畴，有欠妥当。[③] 此一则混淆权利与法益之界限；二则难以解释为何债权在违约救济中是权利属性，而在侵权救济中是法益属性。

折中说认为，债权原则上不得成为侵权救济中之权利，只有在侵害债权归属的场合，才能认为债权具有绝对性，属侵权法保护之客体。[④] 我国台湾地区对此多持肯定说。[⑤] 但此说也存在很多反对的声音：①债权与其归属不可分离；[⑥] ②债权作为一种财产，归属于债权人，具有一定归属内容及排他功能，应受保护，被侵害的对象不是债权归属，而是债权本身。[⑦]

（2）本文对债权在保护客体中法律属性的见解

上述三种学说，均不无道理，但或多或少存在体系上或逻辑上的不圆融之处。为弥补上述学说之不足，本文提出一种修正性见解：债权受侵权法救济，其法律属性仍为权利，而非法益；只是因为侵害行为指向"债权人之法益，而非直接损害其债权"，[⑧] 所以债权才在侵权救济方面与法益相同。侵害债权不同于侵害物权，正是因为侵害对象的指向不同。权利，

---

① 参见王利明《王利明学术文集·侵权责任编》，北京大学出版社，2020，第558页。
② 参见王利明《侵权责任法研究》（上卷），中国人民大学出版社，2010，第79页；周友军《侵权法学》，中国人民大学出版社，2011，第119页；程啸《侵权责任法》（第2版），法律出版社，2015，第117页；张新宝《侵权责任法》（第5版），中国人民大学出版社，2020，第5页；。
③ 参见杨立新《侵权责任法》，北京大学出版社，2017，第29页。
④ Siehe Dörner, Dynamische Relativität: Der bergang vertraglicher Rechte und Pflichten, München 1985, S. 74, 转引自张家勇《合同法与侵权法中间领域调整模式研究——以制度互动的实证分析为中心》，北京大学出版社，2016，第30页。
⑤ 参见王泽鉴《侵权行为》（第3版），北京大学出版社，2016，第222页，注释①。
⑥ Medicus, Bürgerliches Recht, S. 442, 转引自王泽鉴《侵权行为》（第3版），北京大学出版社，2016，第222页，注释②。
⑦ Larenz/Canaris, Schuldrecht II/2, S. 397; Esser/Weyers, Schuldrecht II/2, § 55 I 2b. 转引自程啸《侵权责任法》（第2版），法律出版社，2015，第185页。
⑧ 参见梅仲协《民法要义》，中国政法大学出版社，1998，第188~189页。

乃特定利益上之法上之力。① 权利与法益的本质区别乃是否有"法上之力"。侵害法益之行为所指向者乃特定利益，即法益；而侵害权利所指向者乃权利之本质，即"法上之力"。物权的特定利益是占有、使用、收益、处分之权能，法律赋予其直接支配之力。因此侵害物权的指向即其支配力（物权的本质），物权人因此而丧失一部或全部的权能，继而丧失支配力下的特定利益。债权与物权不同，其特定利益是将来履行所得之利益，其法上之力是请求、受领、保有、处分、执行之权能。侵害在行为类型上体现为阻碍债权之权能，若未损及债权人基于履行所得之利益（债权的本质），②虽可能构成对债权之妨害，但实则并未侵害债权。侵害债权所指向者实则是债权实现之履行利益，此并未指向债权之权利本质（请求、受领、保有、执行、处分等权能所体现之"法上之力"）。因此，侵害债权并非指向权利本身，而系侵害债权人之履行所得利益。兹以图示其内在逻辑关联（如图2所示）。

事项＼权利	物权	债权
法上之力	直接支配（物权的本质）	请求、受领、保有、处分、执行
特定利益	占有、使用、收益、处分	将来履行所得之利益（债权的本质）

图2　侵害债权与侵害物权的区分

2. 对债权之侵权救济应采"权益区分保护模式"

如前所述，第三人侵害债权责任之请求权基础的一般规范是《民法典》第1165条第1款，即侵权行为一般条款。虽然第1165条第1款已经采法国"抽象概括模式"，但目前人多学者认为应进行目的性限缩，在解释论上采德国"权益区分保护模式"，即对权利与对法益之侵权行为采不

---

① 参见梁慧星《民法总论》（第3版），法律出版社，2007，第71页。
② 参见张广兴《债法总论》，法律出版社，1997，第21页。

同的构成要件。① 然而，若欠缺对区分方法（即以何种标准区分保护客体）这个问题的透彻说明，权益区分保护模式在"如何保护债权"问题上总会遇阻。因此，本文将结合债权属性对客体区分方法详述如下。

（1）德国模式的继受与改造

对于保护客体区分方法，本文试追本溯源，参考并借鉴其诞生地及发展最为成熟地域之模式，即德国民法上的"三个小的概括条款体系"。该模式的客体区分方法是：首先区分绝对法益与纯粹财产利益，② 再分别对其赋予不同侵权构成要件。德国通说认为，对于绝对法益保护模式之"权利"须与所有权具有亲近性，即符合"排除效能"（Ausschlussfunktion）、"归属效能"（Zuweisungsgehalt）及"社会典型公开性"（sozialtypische Offenkundigkeit）。③ 但学者研究发现，上述三种属性均不能将债权排除于权利客体之范畴，④ 因此，我国在继受德国模式时应做必要的调整与改造（结合我国台湾地区"民法"第184条）：第一种类型，"因过错不法侵害他人权利而致损害，应承担侵权责任"，适用于侵害绝对权之情形；第二种类型，"因过错违反保护他人之法律造成损害的，应承担侵权责任"，适用于侵害相对权或法益之情形；第三种类型，"故意悖于公序良俗⑤加损害于他人者，应承担侵权责任"，适用于侵害相对权或法益之情形。兹以图示之（如图3所示）。

---

① 参见曹险峰《在权利与法益之间——对侵权行为客体的解读》，《当代法学》2005年第4期；王利明《侵权法一般条款的保护范围》，《法学家》2009年第3期；葛云松《〈侵权责任法〉保护的民事权益》，《中国法学》2010年第3期；于飞《侵权法中权利与利益的区分方法》，《法学研究》2011年第4期；程啸《侵权责任法》（第2版），法律出版社，2015，第115页；魏振瀛主编《民法》（第7版），北京大学出版社、高等教育出版社，2017，第663页；邹海林、朱广新主编《民法典评注·侵权责任编》（第一册），中国法制出版社，2020，第8页。

② 参见于飞《侵权法中权利与利益的区分方法》，《法学研究》2011年第4期。

③ Larenz/Canaris, Schuldrecht II/2, 13. Aufl., München 1994, S. 375f, 转引自于飞《侵权法中权利与利益的区分方法》，《法学研究》2011年第4期。

④ 参见张家勇《合同法与侵权法中间领域调整模式研究——以制度互动的实证分析为中心》，北京大学出版社，2016，第29~32页。

⑤ 我国《民法典》中并未使用"善良风俗"之概念，而系使用"公序良俗"之概念。为与我国现行法之用语保持一致，故于此使用"公序良俗"一语。

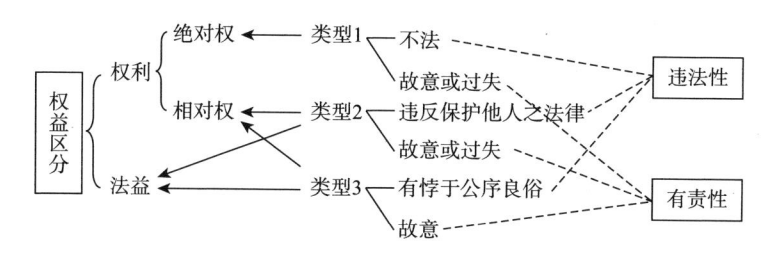

图3 权益区分保护模式

（2）保护客体区分方法的修正

上述模式将"权利"与"法益"区分保护之标准是权利与法益之划分标准。但似乎保护类型（图3中类型1、2、3）的设计并非与此完全对应——最典型的就是侵害债权，虽然债权是权利，但其救济方式与法益相同。这足以说明采上述模式尚存一定的问题，需要检讨并对上述模式的区分方法予以必要的修正。

本文认为，保护客体区分方法应依据其内部特征的差异，恰如《奥地利侵权责任法草案》第1293条、《欧洲侵权法原则》第2：102条所示，体现为"公示性"、"外延确定性"和"法益的位阶"三方面的不同区分标准。① 但应注意，本文并非意在效仿奥地利法采"动态系统"模式，而是借鉴其更为科学的区分标准对上述模式予以必要之修正。最后两个标准与第三人侵害债权问题关联不大，兹仅就第一个标准展开。公示性，揭示保护客体之明显辨识性，以确立行为人在行为时得认识其行为之后果并予以避免之可能性。② 所以，公示性有两方面之意义：一是保护客体内容辨识性，以此发挥违法性认定标准之功能，即以侵害权利征引（或推定）违法性；二是行为人在行为时对保护客体的认识可能性，以此构成有责性认定的独立理由。③ 债权大多没有公示性，其侵权保护模式不能适用图3"类型1"，而可以适用保护强度相对较弱的"类型2"或"类型3"；对于

---

① 参见〔奥〕海尔姆特·库齐奥《侵权责任法的基本问题》（第1卷），朱岩译，北京大学出版社，2017，第347、399页。

② 参见张家勇《合同法与侵权法中间领域调整模式研究——以制度互动的实证分析为中心》，北京大学出版社，2016，第31、38页。

③ 参见张家勇《合同法与侵权法中间领域调整模式研究——以制度互动的实证分析为中心》，北京大学出版社，2016，第32页。

没有公示性的绝对权,亦然。有些债权是有公示性的,如证券化的债权、经登记之债权,其侵权保护模式应适用"类型1"(不法侵害+过错),此与具有公示性的绝对权相同。只有这样修正上述图3之权益区别保护模式,才能满足"期待可能性"之要求。①

三 第三人侵害债权的构成要件

如图3所示,"权益区别保护"模式仅将构成要件从整体上分为违法性与有责性两个阶段,具体构成要件之要素仍需细化,分述如下。

(一) 侵害行为

侵害债权之行为,其样态复杂,大体可分为两类:直接侵害与间接侵害。② 直接侵害债权,是指侵害行为直接作用于债权人的请求、受领、保有、处分权能,致使债权消灭。间接侵害债权,是指侵权行为作用于债务人人身、财产及其他方面妨碍履行,间接有碍债权的实现。

在间接侵害债权中,第三人的侵害行为通常表现为与债务人侵害债权结合而致债权受损害。第三人得成为侵害债权之主体,自不待言;债务人得否成为侵害债权之主体?一般认为,债务人侵害债权,即债务不履行,③仅得成立违约责任。④ 但本文认为,债务人侵害债权,并非一概而论均属债务不履行,得分两种情形:一是"违约侵害",包括积极侵害债权与消极侵害债权,此均系对债之给付障碍之描述,直接指向契约之"履行";⑤

---

① 有关将"期待可能性"概念引入侵权法,参见张家勇《合同法与侵权法中间领域调整模式研究——以制度互动的实证分析为中心》,北京大学出版社,2016,第31~33页。
② 参见史尚宽《债法总论》,中国政法大学出版社,2000,第141~142页。
③ 参见王建源《论债权侵害制度》,《法律科学》1993年第4期。
④ 我国《民法典》上并未出现"债务不履行责任",仅有"违约责任"的概念。虽债务不履行责任绝大多数是发生在契约领域的违约责任,但二者并非等同意义。为与《民法典》概念保持一致,本文通篇使用"违约责任"而不用"债务不履行责任"。
⑤ 积极侵害债权与消极侵害债权,都是债务不履行之行为形态,并称给付障碍。前者包括不良给付与附随义务之违反,后者包括给付不能、给付迟延。参见黄茂荣《债法通则之二:债务不履行与损害赔偿》,厦门大学出版社,2014,第175页。

二是"侵权侵害",债务人积极实施侵权行为而侵害债权,这是针对债权"权利本身"而言,与第一种侵害行为不同,例如,提出虚伪之清偿证书,欺骗法院使为原告请求驳回之判决;或弄术策以妨碍债权之执行。①

20世纪末,王利明教授较早提出:债务人与第三人恶意通谋侵害债权基于意思联络,符合共同侵权的构成要件,应负连带责任。② 长期以来,学界对此观点多有误解,认为意思联络表明债务人与第三人侵害债权的共同故意,但不能改变债务人行为之违约性质。③ 上述对债务人侵害债权的两种类型划分,正好回应这种误解——就"违约侵害"言,债务人与第三人之通谋不可能成立共同侵权,因为违约行为与侵权行为于性质上有本质之不同;就"侵权侵害"言,二者之行为均系侵权行为,恶意通谋构成共同故意,应成立共同侵权,依《民法典》第1168条负连带责任。

(二) 权益侵害

侵害行为的对象是权益。只有发生权益侵害,才可能成立侵权行为。无论在四要件说抑或三要件说中,权益侵害均被包含于广义损害④要件中,并未成为独立的侵权构成要件。"对有形财产或身体物理性侵害"之外的非公示性权益侵害案件逐渐增多,如侵害精神性人格权、侵害配偶权、侵害纯粹经济利益(我国学界多称"纯粹经济损失"问题)等,传统侵权构成理论在解决此类案件时因缺乏权益侵害要件而"显得乏力",⑤ 第三人侵害债权就是典型(本文以契约债权为主要研究对象)。若将权益侵害独立要件化,则解决现实所面临之问题需注意以下两点。

---

① 参见史尚宽《债法总论》,中国政法大学出版社,2000,第141页,注释〔1〕。
② 参见王利明《民商法理论与实践》,吉林大学出版社,1996,第169页。
③ 参见王建源《论债权侵害制度》,《法律科学》1993年第4期;李珏《侵害债权制度若干问题之浅析》,《河北法学》1999年第3期;王利明主编《中国民法案例与学理研究(侵权行为篇、亲属继承篇)》,中国政法大学出版社,2001,第255页;王荣珍《关于在民法典中确立侵权债权制度的构想》,《现代法学》2005年第5期。
④ 广义损害,是指一定行为致使权利主体的人身权利、财产权利以其他权益受到侵害,并造成财产权益和非财产权益的减少或灭失的客观事实。参见杨立新《侵权法论》,人民法院出版社,2005,第169~171页。
⑤ 参见龙俊《权益侵害之要件化》,《法学研究》2010年第4期。

1. 依不同效力而采不同效力之救济，不背于损害填补原则

债权之效力，存在有效、可撤销、附条件、附期限、效力减损、无效六种类型。侵害有效债权，成立权益侵害要件；侵害无效债权，不成立该要件，此当然之理，自不待言。可撤销债权，没有撤销前，系有效债权，侵害之与侵害有效债权同；撤销后有溯及力，债权自始无效，侵害之与侵害无效债权同。附条件之债权，效力处于不确定之状态，侵害之若与普通债权相同，有违法律公平和损害填补原则。本文认为，损害赔偿首要应从权利人立场出发，应按权利人得否成就条件之盖然性比例确定损害额度之大小，基于此负赔偿责任。例如，甲受雇于乙医疗公司研发某新医疗产品，乙公司与甲约定：若甲研发成功，乙给付甲 100 万元报酬。按照现有技术水平和甲的能力，研发成功的可能性仅有 50%。丙为报复乙，向乙公司管理者透露虚假消息称甲泄露公司商业秘密，乙公司遂解雇甲。丙之行为侵害甲附条件之 100 万元报酬之债权，若使丙承担 100 万元损害赔偿责任显然不符合损害填补原则，甲能成就条件获得 100 万元之可能性仅有 50%，据此比例计算损害额度为 50 万元。丙对甲承担 50 万元损害赔偿责任才是合理且妥当的。

效力减损之债权（或不完全债权），主要包括"罹于诉讼时效之债权"和"法院判决有债权，但不得付诸执行"的债权。[①] 若第三人侵害之，仍得成立权益侵害要件，但向加害人主张之损害赔偿请求权，应与原债权保持同等效力，唯如此才不背损害填补原则。兹举一例说明之：甲对乙有 10 万元债权，但罹于诉讼时效，丙恶意侵害该债权致使其灭失。若甲对丙的损害赔偿债权是完全债权，但所受权益侵害是不完全债权，损害与赔偿非"填平"关系，有背损害填补原则。侵害附期限之债权，同理。侵害之所生损害赔偿请求权应与原债权附有相同之期限（损害赔偿请求权之期限 = 原债权之期限 - 已经过之期限），如此方不违损害填补之理。

[①] 参见郑玉波《民法债编总论》（修订二版），三民书局，2002，第 11 页；黄立《民法债编总论》，中国政法大学出版社，2002，第 10 页；黄茂荣《债法总论》（第 1 册），中国政法大学出版社，2003，第 69 页。

2. 将侵害债权与侵害纯粹经济利益区分开来

我国学界和实务界长期以来，将"毛阿敏案"作为第三人侵害债权的典例。① 在对本案性质认定上，仍须深思：演出公司将门票售出，作为债务人的买票观众已经履行债务，演出公司不再享有债权，何来侵害债权之说？本文据此改编另一对比案例：A 演出公司预售某著名歌星演唱会门票，嗣后娱乐记者 B 刊发该歌星在国外治病，无法如期回国举办演唱会的消息，预订门票者纷纷取消预订，使 A 数遭受重大财产损失。从生活事实上看，原案与改编案中演出公司均遭受"营业损失"。"营业损失"对应的法律概念是"损害"，而且是"财产损害"。单纯从损害要件角度，是无法将原案与改编案在性质上区分开来的。若将权益侵害要件独立化，则很清晰将后者认定为"侵害债权"而将前者认定为"侵害纯粹经济利益"。原案中，演出公司并无债权，但其营业收入为受法律保护非依附于其他法益而独立存在的无形经济上利益，即纯粹经济利益或纯粹财产。我国通说认为纯粹经济利益应包含于侵权保护客体"民事权益"之中。② 改编案中，演出公司享有收取门票价款之债权，营业收入作为债权实现后之利益的体现，虽亦体现经济利益，但在法律属性上已固化为一种权利，③且在侵权构成要件上亦不同于纯粹经济利益，体现为保护强度更高和保护范围更大（在下文损害要件中详述）。

（三）狭义损害与因果关系

因果关系是损害赔偿的核心问题。在确定损害赔偿范围中，涉及两个

---

① 案情详请参见杨立新、马桦主编《侵权行为法》，复旦大学出版社，2005，第284页。
② 参见朱广新《论纯粹经济上损失的模式——我国侵权行为法对纯粹经济上损失的规范样式》，《当代法学》2006年第5期；葛云松《纯粹经济损失的赔偿与一般侵权行为条款》，《中外法学》2009年第5期；梅夏英《侵权法一般条款与纯粹经济损失的责任限制》，《中州学刊》2009年第4期；洪满杰《论纯粹经济利益损失保护——兼评〈侵权责任法〉第2条》，《法学论坛》2011年第2期；程啸《侵权责任法》（第2版），法律出版社，2015，第194页；王利明《侵权责任法研究》（上卷）（第2版），中国人民大学出版社，2016，第109页；张新宝《侵权责任法》（第5版），中国人民大学出版社，2020，第4~5页。
③ 参见〔奥〕海尔姆特·库齐奥《侵权责任法的基本问题》（第1卷），朱岩译，北京大学出版社，2017，第401页。

阶段的因果关系：一是侵害行为与权益侵害之间须存在因果关系，即责任成立上的因果关系；二是权益侵害与损害范围之间须存在因果关系，即责任范围上的因果关系。在第三人侵害债权中，责任范围上的因果关系更为重要，甚至与损害是一事之两面。

1. 第三人侵害债权损害赔偿范围的确定

第三人侵害债权有其特殊性：第三人侵害债权是适用侵权，还是违约损害赔偿范围的确定规则？本文认为，直接侵害与间接侵害应分别适用不同损害赔偿规则，试分述如下。

（1）直接侵害债权：完全赔偿原则

在直接侵害债权中，第三人不是"借助"债务人之违约行为间接侵害债权，而是将侵害行为直接作用于债权本身，所以应适用侵权损害范围确定规则。在侵权法上，损害具有鲜明的法律特征，只有被法律认定为可赔偿的损害才具有侵权法上的意义，故行为人须对法律所确定之所有类型损害负赔偿责任，即"全部赔偿原则"。依侵权法则，直接侵害债权所肇致之损害，包括直接损害与间接损害，应同等地得到赔偿。[①] 直接损害，是指侵害权益本身所肇致的损害，这里指侵害具有公示性的债权所致债权履行利益的损失。间接损害，在世界范围内，是一个被独立认可的概念，[②]但因各国对其存在法律制度上的不同理解，其范围确定标准亦没有共识性见解。但依本文之见，直接侵害债权的间接损害，即附随经济损失（consequential economic loss[③]），是指直接侵害债权而附随衍生之经济上的不利益，既包括所受损失，又包括所失利益。前者主要指债权人为实现债权所受利益之减损或费用支出；后者指应得收入减少或利润减损。与直接损害

[①] 参见〔德〕埃尔温·多伊奇、〔德〕汉斯-于尔根·阿伦斯《德国侵权法——侵权行为、损害赔偿及痛苦抚慰金》（第5版），叶名怡、温大军译，刘志阳校，中国人民大学出版社，2016，第208页。

[②] 除法国、匈牙利、意大利及荷兰外，无论大陆法系抑或英美法系，间接损害均是被承认的。参见〔奥〕肯·奥利芬特主编《损害的合并与分割》，周雪峰、王玉花译，中国法制出版社，2012，第595页。

[③] See Vernon valentine Palmer & Mauro Bussani, *Pure Economic Loss: New Horizons in Comparative Law*, London and New York, Routlege-Cavendish, 2009, p. 8.

不同，间接损害既不受违法性要件限制，也不为有责性要件所规范，① 其赔偿范围仅依责任范围上因果关系加以确定，而不以加害人所预见为必要。此时若以相当说判断因果关系，则难以限定间接损害之赔偿范围，应以法规目的说取代之。②

综合上述所论，兹举一例说明。甲盗窃乙之科技博览会门票（债权有价证券，1000元），乙遂发布悬赏广告找寻之。日后甲又将之遗失，丙拾得后依悬赏广告向乙主张相应报酬（1000元）。但乙之债权证券因已过期限而无效。乙因债权证券被窃，错失在会上与技术生产者订约机会，由此丧失可获得利润10万元。乙得向甲主张侵害债权之损害赔偿责任。初步观之，损害包括对债权履行利益的直接损害（1000元），债权丧失之期间内所生利息（按央行公布基准利率计算）、悬赏广告报酬费用支出（1000元）及因丧失订约机会而失可得利润（10万元）的间接损害。为合理确定可赔偿范围，应对上述损害采因果关系进行"三层次检查"。第一，是否具有条件关系，上述四种损害均与侵害行为有必要条件关系。第二，是否具有相当性，此处应检查损害与权益侵害间是否具有在交易习惯上稳定且非偶然的联系。就悬赏报酬支出费用言，丢失市价1000元债权证券而支出等价值悬赏费用找寻显然与典型交易习惯不存在相对稳定的联系，因此不具有相当性，须排除于可赔偿范围。就利息损失言，丧失债权与丧失利息间存在社会最典型之交易联系，具有相当性。就丧失机会而失可得利润言，科技博览会具有为技术持有者与商家提供磋商缔约平台之功能，债权受侵害与机会丧失间亦具相当性。但丧失机会本身并非财产，其实现成为利润之获得的可能性也并非稳定高概率情事，因此侵害债权与丧失可得利润10万元之间不具相当性。第三，是否符合法规保护之目的且非一般社会之风险。③ 被相当说排除之损害不再进入法规目的说之检查范围，在间接损害中仅剩利息损失，对于债权保护之法规当然保护利息所得。因

---

① 参见王泽鉴《侵权行为》（第3版），北京大学出版社，2016，第232页。
② 参见曾世雄著、詹森林续著《损害赔偿法原理》（三版），新学林出版股份有限公司，2016。
③ 参见周友军《侵权法学》，中国人民大学出版社，2011，第142页。

此，直接损害与利息损失这一间接损害经过"三层次检查"最终进入可赔偿范围，甲对乙所负损害赔偿仅限于直接损害及利息损失。

(2) 间接侵害债权：可预见性原则

在间接侵害债权中，第三人的行为须"借助"债务人违约行为而间接侵害债权，所以应适用违约损害赔偿范围确定规则，即"可预见性原则"。①可预见性原则旨在确定违约损害赔偿的范围，②一般而言，因自然违约所生之损害依交易习惯判断因果关系之有无，即可确定赔偿范围，但在间接侵害债权中，对于以下两类损害最易引发争议，须通过可预见性原则"筛选"方可进入赔偿范围。一是虽为自然违约所生之直接损害，但损害范围却处于一般人之预料。例如，乙将一件普通风衣交付甲保管，丙为报复乙，趁甲未注意之际，窃取甲之风衣，丙与乙事先均未预料到风衣口袋中夹带着一颗价值连城的宝石。二是违约行为造成的间接损害，是指违约造成的系列或连锁损失，或后续的、非直接关联的损失。③这既包括所受损害，又包括损失利益。就前者言，一般是指第三人实施某种行为致加害给付，进而致使债权人固有利益（维持利益或完全利益）的损失。就后者言，一般是指转售利益的损失、利润减少及财产增加的损失。④就上述两类损害而言，适用可预见性原则应重点把握两个方面。①可预见之对象，应为违反合同可能造成的损失额数，⑤否则会造成交易所得与应负赔偿严重不相称。⑥我国合同法的参考文件之一《联合国国际货物销售合同公约》第74条第1款亦持此种见解。②可预见之标准，《民法典》第584条"应当预见到"基本传达"客观抽象理性人"标准，由于这种标准基本上是一种事后论断，必须注意合同目的与交易风险分配的权衡。此外，还应注意商事理性人的预见能力一般会高于民事理性人。⑦

---

① 参见韩世远《合同法总论》（第4版），法律出版社，2018，第792页。
② 参见叶金强《违约损害赔偿中的可预见性规则英美法的理论与实践》，《南京大学法律评论》2001年春季号，第214页。
③ 参见朱广新《合同法总则研究》（下册），中国人民大学出版社，2018，第715页。
④ 参见郝丽燕《违约可得利益损失赔偿的确定标准》，《环球法律评论》2016年第2期。
⑤ 参见朱广新《合同法总则研究》（下册），中国人民大学出版社，2018，第716页。
⑥ 参见朱广新《合同法总则研究》（下册），中国人民大学出版社，2018，第716页。
⑦ 参见朱广新《合同法总则研究》（下册），中国人民大学出版社，2018，第717页。

综合上述所论，兹举一例说明。甲乙订约将一群奶牛（10 万元）售于乙，乙之竞争者丙趁甲未察觉偷将一头瘟牛混入牛群（瘟疫在当地属罕见）。待甲乙交割完毕后，乙将新牛群置于其牧场中。不久，乙之牧场的原有奶牛（50 万元）与新购奶牛（10 万元）均因罹患瘟疫而毙。乙因奶牛之毙亡遭受营业损失（在获得赔偿并购置等额新奶牛前所失去营业收入，10 万元）。牛奶因近期进口限制而价格上涨，乙因之丧失可得物价上涨利益 5 万元。初步观之，乙之债权受损包括新购奶牛死亡价金（10 万元）的直接损害，以及加害给付所造成原有奶牛死亡的损失（50 万元）、产业停产导致的营业损失（10 万元）、物价上涨导致的可得利益损失（5 万元）。在违约方甲的角度，因其是商事主体，应以相对高于民事主体的预见能力认定赔偿范围。就算是理性商事主体，按照交易习惯（瘟疫在当地罕见），其最多可预见到交付标的本身损害，即交付奶牛的价金 10 万元。丙对乙债权之损害仅有 10 万元，所以甲丙仅在 10 万元范围对乙之债权损害承担赔偿责任。对于原有奶牛死亡的损失、营业损失以及物价上涨可得利益损失可纳入丙侵害物权的赔偿范围，与侵害债权无关，兹不展开。

但间接侵害债权，在赔偿范围确定上有一个特殊问题没有被法院足够重视，即"无益费用"（vergebliche Aufwendung）[①] 之问题。兹以"林某诉莫某房屋买卖合同纠纷案"[②] 为例说明之：林某（债务人）与莫某（债权人）订立房屋买卖合同，并交付占有，莫某对房屋进行装修。但林某与徐某某（第三人）产生房屋产权纠纷，在法院调解下达成调解协议将房屋所有权归属于徐某某。林某因此而不能将所有权移转于莫某，构成违约。法院承认了"第三人侵害债权"，并将债权人"装修费用"的支出归入"经济损失"的范畴。但应注意，装修费用依"差额说"，于债务人依其本旨而为履行时，债权人仍得为此支出，所以不属于损害，而是无益费用。既不属于损害之范畴，依"无损害即无赔偿"，原则上不应予以赔偿。

[①] 无益费用，即因信赖将取得保有给付，而因债务不履行所支出无益之费用。参见王泽鉴《损害赔偿》，北京大学出版社，2017，第 206 页。

[②] 参见上海市闵行区人民法院（2016）沪 0112 民初 15685 号民事判决书（一审判决）；上海市第一中级人民法院（2017）沪 01 民初 7533 号民事判决书（二审判决）。

至于如何构建无益费用支出的救济体系，还需进一步研究，但不可突破"无损害即无赔偿"的一般原则而将其置于损害赔偿的范围。因此，在间接侵害债权中发生此类问题，我国法院不能依《民法典》第577条、第1165条第1款将之归入损害赔偿范围。

2. 第三人侵害债权的损害与纯粹经济损失

近来，我国有学者主张将侵害债权的损害纳入纯粹经济损失的范畴；①或将侵害债权问题称为纯粹经济损失权利化。② 这种观点主要是受大陆法国家的影响——合同责任造成的纯粹经济损失应予赔偿，③ 但是我国法上仅将纯粹经济损失限定于侵权法领域。这种认识差异并无对错之分，而系各国在不同法律制度下对纯粹经济损失"体系定位"不同所致，④ 其根本原因在于损害确定的极度复杂性且对纯粹经济损失缺少一种共识性定义。既如此，我们就应在我国既有的法律制度框架内建立对纯粹经济损失的体系理解，即将之置于图3"权益区分保护模式"。以此认识为基础，区分侵害债权的损害与纯粹经济损失如下。

第一，纯粹经济损失只能获得较弱的保护。在"权益区分保护模式"中，权利是优先获得最充足和完整保护之客体，债权当属之。但纯粹经济利益仅能获较弱的保护甚至不予保护，因为法律一旦将之等同于权利保护，将会产生大量无法预见的受害人。⑤ 所以在侵权保护模式上，债权作为权利可以适用"类型1"、"类型2"及"类型3"；而纯粹经济损失一般只能适用"类型3"，这也是《德民》第826条功能发展的新定位。⑥

---

① 参见张新宝、李倩《纯粹经济损失赔偿规则：理论、实践及立法选择》，《法学论坛》2009年第1期；葛云松《纯粹经济损失的赔偿与一般侵权行为条款》，《中外法学》2009年第5期。
② 参见王泽鉴《侵权行为》（第3版），北京大学出版社，2016，第381页。
③ See Helmut Koziol, "Recovery for Economic Loss in the European Union", *Ariz. L. Rev.* 880 (2006).
④ See Vernon valentine Palmer & Mauro Bussani, *Pure Economic Loss: New Horizons in Comparative Law*, London and New York, Routlege-Cavendish, 2009, p. 10.
⑤ 参见〔奥〕海尔姆特·库齐奥《侵权责任法的基本问题》（第1卷），朱岩译，北京大学出版社，2017，第398页。
⑥ MünchKomm/Wagner (2009) §826, Rn.9, 转引自于飞《违背善良风俗故意致人损害与纯粹经济损失保护》，《法学研究》2012年第4期。

第二，纯粹经济损失具有非依附性。侵害债权所致之损害包括两类：其一是侵害债权本身的直接损害；其二是"与原告人身或财产损害有关联的金钱损失"。这种"关联"就是依附性（或附随性），也就是责任范围上的因果关系，这种附随损失，又称为间接损害，无论在何种法律制度上都是可获赔偿的。① 因为纯粹经济利益仅为财产利益而不能进入法益范畴，侵害之只能产生"金钱减损"的直接损失，而不能产生间接损害，故纯粹经济损失没有依附性，只有直接性。② 这种区分是采"权益区分保护模式"的一种技术手段，以此作为是否可赔偿的界限——侵害债权的损害原则上可赔，而纯粹经济损失原则上不可赔。

第三，纯粹经济损失是金钱上的损失。从文义上，纯粹经济损失就是被害人"钱包"的损害（hit victim's wallet），③ 但债权体现为经济利益，其范围肯定是广于金钱利益的范围，如基于身份关系所生之债。所以库齐奥（Koziol）教授也认为"作为一种经济利益的债权的保护范围应当广于纯粹经济利益的保护范围"。④

（四）违法性及违法阻却事由

1. 第三人侵害债权之违法性认定

违法性，是指法律对特定行为所做的消极性价值判断，⑤ 即违反禁止或命令之规范。⑥ 违法性的认定有"结果不法"与"行为不法"之争，前

---

① See Vernon valentine Palmer & Mauro Bussani, *Pure Economic Loss: New Horizons in Comparative Law*, London and New York, Routlege-Cavendish, 2009, p. 11, p. 13.
② 关于纯粹经济损失之"直接性"表述源自李昊教授专著，参见李昊《纯经济上损失赔偿制度研究》，北京大学出版社，2004，第7页。
③ See Vernon valentine Palmer & Mauro Bussani, *Pure Economic Loss: New Horizons in Comparative Law*, London and New York, Routlege-Cavendish, 2009, p. 11.
④ 参见〔奥〕海尔姆特·库齐奥《侵权责任法的基本问题》（第1卷），朱岩译，北京大学出版社，2017，第401页。
⑤ Die Gefährdungshaftung im Lichte der neueren Rechtsentwicklung, JBI 1995, 16. Vgl auch F. Bydlinski, System und Prinzipien 189 ff; von Caemmerer, Das Verschuldensprinzip in rechtsvergleichender Sicht, RabelsZ 42 (1978) 5 ff, 转引自〔奥〕海尔姆特·库齐奥《侵权责任法的基本问题》（第1卷），朱岩译，北京大学出版社，2017，第171页。
⑥ 参见王泽鉴《侵权行为》（第3版），北京大学出版社，2016，第270页。

者依侵害行为肇致侵害结果；后者依违反法规定行为本身。① 但主流观点一般采折中说，② 本文从之。

（1）类型1：不法侵害债权之违法性认定

依折中说，"类型1"之违法性认定应采结果不法说，即由侵害他人之债权推定行为之违法性。其理由为权利系受法律保护的重要价值，有"公示性""外延确定性"，特推定违法性，加以保护。因此，只有具有公示性的债权（预告登记债权、证券化债权等）才能适用"侵害权利推定违法性"之标准。

（2）类型2：违反保护他人之法律侵害债权之违法性认定

依折中说，"类型2"应采行为不法说，在过失的情形下，行为不法说认为违法性的成立须以行为人未尽避免侵害他人权利的注意义务为必要。③ 易言之，若行为人已尽其必要注意义务，即使其因行为侵害他人权益，亦不具有违法性。兹举一例说明之。甲原本是乙公司的技术骨干，为获事业发展，隐瞒其与乙公司存在劳动合同事实，另与某一国际大型企业丙订立劳动合同。乙公司因此蒙受经济上的损失。在此情形下应适用《劳动法》第99条或《劳动合同法》第91条，即采"类型2"之模式。丙未审查甲未解除劳动合同的事实，应有过失，但若丙已尽形式审查的注意义务，则认为丙的行为不具违法性。

（3）类型3：故意悖于公序良俗侵害债权之违法性认定

依折中说，"类型3"应采行为不法说。违法性之认定不独取决于悖于公序良俗，还须存在故意。违背公序良俗仅是广义违法性之"不当"（不具有社会妥当性），只有与故意这一主观违法要素结合才能加重"不

---

① 参见〔德〕埃尔温·多伊奇、〔德〕汉斯－于尔根·阿伦斯《德国侵权法——侵权行为、损害赔偿及痛苦抚慰金》，叶名怡、温大军译，刘志阳校，中国人民大学出版社，2016，第40~41页。
② 参见周友军《侵权法学》，中国人民大学出版社，2011，第154页；陈聪富《侵权违法性与损害赔偿》，北京大学出版社，2012年，第8~9页；王泽鉴《侵权行为》（第3版），北京大学出版社，2016，第270页。
③ Esser/Weyers, Schuldrecht Ⅱ, Besonderer Teil, S.558, 转引自王泽鉴《侵权行为》（第3版），北京大学出版社，2016，第272页。

当"之不法使之成为狭义违法性（与不法侵害权利之违法性相当之违法性）。① 所以"类型3"之违法性取决于"故意"和"悖于公序良俗"两个要素，前者俟于有责性要件中详述，兹仅就后者之认定展开。一般认为，公序良俗，就一般社会道德观念而言。② 但从法教义学上看，应区分社会道德与善良风俗，社会道德基本是可以依据经验而确定的事实，而善良风俗明显不是经验概念，而是规范概念。③ 如此界定，是为了明确法官是公序良俗的判断主体，其自由心证的独立意志是判断标准。这使法官之独立裁判不受以"社会公众"、"道德伦理"或"公众舆论"名义的干涉。④ 但法官的独立地位又往往不为社会所信任，这使认定背俗的实质标准存在于典型判例群中，而根本不存在一般公式。⑤ 这正是本文在第四部分通过实证方法将侵害债权作类型化分析的原因。

2. 第三人侵害债权之违法性阻却事由

原则上，该当于事实要件的行为即可认定违法性，除非有特殊事由阻却之。该特殊事由即所谓的"违法阻却事由"。除法律明文规定的法定违法阻却事由外，尚存在一些公认的"超法规违法阻却事由"，侵害债权也存在超法规违法阻却事由，如下。

（1）正当竞争。如美国肯塔基州最高法院在 Charnbers v. Baldwin 一案中所述，"在市场经济中，竞争不但合法而且必要"。⑥ 民法是市场经济之基础法律，不仅应容许，更应保护竞争，以促进资源合理配置。所谓正当竞争行为，在商业领域，是指不违反相关商事、经济立法的行为；在非商业领域，是指社会每一成员平等、充分竞争，发挥物尽其用之效果的正当行为。因此，在商业领域的正当竞争是阻却因"违反保护他人之法律"而

---

① 参见史尚宽《债法总论》，中国政法大学出版社，2000，第120页。
② 参见王泽鉴《侵权行为》（第3版），北京大学出版社，2016，第330页。
③ Larenz/Canaris, Schuldrecht II/2, 13. Aufl., München 1994, S.450f，转引自于飞《违背善良风俗故意致人损害与纯粹经济损失保护》，《法学研究》2012年第4期。
④ 参见于飞《违背善良风俗故意致人损害与纯粹经济损失保护》，《法学研究》2012年第4期。
⑤ Larenz/Canaris, Schuldrecht II/2, 13. Aufl., München 1994, S.450f，转引自于飞《违背善良风俗故意致人损害与纯粹经济损失保护》，《法学研究》2012年第4期。
⑥ 参见武艾玲《论第三人侵害债权责任》，中国政法大学2004年硕士学位论文，第35页。

推定之违法性的事由；在非商业领域的正当竞争是阻却故意悖于公序良俗推定之违法性的事由。

（2）忠告。忠告，是行为人提供善意的建议劝告他人或提供真实信息，被劝告者因此违反契约致相对人受损害，行为人不因此成立侵权行为。其之所以能阻却违法性，主要是因为忠告行为系社会所鼓励之善良行为，旨在维护言论自由以及互利互助之社会风尚，具有社会正当性。例如，医生劝告受雇于矿场之病患中止工作、父母劝告子女脱离特殊行业，等等。①

（五）有责性

我国侵权构成之有责性要件，包括故意与过失。由于第三人侵害债权所适用"权益区分保护模式"类型不同，其有责性要件也不同，分述如下。

1. 类型1：不法侵害债权之有责性认定

不法侵害债权，须存在故意或过失才能成立侵权责任。无论故意还是过失在认识范围上仅及于权益侵害，但不及于侵害债权之间接损害（或附随经济损失）。②但故意与过失区分实益不大。一是由于"类型1"仅能适用于直接侵害类型，损害范围确定采侵权法之"全部赔偿原则"，不因故意或过失而异。二是在举证责任上，证明第三人存在故意或过失在实体效果上无异，换言之，债权人仅证明第三人至少存在过失即可。

2. 类型2：违反保护他人之法律侵害债权之有责性认定

违反保护他人之法律而侵害债权，要成立侵权责任，亦须存在过错。但这里的"过错"，是指对"违反保护他人之法律"而言还是对"他人利益造成侵害"而言？在德国民法和我国台湾地区"民法"上，甚有争论。③

---

① 参见王泽鉴《侵权行为》（第3版），北京大学出版社，2016，第221页。
② 参见王泽鉴《侵权行为》（第3版），北京大学出版社，2016，第232页。
③ 一说认为，此过错是对保护他人之法律而言，至于行为人对其行为之结果，如权益之侵害，是否预见，或已尽适当注意予以预见，在所不问；一说认为，此过错非仅对保护性法律违反而言，原则上尚应兼及侵害行为及结果损害，因此加害人对权益侵害及损害之发生，按其情节得预见其发生时，始具有过失可言。参见陈聪富《侵权归责原则与损害赔偿》，北京大学出版社，2005，第73~74页。

但本文认为应结合我国既有法律制度和现行法规范回应上述争议。对"违反保护他人之法律"言,应不问其是否存在过错。由于本文既已采违法性与有责性之严格区分,"违反保护他人之法律即视为过失"的"违法视为过失"观点自应舍弃,① 所以保护他人之法律仅存在违法性之问题,而不问过错与否。对"债权受侵害"言,虽然"保护性法律"(如《劳动法》第99条、《公司法解释(三)》第14条)未规定第三人对债权受侵害之过错要件,但应依过错责任原则对此进行限缩解释:第三人对于债权受侵害存在过错时才成立侵权责任。

3. 类型3:故意悖于公序良俗侵害债权之有责性认定

此"故意",包括间接故意,在这一点上并无争议。② 但故意的认识对象包括哪些内容?依我国通说,不仅包括事实要件,还包括违法性认识。③ 但此见解存在一定的问题。①"类型3"继受《德民》第826条中的"故意"直接针对损害的发生,要求损害后果的可预见性,即"故意"所修饰的是"致损",而非"背俗",文义上非常明确。④ ②若故意认识对象包括违法性,实则弱化该条款的保护法益功能,尤其是在正当竞争与恶性竞争侵害债权的场合。由于个人价值观念的差异,要求故意存在背俗认识等同于以个人内心评价为判断违法性之标准。不具备违法性认识即可阻却故意,行为人完全可以依内心"道德评价"而免责(阻却有责性)。在竞争关系中,基于趋利避害的本能,行为人均会在"内心"评价自己行为是正当竞争,而不是背俗侵害他人债权,这显然不合理。因此,本文主张在此情形下,故意的认识范围仅及于损害(直接损害),而不包括违法性认识。

---

① 违法视为过失是20世纪以来的变动趋向,英美法与法国法是其典例,参见邱聪智《从侵权行为归责原理之变动论危险责任之构成》,中国人民大学出版社,2006,第77~90页。
② Vgl. Larenz, Schuldrecht Ⅰ, München 1987, S. 279f,转引自于飞《违背善良风俗故意致人损害与纯粹经济损失保护》,《法学研究》2012年第4期。
③ 参见王泽鉴《侵权行为》(第3版),北京大学出版社,2016,第296~297页。
④ 参见于飞《违背善良风俗故意致人损害与纯粹经济损失保护》,《法学研究》2012年第4期。

四　第三人侵害债权的法律效果及行为类型

（一）第三人侵害债权的法律效果

符合侵权之构成要件，即成立侵权行为，并产生侵权责任，侵害债权也不例外。侵权责任主要体现为损害赔偿之债，① 其他侵权责任形式，本质上为绝对权请求权。② 本文所提及之侵权责任，没有特别说明，均指损害赔偿责任。在确定第三人侵害债权成立侵权责任后，就会继续考虑责任形态之问题，即侵权责任与其他类型责任如何"分配"与"关联"。我国与其他大陆法系国家一样，在责任形态问题上通过"多数人之债"制度来解决。但我国对多数人之债的概念术语相对贫乏，这里引入德国法上的三组概念——责任竞合、责任并合、责任聚合，③ 以助益下文对责任形态问题的进一步讨论。

相较于侵害绝对权，侵害债权的法律效果相对特殊——是否存在不作为请求权？历来有肯定及否定两说，但依史尚宽先生之见，应以肯定说为宜："不作为之请求权，原在权利侵害之排除与预防，其性质非物权的即排他的，纯为对人的请求权，是以相对于所有权之妨害除去请求权，有准妨害除去之不作为请求权之称（quasi-negatotische Unterlassungsklage）。被害人之一般的权利范围之客观的违法妨害，为此请求权发生之原因，其根

---

① 本文对债与责任的关系，采"结合说"，即债与责任相互结合而不可分离之关系。那么，连带债务、按份债务、补充债务与连带责任、按份责任、补充责任在概念上具有相同意义。
② 参见崔建远《绝对权请求权或侵权责任方式》，《法学》2002年第11期；周友军《侵权法学》，中国人民大学出版社，2011，第50~51页；程啸《侵权责任法》（第2版），法律出版社，2015，第655页。
③ 注意：责任竞合（Konflikt）：权利人对同一义务人有多个请求权，但只能择一行使并受领一个给付。责任并合（Konkurrierend）：权利人对多个义务人享有多个请求权，且具有同一给付利益。债权人可以同时或先后行使这些请求权，但请求权之行使仅能在"总量上"获得一个给付。责任聚合（Kumulativ）：权利人对一个或多个义务人享有多个请求权，但各给付利益并不同一。因此，债权人可以同时或先后行使这些请求权并受领多个给付，不过每个权利均有权在总量上获得全部给付。参见张定军《连带债务研究——以德国法为主要考察对象》，中国社会科学出版社，2010，第55、103页。

据在于法律禁止权利或所保护利益之妨害，初不应因其为绝对权与否，而有许与或拒否之异。"① 本文深为赞同史先生此段论解。

(二) 第三人侵害债权的行为类型

第三人侵害债权的行为类型，包括直接侵害与间接侵害。但其具体侵害行为样态诸多，若每种类型中所有情形均成立第三人侵害债权，将过度扩大侵权责任的适用范围，甚至不当弱化契约责任、不当得利对债权的救济功能和体系地位。因此，应在制度功能衡量上及体系合理分工上，对第三人侵害债权的行为类型进行综合分析，合理确定其成立范围。将以下可能成立第三人侵害债权的所有情形在理论上逐一分析，并结合司法实务的做法，筛选宜成立第三人侵害债权的行为类型。

1. 直接侵害债权

(1) 侵害债权之归属

①债权让与中第三人侵害债权。债权让与后债权人未通知或未及时通知，其后又受领清偿或免除债务。依《民法典》第546条的规定，此时债务人已经脱离债之关系，若受让人向其主张债权，债务人可以已经履行为由抗辩之。债权人未通知或未及时通知而又受领给付的行为，确实侵害债权之归属（债权已归属于受让人）。但在现行法上，受让人可以向出让人主张不当得利返还或违约责任。首先，这两种请求权之发生均不以行为人存在主观过错为必要，显然在保护程度上高于侵权责任。其次，不当得利与违约责任发生请求权竞合，受让人可择一行使，这对受损害之债权的保护也已经相当充足和完备。若再承认第三人侵害债权之成立，则多一种侵权责任救济方式。但侵权责任不仅在保护程度上不如违约责任与不当得利，而且并无弥补此二者不足之效用，实益不大反而徒增赘余。因此，在债权让与中没有必要成立第三人侵害债权。

②越权代理中第三人侵害债权。代理人越权受领清偿或免除债务，可能构成狭义无权代理。例如，甲建筑公司代理人乙，逾越其授权范围免除

---

① 参见史尚宽《债法总论》，中国政法大学出版社，2000，第207页。

甲对丙公司的债权，甲为维持商业信用而承认乙之法律行为。甲就所受丧失债权之损失，可向乙请求违约损害赔偿。此请求权之发生不问代理人是否存在主观过错，保护程度上高于侵权责任，所以于此情形下没有必要成立第三人侵害债权。越权代理也可能构成表见代理，那么本人（债权人）与相对人（债务人）债之关系消灭因外表授权的"权利外观"而发生效力。不问行为人过错之有无，本人得向代理人主张不当得利（若代理人受领清偿）或违约责任（若代理人免除债务或受领清偿）。与狭义无权代理一样，没有成立第三人侵害债权的必要。

③冒名行为中的第三人侵害债权。冒名行为，系冒用他人之名而为法律行为。冒名行为分为两种：一是相对人仅欲与冒名人发生法律关系，其法律上效果不及于被冒名人；二是相对人对被冒名人存在一定联想，而意在与其发生法律关系。第三人侵害债权通常发生于第二种冒名行为中。依通说，第二种类型原则上应类推适用无权代理规定加以处理。① 其中最典型是以下三种案型。

第一，冒充债权人处分债权。最典型的案例是美国纽约州 Rice v. Manley 案② 和我国"薛某诉张某国际互联网络侵犯姓名权案"③。上述两案均因第三人冒充债权人处分债权，致债权人丧失债权，原则上类推适用无权代理中表见代理的规则，但因二者间无合同关系，只能按照侵权责任处理。④ 第三人的行为确实直接侵害当事人的合同债权，在此情形下应承认成立第三人侵害债权。

第二，冒用银行卡。冒用银行卡，是指银行卡持卡人不慎丢失银行卡，第三人拾得后冒名使用而进行消费或提现。⑤ "密码"是识别银行卡

---

① 参见王泽鉴《债法原理》（第 2 版），北京大学出版社，2013，第 268 页。
② 案情简介：原告与施塔比恩斯（Stebbines）约定购买其奶酪，被告冒充原告取消原告与施塔比恩斯之间的合同，然后自己前往购买施塔比恩斯的奶酪。See A. S. Palmer, "Interference With Contract and Other Economic Expectancies", (1982) Chi. L. Rev. Vol. 49, p. 75, 转引自马钧《论债权之不可侵性》，华东政法大学 2016 年硕士学位论文，第 23 页。
③ 案件详请参见王利明《王利明学术文集·侵权责任编》，北京大学出版社，2020，第 555 页。
④ 参见魏振瀛主编《民法》（第 7 版），北京大学出版社、高等教育出版社，2017，第 202 页。
⑤ 参见冯辉《论银行卡盗刷案件中银行赔偿责任的认定与分配——基于司法判决的类型化分析》，《社会科学》2016 年第 2 期。

持有人唯一标准,不能要求银行超越密码,时时刻刻审查持有人是否为合法持有人。因此,银行(债务人)对账户所有人(简称"户主",债权人)的损失不存在过错,在类推适用无权代理时仅涉及户主(本人)与第三人(冒用人)间的责任关系。虽适用无权代理规则,但户主与第三人并无代理合同,不存在合同责任的基础,那么户主仅能就其损失向第三人主张不当得利。不当得利制度之目的在于剥夺侵害人所获不正当利益,将此返还给利益受损之人。① 但在除侵害人依侵权(如侵害知识产权)获得巨额经营利润外,侵害人不当得利之范围往往小于被害人所受损害之范围,侵害债权也不例外。例如,甲拾得乙遗失之银行卡,冒用提现 10 万元,乙因 10 万元金额流失而无钱医治腿疾致终身残疾。甲之不当得利仅为 10 万元,但乙因甲之侵害行为所受损失远不止 10 万元。因此,在此情形下应成立第三人侵害债权,以损害赔偿弥补不当得利对被害人救济之不足。

第三,盗刷银行卡。盗刷银行卡,是指以各种形式非法复制他人银行卡,从而盗取持卡人资金的违法或犯罪行为。② 从行为方式看,银行卡盗刷主要表现为:行为人通过非法手段获取持卡人信息并根据所获信息制作伪卡,而后通过自动取款机(ATM)或多功能支付终端(POS)在本地、境内异地或境外盗刷,具体方式包括取款、伪卡消费及转账等,最终使账户所有人银行账户的资金流失。③ 在司法实务中,通常根据存款人与银行过错大小分配对损害的责任份额,并不承认第三人对存款人的侵权责任,第三人的法律责任基本是由刑法规范的。④ 但是这样的认识显然是不合理的。首先,第三人"伪造银行卡"这一行为,既是犯罪行为,又侵害存款人合法债权(存款人对银行的储蓄债权),符合第三人侵害债权构成要件,应受侵权法的规范。此外承认成立第三人侵害债权还可弥补不当得利救济之不足,所以相当有必要在此情形下成立侵害债权的侵权责任。其次,考

---

① 参见〔奥〕海尔姆特·库齐奥《侵权责任法的基本问题》(第 1 卷),朱岩译,北京大学出版社,2017,第 34、39 页。
② 参见刘泽华、王志永《银行卡被盗刷相关责任解析》,《法律适用》2015 年第 8 期。
③ 参见冯辉《论银行卡盗刷案件中银行赔偿责任的认定与分配——基于司法判决的类型化分析》,《社会科学》2016 年第 2 期。
④ 参见石慧昉《银行卡盗刷法律问题探析》,《山东审判》2010 年第 1 期。

虑被害人过错应在责任范围构成要件基础上。先确定可赔偿的范围（如上文，按侵权损害赔偿规则确定），然后在此范围上再适用过失相抵规则。最后，不是存款人与银行按照过错大小分配责任，而是银行与第三人在上述确定的赔偿范围内分配责任份额。损害发生并非完全由第三人侵权行为造成，另一原因是银行的违约行为。银行与存款人之间是储蓄合同关系，银行负有附随义务，银行未尽此附随义务致存款人受损，应承担违约责任。[1] 至于二者如何分配责任，还应综合考虑过错程度和对损害的原因力大小。因此，此种情形不应完全依实务的做法而否定第三人侵害债权的成立。[2] 反之，在考虑对债权人救济保障和发挥侵权责任的预防功能上，应认可第三人侵害债权的成立，使第三人侵权责任与银行违约责任发生并合关系。

（2）侵害债权致债权消灭

①侵害他人无记名债权有价证券或指示债权有价证券。无记名债权有价证券，凡持有者即为权利人，可以凭持有而行使证券权利，可以用单纯交付的方式转让；指示债权有价证券，凡收款人所指示之后手持有之，亦可凭持有行使权利，依背书方式转让。[3] 第三人如为侵占、盗窃、处分等使证券脱离于合法持有人的准占有状态，均可能导致债权人丧失其债权。例如，盗取他人不记名汇票的行为，这直接使汇票持有人丧失证券上权利：一是证券物质载体的所有权；二是证券化的债权。盗窃者对载体所有权之侵害，应负侵权责任，固不待论；对于债权的侵害，侵权构成上应适用何种模式（类型1、类型2、类型3）？本文认为，证券化的债权，使债权实体化，即证券形式与债权内容的结合，证券本身就是债权。[4] 债权因实体化而具公示性，侵害之应适用"类型1"成立侵权责任。在责任承担上，侵害人既应就侵害载体所有权负侵权责任，又应就侵害债权承担侵权

---

[1] 银行依储蓄合同负有附随义务，保证储户银行卡内信息不被他人窃取、复制，应通过技术投资和软硬件改造等方式加强风险防范，确保存储于银行卡内的储户信息安全。实务中是支持这种见解，参见贵州省高级人民法院（2014）黔高民终字19号民事判决书。
[2] 参见重庆市璧山区人民法院（2017）渝0120民初2055号民事判决书。
[3] 参见谢怀栻《票据法概论》（修订二版），法律出版社，2017，第10页。
[4] 参见谢怀栻《票据法概论》（修订二版），法律出版社，2017，第7页。

责任，二者给付利益不具同一性，属聚合关系，尽管载体所有权的价值几乎可忽略不计，但债权人仍可同时受领两份给付利益。但应注意，第三人通过移转无记名债权有价证券或指示债权有价证券的准占有，最终又将之返还于持有人，此情形构成对债权之妨害，因不发生权益侵害，不成立第三人侵害债权。① 如上文已述，持有人因此发生财产上不利益，系纯粹经济损失。

②毁损债权有价证券。与无记名债权有价证券、指示债权有价证券不同，侵占、盗窃记名债权有价证券等移转准占有的行为并不直接肇致债权人丧失债权，不能成立第三人侵害债权。但应注意，因为证券形式与债权内容的结合，毁损证券载体即肇致债权之消灭，所以无论毁损无记名债权有价证券抑或记名债权有价证券，都会导致债权的消灭。此种情形下，只要毁损债权有价证券，均应适用"类型1"成立第三人侵害债权。与前一种情形一样，毁损行为亦侵害证券载体所有权，且与侵害债权责任在给付利益上不同，二者应构成责任聚合。

③毁损债权凭证。这里的债权凭证不是指"由执行法院向申请执行人发放的、用以证明申请执行人对被执行人尚享有债权的权利证书"，而是诸如账目记录、借款凭证（俗称"欠条"）等能证明债权存在的诉讼证据材料。债权凭证，在诉讼中直接决定诉讼之成败，毁损之将导致债权诉请力与执行力受损，进而是债权利益难以实现。债权凭证可作为诉讼法中证据规定所保护之对象，因过错侵害之，应适用"类型2"成立第三人侵害债权的侵权责任。早在2002年5月发生于重庆的"撕账本案"，法院就认可第三人侵害债权的成立；②《公司法解释（三）》第18条第2款规定也表明现行法对此情形应成立第三人侵害债权的认可态度，最高人民法院的判决已经认识到该条款背后原理是第三人侵害债权。③

④伪造债权消灭的证明。如上文所述，第三人与债务人恶意通谋，通过提出虚伪之清偿证书等方式伪造债权消灭的证明，致债权实现难获

---

① 参见孔祥俊、杨丽《侵权责任要件研究》（上），《政法论坛》1993年第1期。
② 参见叶果《第三人侵害债权的责任承担》，西南财经大学2011年硕士学位论文，第27页。
③ 参见最高人民法院（2016）民再37号民事判决书。

法院支持，符合共同侵权要件，应负连带责任。《最高人民法院关于审理涉及公证活动相关民事案件的若干规定》（法释〔2020〕20号）第5条，①也间接表明现行法对此情形成立第三人侵害债权和共同侵权的承认立场。

2. 间接侵害债权

《民法典》第593条规定："当事人一方因第三人的原因造成违约的，应当依法向对方承担违约责任。当事人一方和第三人之间的纠纷，依照法律规定或者按照约定处理。"若依立法之本意，该条第一句"当事人一方"与第二句"当事人一方"应为同一主体。此系债之相对性在违约责任上之典型体现。但从文义上看，第二句"当事人一方"亦可作"债之关系当事人任何一方"的理解，既包括债权人又包括债务人。那么，"当事人一方和第三人之间的纠纷，依照法律规定或者按照约定处理"就有两重含义：①债务人违约，依法定或约定承担相应违约责任；②债权人与第三人之间纠纷可直接按照法律规定处理。所谓法律规定，即侵权法规定，债权人得依法律规定（请求权基础）向第三人主张侵权责任。如此解释，虽与立法原意不符，但仍未超越该条文的基本文义，至少在解释论上为间接侵害债权提供现行《民法典》上的规范依据。结合对第593条的解释，间接侵害债权可划分为以下四类。

（1）"积极违约型"间接侵害债权

所谓"积极违约型"，是指债务人积极实施"违约侵害"②行为致债权受到直接侵害，第三人借助债务人的积极违约行为使债权受到间接侵害。此类型主要有如下三类情形。

①诱使债务人违约（inducement of breach of contract）。诱使债务人违

---

① 参见《最高人民法院关于审理涉及公证活动相关民事案件的若干规定》（法释〔2020〕20号）第5条："当事人提供虚假证明材料申请公证致使公证书错误造成他人损失的，当事人应当承担赔偿责任。公证机构依法尽到审查、核实义务的，不承担赔偿责任；未依法尽到审查、核实义务的，应当承担与其过错相应的补充赔偿责任；明知公证证明的材料虚假或者与当事人恶意串通的，承担连带赔偿责任。"（着重点为笔者添加——作者注）

② 注意：这里的"违约侵害"是与"侵权侵害"相对应的债务人侵害债权类型，在本文第二部分已经论及。

约，是指第三人运用一定方式手段影响债务人的意志（以高价、佣金、回扣或赠与财物等方式，教唆、欺诈或其他手段）致其主观上自愿违约之情形。

其一，第三人诱使债务人违约而与己订约。此情形多发生在劳动合同纠纷、商业代言合同纠纷、商业合作合同纠纷中，这里以劳动合同纠纷为例展开。有学者认为，出高价违约跳槽，符合劳动市场自由竞争规律，且被害人得依违约责任获得救济，不成立第三人侵害债权。① 本文认为这一观点值得商榷。第一，我国《劳动法》第99条（或《劳动合同法》第91条）明确规定："用人单位招用尚未解除劳动合同的劳动者，对原用人单位造成经济损失的，该用人单位应当依法承担连带赔偿责任。"用人单位依劳动合同所享有的用工权，本质上系债权。但新用人单位并非劳动合同当事人，为何会承担连带责任？原因只可能是：法律承认新用人单位侵害原用人单位之债权。若以符合劳动市场自由竞争阻却违法性，则与现行法规定相抵触，是不合理的。第二，违约责任会出现救济不足的情况，例如，甲公司高薪挖走乙公司技术精英丙，致乙公司研发项目中断，造成营业损失数千万元。若不承认第三人侵害债权，乙公司的数千万元损失仅得依劳动合同向丙请求损害赔偿。丙对巨额损失显然偿付不能，乙公司的损失难以救济。② 此例证足以说明：放任所谓的"自由竞争"将导致市场经济更大的无序与损失；此情形下亟须且诚有必要承认第三人侵害债权。然而，司法实务中法院判决成立第三人侵害债权的案件极少，③ 大多判决仅以违约责任处理。④ 主要原因在于：司法实务将《劳动法》第99条或《劳动合同法》第91条规定的"连带责任"作为法律规定直接适用，没

---

① 参见王泽鉴《侵权行为》（第3版），北京大学出版社，2016，第221页。
② 此有对应的真实案例，原案参见江泓、王华《劳动争议仲裁实务与案例评析》，人民法院出版社，2002，第167页，转引自李晋《论第三人侵害债权》，郑州大学2006年硕士学位论文，第18页。
③ 在"耐克诉郑某与阿迪达斯案"，法院采第三人侵害债权做出判断，参见访问网址 https://www.chinacourt.org/article/detail/2006/05/id/206030.shtml，2020年12月22日访问。
④ 参见浙江省杭州市中级人民法院（2019）浙01民初1152号民事判决书；上海市知识产权法院（2017）沪73民终287号民事判决书；上海市高级人民法院（2007）沪高民三（知）终字第105号民事判决书。

有对连带责任发生原因的进一步探究,所以缺乏对法律规范本身所蕴含"第三人侵害债权原理"的认同。还应注意的是,劳动合同领域所发生"诱使违约"有《劳动法》和《劳动合同法》这两部保护性法律的存在,可适用"类型2"成立侵权责任。商业代言合同和商业合作合同领域发生"诱使违约",没有对应的保护性法律存在,只能适用"类型3"成立侵权责任。这种情况下就需要衡量"诱使违约"之背俗违法性与市场自由竞争之正当性,最终确定行为是否具备侵权构成的"违法性"要件。

其二,第三人诱使债务人违约但不与己订约。上一种情形多发生于商业领域,而本类型既涉及商业领域,又涉及一般生活领域。对于前者而言,大多是出高价劝诱竞争对手的债务人违约使对手处于竞争不利地位。这种情形通常是违背反不正当竞争法的,但该法旨在保护市场经济秩序,并非专为保护某一特定群体的法益,故不属"保护他人之法律"。[①] 因此,认定侵权责任时,只能适用"类型3"而不能用"类型2"。对于后者而言,通常都是基于"恶意报复心理"为之。例如,甲、乙系邻居,但素来不睦,乙搬走后将房屋出租给丙。甲为报复乙,劝诱丙违约。显然,此情形得适用"类型3"认定侵害债权。但违法性认定上,往往会发生"忠告"这一正当事由阻却诱使行为之违法性;在因果关系判断上,必须具备充足的"社会相当性",其判断标准是:"诱使"行为必须能使债务人"信从"而自愿做出违约行为,即劝说有效(persuading with effect)。[②]

其三,第三人虚构事实致债务人违约。这种类型通常表现为:第三人对有关债务履行方面的事项进行虚构,并散布虚假信息致债务人违约,如贬损债权人商誉、诋毁债权人信用度或向债务人散布虚假信息。经典案例如"毛阿敏案"的改编案例(前文已述,兹不赘)。再举一例说明,在上揭"邻居案"中,若乙搬走将房屋出租给丁,甲为报复乙,编造"乙之房宅曾经发生过凶杀案"虚假消息并告知丁,丁闻之遂与乙解约。这类虚构事实并散布虚假信息的行为与社会善良风俗严重背离,毋庸置疑应适用

---

① 参见陈聪富《侵权归责原则与损害赔偿》,北京大学出版社,2005,第65~66页。
② 参见王利明《王利明学术文集·侵权责任编》,北京大学出版社,2020,第557页。

"类型 3"认定侵权行为之成立。

②第三人与债务人订立与债权实现相冲突的新合同。① 其中最典型的就是二重买卖。一般而言,不论后买受人是否知晓前买受人之存在,均不成立第三人侵害债权,其主要理由系基于经济的自由竞争,发挥物之效用。② 只有个别情形下,后买受人以悖于公序良俗之方法侵害前买受人债权,才成立侵权行为,但须就个案并综合价值衡量加以认定。③ 除二重买卖外,还有其他情形,如前述"林某诉莫某房屋买卖合同纠纷案",出卖人林某与前妻徐某某达成"析产"的民事调解协议,致自己不能将所有权移转于买受人莫某。

③第三人与债务人通谋违约。债务人存在违约的主观意图,与第三人通谋共同实施侵害债权的行为。如前文所述,因债务人实施的是"违约侵害",不能与第三人侵害行为构成共同侵权,但第三人的侵权责任与债务人的违约责任构成并合关系。

(2)"消极违约型"间接侵害债权

所谓"消极违约型",是指第三人实施不法行为致债务人客观上构成违约,而债务人并不存在自愿违约之主观意志。此类型主要有如下两类情形。

①实体侵害④:第三人侵害标的物。最常见的情形是第三人侵害标的物之物权致不为给付(之效果)或给付不能,包括直接损毁、侵占标的物致给付不能。目前实务中也认可此种情形的"间接侵害债权"。⑤ 被侵害之标的物通常须为特定物而非种类物,否则不会构成给付不能。典型案例

---

① 参见王建源《论债权侵害制度》,《法律科学》1993年第4期。
② 参见王泽鉴《侵权行为》(第3版),北京大学出版社,2016,第221页。
③ 参见王泽鉴《民法学说与判例研究》(第4册),北京大学出版社,2009,第114页;在二重买卖中,我国实务上也承认成立第三人侵害债权的判决,参见最高人民法院(2014)民申字第1168号民事裁定书。
④ "实体侵害"是指侵害具有客观有形实体的财产或人身,这与下一类型"减少责任财产"中的侵害无形金钱财产形成明显的区别与对照。这一表述借鉴自王文钦《论第三人侵害债权的侵权行为》,载梁慧星主编《民商法论丛》(第6卷),法律出版社,1997,第774页。
⑤ 参见四川省南充市中级人民法院(2013)南中法民终字第1751号民事判决书;上海市闵行区人民法院(2013)闵民五(民)初字第418号民事判决书。

如 G. W. K. Ltd. Dunlop（1926）42. T. L. R. 376.，某汽车制造商与原告约定在汽车展销会上将使用原告制造的轮胎，被告依不法手段将原告轮胎从汽车上卸下，换上自己制造的轮胎。原告起诉被告侵害债权，法院判决原告胜诉。① 被告的行为明显违背一般商事伦理和交易秩序，得适用"类型3"认定其侵权责任。除此之外，还存在侵害标的物致给付迟延之情形。与上一种情形不同，此情形通常侵害种类物，不构成给付不能，但往往会构成给付迟延。例如，第三人向准备发货的猪肉中注水，债务人不得不更换新肉重新发货，迟延交付致债权人营业受损。

②实体侵害：第三人侵害债务人人身。债务人既可以是自然人，也可以是法人。就前者言，此情形多发生于商业竞争领域，竞争对手出于打压竞争对手保持竞争力之目的，拘禁、伤害甚至杀害其债务人致给付不能或给付迟延。典型案例有"宏大饭店厨师案"。② 就后者言，此情形表现为，使"法人"非法"死亡"，致债务不能清偿。例如，《最高人民法院关于民事执行中变更、追加当事人若干问题的规定》（2020年修正）（简称《执行变更、追加规定》）第 21 条规定："作为被执行人的公司，未经清算即办理注销登记，导致公司无法进行清算，申请执行人申请变更、追加有限责任公司的股东、股份有限公司的董事和控股股东为被执行人，对公司债务承担连带清偿责任的，人民法院应予支持。"这里董事和控股股东所承担的连带清偿责任，即为侵害债权的损害赔偿责任，司法实务也认识到该条背后是法人人格否定理论和债权之不可侵性原理。③

（3）"减少责任财产型"间接侵害债权

"减少责任财产型"是指第三人处分责任财产于第三人，或第三人与债务人恶意串通隐匿责任财产，或第三人侵害责任财产，致责任财产减少不足以清偿债务。

---

① See Street, *The Law of Torts*（7th, ed.），Buttrtworths（1983），p. 353，转引自李晋《论第三人侵害债权》，郑州大学2006年硕士学位论文，第 18 页。
② 案例详请参见叶果《论第三人侵害债权的责任承担》，西南财经大学2011年硕士学位论文，第 29 页。
③ 参见广东省高级人民法院（2020）粤民终464号民事判决书。

①债务人处分责任财产于第三人致不能清偿债务

第一,股东不依法定程序减资致公司不能清偿债务。减少注册资本是公司重大事项,须有股东大会三分之二以上决议通过(《公司法》第103条),并且须依法定之程序,如编制资产负债表、一定期间内公告并通知债权人及依法登记(《公司法》第177条、第179条),以确保公司的债权人在知情的基础上能及时调整其经营战略(如要求公司提供担保,《公司法》第177条)。若公司未履行法定减资程序,公司因此难清偿其债务时,股东以有限责任为由不对债权人损失负责的抗辩不能得到法院的支持。① 非法减资名义是公司行为,实则是股东行为,在不构成人格混同之情形下,股东非法减资行为致债务人(公司)违约,符合间接侵害债权之构成要件,债权人有权请求股东和公司在不能清偿范围内负赔偿责任。② 因《公司法》第103条、第177条、第178条关于减资程序的规定体现对公司债权人的保护,应属"违反保护之法律",认定责任时可适用"类型2"。

第二,股东抽逃出资致公司不能清偿债务。依《公司法解释(三)》第14条,股东抽逃出资致公司债务不能清偿的,股东对不能清偿部分承担补充责任。这表明立法对此种情形成立第三人侵害债权的认可态度,其原理与上一种情形相同,兹不赘。

第三,可行使撤销权的情形。债权人撤销权有一般撤销权和特别撤销权之分,前者规定于《民法典》第538~542条,可适用于所有民商事领域;后者是指规定于《企业破产法》第31~34条的破产撤销权,仅适用于商事破产领域。无论前者还是后者,都不应成立第三人侵害债权。原因在于,债权人行使撤销权后,债务人处分责任财产于第三人的法律行为归于无效(《民法典》第542条),若仍成立第三人侵害债权,债权人将二重受偿,此违背损害填补原则。但实务上仍有不少判决认为应成立第三人

---

① 参见浙江省高级人民法院(2020)浙01民终1009号民事判决书;浙江省杭州市中级人民法院(2019)浙0102民4306号判决书;江苏省宿迁市中级人民法院(2017)苏13民初131号民事判决书。

② 参见〔德〕马克西米利安·福克斯《侵权行为法》,齐晓琨译,法律出版社,2006,第167~168页。

侵害债权,① 这样的做法显然不是太妥当。有学者提出另一种主张,让债权人对撤销权与损害赔偿请求权择一行使,② 以避免二重受偿。本文认为亦不可:其一,撤销权行使后责任财产须"入库",若允许债权人选择,则会使撤销权虚化——债权人可选择损害赔偿请求权以规避"入库原则";其二,此制度设计对债权人相当有利,对债务人的其他债权人而言却不公平。所以,无论如何,此种情形下都不可成立第三人侵害债权。

第四,"假离婚"逃避债务。这在实务中已是"常见之事":夫妻一方负债,本应以其共同财产予以清偿,但通过假离婚使债务人"净身出户",致债权人可供执行的责任财产大幅缩水,以此逃避债务的承担。这种情形看似可以成立第三人侵害债权,但应注意,虽然离婚协议整体上是身份协议,但其中涉及财产分割的协议内容,是可以通过债权人行使撤销权而使之归于无效的。③ 所以,此情形亦不能成立第三人侵害债权。

②第三人与债务人恶意串通隐匿、移转财产。典型案例是"杨某某案",法院认为可以成立第三人侵害债权。④ 但本文持相反见解。因为恶意串通依《民法典》第154条、《企业破产法》第33条之规定,均系无效行为;在法律效果上与撤销权行使后无异,基于上一种情形之理由,本情形亦不能成立第三人侵害债权。

③第三人与债务人之间虚构债权债务关系。在实务中,债权人举证债务人与第三人属于虚构或伪造债权债务关系,即可说明二者构成恶意串通,⑤ 可以适用《民法典》第154条请求法院确认虚构债之关系无效,如上文所述,不应成立第三人侵害债权。有学者认为,债务人与第三人通过

---

① 参见上海市第一中级人民法院(2009)沪一中民二民终字第898号民事判决书;江苏省徐州市中级人民法院(2014)徐民撤终字第003号民事判决书;广东省珠海市金湾区人民法院(2016)粤0404民初1538号民事判决书。
② 参见吴用平《论第三人侵害债权制度》,湘潭大学2002年硕士学位论文,第28页。
③ 参见天津市第三中级人民法院(2020)民终4188号二审民事判决书。
④ 参见杨立新《民法判解研究与适用》,人民法院出版社,1999,第166~168页。
⑤ 参见山东省高级人民法院(2020)鲁03民终1493号民事判决书;广东省广州市天河区人民法院(2018)粤0106民初29394号民事判决书;重庆市沙坪坝区人民法院(2006)沙民再初字第1号民事判决书。

虚假诉讼减少债务人责任财产，构成恶意串通，应成立共同侵权（侵害债权）。① 拙见以为非也：虚假诉讼所确定的法律行为亦是自始无效的，没有成立第三人侵害债权的基础，此其一；债权人可提起第三人撤销之诉，② 最终使虚假诉讼的裁判归于无效，所造成债权人相关费用之处属纯粹经济损失，而非侵害债权之附随损害，此其二；债务人虚构行为意在妨害债之清偿，而非对债权本身的侵害，应属"违约侵害"而非"侵权侵害"，如前文所述，债务人"违约侵害"之情形不能成立共同侵权，此其三。综上，虚构债权债务的情形下，不应成立第三人侵害债权，更不应成立共同侵权。

（4）"间接型"间接侵害债权

"间接型"间接侵害债权，是指以上述间接侵害债权的行为方式作用于债务人的债务人，使债务人的债务人违约，进而使债务人亦违约之情形。史尚宽先生最早提出此类侵害债权的类型，并认为应适用"故意背俗"的"类型3"认定侵权责任。③ 例如，"甲向丙店订购其店内特定之椅，以之赠与乙，于未交割前，丁以害乙之意思，先由丙店抢购而取去其椅或毁坏之。此时丁就乙对于甲之债权，虽难谓直接之侵害，其椅取去或毁坏虽为权利之行使，然为故意加害之方法，纵其侵害为间接之间接，仍可构成侵权行为"。④ 再如，甲经营某火鸡餐厅，与养殖场主乙订立买卖契约，购置火鸡1000只以备感恩节出售。其竞争者丙为处于竞争优势地位，买通货运人丁延迟至感恩节后送达甲处。此给付迟延，致甲的契约目的和商业计划不能实现。此时，可适用"类型3"认定甲得向丙请求侵害债权之损害赔偿。

---

① 参见程啸《侵权责任法》（第2版），法律出版社，2015，第186页。
② 参见《最高人民法院关于适用〈中华人民共和国民事诉讼法〉的解释》（法释〔2022〕11号）第290条："第三人对已经发生法律效力的判决、裁定、调解书提起撤销之诉的，应当自知道或者应当知道其民事权益受到损害之日起六个月内，向作出生效判决、裁定、调解书的人民法院提出，并应当提供存在下列情形的证据材料：（一）因不能归责于本人的事由未参加诉讼；（二）发生法律效力的判决、裁定、调解书的全部或者部分内容错误；（三）发生法律效力的判决、裁定、调解书内容错误损害其民事权益。"
③ 参见史尚宽《债法总论》，中国政法大学出版社，2000，第143页。
④ 参见史尚宽《债法总论》，中国政法大学出版社，2000，第143页。

（三）第三人侵害债权的责任形态

1. 我国学界与实务上的通说观点

我国较早对第三人侵害债权的责任形态进行系统介绍的学者是王利明教授，[①] 此后学界基本认可其见解，并在此基础上进一步发展，形成相对统一的认识。第一，债务人对债权人所负之违约责任与第三人对债权人所负之侵权责任，非属责任竞合之范畴。[②] 第二，第三人侵害债权有三种责任形态。①第三人承担单独责任：第三人侵害债权，但债务人对债权人之损害没有过错，即债务人不能履行债务纯粹是第三人所致。例如，第三人毁损标的物、胁迫债务人或限制债务人人身自由等。[③] ②第三人与债务人承担不真正连带责任，这是第三人侵害债权的通常责任形态，[④] 以诱使债务人违约为典型[⑤]。③第三人与债务人承担连带责任，第三人与债务人恶意串通，构成共同侵权，应依《民法典》第1168条承担连带责任。[⑥]

在司法实务上，法院判决基本也接受上述通说，例如，在"冀某某与五矿钢铁有限责任公司减资纠纷上诉案"中，法院判决第三人承担单独责任；[⑦] 在"彭集街道办侵害债权案""林某诉莫某房屋买卖合同纠纷案"中，法院均认为"债务人与第三人共同实施侵害行为，构成共同侵权，成立连带责任"。[⑧] 除通说三种责任形态外，法院还在实务中发展出一种

---

① 参见王利明《民商法理论与实践》，吉林大学出版社，1996，第169~170页。
② 参见王建源《论债权侵害制度》，《法律科学》1993年第4期。
③ 参见孙鹏《合同法热点问题研究》，群众出版社，2001，第261页；王利明《王利明学术文集·侵权责任编》，北京大学出版社，2020，第561页。
④ 参见徐红新、张爱丽《第三人侵害债权理论之检讨》，《河北法学》2002年第20卷，第53页。
⑤ 参见杨立新《侵权法论》，人民法院出版社，2005年，第559页。
⑥ 参见徐红新、张爱丽《第三人侵害债权理论之检讨》，《河北法学》2002年第20卷，第53页；程啸《侵权责任法》（第2版），法律出版社，2015，第186页；王利明《王利明学术文集·侵权责任编》，北京大学出版社，2020，第563页。
⑦ 参见北京市第一中级人民法院（2011）一中民终字第6388号民事判决书。
⑧ 参见山东省东平县人民法院（2016）鲁0923民初241号民事判决书（一审判决）；山东省泰安市中级人民法院（2017）鲁09民终2092号民事判决书（二审判决）；上海市闵行区人民法院（2016）沪0112民初15685号民事判决书（一审判决）；上海市第一中级人民法院（2017）沪01民初7533号民事判决书（二审判决）。

"新"责任形态——债务人承担违约责任,第三人承担补充责任。①

2. 我国对待第三人侵害债权责任形态的应然立场

(1) 责任形态之一:责任聚合(第三人承担单独责任)

通说认为,第三人侵害债权,债务人没有过错,侵害债权的全部责任应由第三人单独承担。由前文所详细梳理的侵害债权行为类型可知,行为类型基本决定了侵害行为的形态,这也间接决定了由此所产生的责任形态。所以必须依据行为类型审慎确定其责任形态。通说的这一观点比较模糊,所指侵害债权的行为类型并不具体明确,那么,宽泛认为"只要债务人没有过错,第三人就应承担单独责任"的观点也是不够准确的。本文认为,在间接侵害债权类型中,尽管债务人没有过错,但直接导致债权受损害的是债务人的违约行为,而违约责任通说认为以严格责任为归责原则,②所以债务人仍须承担违约责任,而不是由第三人承担单独责任。依前文所列行为类型,第三人承担单独责任仅限于直接侵害债权类型中的"侵害无记名、指示债权有价证券"、"毁损债权有价证券"及"毁损债权凭证"三种情形。这三种情形直接导致债权的消灭,与债务人是否存在违约行为并无关联,所以债权人仅能请求第三人单独承担侵权责任。第三人的侵害行为不仅使债权归于消灭,亦使载体(证券、凭证)所有权归于消灭,且二者非同一给付利益,债权人得同时受领物权损害赔偿与债权损害赔偿之给付,即所谓的"责任聚合"。

(2) 责任形态之二:责任并合

除上述责任聚合情形外,其他类型都会出现债务人的违约责任与第三人的侵权责任的并存,因其给付利益不具有同一性,且债权人仅能在总量上获得一次给付,所以这些类型的责任形态均构成并合,具体包括连带责任、所谓的"不真正连带责任"。

①不真正连带责任之"困境"

第一,不真正连带债务的难以界定性。不真正连带债务之概念源自德

---

① 参见江苏省常州市中级人民法院(2018)苏04民终1065号民事判决书。
② 参见朱广新《合同法总则研究》(下册),中国人民大学出版社,2018,第647页。

国法。此概念之提出是为了将之从《德民》第 421 条所规定的连带债务中分离出去，因为学者们担忧某些"形似"连带债务的债务类型（即所谓的"不真正连带债务"）适用《德民》第 426 条的"简略"规定，会导致不公平免责的后果。① 但为解决此"担忧"，学者们做出解释：《德民》第 421 条仅规定连带债务的基本框架，有必要另寻一个附加要件，将不真正连带债务从"真正"连带债务中独立出来。② 这一附加要件也就成为二者之区分标准，历经一百余年的争论，一个又一个的理论被提出又被质疑推翻，故梅迪库斯（Medicus）教授得出"从来没有成功地将这两种连带债务相互界分开来"的结论。③

第二，我国关于不真正连带债务的通说与现行法相抵触。对于不真正连带债务，我国通说并未给出一个确定性的定义，而通常以特征描述，④ 基本是兼采"原因共同说"、"主观目的共同说"及"义务同一层次性理论"的"大杂烩"。但多数学者还是认为连带债务的成立须有共同的发生原因或共同的主观目的，⑤ 所以在第三人侵害债权的责任并合类型中，由于请求权基础不同，只能成立不真正连带债务。但这会与我国现行法存在一定的冲突。例如，《劳动法》第 99 条（连带责任）、《劳动合同法》第 91 条（连带责任）、《执行变更、追加规定》第 21 条（连带责任）都涉及违约责任与侵权责任之并合，但都明确规定是连带责任。因此，我国此

---

① 参见张定军《连带债务研究——以德国法为主要考察对象》，中国社会科学出版社，2010，第 66 页。
② 参见张定军《连带债务研究——以德国法为主要考察对象》，中国社会科学出版社，2010，第 72 页。
③ 详请参见张定军《论不真正连带债务》，《中外法学》2010 年第 4 期。
④ 通说认为，不真正连带债务须有如下特征。其一，数个债务的发生系基于不同的法律关系，债权人对数个债务人分别享有独立的请求权。其二，数个债务乃基于偶然的原因而联系在一起，数个债务人缺乏共同的目的（或者说缺乏主观上的意思联络）。其三，各个债务人对债权人承担同一给付。其四，各个债务人之间没有内部分担关系，即使发生求偿，也非基于分担关系，而是基于终局责任的承担。参见李中原《不真正连带债务理论的反思与更新》，《法学研究》2011 年第 5 期。
⑤ 参见魏振瀛主编《民法》（第 6 版），北京大学出版社、高等教育出版社，2016，第 359～360 页；王利明《债法总则研究》（第 2 版），中国人民大学出版社，2018，第 184～185 页；崔建远《债法总论》，法律出版社，2013，第 34 页；张广兴主编《债法》，社会科学出版社，2009，第 42 页。

通说的合理性与妥当性便值得斟酌和商榷了。

第三，义务同一层次性理论并非"完美"。近来，有学者主张在我国采德国通说"同一层次性理论"来界定不真正连带债务。① 就一般适用性言，造成损害之原因可能是多元的，并不存在"纯粹的"终局责任人。就第三人侵害债权这一特殊领域而言，终局责任人的存在会使很多情况下的责任承担不公平（下文展开）。

②对第三人侵害债权"责任并合"的应然立场

基于上述不真正连带责任的"困境"，本文认为，在第三人侵害债权的责任形态上，应抛弃对连带债务与不真正连带债务的区分，采《德民》第421条关于连带债务最基本特征（要件），即将不真正连带债务纳入连带债务之范畴。② 试分述理由如次。

第一，我国现行法上存在不区分连带债务与不真正连带债务的空间。德国法上区分连带债务与不真正连带债务，目的在于：一是避免错误追偿或不公平免责；二是担忧总括效力不能适用于不真正连带债务。就前者而言，我国《民法典》第519条第1款较《德民》第426条第1句更为科学，避免了此问题的出现。《民法典》第519条第1款规定："连带债务人间的份额难以确定的，视为份额相同。"在第三人侵害债权所成立之不真正连带责任中，即使其内部份额无法定或约定，法院也可以结合具体情况（过错、原因力等）合理确定其份额，而非直接"均分"。我国《民法典》既就债权人内部份额分担作出更为合理的规定，更进一步不区分连带债务与不真正连带债务，亦无不妥之处。就后者而言，不真正连带债务就是内部份额为0与1的连带债务。换言之，将不真正连带债务纳入连带债务，不过是将内部份额开区间（0，1）变为闭区间［0，1］。随着对连带债务的总括效力和追偿规则的正确理解，最终会发现将不真正连带债务纳入连带债务之范畴并不会带来不公平之问题。③

---

① 参见李中原《不真正连带债务理论的反思与更新》，《法学研究》2011年第5期。
② MünchKomm/Bydlinski（2003）§ 421，Rn.3，转引自张定军《论不真正连带债务》，《中外法学》2010年第4期。
③ 参见张定军《论不真正连带债务》，《中外法学》2010年第4期。

第二，不区分连带债务与不真正连带债务能避免不真正连带债务的"困境"。若采我国之通说，间接侵害债权类型均应成立不真正连带责任，依我国对"不真正连带债务"之通说，还须有一个终局责任人。① ①在诱使债务人违约的情形下，不论将终局责任分配于债务人还是第三人，都不妥当。若将终局责任分配于债务人，一则对于债权人救济的实现可能不利。例如，甲公司为报复乙公司，出高价唆使乙公司科研骨干离职，致乙公司近10亿元核心项目无法完成，濒临破产。债务人的债务人（科研人员）将承担巨额赔偿的终局责任，必然难以清偿，乙公司的救济亦难以实现。这对于债权人相当不利。二则使第三人侵权的成本大为减小，此将弱化侵权责任的预防机能，第三人侵害债权的制度价值必将严重受限。若将终局责任分配于第三人，则债务人违约成本亦将减小，容易助长随意违约的风气。若持此做法，以契约自由为基础的市场经济，其根基何在呢？对此情形，合理且公平的做法是使第三人与债务人间成立内部份额依具体案情而定的连带债务。②以此为突破口，进一步讨论：第三人侵害债权的其他责任并合的案型能否也抛弃不真正连带债务，而将之置于连带债务的范畴？很多类型中，第三人和债务人之间究竟是否存在终局责任，需依具体情况而定，比如，冒名行为中"冒用银行卡"，一般而言银行没有过错，但是也有情况下银行可能存在一定的过错（例如，第三人模仿户主签章，银行及时发现）。将这些案型全部置于连带债务的范畴，都可以《民法典》第519条第1款较为"灵活"方式确定内部份额，以此避免终局责任人存在的"困境"。

(3) 责任形态之三：补充责任

补充责任（或补充债务），是指数人承担同一债务，债权人应首先请求某一或某些债务人清偿债务，只有在该债务人不能完全清偿时，债权人方能请求其他债务人就不能清偿之部分依法予以补充之债务形式。② 在第三人侵害债权责任形态问题上，我国法院作出相当多"第三人承担补充责

---

① 参见李中原《不真正连带债务理论的反思与更新》，《法学研究》2011年第5期。
② 参见李中原《论民法上的补充债务》，《法学》2010年第3期。

任"的判决,①甚至有将其发展成为第三人侵害债权的主要责任形态之趋势。但应注意,在当代民法体系中,补充债务通常仅适用于法律有明确规定的个别领域,②我国民法亦没有补充责任的一般性规定,只是零星分布于法律和司法解释中。③第三人侵害债权基本上仅有《公司法解释(三)》第14条规定股东对不能清偿的部分承担补充赔偿责任,其他并无"补充责任"的明文规定。所以,法院不应在法律没有明文规定的情形下,发挥"自主裁量权"让第三人承担补充责任。

有学者提出,补充责任在性质上属于一种"特殊"不真正连带债务,可以称为"补充连带债务"。④依这一观点,补充责任应归入不真正连带责任之范畴,补充责任之适用不用再局限于法律明确规定。那么,在第三人侵害债权中,法院可以自由选择补充责任之适用。本文认为,补充责任与不真正连带责任是两个本质上不同的概念,并不存在包含与被包含关系。我国的不真正连带债务之概念继受自德国民法。⑤溯本追源,不真正连带债务概念之提出是为了解决《德民》第421条第1句不够周延之问题,⑥本质是限缩连带债务适用范围的产物。⑦换言之,不真正连带债务必须"形似"连带债务,即,必须符合第421条第1句所规定之连带债务的基本特征。补充责任本质特征是责任承担上的"顺位性",所以权利人对补充责任之承担并无任意选择权,也就不符合第421条第1句之规定。因此,补充责任与不真正连带责任分属不同之范畴,并无包含关系;法院

---

① 参见浙江省杭州市中级人民法院(2020)浙01民终1009号民事判决书;浙江省杭州市中级人民法院(2019)浙0102民4306号民事判决书;江苏省常州市中级人民法院(2018)苏04民终1065号民事判决书江苏省宿迁市中级人民法院(2017)苏13民初131号民事判决书。
② 参见李中原《不真正连带债务理论的反思与更新》,《法学研究》2011年第5期。
③ 主要集中表现为:一般保证责任,参见《民法典》第687条,第三人违反安全保障义务,参见《民法典》第1198、1201条;交通事故责任,参见《民法典》第1213条。
④ 参见杨立新《论侵权责任的补充责任》,《法律适用》2003年第6期;李中原《论民法上的补充债务》,《法学》2010年第3期。
⑤ 参见张定军《论不真正连带债务》,《中外法学》2010年第4期。
⑥ 参见王千维《论可分债务、连带债务与不真正连带债务》(下),《中正大学法学集刊》2002年第8期,第30页以下。
⑦ 参见张定军《连带债务研究——以德国法为主要考察对象》,中国社会科学出版社,2010,第263页。

仍须以法律明确规定为限,适用补充责任。

综上,第三人侵害债权的责任形态有三大类:责任聚合、责任并合及补充责任。责任聚合主要集中在特定的三种情形(详见上文),补充责任也仅限定于法律特别规定;责任并合(此场合亦即连带责任)才是第三人侵害债权之罪主要的责任形态。

五 结论

首先,依《民法典》第3条之规定应承认债权之不可侵性,债权之不可侵性与对相对性之突破并不关联,而是其作为民事权益固有之属性。债权之不可侵犯的属性使其当然成为侵权保护客体,得依《民法典》第1165条请求侵权救济。虽然债权属权利之范畴,却不可一概而论与侵害绝对权适用相同的构成要件,否则会不当侵害国民之行为自由。所以在保护客体规范适用上,应对第1165条进行适当的目的性限缩解释,即采"权益区别性保护模式",并发展出债权构成要件的三种"类型"(参见图3)。

其次,对侵害债权的侵权构成进一步细化,本文采"违法性"与"有责性"区分之观点,将构成要件细化为六个要素。第一,在侵害行为上,分为直接侵害与间接侵害。第二,将权益侵害要件独立化,以此区分侵害债权与侵害纯粹经济利益。第三,损害与因果关系,紧密联系,一体两面。由于直接侵害与间接侵害的不同,其亦须采不同的损害范围确定规则。前者采侵权法上的"全部赔偿原则",后者采契约法上的"可预见性原则"。第四,违法性与有责性均须依照三种不同的类型分别判断。

最后,继续对第三人侵害债权的类型进一步细化梳理,在侵权责任与违约责任的救济方式的权衡中,筛选出必要的类型。行为类型的取舍直接决定其责任形态,而第三人侵害债权的责任形态相当复杂,可分为责任聚合、责任并合及补充责任三类。兹总结归纳如表1所示。

表 1 第三人侵害债权之行为类型与责任形态

类型	具体情形			责任形态
直接侵害	侵害债权之归属	冒名行为	冒充债权人处分债权	连带责任
			冒用银行卡	
			盗刷银行卡	
	致债权丧失	（1）侵害无记名、指示债权有价证券		聚合责任
		（2）毁损债权有价证券		
		（3）毁损债权凭证		
		（4）伪造债权消灭的证明		
间接侵害	积极违约型	（1）诱使债务人违约		连带责任
		（2）第三人与债务人订立与债权实现相冲突的新合同		
		（3）第三人与债务人通谋违约		
	消极违约型	（1）第三人侵害标的物		
		（2）第三人侵害债务人人身		
	减少责任财产型	（1）债务人处分责任财产于第三人致不能清偿债务	股东不法减少注册资本	补充责任
			股东抽逃出资	
		（2）第三人与债务人恶意串通隐匿、移转财产		连带责任
		（3）第三人与债务人之间虚构债权债务关系		
	间接型			

艺术品与艺术作品之辨析*

金荣婧**

内容提要：艺术品和艺术作品之不同常被人们所忽视。现行法对艺术品和艺术作品的规定存在模糊之处，而学界研究将艺术品与艺术作品混用，违反了概念界定之基本逻辑。这造成实务中艺术品案件裁判引用规范不当，不利于艺术品交易及权利人的保护。艺术品为艺术作品载体，但二者又分属于不同的权利客体和法律关系之下，权利完整性、保护功能和目标不同。艺术品为物，具有有体性、艺术性、唯一性和非实用性特征，而艺术作品为无形智力成果，研究中需准确理解二者异同，厘清基本关系。

关键词：艺术品　有体物　艺术性　非实用性

一　引言

社会文明提升，人们生活水平不断提高，对美的追求增加，推动着艺术品交易市场形成与发展。根据巴塞尔艺术展和瑞银集团发布的《2021年全球艺术市场报告》（The Art Market 2021），2019年全球艺术品交易量达到4050万件，创十年来新高；2020年，虽受新冠肺炎疫情影响，全球艺术市场总销售额仍高达501亿美元。画廊和博览数字化转型加速，在线

---

* 本文系云南省哲学社会科学艺术科学规划项目"艺术品交易保障机制研究"（项目批准号：A2021QZ20）和云南大学第十三届科研创新项目"艺术品交易中'买者当心'原则的适用范围与责任机制研究"（项目批准号：2021Y003）。
** 金荣婧，云南大学博士研究生，云南艺术学院讲师。

销售额比2019年翻一番，达到124亿美元的历史新高。① 从2010年到2020年全球艺术市场总销售额均在500亿美元以上，美国、中国及英国仍是全球三大艺术市场。就中国来看，改革开放后当代艺术萌芽并不断发展；20世纪90年代后艺术品市场逐渐走向成熟，形成以专业画廊、艺术博览会为主体的一级市场和以艺术拍卖为主体的二级市场。2021年上半年，我国156家拍卖行取得286.85亿元成交额，比2019年同期上涨31.48%。②

艺术品交易市场如此繁荣，但现有艺术品创作、交易流转等方面的法规却与之不匹配，相关的条款散见于各部门法，加之跨学科背景，理解艺术品内涵存在一定困难，作为交易客体的艺术品常与艺术作品杂糅交织，产生诸多问题。一是艺术品承载哪些权利，受到哪些保护？二是交易中作为载体的艺术品与艺术作品权利应如何界定与安排？如何厘清二者关系？虽然"权不随物转"的规定为人们提供了行为依据，但实际交易情形复杂多变，艺术作品著作权人的不同权利内容与艺术品的物权权能需进行界分，同时对二者权利的让渡、义务和风险等也应进行合理安排。三是艺术品与商品有何区别？解决以上问题，对交易行为进行法律规制，都需要对艺术品和艺术作品基础概念进行明确辨析。综观学理、规范和实践来看，一是既有研究对艺术品和艺术作品差异关注不足，将二者混用且观点各异，增加了实务理解的难度，亦难于形成通说为司法工作提供指引。二是法律体系内未有艺术品和艺术作品的清晰界定，立法技术上《著作权法》采列举的方法将艺术品统归于物，不利于缔结民事关系时的区分及权利人保护。故本文从艺术品与艺术作品概念着手，分析艺术品区别于一般商品的特性，比较艺术作品与艺术品的异同，进而厘清交易中艺术品与艺术作品各自基础法律关系和权利范围、救济体系，以规范交易行为、减少交易纠纷。

---

① See Dr. Clare McAndrew, *The Art Market 2021*, An Art Basel & UBS Publishers, 2021, pp. 30–34.
② 《2021上半年中国艺术品拍卖市场调查报告》，载金投网，https://cang.cngold.org/c/2021-09-23/c7787966.html，2021年9月20日访问。

二 艺术品与艺术作品辨析的必要性

（一）推动学理共识形成

现下学界研究中存在概念混用的情形，且尚乏共识。郭玉军认为，"艺术品有广义和狭义之分，艺术作品从字面上更强调艺术家创作痕迹，侧重艺术家创作，艺术品则侧重市场交易与流转角度，二者并无本质差别"。[1] 丹纳《艺术哲学》中认定的艺术品属于一个整体，即属于作者的全部作品，艺术品是作者全部作品的表达。[2] 霍尔德·贝克认为，"一件作品，只要人们说它是艺术品，它就是艺术作品，这意味着艺术所包含的范畴由社会决定"。[3] 美国艺术理论家乔治·迪基认为，"一件艺术作品须具备两个最基本的条件，一是为人工制品，二是有艺术界专业人士授予它以鉴赏的资格"。[4] 董涛认为，艺术品一般指由艺术家创作的艺术作品，其必须呈现为一种物质形态，其从属于造型艺术，以"作品"形式存在于人类社会中。[5] 通过以上具有代表性的概念界定可发现，艺术品或艺术作品纯由人之意识确定之表达，强调主观意识，实质上并未讲清楚艺术品的内涵及其构成要件。学术界将二者等同，明显混淆了艺术品和艺术作品的认定及构成要件，加深了公众误解、混淆了不同权利。法学研究一直致力于寻找价值共识客观化的方法，艺术品和艺术作品辨析也在于厘清观点，推动形成共识，在未来进行立法或法教义学的解释中能有统一概念和适用标准，以指导实践。

---

[1] 郭玉军：《艺术法》（上册），武汉大学出版社，2019，第46页。
[2] 参见〔法〕丹纳《艺术哲学》，傅雷译，生活·读书·新知三联书店，2016，第11~12页。
[3] 参见〔英〕维多利亚·D. 亚历山大《艺术社会学》，章浩、沈杨译，江苏美术出版社，2013，第2页。
[4] 转引自陈旭光《论艺术品成立的条件及对"物"的超越》，《四川戏剧》2018年第10期，第20页。
[5] 参见董涛《艺术品概念与功能探赜》，《西北美术》2016年第2期，第95页。

（二）明晰核心概念以规范交易

法律概念是为了"让被定义的对象更加清楚、明白、明确"，以区分此事物与彼事物。一系列相关概念所形成的结构"范式"，能为特定的科学共同体成员所认可，可用以确定和解决问题。[①] 艺术发展中最早并无艺术品概念，仅强调艺术作品。15世纪、16世纪虽出现"艺术品"一词，但只作为艺术家作品附属词语。各国立法对版权（英美法系）或著作权（大陆法系）保护较为重视，但对受保护作品均采取一般性规定和非穷尽性列举的方法。《保护文学和艺术作品伯尔尼公约》第2条明确保护"文学、艺术和科学领域"的一切作品，将艺术作品纳入作品之下。法国《知识产权法典》中出现实用艺术品，列入受保护的艺术作品，[②] 而《德国著作权与邻接权法》将实用艺术品列入美术作品之中。[③] 美国从税收视角区分艺术品，一定程度上体现其"物"的属性，但区别艺术品和艺术作品的基本依据仅局限于类别列举。《著作权法》第3条也仅列举作品形式，以"其他"为兜底保护的方式；文化部（后合并为文化和旅游部）审议通过的《艺术品经营管理办法》第2条规定，"本办法所称艺术品，是指绘画作品、书法篆刻作品、雕塑雕刻作品、艺术摄影作品、装置艺术作品、工艺美术作品等及上述作品的有限复制品"，混用艺术品与艺术作品。以上采用"诸如"、"下列"和"以类似的方式表现的作品"等表述，仅列明艺术作品基本类别，且为非详尽性列举，内涵判定标准并未显现，为数不多的"艺术品"规定也与艺术作品交织。法条狭义的封闭式列举，这种粗线条立法技术照顾了人们对艺术形式的一般认识，却不利于建立严谨的作品分类体系。人们天然地将艺术品和艺术作品进行挂钩，但是，艺术品和艺术作品基本概念界定不清晰也直接导致二者之间的法律关系尚未厘清。通过对二者的辨析，旨在打破以艺术作品解释艺术品怪圈，进而依据权利

[①] 参见王涌《分析法学与中国民法的发展》，《比较法研究》1997年第4期，第409页。
[②] 参见《法国知识产权法典》（法律部分），黄晖、朱志刚译，郑成思审校，商务印书馆，2017，第4页。
[③] 参见《十二国著作权法》，《十二国著作权法》翻译组译，清华大学出版社，2011，第720页。

类型建立保护体系，维护交易稳定。

三　艺术品的民法定位及其特征

胡塞尔认为，根据现象学方法可直觉地看见或者感受到事物的本质。艺术品涉及多个学科，均有不同研究方法，但准确把握艺术品的概念内涵和特性，厘清权利义务关系仍是可能和必要的。

（一）艺术品为有体物

民法理论中"物"有广义与狭义之分，广义的物包括有体物和无体物，贴近于日常生活观念的物，狭义的物仅指有体物。在古罗马，物指除自由人外存在于自然界的一切东西，无论有用、无用，均属广义的物，其以"物"作为客体范畴，形成以所有权形式为核心的"物权"制度，其财产法体系的构建也是以"物"为基础，主要是有形物和无形物，强调有体物的客观实在性。① 法国继承罗马法，除将财产分为有形财产（有体物）和无形财产（无体物）外，还扩大了无形财产的范围，② 著作权包含到无形财产权之中。而德国、日本及中国等则采狭义概念。③ 在词源方面，《元照英美法词典》"物"使用"things"，译为法律性质的物，包括不动产（things real or immovable）和动产（thing personal or movable）；使用"res corporales"一词，表示〈拉〉（罗马法）有体物，表示可触摸或可感觉之物。"Tangible"一词指可触知的；有实体的；有形的、确实的、非想象的、有体物。④《牛津法律大辞典》将"物"解释为法律权利的客体，物可分为有体物和无体物。⑤ 而艺术品为有体物，此乃其基本属性。《中华人民共和国民典》第115条规定，物包括不动产和动产。虽未使用

---

① 参见周枏《罗马法原论》（上册），商务印书馆，2014，第315、320页。
② 参见尹田《法国物权法》，法律出版社，1998，第51页。
③ 《日本民法典》第85条：物，指有体物。德国民法否认罗马法关于物的传统分类，坚持"物必有体"的原则，《德国民法典》第90条规定，本法所称之物，仅谓有体目标物。
④ 薛波主编《元照英美法词典》，北京大学出版社，2017，第1187、1327页。
⑤ 〔英〕戴维·M.沃克：《牛津法律大辞典》，李双元等译，法律出版社，2003，第1191页。

"有体物"概念,但因动产、不动产属于有体物分类,实际上承认本法所称之客体的物为有体物。原文化部审议通过的《艺术品经营管理办法》第2条的艺术品中,所列举的绘画、书法、雕塑等类别也都是动产。艺术品上凝聚着作家的艺术劳动并通过物质材料来展示,其也是能为人的感官感知并能被人力所控制的有体物。在市场流通中,所有权人可对有体的艺术品进行事实的占有、使用、收益和处分。

(二) 艺术品突出艺术性

艺术性使艺术品区别于一般商品。"艺术性"于19世纪提出,艺术作为独立研究对象逐渐形成艺术科学。艺术性是艺术品体现的特性,也是艺术品内容与形式结合达到的完美程度,其显示着艺术家审美能力、创造水平,也是衡量艺术品价值的一种标准。艺术性某种程度上就是美,是人在实践中发现、创造并体现人的本质的力量、令人愉悦的事物形象。艺术性的高低,直接关系着作品的感染力,艺术性符合程度越高,则越接近艺术精品。有体的艺术品不同程度呈现工艺之美、造型之美、装饰之美、材质之美和功能之美,[①] 是经济、文化和美学价值的融合,以欣赏、审美体验为主。而一般的物强调材料的物质属性远高于材料的表现属性,[②] 更关注其使用功能。总之,艺术品的艺术性代表了艺术家的审美能力和创作水平。在一般交易规则之下,艺术品与一般商品的价值之不同就在于艺术品价值更多来源于其艺术美感,而这种美感的获得需源于真品,将其承载的艺术作品的智力创作内容以美的形式呈现出来。

(三) 艺术品侧重非实用性

艺术品与实用艺术品的区别在于非实用性。实用艺术品是具有某种艺术性的一般商品,强调衣、食、住、行、用等使用价值。如,雕刻精美的椅子、造型独特的杯子。实用艺术品的实用功能本身不受著作权法保护,

---

[①] 王铭颖、张小冲:《从艺术性角度探析〈中国玉雕·石雕作品天工奖典藏集〉的价值》,《出版广角》2020年第1期,第92页。
[②] 王德峰:《艺术哲学》,复旦大学出版社,2005,第22页。

受保护的仅是其艺术性，即保护其上具有独创性的艺术造型或图案。在"左尚明舍家居用品（上海）有限公司诉北京中融恒盛木业有限公司、南京梦阳家具销售中心侵害著作权案"中，① 法院认为作为美术作品中受著作权法保护的实用艺术作品，应满足实用性与艺术性可相互分离的条件。虽是艺术作品的区分，但分离出来的也是艺术品，即将其作为艺术品与实用艺术品的区分。在此有两种情况，一是实用物品上附加美的图案，图案在生产之前本身就是艺术品，符合最高人民法院可区分的意见，例如，画和实用杯子分离，作为一幅画它是艺术品。二是它是《专利法》所保护的设计和艺术造型，在实物制作完成前，其为一个设计构想，无法区分。在《资本论》中马克思认为，物的效用受商品性质限制，离开商品体，物的效用便不存在。② 实用艺术品中的实用艺术具有艺术性，也可将其从使用价值中分离出来，但其更强调实用性，即物质层面的用途和功效。与此不同，艺术品是反映美的物，强调观赏价值，不具有一般意义上吃、穿、住、行、用等满足生产和生活需要的使用价值，不具有消费或消耗性，更侧重非实用性。

（四）艺术品注重唯一性

一般商品、实用艺术品批量生产，不存在艺术赝品、临摹、仿作等问题。而艺术品关注市场之所以一直受赝品问题侵扰，就在于艺术品原件的唯一性才可让人体会到艺术家的表达，其承载着作品视觉信息而产生绝对意义上的特定性，是其他复制品或仿制品不能替代的，带来高额经济利益。复制品是基于原件的技术制作，成本低且公开告知为复制件，虽能一定程度反映原件之要素，但观感不同。一旦得知该艺术品是假冒的，其美感、认知和价值便会大打折扣。③ 例如，美术作品的创作具有一过性，作

---

① 左尚明舍家居用品（上海）有限公司诉北京中融恒盛木业有限公司、南京梦阳家具销售中心侵害著作权纠纷案，最高人民法院民申（2018）第6061号民事裁定书。
② 参见〔德〕卡尔·马克思《资本论》（第1卷），郭大力、王亚南译，上海三联书店，2009，第24页。
③ John R. Cahill, "Keynote 2：'Keeping It Real'：A Brief Primer on the Law of Art Authenticity", 35 Columbia Journal of Law & the Arts 357（2012）.

者的灵感、作者的个性于彼时彼地通过作者的笔触一次性地凝结于其画稿之上,由此完成美术作品的创作并形成美术作品的原始载体,[①] 即便是基于同一个主题创作,每一次创作也都具唯一性。经许可模仿之作品载体,与原件不同,对外表明临摹、仿作属于另一种创造,如果未表明则属于赝品。对实用新型等的仿冒,为《专利法》未经许可侵害专利的侵权行为。此外,艺术品的唯一性,使得其所展示内容及观赏后同种观感难于再现。这一定位,在体系上会影响到交易标的物质量判定、双方交易目的是否落空、出卖人交易行为的定性等。这一特性也影响着艺术品的交换价值。

(五) 艺术品与音乐艺术、表演艺术和文学艺术之区别

艺术品与音乐艺术、表演艺术和文学艺术的共同点是都具有艺术性、唯一性、非实用性,主要区别在于是否有体。艺术品的有体性使之区别于音乐艺术、表演艺术和文学艺术,这里指民法意义上无体的音乐、乐曲、文学艺术,而非著作权客体音乐、表演和文学作品。电、热、声、光等在事实上可排他性支配的情况下可被法律拟制为物。乐曲声音由旋律组成,在人的支配范围内比如录制为唱片,可拟制为物,但并非事实存在之物;表演艺术虽作用于视觉,但本质为人的动作,与人的行为不可分,非通过有体物来呈现;故事强调情节,本身无体、无法拟制为物。而绘画、书法及雕塑等依附于一定的物质材料,表现为一定的形式,体现美的物质载体且可感知,为观赏类艺术作品的载体,亦即艺术家运用一定技能,使用特定材料,表达具有艺术性、思想性和有形性的载体,表现为上色、线条、形状等的总体配合。广义艺术品包括具有艺术价值并传承人类对美的认知、理解、探求、创造的一切客观物质载体,只要具有艺术大部分共性,均可囊括在广义艺术品中。但本文所指为狭义艺术品,限定在绘画、书法篆刻、雕塑雕刻等观赏类艺术品中。

---

① 参见唐昭红《论美术作品著作权对美术作品原件所有权的限制》,《法商研究》2003年第4期,第115页。

四 规范交易视角下艺术品与艺术作品辨析

艺术品为有体物,归属于其所有权人,其以有形载体承载着特定作者创作的智力成果,艺术作品为智力创造的无形财产,在交易环节二者分别指向物权和著作权。虽有"权不随物转"的规定,但在实践中二者的争议不断,仍需澄清。

(一) 艺术作品的基本释义

世界知识产权组织专家委员会将作品视为"智力创造成果"的同义词。①《保护文学和艺术作品伯尔尼公约》第 2 条规定,"文学艺术作品"是指文学、艺术和科学领域的一切作品,不论其表现形式或方式如何。②法国《知识产权法典》规定著作权的客体,即"智力作品",意大利《著作权及与其行使相关的其他权利保护法》第 1 条规定:"具有独创性的文学、音乐、平面艺术、建筑、戏剧和电影领域内的作品,不论其表达方法或者形式,均受本法保护。"③日本《著作权与邻接权管理事务法》第 2 条将作品定义为"文学、科学、艺术、音乐领域内,思想或感情的独创性表现形式"。④ 而《中华人民共和国著作权法实施条例》第 2 条规定,"著作权法所称作品,指文学、艺术和科学领域内具有独创性并能以某种有形形式复制的智力成果"。各国既有的法律规范并未对艺术作品进行明确内涵界定。但艺术作品为作品的一种,一是要满足独创性基本要求。独创是指形式上的独创,而非思想或理论观点的独创。独创也不等于首创,一件作品的完成,只要是作者自己选择、取舍、安排和综合的结果,非依已有形式复制,即使其与其他作品十分相似,只要这种相似是偶然发生的,⑤依然符合独创要件。二是须有创造性的劳动。艺术作品必须是由作者心灵

---

① 参见金渝林《论版权理论中的作品概念》,《中国人民大学学报》1994 年第 3 期,第 100 页。
② 《保护文学和艺术作品伯尔尼公约》,刘波林译,中国人民大学出版社,2002,第 16 页。
③ 《十二国著作权法》,《十二国著作权法》翻译组译,清华大学出版社,第 147 页。
④ 《日本著作权法》,李扬译,知识产权出版社,2011,第 1~2 页。
⑤ Feist Publications, Inc. v. Rural Telephone Service Co., Inc., 499 U., S., 340 (1991).

的创造活动产生出来的劳动成果，它要求作者注重内容维度、反映艺术本质，从审美意识的发展来把握其本质特征，并按照美的规律把各种复杂因素组合在一起形成美的成果，反映艺术美感的本质。三是有客观表达形式，即有形可复制，能为公众感知，表达思想和内容。归纳言之，艺术作品是思想情感借助物质媒介或光、声、形等的表达，其符合作品基本要素，即具有独创性并能有形复制的智力成果。

在外延上各国多采用列举的方法，英国《1988年版权、外观设计和专利法案》把艺术作品划分为图画作品、照片、雕塑或拼画，以建作物或建筑模型出现的建筑作品及工艺美术作品三类。加拿大《1924年版权法》第2条列举规定，艺术作品包括油画作品、绘画作品、雕塑作品、雕刻作品和摄影作品、航海图、平面图、地图。① 澳大利亚艺术作品主要包括油画、雕塑、绘画或摄影、建筑或建筑模型、工艺品、造型艺术作品、工艺艺术作品和摄影艺术等。② 《德国著作权与邻接权法》将艺术作品界定为以声音或声响作为表现手段表达情绪和感受的音乐作品……表达科学或性质的图示描述的类似界定。③ 美国《1976年版权法》第102条中规定，艺术作品是指（a）绘画、雕塑、素描、版画……（c）艺术工艺作品。④ 以上多采列举方法却存在无法罗列穷尽的困境。而词源中，《元照英美法词典》的艺术作品侧重译为美术作品。⑤ 《布莱克法律词典》中的"copyright"，其中包含的艺术作品指任何视觉表现，如绘画、素描、地图、照片、雕塑、雕刻或建筑计划。⑥ 本文认为可以艺术作品呈现方法划定其外延，第一类是强调视觉体验美感的观赏类作品，主要包括绘画、雕塑及书法；第二类借助表演呈现感知的作品，主要包括音乐、舞蹈、戏剧或曲艺

---

① 参见吴汉东等《西方诸国著作权制度研究》，中国政法大学出版社，1998，第320页。
② 参见吴汉东等《西方诸国著作权制度研究》，中国政法大学出版社，1998，第296~297页。
③ 《德国著作权法（德国著作权与邻接权法）》，范长军译，知识产权出版社，2013，第33页。
④ 李明德：《美国知识产权法》（第2版），法律出版社，2014，第267页，即文字作品；音乐作品，包括配词；戏剧作品；表意作品和舞蹈作品；绘画、图形和雕刻作品；电影和其他视听作品；录音作品。
⑤ 薛波主编《元照英美法词典》，北京大学出版社，2017，第1423页。
⑥ See Bryan A. Garner, *Black's Law Dictionary*, 8th edition, Thomson Reuters West, p. 340, 2004.

作品；第三类是视听类作品，主要以电影或以类似摄制电影的方法创作的视频、音频；第四类是未能归入以上的其他关联性作品。该种划定既有研究中也有探讨，① 相较而言易于辨析，推动共识达成。但需注意不论何种艺术作品均与其材料无关。例如，书法与字帖、用笔无关。

（二）艺术品是艺术作品的载体

艺术品归属于其所有权人，以物权属性进行交易。但艺术品与观赏类艺术作品的载体具有同一性，艺术创作结束、事实行为成就发生物权行为，而艺术作品随艺术品产生，作品自动开始受到保护。艺术品以有体表现作者艺术风格，传达艺术家的思想，使人们可观察、欣赏并感受它的美。交易相对人的缔约目的是获得具有美感和高收藏价值的艺术品，不同于黄金地段房屋、玉镯的稀缺。艺术作品包含表演类、视听类、观赏类以及其他相关领域。其中舞蹈、戏剧等通过表演动作使作品呈现出来，亦可通过其他载体记录呈现，改变载体媒介不影响智力成果表达。而观赏类艺术作品独特之处在于其对有形载体的特定要求和依赖程度，只有通过有形载体才能观赏、体验由作者创作的空间、色彩、线条、原材质等美感。而其他类别艺术作品载体变化不影响体验和价值，比如戏剧可阅读亦可观看。

艺术品和艺术作品指向不同的权利，在交易中应先理顺二者不同层面的关系构成以及由此所生的权利类型，把握载体与智力成果的关联。因艺术品承载着作家的智力成果，艺术品所有人的权利就受到一定限制，其中涉及了保护作品完整权、复制权、展览权、署名权、修改权等。如轰动一时的大型壁画《赤壁之战》毁于酒店装修一案，该壁画是可拆卸的，作品原件所有人在完全可以保全壁画的情况下，漠视著作权的存在，将壁画任意毁坏。② 我国著作权法第三次修改中，《著作权法（修订草案送审稿）》第22条第4款曾规定了特定美术作品原件所有人毁损原件前的通知及其

---

① 宋震：《艺术法基础》，文化艺术出版社，2008，第17~32页。
② 参见郭玉军、黄旭巍《毁损美术作品的刑法思考》，《现代法学》2003年第3期，第151页。

他义务，后虽被删除，但它反映艺术品所有权与作品完整权保护（扩张）两种冲突权利的相互限制。[①] 该案件的发生其实也戳中了著作权与原件所有权纠葛的尴尬境地。在比较法上，英美国家就以修改权对抗物权来保存作品原件，如美国《1976年版权法》即授予作者修改权以对抗作品原件所有人的物权，从而达到禁止物权人滥用权利的目的。该法第113条中就规定了，假如视觉艺术作品体现在或已成为某建筑物的一部分，如从该建筑物中移走该作品将构成对作品的毁坏、曲解、篡改或其他更改，[②] 艺术品所有人凭交付获得占有、使用、处分和收益等完全的权能，但行使所有权有所限制，这种限制主要表现为行使所有权不得妨碍公共利益以及其他公民的合法权益，其中就包括著作权人的利益。此外，著作权实现也受到物权的制约，如展览权通常要让位，《德国著作权与邻接权法》第44条第2款规定："美术或者摄影著作原件即使从未发表过，其所有人也有权公开展示该著作，除非著作权人在让与著作原件时明确表示对此予以禁止。"[③] 日本《著作权与邻接权管理事务法》第45条第1款规定："美术作品或者摄影作品原件的所有权人或者经其许可的人，可以公开展览该美术作品或者摄影作品的原件。"[④]《著作权法》第20条规定，"美术、摄影作品原件的展览权由原件所有人享有"。各国的立法体现出对各方利益的平衡。艺术品的转移已终结了作者对其载体的控制。在个案适用中，要厘清不同层面的关系构成及由此所生的权利类型，禁止原件所有人滥用权利以维护著作权人的其他利益，另一方面，也应当保障物权人的处分权，所有权法定且为绝对权，对其限制也应控制在"最小限度"内。

（三）艺术品与艺术作品适用之区别

关于艺术品与艺术作品物权和著作权的分立关系，当前学理和法规中

---

① 唐艳：《论特定美术作品原件所有权与著作权的冲突与协调》，《电子知识产权》2020年第8期，第76页。
② 《美国版权法》，孙新强、于改之译，孙新强校，中国人民大学出版社，2002，第27页。
③ 《德国著作权法（德国著作权与邻接权法）》，范长军译，知识产权出版社，2013，第66页。
④ 《日本著作权法》，李扬译，知识产权出版社，2011，第33页。

已较为明确肯认物权与著作权的相互独立性。① 但在涉及艺术品交易时尚有以下三个问题可做进一步区分。

第一，艺术品与艺术作品为独立的权利客体。在我国法典体系上，二者并存于《民法典》第五章民事权利。艺术品是物权法所称的物，权利主体对艺术品享有物权，而作者享有著作权，二者相互独立。我国《民法典》第114条规定，"民事主体依法享有物权"；第123条规定，"民事主体依法享有知识产权"，均具有排他性，积极方面可直接支配其标的物，无须他人行为介入，而消极方面可禁止他人妨碍其支配。艺术作品是抽象存在的物，不具有真实形体，区别于艺术品有体性及可感知性观赏的特点。艺术作品需通过著作权法规明确其受保护范围、权利内容，从而保障作者的著作权；艺术品有体则可实现事实上的控制，包括占有、使用、收益、处分等。当然，与一般商品相比，艺术品所有人的权能受到著作权利用方式的限制，如不得为复制、通过信息网络传播等可能影响著作权的行为。

第二，艺术品与艺术作品存于不同法律关系中。在权利内容和适用的法律方面，因艺术作品创作、适用以及侵害著作权的问题，通过相关著作权法来调整。艺术品作为所有权客体，在交易中涉及的交付移转以及担保等法律关系主要适用物权规范调整。在排他效力方面，同一标的物上不能同时成立两个或两个以上互不相容的物权，作为艺术品的物只有一个所有权，但是著作权人可通过许可使用，进行多个非排他性许可，形成不同类型民事法律关系。在主体方面，出卖人未必是作者，而著作权法律关系中，一方主体特定为作者。在存续期限方面，艺术品所有权人享有完全物权，艺术品存在即无期限地永久保护，无合理限制或法定许可障碍。艺术作品的著作权是有期限的，其权利受合理使用和法定许可制度限制。法律保护作者因创作完成应得到的利益，但任何成果均在已有文明基础上创造，作品保护应是相对的。《著作权法》第23条就明确了经过权利期的作

---

① 我国《民法典》第114条规定，"物权是权利人依法对特定的物享有直接支配和排他的权利"。《著作权法》第20条规定，"作品原件所有权转移，不改变作品著作权的归属"。

品不再受保护,三项著作人身权利虽永久受保护,但后人可保护的理由是基于作者与作品的联系,维系作者身份体现对创作的尊重,也即著作人身权产生于作者的创作事实,使人看到作品想起作者。而民法意义上的自然人人身权产生于出生及其他特定家庭身份关系。

第三,艺术品与艺术作品所涉法律关系的救济规则不同。艺术品主要涉及合同和物权问题,具体表现为艺术品交易流转中各类合同以及涉及艺术品归属的法律关系。在市场交易活动中,主要出现的问题为赝品出卖、欺诈、对标的物的重大误解以及存在权利瑕疵等影响民事法律行为效力的类型。在我国,其救济权利的依据主要是《民法典》中第234条确认请求权,第235条返还原物请求权,第236条排除妨害、消除影响请求权,第237条恢复原状请求权以及物遭受侵害受到损失的侵权损害赔偿请求权,以及第157条因民事法律行为无效而产生的返还原物、赔偿损失的救济。实践中艺术作品涉及的法律问题主要是侵害著作权,如侵权人复制、抄袭、传播、改编、发表他人的作品等,即从创作内容的视角切入,主要表现为"利用"他人作品中的思想/表达。故其救济方式主要采承担侵权责任的方法,可要求停止侵害行为,如在印刷中可要求销毁、停止侵害请求,行使停止侵害请求权和赔偿损失,至于恢复原状和返还原物等物权请求权方面,其适用的一般条件是权利标的为有体物,损害物件有修复可能,无法在艺术作品的保护中适用。

结　语

当下艺术品市场繁荣发展,交易关系越来越复杂,争议和纠纷随之不断。以上辨析使民事主体在具体交易环节能更准确认知交易标的,纠纷发生时准确寻求权利救济的基本方法,也助于法院正确判断各方权利及其行使范围,引用裁判规范对权利、义务和责任进行合理分配。就未来艺术市场的发展来看,现有管理办法仅为规章,层级过低,建议在厘清艺术品和艺术作品基本关系的基础上,出台"艺术品经营管理条例"回应现下艺术品交易需求。十九大报告提出,到2035年我国要基本实现社会主义现代化，其中"社会文明程度达到新的高度，国家文化软实力显著增强"是一个重要指标。一部科学的法规能保障艺术品交易市场有序繁荣，推动艺术资本合理开发、利用，也能极大促进艺术作品创作及其载体流转，从而推动社会主义文艺繁荣发展。最后，本文研究经验和资料缺乏，做尝试性探讨，希望能有所贡献，请各位予以批判和指正。

法条评释

《民法典》中监护责任的解释论

朱正远[*]

内容提要：《民法典》在监护责任问题上，沿袭了原《民法通则》过于原则性的缺陷，可以借助解释论来完善它。监护责任由监护职责与监护人不法责任构成，前者包括人身与财产职责，后者包括损害赔偿与撤销监护。人身监护职责可类推适用《未成年人保护法》中的人身保护规定；财产监护职责可在"除为维护被监护人利益外，不得处分被监护人的财产"原则的文义"射程"之内进行扩张解释。损害赔偿责任可适用"侵权责任编"中的过错归责规定，而过失的判断在解释论上应采抽象轻过失标准；对于撤销监护的事由，在解释论上可以将结果限制所针对的监护人限缩为父母，排除其他监护人。为了彻底唤醒"撤销监护资格制度"，鉴于当前的立法体例，解释论上可以扩大撤销监护的主体范围，与此同时，要靠立法允许法院依职权主动撤销监护。

关键词：监护责任 财产监护职责 人身监护职责 监护撤销

引 言

对于监护制度，除了监护人如何产生外，最值得关注的问题是监护人的责任问题。《民法典》用14个法律条文规定了监护制度，其中涉及监护责任的是第34条至第38条。一方面，有关原《民法通则》中的监护责任

---

[*] 朱正远，厦门大学法学院博士研究生，厦门大学法学院罗马法研究所研究人员。

规定过于原则性、可操作性较低的批评不绝于耳。① 由于这些过于原则性规定的存在，当监护人出现诸如拒绝就被监护人财产进行清点并设立账簿，擅自处分被监护人财产等侵犯被监护人利益的行为时，司法机关无法依据《民法典》的相关规定对监护人进行追责，何谈被监护人利益的保护？另一方面，直至目前，学界对监护人履职过程中的具体法定义务和行为标准的研究并不多见。② 让人更加遗憾的是，立法者对原《民法通则》的缺陷置若罔闻，将它们沿袭下来，靠立法者来克服缺陷的愿望也渐行渐远，因此本文拟就《民法典》中的监护责任展开规范分析，并发挥法典的体系化功能，运用解释工具直面立法短期内无法解决的问题，从而完善监护责任规定，实现立法者保护被监护人利益的意图。

一　监护责任的内涵与基本构造

监护责任不同于《民法典》第1188条规定的监护人替代责任。责任在性质上可以被分为积极责任和消极责任，前者指为履行一定义务而产生的负担，有"职责"之意；后者指有能力但并未肩负责任，法律为了惩罚此做法，进而强加给个体以示谴责和惩罚的负担。③ 积极责任是消极责任的前提和基础，消极责任是积极责任的保障。④ 监护责任在积极意义上应当指法律给监护人规定的职责，在消极意义上是指监护人因其行为而承担的不法后果，这种行为通常是违反积极责任的，故完整意义上的监护责任应当包括积极与消极两个方面，具体而言包括监护人职责与监护人的不法责任。

需要特别交代的是：当监护的性质由权力演变为职责，监护职责的概念才产生，要理解监护职责的具体内涵应当先厘清监护性质的转变过程。

---

① 王竹青、杨科：《监护制度比较研究》，知识产权出版社，2010，第208页。
② 朱圆：《论信义规则在我国成年监护法中的引入》，《政治与法律》2019年第2期。
③ 郑永兰、刘祖云：《论公共行政的积极责任与消极责任》，《南京农业大学学报》（社会科学版）2004年第1期。
④ 陈党编著《问责法律制度研究》，知识产权出版社，2008，第1页。

监护滥觞于罗马法，起初是为了防止未适婚人随意处分家族财产，保护其继承人的继承利益。① 监护人一般由对被监护人享有继承权的近亲来担任，他们最初是统治罗马家庭的新首领，是家父的替代。作为家父的替代，监护人也和家父一样可以支配被监护人的人身，故监护是与继承权紧密相连的权力（Potestas）。② 后来，监护人可以由无继承权的家外人担任，监护与继承之间的关联被打破，对被监护人的保护逐渐成为监护的中心内容，并开始成为监护制度的本质。③ 监护人享有的人身支配权也顺势消失，至此，监护由权力发展为一种保护被监护人的职责，其职责包括人身保护与财产保护两个方面，这一传统在现代民法中得到保留。由于被监护人在年龄、心智成熟度、个人能力等方面较监护人而言都处于劣势地位，监护人若滥用优势地位损害被监护人利益，国家公权应当介入从而追究监护人的不法责任。所以说，监护人的不法责任通常是指监护人不履行监护职责或者实施侵害被监护人权益的行为，并导致被监护人遭受人身、财产利益损失时应承担的民事责任，具体包括损害赔偿责任与撤销监护资格责任。④ 至此，监护责任制度的基本结构已经明了，监护责任由监护职责与监护人不法责任构成，前者包括人身与财产两个方面，后者包括损害赔偿责任与撤销监护资格责任。

二 积极意义上的监护责任
——监护职责的阐释

（一）人身方面监护职责的具体内容解释

《民法典》中涉及监护职责的条款是第34条以及第35条。第34条第

---

① 〔意〕彼得罗·彭梵得：《罗马法教科书》，黄风译，中国政法大学出版社，2018，第140页。
② 徐国栋：《优士丁尼〈法学阶梯〉评注》，北京大学出版社，2019，第117页。
③ 彭诚信、李贝：《现代监护理念下监护与行为能力关系的重构》，《法学研究》2019年第4期。
④ 黄薇主编《中华人民共和国民法典总则编解读》，中国法制出版社，2020，第106页。

1款要求监护人代理被监护人实施法律行为,并保护被监护人的人身、财产以及其他合法权益。它虽然认识到监护职责可以分为人身与财产两个方面,但并未就人身与财产职责进行分别立法。根据部分学者的研究,人民法院受理的监护纠纷主要分为两大类:涉及财产监护职责的纠纷和涉及人身监护职责的纠纷。涉及财产监护职责的占少数,大多数案件涉及人身监护职责,但司法实践中法官无法确定人身监护职责和财产监护职责的内涵及范围。[①] 回溯历史,我们发现,自罗马法就开始从人身与财产两个方面细化监护职责。其中,所谓人身方面的职责指抚养和教育被监护人的义务,主要通过必要的资金来实现,监护人不实际参与被监护人的照料与教育。因为现代学者理查德·萨勒根据罗马法人留下的墓志铭资料得出结论:在古罗马社会中婚姻呈现出一种大夫少妻的地中海夫妻年龄比模式。[②]因此监护通常发生的情形是父死母壮,监护人的教育本身通常是由母亲完成,子女的人身也由母亲照料。[③] 与罗马法不同,现代民法要求监护人必须亲自参与,例如《德国民法典》第1800条要求监护人必须亲自促进和保证对被监护人的照料和教育。从监护职责的发展历程来看,监护是一种保护法,不管是否实际参与,照料和教育被监护人是监护职责的重要内容,《民法典》在总则编中作了对监护的一般性规定,而分则编也没有操作细则,这必然在司法适用过程中产生问题。《民法典》第1068条规定:父母要教育和保护未成年子女。而监护的目的是保护被监护人,二者目的一致,且我国采"大监护"立法模式,监护概念之下包括父母对未成年子女的照顾,为了方便父母以及其他监护人全面地知法、守法,同时也方便司法机关适用法律,可以类推适用单行法中未成年人保护的相关规定。除了《民法典》第1068条外,《未成年人保护法》

---

① 高丰美:《我国人身性监护职责法律界定的若干思考》,《铜陵学院学报》2013年第4期。
② See Richard P. Saller, "Men's Age at Marriage and Its Consequence in the Roman Family", *Classical Philology* 82, 31 (1987).
③ 〔德〕马克斯·卡泽尔、罗尔夫·克努特尔:《罗马私法》,田士永译,法律出版社,2018,第664页。

（第4条）①中对于处理涉及未成年人事项的基本要求也可以被类推适用。值得注意的是，《最高人民法院关于贯彻执行〈中华人民共和国民法通则〉若干问题的意见（试行）》第10条就人身方面的职责给出了具体规定，即要求监护人保护被监护人的身体健康，照顾被监护人的生活，对被监护人进行管理和教育，它在司法实践中仍然行之有效，且与《民法典》并不冲突。②例如最高人民法院公布的王某被撤销监护人资格案中，被申请人王某长期未与被监护人余某一同生活，未对其尽到抚养、教育等人身方面的职责而被申请撤销监护。③因此在解释论上，我们可以将人身方面的监护职责概括为：照料监护人的日常生活；对监护人进行教育；保护监护人的身心健康。《民法典》在规定监护职责时，并未区分未成年人监护与成年人监护，两者在监护职责的具体细节方面必然存在区别，但人身职责存在共通性，都是为了监管、保护被监护人。

（二）财产方面监护职责的"扩张解释"

财产方面的监护职责主要指管理并保护被监护人的财产以及作为法定代理人，代表被监护人实施民事法律行为。《民法典》第34条规定监护人的职责时将"代理被监护人实施民事法律行为"置于"保护监护人的人身权利、财产权利以及其他合法权益"之前，其原因在于：长期以来，我国监护的开启与行为能力欠缺挂钩，补正自然人行为能力的代理一直被视为重要的保护手段。有学者认为，行为能力制度过多地关注外部交易行为，导致监护立法规定对于监护人与被监护人内部关系关注不足，它的重

---

① 《未成年人保护法》第4条：保护未成年人，应当坚持最有利于未成年人的原则。处理涉及未成年人事项，应当符合下列要求：
（一）给予未成年人特殊、优先保护；
（二）尊重未成年人人格尊严；
（三）保护未成年人隐私权和个人信息；
（四）适应未成年人身心健康发展的规律和特点；
（五）听取未成年人的意见；
（六）保护与教育相结合。
② 最高人民法院民法典贯彻实施工作领导小组主编《中华人民共和国民法典总则编理解与适用》（上），人民法院出版社，2020，第205页。
③ 最高人民法院公布的12起因侵害未成年人权益被依法撤销监护人资格典型案例之9。

要表现是：监护职责的列举方面存在着大量的立法空白。① 事实上，虽然补正自然人行为能力也是监护人职责的重要内容，但监护的主要目的是保护监护人的人身、财产，监护人通过代理被监护人实施法律行为来保护被监护人，现有规定似乎有些本末倒置。无独有偶，《德国民法典》（第1802~1830条）中监护人也有代理被监护人的权利义务，监护人以代理人的地位占有相关财物，为达到维持、增值或特定目的管理财产并进行相应的财产性投资。此外，《法国民法典》（第462条）、《意大利民法典》（第357条）也肯定监护人是被监护人的代理人。这些现代民法都赋予监护人以法定代理人身份，这恰恰证明监护人获得法定代理人身份是监护关系的必然结果，但它并不能取代保护人身、财产利益成为监护的根本目的，因此立法不应该本末倒置。

就财产方面的具体监护职责而言，《民法典》第35条规定监护人需以最有利于被监护人的原则履行监护职责，除为维护被监护人利益外，不得处分被监护人的财产。由于监护人可以代替被监护人进行决策，且被监护人的财产将置于监护人的管理之下，这就使得监护人可以借用此机会为自己谋取不当利益，因此有必要对监护人的财产管理进行适度监管。② 监管是监护监督的事，笔者认为可以借助法律解释工具明确"最有利于被监护人的原则"，从而构建监护人的财产管理行为的具体准则。在这之前，不妨先参酌历史法律经验和其他国家或社会的经验。罗马法中监护人的职责之一是事务经管，包括价值管理和实物管理两种方式。③ 根据 D.26，7，7pr.，在实现价值管理之前，需要搞清被监护人财产的数额，因此监护人在履行职责前必须对被监护人的财产进行清点，在未清点财产之前，他不能管理任何财产，如果没有进行财产清点的监护人被认为故意不进行清点，除非他能够列举一些理由来证明他不能进行清点，否则监护人需要就被监护人所遭受的损失承担责任。此外，监护人还应当认真记录、管理和

---

① 彭诚信、李贝：《现代监护理念下监护与行为能力关系的重构》，《法学研究》2019年第4期。
② 朱晓喆：《意定监护与信托协同应用的法理基础——以受托人的管理权限和义务为重点》，《环球法律评论》2020年第5期。
③ 黄风：《罗马私法导论》，中国政法大学出版社，2003，第161页。

汇报有关的财务活动及其账目，他有义务根据被监护人的要求将有关的账目交其检查（D.27，3，1，3）。[1] 至于现代法中财产的照顾职责，《德国民法典》规定，监护人有权占有相关财物，且其必须在监护开始时就财产编制目录，财产包括现存的或后来归属于被监护人的财产，监护人必须保证财产目录的正确性和完备性，将它递交给家庭法院。[2] 这一做法与罗马法中监护人在财产账目编制方面的责任不谋而合。《法国民法典》（第510条）、《意大利民法典》（第362条）、《日本民法典》等主流民法典均要求监护人就监护财产编制财产目录。回到我国民法典中，除非为了被监护人的利益，监护人不得随意处分被监护人的财产。保护被监护人财产利益的前提应当是：监护人弄清被监护人利益之所在，且不得将自己的财产与被监护人的财产混淆，故监护人首先要清点被监护人的财产，最好的办法是针对被监护人的财产编制财产目录。不得处分被监护人的财产应该指的是：不得处分被监护人财产而未有收益或者让被监护人的财产贬值严重或毁损。但法律并不排斥对被监护人财产的有效利用，监护人如果为了被监护人利益而进行财产保值、增值等行为，应该是合法有效的。现代民法典要求监护人制作财产清单与目录并定期提交法定机关检查，是为了确保监护人正确使用被监护人的财产，不给被监护人带来损失。因此，财产清单与目录的制作义务与立法者保护被监护人财产利益的意图完全吻合，因此在适用《民法典》第35条第1款时，可以在文义的"射程"之内进行扩张解释，将财产清单与目录的制作义务包含在监护人的财产监护职责中。

三 消极意义上的监护责任
——监护人不法责任的阐释

（一）抽象轻过失标准在监护损害赔偿责任中的解释适用

监护人的不法责任由《民法典》第34条第3款与第36条规定。监护

---

[1] 〔德〕马克斯·卡泽尔、罗尔夫·克努特尔：《罗马私法》，田士永译，法律出版社，2018，第664~665页。
[2] 〔德〕迪特尔·施瓦布：《德国家庭法》，王葆莳译，法律出版社，2010，第451页。

人的不法责任指监护人不履行监护职责或者侵害被监护人利益时，应当承担的法律责任。《民法典》的缺陷在于承担责任的方式不明确，例如监护人因过失给被监护人造成财产损失时，是否应当承担赔偿责任没有法律规定。我们认为监护的不法责任包括两种：损害赔偿责任与撤销监护资格。损害赔偿责任包含在第34条第3款的文义范围内，但并无明文规定，更无实施细则。罗马人早就已经意识到了监护方面赔偿责任的重要性，他们用"侵吞财产之诉"（Actio rationibus distranhendis）和"监护之诉"（Actio tutelae）追究监护人的损害赔偿责任。[1] 根据"侵吞财产之诉"，在监护结束之后需要审查监护人自己的账目和监护人为被监护人设立的账目，从而查明监护人在履职期间是否侵吞了被监护人的财物。[2] 它以监护人实际侵吞被监护人的财产为前置条件，对于监护人的不作为不能追究。"监护之诉"则较为完整，借助它可以对监护人的作为进行追究，它以监护人处理监护事务应当遵循的忠实义务为前提。[3] 根据 D.27, 3, 1pr., 监护人违背忠实义务的表现有：做了不该做的事，应该做的事却未做；监护人故意、过失和未尽对待自己事务的注意勤勉监护。[4] 由此可见，罗马法秉承过错责任原则，监护人在故意、过失或未勤勉的情况下侵害被监护人权益时方需承担责任，勤勉指的是监护人应当尽到的是对待自己事务的勤勉注意，此为具体轻过失标准。

"侵吞财产之诉"与"监护之诉"表明，监护人的损害赔偿责任大多数与财产方面的职责相关，其原因在于：罗马法中被监护人的人身一般由母亲照顾，监护人通过提供抚养资金来代行人身照顾义务，若监护人不提供抚养资金，将被归为受嫌疑的监护人，与损害赔偿责任无关。反观现代民法，人身与财产方面的照顾都由监护人亲自完成，损害赔偿责任与人身

---

[1] 〔德〕马克斯·卡泽尔、罗尔夫·克努特尔：《罗马私法》，田士永译，法律出版社，2018，第666~668页。

[2] 黄风编著《罗马法词典》，法律出版社，2001，第17页。

[3] 〔英〕H. F. 乔治维茨、〔英〕巴里·尼古拉斯：《罗马私法研究历史导论》，薛军译，商务印书馆，2013，第310页。

[4] D.27, 3, 1pr. 的拉丁语原文对于过失用的是"quantam in suis rebus diligentiam"，而对待自己事务的勤勉注意的拉丁语即为"diligentia quam in suis"，因此监护人未尽的应当是对待自己事务的勤勉注意。

或财产都有联系，因此一般不轻易断定产生损害赔偿责任是由于人身还是财产方面的原因，如《德国民法典》（第1833条）要求监护人违反义务造成损失的，须对被监护人承担赔偿责任。意大利也采用与德国相同的模式，要求监护人就因其违反义务而造成的被监护人损害承担责任（《意大利民法典》第382条）。归责原则是能够使已发生的损害归于何人承担的法律原因，罗马法中监护人损害赔偿责任的归责原则体现于"监护之诉"中，它要求监护人承担具体过失责任。此后，具体轻过失标准被现代民法提升为抽象轻过失标准，例如《意大利民法典》第382条中所谓抽象轻过失指缺乏"善良管理人的勤勉注意"，立法要求监护人以"善良管理人的勤勉注意"担任监护职务，监护人未尽的，因此而发生的一切损害应由其负责。具体过失标准通常不会严格于善良管理人的抽象过失标准，而要求监护人尽善良管理人的勤勉注意可充分保护被监护人的利益。①

根据《民法典》第34条第3款，监护人承担赔偿的原因有消极不作为与积极侵权，这两种行为与"监护之诉"中监护人违背忠实义务的行为如出一辙。"监护之诉"中，监护人承担的是具体过失责任，而《民法典》未就监护方面的损害赔偿责任作出专门规定，更别提其归责原则。事实上，这无可厚非，因为这些内容通常属于侵权责任编的调整内容，《民法典》第1165条规定的过错责任原则可用于追究监护人的损害赔偿责任。行为人的过错可以被分为过错与过失，判断是否有过失主要有两个依据：第一，行为人是否违背法定义务；第二，行为人是否违反了相应的注意义务。②随着儿童权利运动的深入发展，监护是一种公共职责的观念在20世纪后期得到普遍接受，因此要相应地提高监护人注意义务的标准。③换言之，监护人对待监护事务的注意义务也应由具体轻过失标准提升为抽象轻过失标准。在解释论上，对于监护人的损害赔偿责任，自然也应采抽象轻过失标准进行归责，要求监护人在履职过程中尽到善良管理人的注意，若

---

① 黄风：《罗马私法导论》，中国政法大学出版社，2003，第342~343页。
② 中国审判理论研究会民事审判理论专业委员会编著《民法典侵权责任编条文理解与司法适用》，法律出版社，2020，第12页。
③ 朱广新：《监护监督制度的立法构建》，《苏州大学学报》（法学版）2020年第1期。

监护人未尽到这种程度的注意，且因其违反注意义务而造成损失的，由其承担损害赔偿责任。

(二) 撤销监护资格的事由以及主体范围的解释

撤销监护的规范分析应当从两个方面着手：撤销监护的事由与撤销监护的主体。对于撤销监护的事由，《民法典》第 36 条规定监护人主要因两种行为被撤销监护：第一种是严重危害被监护人身心健康的行为；第二种是怠于履行监护职责，或者无法履行监护职责并拒绝将监护职责部分或者全部委托给他人的行为。简单来说，其一是监护人不履行监护职责，也可称作消极不作为；其二是监护人侵害被监护人的合法权益，也可称作积极的侵害行为。① 第 36 条第 3 项是"兜底性条款"，当监护人实施了严重侵害被监护人合法权益的其他行为时，也会被撤销监护资格。对于第二种失职行为，立法者将"导致被监护人处于危困状态"作为结果限制。事实上，对于怠于履职、无法履职以及拒绝履职的监护人，是否只有其行为导致被监护人处于危困状态，他们方能被撤销监护是存疑的。对于这个问题，有学者认为，当监护人未积极履行监护责任时，被监护人非常容易落入困境，但非要严格苛求被监护人处于危困状态才允许撤销监护，明显不利于对被监护人的保护；若监护人未积极履行监护责任，我们不考虑其严重程度如何，一律撤销其监护资格，这又可能会导致撤销监护资格制度的滥用。② 因此，对于"结果限制"的存废不能妄下结论，不妨先研究一下私法史上的监护撤销事由。罗马人靠"控告嫌疑监护人之诉"完成撤销监护的任务，"控告嫌疑监护人之诉"中褫夺监护的理由有二：其一，不诚实，根据 I.1，26，5，未依诚实执行监护的人；其二，不提供扶养，根据 I.1，26，9，不提供扶养的人，可以因受怀疑被褫夺。不提供扶养违反保护被监护人人身之职责，而不诚实与财产管理相关，"诚实"亦可作廉洁

---

① 中国审判理论研究会民事审判理论专业委员会编著《民法典总则编条文理解与司法适用》，法律出版社，2020，第 75 页。

② 倪龙燕、刘继华：《〈民法总则〉中的监护撤销制度释评》，《青少年犯罪问题》2018 年第 1 期。

理解，指不侵吞被监护人的财产。这些褫夺监护的事由被现代法不同程度地继受，如《智利民法典》（第378、434条）直接将不廉洁与不提供抚养作为褫夺原因。通常情况下，现代民法并不具体规定撤销监护资格的原因而设立原则性的规定，例如在德国民法中，若个人监护人继续执行监护会危及被监护人利益，特别是当监护人已经有违反义务的行为或监护人存在不宜担任监护的情形时，家庭法院必须免去监护人的职务（《德国民法典》第1886条）。

纵观私法史上的撤销事由，均未施加结果限制。《民法典》第36条却为"怠于履职、无法履职以及拒绝履职"行为设置了"导致被监护人处于危困状态"之结果限制，这将进一步抑制撤销监护在实践中的应用，因为失职就应撤职。监护人无法履行监护职责，但被监护人可能因其他亲友救济而未处于困境或危险状态的，监护人却徒有监护之名而无监护之实，这种情况下当然应该撤销。① 由于暂时无法通过修改法律来删除结果限制，解释论上可以这样做：由于《民法典》第38条给父母监护人恢复监护资格的机会，传递出立法对父母、子女的信任态度；其他类型的监护人尽管可能与被监护人之间存在某些联系，但是立法多采限制主义，对于是否给他们恢复监护的机会，立法者通常慎之又慎，为了让立法对父母与其他类型监护人的态度保持先后一致，可以将结果限制所针对的监护人限缩解释为父母，而其他类型的监护人若怠于履职、无法履职以及拒绝履职，无须考虑是否导致被监护人处于危困之状态。根据I.1, 26, 7，监护关系存续期间，监护人受怀疑控告的，他将被禁止管理，以防止被监护人遭受进一步的损失。《意大利民法典》第384条也规定，在正式罢免监护人前，应当停止其监护行使。《民法典》第36条规定，在揭起监护撤销之诉时要安排必要的临时监护措施，这也与罗马法原始文本所确立的规则一致，因为原来的监护人被停职后，为了避免被监护人处于无监护的状态，需要安排临时的监护措施。

---

① 李霞、陈迪：《〈民法总则（草案）〉第34、35条评析——监护执行人的撤销与恢复》，《安徽大学学报》（哲学社会科学版）2016年第6期。

对于撤销监护的主体，《民法典》第36条规定，申请撤销监护人资格的主体是有关个人或者组织，"个人"主要是指有监护资格的其他近亲属，特别是后顺位的近亲属，"组织"主要是对于监护人有一定监督职能的权力机关与社会组织。① 当民政部门以外的个人与组织未及时申请的，民政部门作为最后的防线，这使得被监护人的权利能够在理论和实务上得到保障，是一种进步。原《民法通则》与《未成年人保护法》中都规定了监护资格撤销制度，但它被称为"沉睡的制度"。② 其主要原因是：享有撤销申请权的主体积极性不高，且当没有个人与组织向法院提出申请时，法院不能依职权启动撤销诉讼，而各类社会组织由于无权提起撤销申请，其作用也微乎其微。③ 此外，最有资格提出撤销请求的主体——被监护人被立法者排除在外，《民法典》只是将民政部门作为最后防线，仍然治标不治本。而"控告嫌疑监护人之诉"近于公诉，对民众与被监护人开放，罗马法中的原告资格对民众开放，这表达了立法者对被监护人保护的重视，也反映监护人侵害被监护人行为的私密性。④ 与此同时，根据I.1, 26, 4，被保护人也可以控告其受怀疑的监护人。由于监护是一种公共职责的观念被普遍接受，德国、法国、意大利等国家都建立了专门的监护监督机关，它们会在必要时请求撤销监护人的监护资格，除了国家机关的监督外，社会公众对监护人的监督也不容忽视，社会公众也应有权申请撤销监护，他们是一股维护弱势被监护人利益的强大的支持力量。

监护监督是监护的内在结构性需求，监护监督人的职责是促使监护人依法履行监护职责，在发现或知晓不当监护行为后，及时抑制、制止或纠正。⑤ 我国虽然没有监护监督人制度，但检察机关在实践中发挥着相同的作用，例如最高人民法院公布的邵某某、王某某被撤销监护人资格案中，

---

① 中国审判理论研究会民事审判理论专业委员会编著《民法典总则编条文理解与司法适用》，法律出版社，2020，第78~79页。
② 佟丽华：《监护侵害处理意见：激活"沉睡的制度"》，《中国青年社会科学》2015年第5期。
③ 厦门大学法学院"未来海岸"课题组：《监护权撤销制度的实践与思考——基于福建仙游、江苏徐州的调研》，《福建法学》2016年第4期。
④ 徐国栋：《优士丁尼〈法学阶梯〉评注》，北京大学出版社，2019，第169页。
⑤ 朱广新：《监护监督制度的立法构建》，《苏州大学学报》（法学版）2020年第1期。

铜山区检察院就扮演了"监护监督人"的角色，它向铜山区民政局提起检察建议，督促其作为申请人提起撤销监护程序。① 立法中也明确了检察机关对监护的监督作用，例如《未成年人保护法》第106条规定，当未成年人合法权益受到侵犯，相关组织和个人没有代为起诉的，人民检察院可以督促、支持其提起诉讼；如果案件涉及公共利益，人民检察院有权提起公益诉讼。此外，在撤销监护方面被民法典忽视的各类社会组织在监护中的作用也越来越重要，例如最高人民法院公布的周某被撤销监护人资格案中，上海市阳光社区作为"社会观护员"支援被监护人。② 在罗马法与多数现代民法中，被监护人都有权申请撤销监护，我国民法典无视被监护人能力障碍等级的差别，完全将被监护人排除在外，事实上只要其生命尚存，他们都应该具有撤销之诉的主体资格，立法应当对能力障碍者给予特别的程序保护。③ 我们在解释论方面可以扩大撤销监护的主体范围，将被监护人、检察机关以及各类社会组织包含在内，因为《民法典》第36条第2款在列举有权申请撤销监护权的机构时使用了"等"，这表明现有的列举是不完全列举，其他符合条件但未在本条列明的个人和组织，也有权提起撤销监护的申请。"控告嫌疑监护人之诉"是一种依申请撤销监护的方式，现代民法除了规定依申请撤销外，还授权权力机关依职权撤销。例如在意大利，当监护人犯有懈怠的过失或滥用其权利，或者被证明其权限行使不适当，或者即使对于与监护无关的行为亦不胜任，或者已成为无资力时，由监护裁判官依职权将监护人罢免（《意大利民法典》第384条）。将依申请撤销与依职权撤销相结合的做法是主流，而我国民法典只规定依申请撤销一种方式，无视法院的程序主导者角色，考虑到"撤销监护制度"长期沉睡的现状，应允许法院依职权撤销监护，解释论立场只能拓展有权申请撤销监护的主体的范围，它无法弥补法院撤销职权缺失的立法缺陷，这需要未来的立法决断。

---

① 最高人民法院公布的12起因侵害未成年人权益被依法撤销监护人资格典型案例之2。
② 最高人民法院公布的12起因侵害未成年人权益被依法撤销监护人资格典型案例之7。
③ 李霞、陈迪：《〈民法总则（草案）〉第34、35条评析——监护执行人的撤销与恢复》，《安徽大学学报》（哲学社会科学版）2016年第6期。

四 结论

《民法典》中监护责任的规范配置不足,靠立法手段解决问题的愿望一时间无法实现,因此需要在《民法典》新的规则体系中,发展出监护责任的妥当解释论。对于人身方面的监护职责,鉴于《未成年人保护法》与《民法典》的目的都是保护弱者利益,后者可以类推适用前者关于未成年人人身保护的具体规定,成年人的人身也需要保护,故可以适用于成年人监护。对于财产方面的监护职责,《民法典》的要求是"除为维护被监护人利益外,不得处分被监护人的财产",而财产清单与目录的制作义务是确保监护人正确履行财产监护职责的重要方式,因此可以在文义的"射程"之内进行扩张解释,将财产清单与目录的制作义务包含在监护人的财产监护职责中。监护人的损害赔偿责任可以直接适用《民法典》第1165条规定的过错责任原则,过错可以被分为故意与过失,在解释论上,对于监护人过失的判断应采抽象轻过失标准,要求监护人在履职过程中尽到善良管理人的注意。就撤销监护的事由而言,《民法典》第36条对渎职行为强加了结果限制,鉴于立法者对于父母与其他类型监护人监护职责恢复的不同态度,在解释论上可以将结果限制所针对的监护人限缩解释为父母,而排除其他类型的监护人。为了彻底唤醒"撤销监护资格制度",对于那些被《民法典》排除但事实上作用重大的组织与个人,由于《民法典》第36条第2款采用的是不完全列举式的立法体例,解释论上可以扩大撤销监护的主体范围将他们包含在内,让其他符合条件但未在法律中列明的个人和组织也有权提起申请。现代民法中法院大多可以依职权主动撤销监护,他们是监护撤销最后的守望者,而《民法典》中没有允许法院依职权撤销监护的相关规定,也无法通过解释论让法院依职权撤销监护,只能寄希望于通过立法手段解决。

交互侵夺规则的解释论反思与重塑

——以《民法典》第462条为对象

雷秋玉[*]

内容提要：交互侵夺规则是《民法典》第462条的隐性规则，需要借助民法教义学的表达以描述或建构其运行逻辑。既存的原物返还请求权抗辩抵销说、侵夺者占有物返还请求权不存说、占有人原物返还请求权位序劣后说等学说，为探究我国的交互侵夺规则提供了解释论基础，但是自力取回的价值导向肇致诸多体系与逻辑问题。我国交互侵夺规则的民法解释论，应当建立在排除自力取回权的法价值态度和尊重其教义学基本定律的基础上，容许侵夺人之占有物返还请求权的存在，但在不违背占有之诉与本权之诉平行、独立原则下，准许占有人以基于本权的本诉或者反诉胜诉之结果，阻碍侵夺人占有物返还请求权目的之实现，或者剥夺其占有，以达到平衡旧有秩序与新形成之秩序的价值目的。

关键词：交互侵夺　自力取回　占有物返还请求权　占有之诉　本权之诉

　　交互侵夺规则问题深嵌在由《民法典》第462条第1款第1句与其第2款并合所构成的占有物返还请求权的规则框架之内。[①] 何谓交互侵夺？即甲之占有被乙侵夺一年内，又以侵夺的方式强力取回的情形。交互侵夺规则涉及的主要问题是：甲以侵夺方式强力取回后，乙可否提起占有物返

---

[*] 雷秋玉，安徽大学法学院教授。
[①] 为保持指称上的一致性，本文以第一次侵夺发生时当事人的身份（占有人、侵夺人）指称交互侵夺法律关系的双方当事人，一般不因此后再次侵夺的发生而改变（例如，偶将占有人称为前占有人）。

还之诉，以及甲可否以及当以何种理由为抗辩？

我国民法典中所形塑的交互侵夺规则，事实上属于隐性的规则。民事立法有意无意地隐晦了生活世界中这一特殊领域，但是从解释选择①这一特殊的视角看，民法教义学依然需要借由其特殊的语言符号与表达方式，描述、还原甚至建构这一特殊生活世界中的法律规则运行逻辑。

借助已有的民法解释论是发现或建构其运行逻辑的便捷途径。通览学术界对于交互侵夺规则的学术观点，可将它们归为三类：一是原物返还请求权抗辩抵销说；二是侵夺者占有物返还请求权不存说；三是占有人原物返还请求权位序劣后说。这三种学说在对待自力取回的价值态度上存有偏颇，导致其解释论无法坚持占有法的基本教义学定律，难以确保解释论的逻辑周延性。因此，即便立基于已有的解释论，仍需要从符合基础性法价值和基本法义学的基础上进行体系性重塑，以形成契合我国民法价值体系、能较好平衡占有之旧秩序与新形成秩序的、逻辑科学合理的解释论方案。

一　原物返还请求权抗辩抵销说

（一）原物返还请求权抗辩抵销说的基本逻辑

尹田教授曾设有两问：第一问，乙偷走了甲的笔记本电脑（下称"笔记本电脑案"），六个月后，甲无意之中在乙处发现该电脑，于是强行夺回。乙起诉甲占有返还，甲据以抗辩的理由是，其对该电脑的占有被乙侵夺。此抗辩可成立否？第二问，甲购某房后将房屋登记在乙的名下（下称"房屋借名登记案"），并由乙强行占有着。甲无奈之下起诉至法院要求确认房屋的所有权，并诉请法院责令乙腾屋还房。诉讼期间，甲瞅着乙外出之机，又用强力夺回了房屋。乙随即提起占有物返还之诉。在占有之诉的审理期间，前案已经审结，法院判决确认房屋的所有权归甲所有，并同时

---

① 参见王轶《论物权变动模式的立法选择》，载王轶著《民法原理与民法学方法》，法律出版社，2009，第96页。

责令乙腾屋还房。甲即据此判决作为本案诉讼中的抗辩理由。甲的抗辩能否成立？①

对于上述两案，尹田教授认为可依以下思路予以处理："笔记本电脑案"中被侵夺的占有对于现占有人甲来说，系偷盗而取得的占有，是有瑕疵的占有，故占有人甲依强力在一年内取回后，原、被告对于占有物均有占有物返还请求权，其相互之间可以抵销；"房屋借名登记案"中，尽管乙有基于占有的、对于甲的占有物返还请求权，但是甲有对乙的所有物返还请求权，甲可以主张将两项不同返还请求权予以抵销，从而达到拒绝返还房屋的法律效果。这两例的处理思路，要么表现为以占有物返还请求权相互抵销，要么允许以所有物返还请求权抵销占有物返还请求权，故本文将其统称为原物返还请求权抗辩抵销说。

上述两案分析的关键性要点整理如下。（1）对于自力取回的间接支持态度。无论是"笔记本电脑案"还是"房屋借名登记案"，都没有对自力取回的问题予以正面回应。但是自本案分析的表述考察，对自力取回的价值态度是肯定的。理由在于：无论是"笔记本电脑案"还是"房屋借名登记案"，论者在将占有物返还请求权赋予侵夺人的同时，亦同时赋予前占有人占有物返还请求权或者所有物返还请求权，并使前占有人得以此两种原物返还请求权为抗辩，从而事实上抵销侵夺人的占有物返还请求权。（2）"笔记本电脑案"。①占有物返还请求权的分配。该案确认占有人与侵夺人均有占有物返还请求权；②抗辩。两者的占有物返还请求权均得行使，可主张相互抵销。（3）"房屋借名登记案"。①占有物返还请求权分配的起始状态。登记名义人为强占人，其地位与侵夺人相同，借名登记人因登记名义人的侵夺失其占有，借名登记人享有占有物返还请求权。②占有物返还请求权分配的变化状态。借名登记人未依占有物返还请求权回复占有，而以反向侵夺的方式回复占有，此时借名登记人为占有人、现侵夺人，而作为原侵夺人的登记名义人，在因侵夺失其占有的同时取得占有物返还请求权。③作为占有人的借名登记人之所有权抗辩。借名登记人虽为

---

① 参见尹田《物权法》（第2版），北京大学出版社，2017，第277页。

占有人、现侵夺人,但是鉴于前案中已经确定其对借名登记房屋的所有权,故在登记名义人向其行使占有物返还请求权时,得主张以所有物返还请求权与占有物返还请求权相抵销为抗辩。

(二) 原物返还请求权抗辩抵销说的逻辑与体系问题

1. "笔记本电脑案"分析的逻辑与体系问题

第一,逻辑问题。该案中比较明显的实体性逻辑问题,即令占有物返还请求权在侵夺人与占有人之间同时存在。占有物返还请求权发生的必要条件之一,是占有人因侵夺而丧失占有;占有物返还请求权只能分配给因侵夺而丧失占有的一方当事人。通过侵夺而取回占有的人,其已经取得占有,而非丧失占有,将占有物返还请求权分配给他,不仅没有任何实际意义,也不符合逻辑。符合逻辑的结果是,因侵夺而取得占有的人不享有占有物返还请求权。既然如此,也就不可能存在双方均得行使占有物返还请求权,并得相互抵销的可能性。

在此事实上有一个亟须解决且与占有物返还请求权有着内在关联的问题,即可否以占有作为占有物返还请求权的正当抗辩事由?

占有物返还请求权的分配以及以占有为抗辩的规则,概括起来应有两类。第一类是以占有因侵夺而丧失为标准配置占有物返还请求权,不允许对方当事人以占有为抗辩。我国民法属于此类。首先,由我国原《物权法》的第245条和《民法典》第462条创设的占有物返还请求权,其基本法教义是将该种返还请求权建立在占有人因侵夺而丧失占有的基础之上。例如,全国人大法工委认为,占有物返还请求权发生在占有物被侵夺的情形,而占有物被侵夺,其实质意义为"非基于占有人的意思,采取违法的行为使其丧失对物的实际控制与支配"。① 最高人民法院物权法研究小组也持同样的观点,认为原《物权法》第245条所规定的侵占,指违反占有人的意思而排除其对占有物的实际控制与支配。② 孙宪忠教授、张双根教

---

① 参见胡康生主编《中华人民共和国物权法释义》,法律出版社,2007,第520页。
② 参见黄松有主编《〈中华人民共和国物权法〉条文理解与适用》,人民法院出版社,2007,第709页。

授亦以占有被侵夺即违反占有人的意思而使占有人丧失占有,"并使侵害人自己获得对物的占有",作为占有物返还请求权发生的要件之一。① 王利明教授亦认为,占有物返还请求权以占有被侵夺为条件。② 此种占有物返还请求权分配规则,并未区分占有人、侵夺人,显然只要因侵夺而丧失占有,二者俱可行使占有物返还请求权。其次,在此种返还请求权的分配模式下,对于占有物返还请求权提起后,对方当事人得否以占有为抗辩的问题,我国民法教义学并未涉及,其意应可解为当然不可以占有为抗辩。第二类是以观念持有(或观念占有)与实体持有(实体占有)因侵夺或者非基于前占有人的意愿而分离为标准配置占有物返还请求权,以观念占有之权利推定优位于侵夺人之规则,排除对方的占有抗辩。德国民法应属此类。德国民法学的前占有人权利推定优位之理念,为其占有抗辩以及占有物返还请求权提供了体系性之基础,有两个类型。一是由其民法典第861条第1款规定的占有人对侵夺其占有的人之占有物返还请求权(下文将详述)。此种占有物返还请求权虽然系以占有丧失为前提,但在解释论上似以前占有人之占有的持续和对侵夺人之占有之优越性为基本法理。③ 其实质应是观念持有的延续理念,即不否定侵夺人之占有,而以前占有人之观念占有优位于侵夺人之占有。丧失对物的实际控制而仍认可其占有的法理念,有其古老的血统,或许来自古日耳曼法中的观念持有,即在"持有"被非法剥夺的情况下,原"持有人"虽然丧失了实体持有,但是仍保存观念持有,从而否定或者令观念持有优位于暴力剥夺他人实体持有的现实际控制人之"持有"。④ 或许同样基于此种法教义之理念,德国民法典第861条第2款规定占有人于侵夺后再以侵夺夺回占有的,侵夺人无占有物返还请求权。二是其民法典第1007条所规定的占有物返还请求权。此条之规定的目的乃在于填补不具备侵夺情形以及欠缺本权请求权所造成

---

① 参见孙宪忠主编《中国物权法:原理释义与立法解读》,经济管理出版社,2008,第586页。
② 参见王利明《物权法研究》,中国人民大学出版社,2007,第753页。
③ 参见王泽鉴《民法物权》,北京大学出版社,2009,第531~532页。
④ 参见金可可《持有、向物权(ius ad rem)与不动产负担——论中世纪日耳曼法对债权物权区分论的贡献》,《比较法研究》2008年第6期。

的权利真空状态,使得前占有人于此条规定的情形下,即现占有人取得占有出于恶意,或者前占有人非基于其意思丧失占有,仍得行使占有物返还请求权。对于该条中规定的占有物返还请求权,我国学者认为其实质为权利推定以及前占有人之占有权优位的结果,即前占有人之推定的占有权优位于现占有人之推定占有权,从而前占有人得行使占有物返还请求权,而现占有人不能以其占有为抗辩。① 该条规定背后的法理念亦应为观念占有的延续与优位。

对于基于上述两种类型所形成的我国民法占有返还请求权在法教义上与德国民法的差异,以及德国民法上此种解释论在逻辑上的迂曲,不可不查:一是我国民法的教义,始终以实际控制和支配作为占有的构成要素,没有承认观念占有或者观念持有的空间;二是我国民法以占有丧失为占有物返还请求权发生的要件,而非以占有未丧失和前占有权利推定之优位为其基础;三是从解释论合逻辑性的角度来看,直接以占有的丧失,而非以观念占有未丧失为基础来讨论占有物返还请求权,逻辑上更为简明与合理。鉴于观念占有或者观念持有并不具有权利的外观,以此为基础进行权利推定,似对占有权利推定的原理背离过甚。再者,还需要辨明的是,以已经丧失的前占有为基础进行权利推定,也显得缺乏根据。前占有毕竟是已经成为过去式的占有,现在已不复存在,以此为基础进行权利推定,事实上是将占有的权利推定建立在虚空之上。

第二,体系问题。当然,在解释上仍存在一种可能性,即此类诉讼,其实质是允许以占有人将来确定发生的占有物返还请求权,提前于现案中变现,用以对抗侵夺人的占有物返还请求权,然而逻辑矛盾依然无法克服,即将来未必确定发生占有人的占有物返还请求权。①在侵夺人以诉的方式回复占有后,占有人事实上并不能行使占有物返还请求权,因其丧失占有的原因并非占有被"侵夺",而系侵夺人占有之诉的胜诉。因"侵夺"而丧失占有,为占有物返还请求权的必要条件,既然非源于"侵夺",并无行使占有物返还请求权的可能性。②可从另一角度考查"侵

---

① 参见金可可《基于债务关系之支配权》,《法学研究》2009年第2期。

夺"的条件是否依然具备。虽然此前侵夺人系以侵夺方式自占有人取得占有，令占有人取得了占有物返还请求权，但是占有人并未行使此种请求权，而剑走偏锋，以侵夺的方式回复了其占有，嗣后如果侵夺人因占有人以侵夺方式剥夺其占有而取得占有物返还请求权，并行使该请求权取回了其占有，原有的"侵夺"即被洗白为合法的取回，因"侵夺"而丧失占有的条件即不复具备，占有人亦不复有占有物返还请求权。既然无实体的占有物返还请求权，当然也就无法以之为根据提起诉讼上的请求。

2. "房屋借名登记案"分析的体系问题

该案分析存在较为明显的体系问题，即允许在占有之诉中，以本权之诉的结果为抗辩。试阐述理据于下。（1）占有之诉与本权之诉平行、独立的原理。对于日本民法典第202条第1款"占有之诉不碍本权之诉，本权之诉不碍占有之诉"的规定，我妻荣的解释是：①同一人针对同一诉求，可同时提起本权之诉与占有之诉；②同一人亦可针对同一诉求，分别提起本权之诉与占有之诉；③一个诉讼的既判力不影响另一诉讼。就二者的关系而言，占有之诉的目的在于实现已然状态，而本权之诉的目的在于实现应然状态，目的并不等同，不能视应然状态的达到为已然状态的回复目的之达成，反之亦然。① 如果确乎要做此严格的区分，即应当全面禁止作为反诉的本权之诉，但是局部的突破与合并出现在日本最高院的判例中。②（2）基于上述原理所形成的"占有之诉，不得基于本权相关之理由作出裁判"（日本民法典第202条第2款）。对此款的理解，我妻荣举例道，甲如果以占有被乙侵夺为由提起占有回复之诉，侵夺人乙即便为所有权人，且在诉讼中主张自己才是所有权人，主张其处于可请求返还占有物的地位，即便这是真实的，法院也不得采纳该主张进行裁判。不仅如此，法院也不得以无任何权源为由否定甲的诉讼。因为唯有如此，才不会撼动与应然状态无关的，仅试图谋求保护现实状态的占有制度之体系地位。③

我国法律对于占有之诉可否以本权进行抗辩的问题一直未有明文，实

---

① 〔日〕我妻荣：《新订物权法》（民法讲义Ⅱ），罗丽译，中国法制出版社，2008，第526页。
② 参见王融擎《日本民法：条文与判例》，中国法制出版社，2018，第181页。
③ 〔日〕我妻荣：《新订物权法》（民法讲义Ⅱ），罗丽译，中国法制出版社，2008，第528页。

践中本权人与占有人发生利益冲突的情形不在少数。在一些占有之诉中，本权人往往直接以本权进行抗辩，以此对抗占有人，而法院在不少情况下也并不要求本权人提起反诉或者另行起诉，而是直接审查本权人所依据本权的真实性、合法性，如果本权真实、合法，法院即直接据此确认本权抗辩而为裁判，深圳市中级人民法院的"胡某与冯某物权保护纠纷上诉案"①，以及青岛市中级人民法院的"姜某妍与贾某涛等财产损害赔偿纠纷上诉案"② 即为适例。司法审判中的此种处理办法，实质就是将未来确定可能发生的本权请求权，允许提前至当前的案件行使，作为抗辩手段。其好处在于可以一次性终局解决当事人之间的纠纷，提高审判的效率；而弊端则在于对本权之诉与占有之诉的混淆。③

本权之诉与占有之诉的关系，据我国台湾地区学者的观点，似乎只是停留在既判力不影响另一诉讼的裁判这一层面，不能认为二者之间于实际执行层面仍毫无关联。④ 例如，对甲的占有回复诉讼，乙提起所有物返还请求的反诉。如果二诉皆有理，实际上将产生现状维持的状态，即如果甲的占有回复诉讼与乙的所有物返还请求的诉讼分别提起，且二诉均有理，物仍终局归属于乙。然而，尽管如此，在诉的层面，仍然应当对两诉进行区分，不能以本权之诉的结果直接作为占有之诉的抗辩，也不应当基于本权相关的理由为占有之诉的裁判，以免妨碍占有之诉的体系功能之实现。

回到本案，既然借名登记人已经在前案中获得房屋确权的诉讼，即便在占有之诉的本案中败诉，也不会实际影响到借名登记人对房屋的占有。在占有之诉的执行层面上，前案所有权确认之诉的胜诉结果将实际阻滞占有之诉判决的执行，从而事实上将使已经逆转的占有现状得以维持。法院根本没有必要在占有之诉的裁判中，考量前案确认之诉的裁判结果，更不

---

① 参见广东省深圳市中级人民法院〔2011〕深中法民五终字第1346号民事判决书。
② 参见山东省青岛市中级人民法院〔2011〕青民五终字第1063号民事判决书。
③ 参见章正璋《占有之诉的抗辩权问题研究》，载章正璋主编《占有保护疑难问题研究》，中国政法大学出版社，2018，第85页。
④ 参见刘得宽《论占有诉权制度》，载刘得宽主编《民法诸问题与新展望》，中国政法大学出版社，2001，第362页。

能将之作为后案的抗辩理由。当然，如果房屋的所有权未经过确权诉讼，借名登记人提出其为房屋的所有权人，法院亦无职权对此进行审查，或可提示借名登记人以此本权提起反诉或者另行起诉，而不应为提高诉讼的效率，于占有之诉中接受本权抗辩，肆意破坏既有的本权之诉与占有之诉二元对立的分类规则体系。

二 侵夺者占有物返还请求权不存说

与原物返还请求权抗辩抵销说间接支持自力取回的价值倾向不同，立足于德国民法典第861条规定的另一民法解释论，本文称之为侵夺者占有物返还请求权不存说，对自力取回持含混支持的态度。

（一）侵夺者占有物返还请求权不存说的规范基础与体系问题

在比较法上，侵夺者占有物返还请求权不存说的规范基础为德国民法典第861条，基于德国民法典第861条规范的解释论，在我国亦有拥趸。[①] 该条包括两款："占有人的占有因法律所禁止的私力而被侵夺的，占有人可以向对他自己有瑕疵的占有的人请求恢复占有。被侵夺的占有对现占有人或其前权利人是有瑕疵的，且系在侵夺前一年以内取得的，前款所规定的请求权被排除。"[②] 阐释如下。

1. 占有人的占有物返还请求权

该条第1款规定了占有人对侵夺人的占有物返还请求权。该项请求权因占有受侵夺而发生，指向占有的回复，即将占有返还于前占有人。即义务人应当以自己的费用，将占有回复至实行暴力之前原应存在之状态。此项请求之内容穷尽于此，而不指向代替利益，如从取走之存折上提取的金钱，亦不指向用益或损害赔偿。[③] 该款规定与我国《民法典》第462条所

---

① 参见隋彭生《论占有之本权》，《法商研究》2011年第2期。另可参见王泽鉴《民法物权》，北京大学出版社，2009，第531~532页。
② 陈卫佐译注《德国民法典》（第4版），法律出版社，2015，第329页。
③ 杜景林、卢谌：《德国民法典——全条文注释》（下册），中国政法大学出版社，2015，第699页。

规定的占有人之占有物返还请求权在内容上并无本质差异。该款所规定的"瑕疵的占有"具有相对性，即仅在"对他自己"的意义上予以判定。"对他自己"事实上限定了可得主张占有物返还请求权的行使对象为对其进行瑕疵占有的人，而非任意第三人；是否有瑕疵，有其客观的判断标准，在德国民法中，"有瑕疵的占有"通常与"法律所禁止的私力"相联系。根据德国民法典第858条的规定，只要法律（广义）不许可侵夺或者妨害，违背占有人的意思侵夺或者妨害其占有的行为，即为"法律所禁止的私力"；而依法律所禁止的私力而取得的占有，即为"有瑕疵的占有"，且这一瑕疵具有依法承继的性质。①

2. 交互侵夺背景下侵夺人占有物返还请求权的排除

该条第2款"被侵夺的占有对现占有人或其前权利人是有瑕疵的，且系在侵夺前一年以内取得的，前款所规定的请求权被排除"的规定，是对第1款较为宽泛的占有物返还请求权享有主体进行限制，即在交互侵夺的情形下，侵夺如果系针对"现占有人"或者"前权利人"，而今"现占有人"或者"前权利人"又通过侵夺方式夺回占有，且该夺回行为发生在侵夺之后的一年内，则侵夺人对"现占有人"或者"前权利人"不享有占有物返还请求权。

有问题的是，在交互侵夺的背景下，侵夺人的占有物返还请求权究系不存在，还是不得行使，国内的汉语译本对德国民法典第861条第2款的翻译多不一致，影响对条文意义的正确理解。陈卫佐译本的翻译是："前款所规定的请求权被排除"；我国台湾大学法律学院和台大法学基金会编译的版本翻译是："不得请求恢复其占有"；② 贾红梅、郑冲的译本是："上述请求权消灭"；③ 王宠惠译本的英译是："The claim is barred"。④ 这些译文事实上可从字面意义做不同的解读。（1）请求权不存。陈卫佐译本

---

① 对于"法律所允许的私力"，可参见《德国民法典》第229条关于自助的规定，第562b条第1款关于使用出租人自助权的规定等。
② 台湾大学法律学院和台大法学基金会编译《德国民法典》，北京大学出版社，2017，第772页。
③ 《德国民法典》，贾红梅、郑冲译，法律出版社，1998，第204页。
④ Chang Huiwang, *The German Civial Code*, Stevens and Sons, Limited, 1907, p.192.

与王宠惠的译本倾向于此意。(2) 请求权原存,但现在被消灭。贾红梅、郑冲的译本倾向于此意。(3) 请求权不得行使。我国台湾大学法律学院和台大法学基金会的译本倾向此意。各种意义之间难以取舍。

德国学者德特勒夫曾对德国民法典第 861 条第 2 款进行评价说:"由此所生的抗辩,并非诉讼技术意义上的实体法抗辩权(Einrede),而是'法官'须依职权加以审视的抗辩(Einwand)(此为通说)。"[1] 这一说法似可佐证占有物返还请求权不存说。在诉讼的实现方式上,此种法官须依职权审视的抗辩,为请求权消灭或者请求权不存在的抗辩,被称之为诉讼上的抗辩,与实体法上可以向对方针锋相对提出不为给付的抗辩,实属两种不同的类型。在后者,并不否定对方的权利,只是试图对抗或者抵销对方的权利,而在前者,则应在诉讼上提出对方权利不存在或者对方权利已经消灭的主张。对于此种法官须依职权加以审视的抗辩,我国有学者将之称为"无需主张的抗辩",并指出这种抗辩的效力在于否认请求权的形成或存续上的合理性,包括阻止权利效力发生的抗辩权与消灭权利效力的抗辩权。阻止权利效力发生的抗辩权否认请求权形成的合理性,例如法律行为无效抗辩,这种抗辩在本质上是一种事实抗辩,而非对抗请求权的抗辩;消灭权利效力的抗辩否认权利存续的合理性,包括已履行或清偿抗辩、抵销抗辩、免除抗辩等。[2] 鉴于事实抗辩在学理上有被抗辩权利不存在与被抗辩权利消灭两种不同的走向,将此种抗辩运用于德国民法典第 861 条第 2 项"请求权被排除"的语义问题,应可起到澄清的作用。事实上,结合德国民法典第 861 条第 2 款之语境,可以发现,对此情形的"请求权不存"与"请求权消灭"进行区分没有实益,除了做"请求权不存"的解释外,不太可能有"请求权消灭"之语义存在的空间,即当"现占有人"或者"前权利人"通过侵夺方式取回占有时,侵夺人占有物返还请求权系消灭,还是不存,事实上没有区分的意义。鉴于在被夺回前不可能有占有物返还请求权,而在被夺回时该请求权"被排除"或者"消

---

[1] 〔德〕德特勒夫·乔斯特:《〈德国民法典慕尼黑评注〉之第 861 条》,张双根译,《中国应用法学》2017 年第 1 期。
[2] 参见龙卫球《民法总论》,法律出版社,2002,第 129 页。

灭",其表述只能指向"请求权不存"这一唯一语义,而不可能指向原来存有此种请求权,因被夺回而被消灭的语义。

3. 侵夺人占有物返还请求权被排除造成的体系协调问题

在德国民法典第861条第2款①规定的背后,实质上可能是自力取回的正当化。其正当化的规范基础究竟是什么?由于第861条第2款与其第859条的法条空间距离最近,由此首先可能产生的联想是:其规范基础是否为第859条?然而,自体系解释的角度观之,其与第859条事实上并无直接的体系关联。该款规定可能与空间距离较为遥远的第229条、第230条存在一般规范与特殊规范的关系,但是由第861条第2款之文义考查,实际上这种一般与特殊的规范关联设想仍无法成立,毋宁说,交互侵夺中自力取回的正当化规范基础正是第861条第2款自身。第861条第2款与第229条、第230条之间,应是一般规定与例外规定,而非一般规范与特殊规范的关系。分以下几点阐明。

(1) 交互侵夺规则与正当防卫规则无直接交集。在德国民法典中,规定占有人正当防卫的条文,为其第859条与第227条。第859条规定的内容是基于占有的正当防卫。我国台湾大学法律学院与台大法学基金会的德国民法典译本应该较准确地体现了此种正当防卫的意蕴。② 根据该译本,德国民法典第859条所规定的"占有人之自助",其实是"占有人对于暴力得以己力防御之"的自助。此种自助体现为两个方面:第一,被侵夺的物如果是动产,占有人可以就地或者追踪向加害人取回;第二,被侵夺的物如果是土地,得即时排除侵害而恢复占有。第859条在规范体系上从属于第227条关于正当防卫的一般条款,其与第227条的体系关联,是一般规定与特殊规定的关联。第227条所规定的正当防卫,在一般意义上是指"为使自己或他人免于遭受现时的不法攻击而有必要进行的防卫",③ 而在

---

① 该标题项下所引条文,无特别说明的,均为《德国民法典》中的条文。
② 参见台湾大学法律学院和台大法学基金会编译《德国民法典》,北京大学出版社,2017,第772页。
③ 陈卫佐译注《德国民法典》(第4版),法律出版社,2015,第78页。

占有被侵夺的背景下其意义由第859条所规定的"夺回占有权"承载。①正当防卫者,以暴力手段夺回占有物的占有,有合法的根据,被防卫者自然不能提起占有物返还请求权,且事实上被防卫者尚未形成占有,本就无占有物返还请求权。由德国民法典第861条第2款所规定的交互侵夺应否归于正当防卫?根据第861条第2款的文义,交互侵夺规则适用的要件与正当防卫适用的要件存在本质差异:其适用的场景均为占有的侵夺已经完成。

(2)交互侵夺规则与自助规则体系关联不明。在排除第861条第2款与第859条之间的规范关联之后,需要厘清其与第229条自助规则之间的规范关联。对于第229条的规定,可为以下分解。①要件。存有请求权;不能及时得到官方的帮助;如果不及时反击,请求权实现有受到阻碍或变得很难实现的风险。②权利。将某物拿走、毁掉或加以毁坏;如果义务人有可能逃跑,则可以将他扣押。② 在规范体系上,第229条规定的自助权利,受到第230条的约束,与自力取回直接相关的约束规则是,在将物取走的情况下,如果权利人已经拥有一个执行名义,那么应当执行强制执行;或者,作为一种司法保全措施,应即申请将物假扣押。如果假扣押申请被拖延或者驳回,必须不迟延返还取走的物。③ 由于假扣押事实上亦不可能延至永久,故自助人欲保存其占有,最终仍需要取得强制执行的依据。第861条第2款"占有人对于加害人或其前占有人为有瑕疵,且于被妨害一年内取得者,不得请求除去或防止其妨害"的规则表达,是意欲在第229条之外创设一条不同的、与第229条存在竞合关系的规则,还是其本身亦可归之于第229条所规定的自助规则,意义不明。究其原因或在于第229条关于取走物的含混表达,这种含混表达,使得第229条中所规定的取走物的意义,游走在取走他人之物与取走自己之物的边缘。这种特殊的法律构造所造成的体系问题是,交互侵夺下的自力取回的承认与自助规

---

① 参见〔德〕迪特尔·梅迪库斯《德国民法总论》,邵建东译,法律出版社,2001,第125、134页。
② 参见〔德〕卡尔·拉伦茨《德国民法通论》(上册),王晓晔、邵建东等译,法律出版社,2003,第372页。
③ 参见陈卫佐译注《德国民法典》(第4版),法律出版社,2015,第79页。

则中对自力取回的承认,在解释论上仍存在统一为自助规则的可能性,例如,某德国学者曾如此描述:"我要是打算自盗窃处自力取回自行车,则可依据民法典第229条(自助)之规定,但其前提是:'来不及请求官署援助',且正受权利丧失之威胁。"①

(二)德国民法学理之继受与自力取回的正当化逻辑之质疑

我国学者对于德国民法典第861条第2款法理的继受,主要见诸我国台湾地区学者的论述。大陆地区的学者对此偶有论述,但是着墨极简,例如,隋彭生教授认为:"对无权占有的保护是禁止私力侵犯,侵夺者之占有再被侵夺的,不宜采取回复占有的方式加以处理。"② 我国台湾地区的学者,以王泽鉴教授论述极详。王泽鉴教授曾就此设问:甲侵夺乙占有之物,其后乙又向甲夺回,其中,乙于甲侵夺后得行使占有物返还请求权,自不待言,唯甲得否向乙行使占有物返还请求权,似有疑问。王泽鉴教授主张直接采用德国民法典第861条第2款的规定,否定甲提起诉讼:首先,诉讼上不经济,将引发重复诉讼;其次,甲取得的占有,具有瑕疵,扰乱物的占有秩序。在解释论上则可视乙之占有于被侵夺后一年内犹存,从而排除甲之占有物返还请求权。其本质仍应是占有人的占有优位于侵夺人之占有。③

对于王泽鉴教授的阐述,可分两方面予以分析,容有辩明之余地。(1)继受的理据。第一,对于引发重复诉讼不经济之担忧,主要针对的为何,不甚清楚。若针对的是赋予双方占有物返还请求权将导致重复诉讼的话,恐怕此种担忧完全没有理由。如上所述,鉴于占有物返还请求权仅限于对因侵夺而丧失占有者发生,故双方均拥有占有物返还请求权的可能性,从合逻辑的角度看,是不存在的;若针对的是侵夺人行使占有物返还请求权回复占有后,复又被占有人行使基于本权的请求权而取回占有,造

---

① 参见〔德〕鲍尔/施蒂尔纳《德国物权法》(上册),张双根译,法律出版社,2004,第158页。
② 隋彭生:《论占有之本权》,《法商研究》2011年第2期。
③ 参见王泽鉴《民法物权》,北京大学出版社,2009,第531~532页。

成重复诉讼的话,上文已经指出,为避免此种所谓"重复诉讼",亦不应强行破坏诉的基本原理,更何况此种诉讼本质上并非真正的"重复诉讼"。故不经济之担忧,似乎并非适合于合理化此种学理继受的理据。第二,若从侵夺人取得占有的行为具有瑕疵,扰乱物的占有秩序的角度,为继受德国民法典第861条第2款的理据,似乎显得牵强。因为以强力取回占有的自力取回,同样具有瑕疵,虽非一定扰乱物的占有秩序,但对于社会秩序造成的侵扰恐怕不惶多让,其效果类似于"以牙还牙""以眼还眼"的同态复仇。(2)规则形成的基础与逻辑展开。基于上述理据而形成的排除侵夺人占有物返还请求权规则,在解释论上的逻辑展开,亦不尽合理。首先,以乙之占有延续整个一年除斥期间从而排挤甲之占有,并最终排除甲之占有物返还请求权的逻辑,事实上将导致乙亦无法取得原物返还请求权,包括占有物返还请求权与所有权返还请求权,此两种返还请求权均以占有的丧失为前提,若占有未丧失,因何得发生原物返还请求权,确令人费解。当然,若以前占有或者观念占有为基础进行权利推定,并以前占有或者观念占有所生之权利推定优位于现占有人,似乎亦可以表面上说得通,但是正如前文所剖析的那样,其逻辑的合理性显然不足。如果乙依正常的法理逻辑无法取得原物返还请求权,而甲也依同样的逻辑无法取得占有物返还请求权,最后的结果固然是双方均无返还请求权,从而保持占有之现状,即由乙保持其占有。但是这种结论十分怪异,不符常理,且与德国民法典第861条第1款的规则直接抵触。由此也可确定,以乙之占有在侵夺一年内犹存为基础而建构的此种解释论不仅违背常理,更无法经受体系解释方法的检验。

三 占有人原物返还请求权位序劣后说

占有人原物返还请求权位序劣后说主要为日本民法和我国台湾地区部分学者的观点,与侵夺者占有物返还请求权不存说、原物返还请求权抗辩抵销说均存在一定的逻辑关联,在某种程度上,也可以说占有人原物返还请求权位序劣后说客观上修正了侵夺者占有物返还请求权不存说与原物返还请求权抗辩抵销说的规范结构。

（一）对侵夺者占有物返还请求权不存说的修正

按照侵夺者占有物返还请求权不存说，在侵夺发生后一年内，占有人可以自力取回占有物，且侵夺人并不因此存有占有物返还请求权。占有人原物返还请求权位序劣后说在某种程度上继受了这一源于德国民法的规范模式。我妻荣认为，当占有遭受侵害后，"在被认为存在扰乱状态期间，对占有状态的维持回复，正是维持社会和平与秩序。从某种程度而言，也并没有禁止通过私力维持社会和平与秩序的理由。这一点正是德国民法（第859条）和瑞士民法（第926条）规定占有人可以通过自力予以防卫违法分割，以及在占有被侵夺的情形下，对于动产，在侵害之时或者基于其凭证，通过即时追踪而夺回；对于不动产，可以侵夺后即时驱除侵夺者并夺回"。①

但是占有人原物返还请求权位序劣后说并不止步于对德国民法或者瑞士民法规范的继受，而是继续予以发展，改变了德国民法或者瑞士民法于占有返还请求权保护的一年除斥期间内，均得自由行使自力取回权的规则。这种改变主要表现为自力取回权的按期配置相关规范体系得以建立。②可分两点说明。（1）自力取回权被分期配置。占有被侵夺之后，占有人的自力取回权之配置被划分为三个不同的时期。①搅乱期。占有被侵夺的起始阶段，占有已被侵夺，但是财产的占有秩序并不安定。此时原则上仅得为自力取回，即以自力取回为原则，以公力救济为例外。②暂定期。占有被侵夺后，社会财产秩序初定。自力取回与占有物返还请求权均得行使。③确立期。占有被侵夺之后的社会财产秩序已经安定。此时不得再自力取回，非以公力救济不可。（2）占有蚀变的分期依据。以上搅乱期、暂定期与确立期三阶段之期限划分以何时为准，应依社会的具体情形判断。在这种解释论模式中，将自力取回的放任置于搅乱期与暂定期，而将自力取回

---

① 〔日〕我妻荣：《我妻荣民法讲义Ⅱ 新订物权法》，罗丽译，中国法制出版社，2008，第514页。
② 参见刘得宽《论占有诉权制度》，载刘得宽著《民法诸问题与新展望》，中国政法大学出版社，2001，第358页。

的禁止置于确立期。占有人在搅乱期与暂定期内自力取回占有物，为适法有此权利，侵夺人自然无占有物返还请求权；而占有人在确立期内为自力取回占有物，此时的状态即为交互侵夺，违反法律的禁止性规定，故对于因交互侵夺而取回的占有，侵夺人有占有物返还请求权；且在占有人为自力取回时，侵夺人亦可对之进行自力救济。

日本大审院的某一陈案说明了此种理论在司法实务中的运用[①]：甲所有的小舟，租赁于乙，被丙盗取，数月后乙觅得该舟，不顾一切将舟强行取回，问丙得否对乙行使小舟的返还请求权？对于此案型，日本大审院的观点为，如果丙正在盗舟之际被乙发现，乙为保护自己之占有可行使自力救济。但是丙的盗取行为已经完成，该占有状态经数月已获一定程度的安定性，在此情形下，乙应当通过公力救济的方式，借政府的力量行使占有诉权。现乙通过自力将舟夺回，与法有违，丙得对乙行使占有物返还请求权，并得行使占有回复的诉权。且在乙对丙进行取回时，丙也可以对乙行使自力救济。但是乙的占有物返还请求权在未罹于除斥期间前，仍得再行使；再者，其亦可以基于本权之诉请求丙返还占有物。

（二）与原物返还请求权抗辩抵销说的差异

占有人原物返还请求权位序劣后说与原物返还请求权抗辩抵销说的差异，体现在交互侵夺法律关系中，占有人的原物返还请求权被劣后于侵夺人的占有物返还请求权，具体表现在如下几个方面。（1）不以占有之诉或者以本权为占有之诉的抗辩。侵夺人基于占有物返还请求权提起诉讼时，占有人不得以占有物返还请求权或者基于本权的原物返还请求权为抗辩，且概括性地不得以本权为抗辩。如前所述，原物返还请求权抗辩抵销说不仅允许占有人以基于本权的原物返还请求权为抗辩，亦允许其本于占有物返还请求权为抗辩。（2）在诉的程序上，严格区分占有之诉与本权之诉，且将占有人的占有之诉劣后于侵夺人的占有之诉，将本权之诉独立于占有

[①] 参见刘得宽《论占有诉权制度》，载刘得宽著《民法诸问题与新展望》，中国政法大学出版社，2001，第358~359页。

之诉。即便侵夺人基于占有物返还请求权取回了占有人通过交互侵夺夺回的占有物，只要其一年的除斥期间未曾经过，占有人仍可以通过占有物返还请求权的行使回复对物的占有；或者占有人可以径行通过本权之诉取回占有。相较之下，原物返还请求权抗辩抵销说并不严格区分占有之诉与本权之诉。（3）因诉的程序区隔而造成的占有物返还请求权除斥期间经过之风险，由占有人承担。由于原物返还请求权抗辩抵销说不严格区分占有之诉与本权之诉，允许占有人在侵夺人的占有之诉中以占有物返还请求权或者本权为抗辩，故事实上消除了占有人因诉的程序区隔而造成除斥期间经过的风险。总体而言，将占有之诉与本权之诉进行严格的区分，使得占有人原物返还请求权位序劣后说在合体系上明显优于原物返还请求权抗辩抵销说。

（三）占有人原物返还请求权位序劣后说的固有弊病

占有人原物返还请求权位序劣后说存在固有的弊病。首先，占有人原物返还请求权位序劣后说虽然对侵夺者占有物返还请求权不存说的自力取回规则进行修正，但是修正得还是不够彻底。（1）在搅乱期、暂定期保留自力取回权的理据。其理据显然与德国民法典第 861 条第 2 款不同，而将之置于财产秩序安定与否的判定之上。而所谓的财产秩序安定与否，又完全取决于上述两个期间的确定。何时尚在搅乱期？何时尚在暂定期？似乎并无确定的规则，而决定于对社会具体情形的判断。社会具体情形的判断人，当然是裁判者。鉴于裁判者于司法程序中进行事实判断，必然受制于司法程序、先例等，但似乎凭此仍可能难以扼制司法权的恣意。（2）规则形成的基础与逻辑展开。所谓的三个时期的划分，本质上建立在占有的蚀变基础上。此与侵夺者占有物返还请求权不存说的逻辑问题完全一样。按照我国台湾地区学者谢在全的观点，占有人的占有是否丧失，以一年为断，若已逾一年，其占有物返还请求权，已罹于时效而消灭，占有业已丧失；若未逾一年，侵夺人的占有尚未确立，对于前占有人来说，其尚非占有人。[①] 这

[①] 参见谢在全《民法物权论》，中国政法大学出版社，1999，第 1018 页。这一观点与日本大审院的被侵夺后数月到确立期的观点显有差异。

一观点的逻辑矛盾显而易见，如果占有人于法定的除斥期间内未曾丧失占有，则何来占有物返还请求权？当然这一解释论仍存在其他逻辑问题。一是完全否定侵夺人占有之存在，与占有已被侵夺的事实不符，也与占有的基本教义相违背。试问，侵夺人侵夺占有之后，其已对物进行实际控制、支配的事实是否足可否认？二是此种观点实质上可能借用了德国民法教义学上的观念持有或者观念占有的理念，却未沿用观念持有或者观念占有的权利推定优位规则，其逻辑本身即不够周延。三是即便采用观念持有或者观念占有权利推定优位规则，也依然无法在逻辑上达到周延，对此上文已有阐释。此外，单从我国台湾地区民法的规则来看，这种解释路径显然与其"民法"第962条第1句①的规定相抵触，根据该句规定，占有人须在其占有物被侵夺时，始取得占有物返还请求权。"侵夺"的意义，如非蕴有特殊含义，乃是指"以盗窃、抢夺、抢占等积极不法行为剥夺占有人的占有"。② 既然"侵夺"的意义是指"剥夺占有人的占有"，则"被侵夺"的后果应是显而易见的，即前占有人丧失占有。很显然，通过赋予法定的一年除斥期间以占有人未丧失占有的意义，虽然可以由此确认侵夺人未取得占有，从而也就未丧失占有，最终不可能取得占有物返还请求权，从而否定侵夺人的占有物返还请求权，达到谋求某种正义和平的目的，但是这一解释路径"杀敌一千，自损八百"，破坏了规范的体系性，显非好的解释论。

其次，占有人原物返还请求权位序劣后说对于确立期中的交互侵夺，似乎为了惩戒采用自力取回方式回复占有的占有人，而进行较为奇特的占有物返还请求权的列序，使占有人之占有物返还请求权在诉的行使上劣后于侵夺人的占有物返还请求权。这种奇特的规则设置当然较剥夺侵夺人的占有物返还请求权，赋予占有人的特权要少，但是也的确给了占有人再度于一年除斥期间内行使占有物返还请求权回复其占有的可能性。然而恰如前文所述，在允许侵夺人以占有物返还请求权回复其占有后，在逻辑层

---

① 我国台湾地区"民法"第962条第1句："占有人，其占有被侵夺，得请求返还其占有物。"
② 参见尹田《物权法》（第2版），北京大学出版社，2017，第275页。

面，即不可能再有占有人的占有物返还请求权存在，即便仍处在一年的除斥期间之内。因为侵夺人回复其占有并非基于"侵夺"，而是基于占有之诉；而欠缺被"侵夺"的条件，占有物返还请求权发生的规范基础即不存在，占有人再度的占有物返还请求权也不可能发生。或许正是因为这种"蛇足"的解释论可能导致占有人再度依此回复占有，日本学界通说——奉行德国民法的侵夺者占有物返还请求权不存说——在实务中也开始产生一定影响力，使得自力取回正当化，这在实质上可能同化日本本土解释论与基于德国民法的侵夺者占有物返还请求权不存说，减弱其本土解释论对自力取回的规制力。

四 基于自力取回权的排除对交互侵夺规则的解释论重塑

（一）自力取回权在交互侵夺规则中的体系性排除

在我国的民法体系中，交互侵夺中的自力取回权事实上是被全面排除的：一方面，它无法涵摄于《民法典》第181条下的正当防卫规范和第1177条之下的自力救济规范，另一方面，也无法自《民法典》第462条本身得出支撑自力取回的结论。

1. 交互侵夺下的自力取回不同于正当防卫中的"自力取回权"

本文前面已经交代，交互侵夺下的自力取回，是嗣后的取回，是在侵夺人已经取得占有后，由前占有人以强力再予夺回占有的行为。这一界定显然不同于正当防卫。正当防卫应着手于侵害行为已然实施而未结束时。

然而不容否认的是，"自力取回权"这一概念在我国的物权法经典教科书中使用得较为广泛，且一般置于"占有人的自力救济权"之下，与"自力防御权"相对。[1] 本文认为，目前物权法经典教科书中的"自力取回权"，基本上可归于正当防卫的概念之下，与交互侵夺语境下的"自力

---

[1] 参见梁慧星、陈华彬《物权法》，法律出版社，2010，第407~409页；刘家安《物权法论》，中国政法大学出版社，2015，第200~201页。

取回"不同。一般而言，此类"自力取回权"的行使，区分不动产与动产。就不动产，应当"即时"取回，但其所谓的"即时"，并非指瞬间，而是指"依一般社会观念，实行排除加害而取回占有物所必需的最短的时间。例如，占有的农田遭他人强占插秧，可立即予以去除而夺回"。鉴于不动产的特殊性，其侵害状态未彻底完成前，事实上处于持续的状态。只要此种持续的状态未结束，即可认定侵害正在进行中，可实施正当防卫；如占有物为动产，侵夺人脱离占有人的控制之后，"正在侵害"的状态已结束，正当防卫即不可能进行。在特殊情形下，对于动产的侵害，亦可呈现为一种持续的状态，例如占有人于动产被侵夺后即时追踪尾随侵夺人，可视为侵害"正在进行"的状态之延续，正当防卫仍适法正当。一般而言，占有人于侵夺后，可"就地或追踪向加害人取回"。所谓"就地"，指占有人事实管领力所能及的空间范围，所谓"追踪"，指加害人虽已离开占有人事实管领力所能及之空间范围，但仍在占有人的尾随追踪中。对此"自力取回"，"侵夺人无权抗拒，应自不待言"。[①] 这种"自力取回"，事实上就是正当防卫，而对于正当防卫，侵夺人才无权抗拒。

于正当防卫之外有无"自力取回权"？刘家安教授曾在其论著中通过一段精彩的插白予以回应："在事主发现被窃物并马上实施暴力夺取行为之时，一方面，即使他能完全确定其夺取之物系自己失窃之物，他也无法排除占有人并非窃贼本人的可能（如占有人系从窃贼手中善意购买之人），如果说事主从窃贼手中夺回自己之物尚符合一般社会观念的话，在被窃之物因交易而辗转到占有人手中的情形，其间涉及的利益保护问题就要作法律上复杂的判断，只有在本权的层面才能加以解决；另一方面，自占有人方面观察，即便占有人就是窃贼本身，在当街被他人暴力夺取时，他又如何能够立刻判定对方就是失窃的权利人从而约束自己的私力防御行为呢？"[②] 从这段话中似可得出一个暂定的结论，正当防卫之外无"自力取回权"，不仅没有"自力取回权"，即便是"事主"，在实施其自认为合法

[①] 参见梁慧星、陈华彬《物权法》，法律出版社，2010，第409页。
[②] 刘家安：《物权法论》，中国政法大学出版社，2015，第201页。

合理的"自力取回权"时，事实上无法排除对方基于正当防卫的自力防御和自力取回权的行使。

2. 交互侵夺下的自力取回难以涵摄于自助行为

《民法典》第1177条，在不同的法律汇编性著作中，其条文称谓并不一样，例如，某汇编著作称之为"自助"，① 而另一汇编著作称之为"自力救济"。② 为符合学术著作表达的习惯，本文称之为自助行为，同时认为，交互侵夺下的自力取回不同于自助行为。

如前所述，对于德国民法典第229条所规定的"自助"与其第861条第2款之间的规范关联，本文认为是一种一般与例外的关系，而且认为可能是德国民法中的一种非常特殊的构造，易造成体系性的混淆。这种特殊的构造是否可以套用于我国《民法典》第1177条与第462条的规范关联之上？德国民法典第229条被置于总则部分，与置于物权编之中的第861条第2款之间形成这种规范关联，或许勉强有其体系上的合理性。我国《民法典》第1177条系被置于侵权责任编，而第462条被置于物权编，且第462条亦缺乏如同德国民法典第861条第2款的规则构造，两者之间很难产生类似于德国民法中的那种体系关联。

由于《民法典》第1177条系被置于侵权责任编，在解读其规则意义时，自然受制于其特定的体系目的与功能。作为侵权责任的抗辩事由规则，第1177条所涉及的侵权行为，应是侵害"他人"权利的行为。按照该条的简单列举，这些侵权行为包括"采取扣留侵权人的财物"等合理措施。按照程啸的界定，此种自助行为，"是指权利人为了保护自己的权利，对于他人的自由或财产施以拘束、扣留或毁损的行为"。③ 我国台湾地区"民法"第151条亦作了类似规定："为保护自己权利，对于他人之自由或财产施以拘束、押收或毁损者，不负损害赔偿之责。但以不受法院或其他有关机关援助，并非于此时为之，则请求权不得实行或其实行显有困难

---

① 参见邹海林、朱广新主编《民法典评注·侵权责任编》，叶名怡撰，中国法制出版社，2020，第145页。
② 参见中国法制出版社编《中华人民共和国民法典》（实用版），中国法制出版社，2020，第668页。
③ 程啸：《侵权责任法》（第2版），法律出版社，2015，第327页。

者为限。"① 由上观之，我国大陆民法典的残缺列举，学者之界定以及我国台湾地区"民法"的明确规定，皆认为在来不及请求公权力机关援助时，为保护自己权利，而对"他人"权利进行必要限度内的侵害，乃自助规则适用的必备条件之一。事实上，在相关学者的论述中，依然可以观察到因受德国民法观点影响而存在的观点游移，例如，在界定自助行为时，强调的是"取走他人财物"，但于具体分析之中，仍将"取走自己之物"囊括进去。王泽鉴教授于阐释我国台湾地区"民法"第960条第2款所规定的占有物取回权与其第151条所规定的自助行为规则之关联时，此种内在矛盾即凸显出来：首先指出占有物取回权系属一种自助行为；但在具体的行使关联上，又直接否定了其为自助行为之一种，认为第960条第2款规定的占有物取回权期间经过之后，占有人仍得依第151条的规定为自助行为。② 自助规则有其自身的法教义体系，不宜与自力取回混淆，这是廓清交互侵夺规则的前提之一，需要一以贯之的坚守。既然自助规则乃是建立于对他人自由或者财产侵害的前提下，则自力取回显然不在自助规则的范围之内。自力取回不在自助规则之内，则以自力取回为事实构成的交互侵夺规则亦不为自助规则所涵摄。

3. 《民法典》第462条在解释论上不包含支持自力取回的意义

自《民法典》第462条第1款第1句与第2款规定的内容可以看出，该条不包含支持自力取回的意义。如上所述，支持自力取回的交互侵夺规则体系，要么在赋予侵夺人以占有物返还请求权的同时，赋予占有人以占有物返还请求权为抗辩的权利，要么剥夺侵夺人的占有物返还请求权，此种占有物返还请求权的分配规范，并不见于《民法典》第462条，该条第1款第1句的规定将占有物返还请求权赋予"占有人"。对于该"占有人"，不能简单地理解为现占有人，而应理解为前占有人，即因侵夺而丧失占有的人。在交互侵夺的法律关系中，因侵夺而最终丧失占有的人，恰是侵夺人。故该条第1款第1句的占有物返还请求权的配置规范，对于交

---

① 陈忠五：《新学林分科六法——民法》，新学林出版股份有限公司，2012，第A~219页。
② 参见王泽鉴《民法物权》，北京大学出版社，2009，第525页。

互侵夺法律关系而言，事实上是将占有物返还请求权配置给侵夺人。我国民法历来并不否定不法占有人、恶意占有人等在价值评价上居于反面角色的占有物返还请求权。此种价值态度与学术界既存的三种解释论均不相同，事实上对自力取回持不支持的态度。

（二）基于自力取回的排除对交互侵夺规则解释论的教义重塑

1. 以占有因侵夺而丧失作为占有物返还请求权发生的基础

（1）以占有基本的法教义作为占有存否的判定基础。占有是一种事实，这是占有基本的法教义。[①] 作为事实的占有，亦只能由事实的控制力为判断。在交互侵夺关系中，由于交互侵夺发生在占有被侵夺后，即新的占有事实形成之后。在交互侵夺关系中要确定第一次侵夺未形成占有，是很困难的，不可想象的，这也是交互侵夺区别于正当防卫的关键点之所在。对于占有的存否，不应依想象而为判断。在交互侵夺关系中，第一次侵夺完成，占有人即丧失其占有，所谓的占有仍延续至此后的一年除斥期间之内的设想，是不符合事实的；第一次侵夺完成，侵夺人即控制了占有物且排斥占有人的控制，其新的占有已经形成的事实不容否定。为了支撑自力取回的正当性，构建占有人的占有从未丧失之假象，以此否定侵夺人已经取得占有的事实存在，或者以观念占有之权利推定优位于侵夺人之实体占有的权利推定之设想，进而否定侵夺人因交互侵夺而丧失占有的事实，从而达到否定侵夺人因丧失占有而取得占有物返还请求权的目的，正如前述，逻辑上并不周延。

（2）占有因侵夺丧失是占有物返还请求权发生的基础。占有因侵夺丧失为占有物返还请求权的基础乃是学界通识，以占有作为占有物返还请求

[①] 可举代表性的观点："占有是对物的控制与支配的事实"，尹田：《物权法》（第2版），北京大学出版社，2017，第262页；"占有是事实性的、不依赖占有权源的、对物的有意识的持有"，〔德〕鲍尔/施蒂尔纳：《德国物权法》（上册），张双根译，法律出版社，2004，第33页；"占有，构成占有权基础的事实"，〔日〕我妻荣：《我妻荣民法讲义Ⅱ 新订物权法》，罗丽译，中国法制出版社，2008，第473页；"卡尔波尼埃将财产上设定的关系分为'设定于财产之上的法律关系'与'设定于财产之上的事实关系'两种，前者为所有权，后者为占有"，尹田：《法国物权法》，法律出版社，2009，第165～167页。

权的基础的观点是站不住脚的。在占有人原物返还请求权位序劣后说中，于侵夺发生之后的一年除斥期间内，不仅侵夺人有占有物返还请求权，占有人亦有占有物返还请求权。其中，侵夺人存在占有物返还请求权是可以理解的，其因侵夺丧失了对侵夺之物的占有，但是占有人的占有物返还请求权何来？按照我国台湾地区的学者解释，乃系因为其占有于被侵夺后一年内并未消失，于是在交互侵夺后，只要仍处在侵夺后的一年除斥期间，已然以交互侵夺方式取回了占有的前占有人，即便在侵夺人以占有之诉夺回占有后，仍得行使占有物返还请求权。此种观点在逻辑上难以通融，对此前文已有详论。此外，在此应予说明的是，《民法典》第462条第1款第1句"占有的不动产或者动产被侵占的，占有人有权请求返还原物"规定中的"占有人"的意义，须为文义解释，并结合学界的通说和占有物返还请求权发生的基础性教乂予以确定。首先，从字面意义看，该条所规定的"占有人"应当无差别地包括有权占有人、无权占有人，合法占有人、不合法占有人，等等。这完全符合我国民法理论一贯的、通行的观点，即占有是事实。既然占有是事实，自然不应对其为价值评价和限制，故无论是有权、无权的占有，合法、不合法的占有，均为占有；而占有人的确定，亦不依价值为评判，故该句规定中的占有人，必然包括交互侵夺法律关系中的侵夺人。其次，该句中的"占有人"，依占有因侵夺而丧失占有物返还请求权发生的基础之标准为判断，仅指"丧失占有的人"，可能包括前占有人，亦可能指侵夺人。而在交互侵夺关系中，"丧失占有的人"系侵夺人，故在交互侵夺法律关系中，享有占有物返还请求权的人恰是侵夺人；占有人既然已经通过再次侵夺回复了占有，即不可能再享有占有物返还请求权。

（3）法定的除斥期间并非占有存续的期间，而系占有物返还请求权的存续期间。以侵夺发生后的一年期间为交互侵夺关系中占有人行使占有物返还请求权的除斥期间，无论可得行使该请求权的主体是侵夺人还是占有人，这是理解占有物返还请求权除斥期间功能意义的基础。如果将此法定除斥期间的意义扩充为包含占有存续期间的意义，则是相当怪异的和违背逻辑的。如上所言，占有是一种事实，占有与否但凭占有控制本身为判断,如果硬要将占有物返还请求权与占有捆绑,认为没有占有就没有占有物返还请求权,又因占有物返还请求权有一年的法定存续期间,从而得出占有在被侵夺之后仍可存续一年的法定期间,是完全不符合逻辑的。如上,占有物返还请求权以占有的丧失为前提,而非以占有的存在为其前提,则占有物返还请求权的法定存续期间何以得成为占有的存续期间。可见此观点在逻辑上的谬误之深,而这恰是侵夺者占有物返还请求权不存说与占有人原物返还请求权位序劣后说谬误之所在。

(4)实体法上的占有物返还请求权之分配与抗辩。依据上述原理,在实体法的层面,侵夺人于交互侵夺后一年内享有占有物返还请求权。于侵夺人行使占有物返还请求权时,占有人不得以占有为抗辩,亦不得以债权、所有权或者其他物权为抗辩。不得以占有为抗辩者,乃是因为在交互侵夺的背景下,占有本身并不能充分证成其自身的正当性,尽管占有具有推定效力,包括推定占有正当与有权源,但是交互侵夺背景下的侵夺人亦为占有人,这些推定对其应同样适用;不能以债权为抗辩的原因在于债权具有相对性,不能对第三人主张;而不能以所有权或者其他物权为正当抗辩理由,乃是在此特殊背景下,所有权或者其他物权,仍有待于证成,而非仅凭主张或者当然即可以成立。此种证成,也显非可在当事人之间以某些显而易见的事实予以确认——例如以登记直接证成,① 而最终有待于诉讼中,通过司法程序中的博弈争斗得以完成。

2. 遵守占有之诉与本权之诉平行独立与禁止重复诉讼的体系性规则

如上所言,原物返还请求权抗辩抵销说允许以原物返还请求权抗辩占有物返还请求权,允许以本权抗辩占有物返还请求权,占有人原物返还请求权位序劣后说允许占有人于侵夺人行使占有物返还请求权后再行以占有物返还请求权为基础提起占有返还之诉,都是违背诉之原理的观点和主张。

(1)占有之诉与本权之诉平行独立。允许以本权为抗辩的本质是允许

---

① 即使存在登记的事实,也仅能证成法律物权,而不能直接显明事实物权的归属。参见孙宪忠《中国物权法总论》(第4版),法律出版社,2018,第136~137页。

以本权之诉的结果或者可能结果干扰占有之诉的独立进行，破坏其作为独立之诉的体系功能。我国司法实践中存在的、直接在占有之诉中接受当事人基于本权的抗辩主张并为积极审查的行为，看似合理，有利于提高效率，其实质是以本权之诉与占有之诉的体系功能之损害为代价的。我国学者呼吁停止此种在占有之诉中进行实体权利审查的行为，主张在占有之诉中，对于原告的占有为无权占有、被告享有本权、受害人之同意等抗辩，因其抗辩目的在于对抗请求权，而非指向请求权的消灭或者不存，法官通常不得依职权提醒或者释明。[①] 按照诉的原理，本权之诉不受类似于占有物返还请求权的一年除斥期间的影响，本权之诉胜诉的结果或在事实上阻滞占有之诉的强制执行或者最终目的的实现，但是本权之诉与占有之诉各为诉之体系中的两种不同的诉讼，不应在诉讼程序中互为影响，而应当相互平行、独立。其中，允许本权抗辩直接进入占有之诉，其实质是允许未经审判确认的权利干扰占有之诉的审判，其情形较允许本权之诉的胜诉结果进入占有之诉的情形更为严重，断不可滥用司法权，以法院或者法官的主观审查结果作为依法裁判本身。

（2）禁止重复诉讼。禁止重复诉讼是民事诉讼的一项原则，即当事人不得就已经起诉或已经裁判的案件，再行起诉，即使起诉法院也不得受理。判断是否属于重复诉讼，其标准之一就是前诉的标的与后诉的诉讼标的是否同一。[②] 对于诉讼标的的确定，虽然存在传统的诉讼标的理论与新诉讼标的理论之区别，根据实体请求权及其竞合原理确定诉讼标的及其数量，乃是贯穿新旧不同诉讼标的理论的基础性识别方法。仅从交互侵夺规则探讨的对象与内容看，其涉及的实体请求权事实上只有两个：一是占有物返还请求权，二是本权（在交互侵夺背景下仅指物权）。两种不同的实体请求权产生两种不同的诉讼标的，从而得以成立两个独立的诉讼，即便同时进行，针对客体相同，亦不违背禁止重复诉讼的原则；若是针对同一占有物同时或者错时主张占有物返还请求权或者本权的返还请求权，则显

[①] 参见章正璋"占有之诉的抗辩权问题研究"，载章正璋著《占有保护疑难问题研究》，中国政法大学出版社，2018，第89页。

[②] 参见张卫平《民事诉讼法》，法律出版社，2016，第193页。

然违背禁止重复诉讼的原则，其原理或许可从实体法中寻得端倪：对于同一物一般不可能同时存在两个占有，特殊情况下，若依占有媒介关系，间接占有与直接占有相分离，仅直接占有人享有占有物返还请求权，故占有物返还请求权仅分配给因侵夺而丧失占有的直接占有人，此实体法规则的构造，事实上限制了可得提起占有返还诉讼的主体；而就本权之诉而言，可得行使原物返还请求权的主体一般仅限直接占有着物的权利人，仅在特殊情况下，例如存在占有媒介关系时，占有被他人侵夺，占有人无法或不愿提起返还占有的请求权时，为物权人的利益，可依法赋予物权人向侵夺人直接行使返还请求权，此为"物上代位权"之一。① 此种"物上代位"除基于债权性的占有媒介关系外，亦应包括物权性的占有媒介关系，比如因质押而形成占有媒介关系。但是"物上代位"亦毕竟为"代位"而已，其实质亦只允许基于物权和现实占有而存在一个原物返还请求权或者占有物返还请求权。在前述的学说中，原物返还请求权抗辩抵销说与占有人原物返还请求权位序劣后说均存在违反禁止重复诉讼原则的情形：在前者，允许占有人以占有物返还请求权抗辩侵夺人的占有物返还请求权，其实质与允许两个诉讼标的相同的占有之诉同时进行无异；在后者，允许占有人于侵夺人占有返还之诉胜诉后，劣后提起占有物返还请求之诉，其实质亦是允许重复诉讼。重塑后的交互侵夺规则即不宜允许重复诉讼的存在，由于已经将占有物返还请求权配置给因再次侵夺而丧失占有的侵夺人，侵夺人据此提起占有之诉回复其占有的，占有人虽然因此而再次丧失占有，但是并非因"侵夺"而丧失，即不享有占有物返还请求权，亦不复享有占有物返还之诉权。

（3）通过诉讼确认的所有权或者其他物权具有事实保有或者回复占有的效力。尽管不能于占有之诉中，以所有物返还请求权或者其他物权返还请求权为抗辩，但是本权之诉可以反诉或者独立之诉的方式平行进行，其胜诉的结果虽然不能在占有之诉中作为抗辩理由被法院采纳，但是在执行层面，于交互侵夺法律关系中，却可以事实上抵销占有物返还请求权的效力，

---

① 参见孙宪忠《中国物权法总论》（第4版），法律出版社，2018，第470页。

使得既定的占有归属状态得以维系；如果本权之诉发生在占有之诉之后且胜诉，则依胜诉的结果，在欠缺占有媒介关系或者其他正当阻却事由的情况下，本权人可依本权取回占有，侵夺人不得直接或者单纯依占有对抗本权。

五　结语

旧的秩序与新形成秩序常起冲突，这不仅反映在本权与占有之中，亦反映在旧的占有与新的占有之关系中。一边倒的维系旧的占有秩序，还是兼顾保护新的占有秩序，是交互侵夺规则民法解释论要解决的难题。在旧的占有秩序已有既定的保护手段（例如本权保护）时，对新的占有秩序施以一定程度的保护，可以起到维系社会秩序的作用。如果任由旧占有秩序中的占有人以自力取回的手段进行"自助"——旧有的几种民法解释论体现了这一倾向，正常社会秩序可能因之无法得到维持。

在我国民法典现行的规范体系之下，由于交互侵夺下的自力取回不在正当防卫范畴内，亦不在自助规则的范畴内，且《民法典》第462条亦对自力取回持不支持之立场，对其全面排除乃是符合理性的选择。在排除占有人自力取回权的基础上，为维系既定的社会秩序，又基于占有乃事实，不宜为价值评判的基础性法教义，赋予侵夺人以占有物返还请求权，此种规范配置具有当然的正当性。但是，对于在交互侵夺中因行使占有物返还请求权回复占有的侵夺人，亦不宜终局性地令其保有因非法侵夺而取得的占有，占有人固得以通过诉讼确认的本权为消极之抵销或者依本权回复占有。在交互侵夺规则的解释论建构上，法价值选择的正当性评判与占有保护的基础性法教义之坚守，应并行不悖。

我国民法实务中，类似于深圳市中级人民法院的"胡某与冯某物权保护纠纷上诉案"，以及青岛市中级人民法院的"姜某妍与贾某涛等财产损害赔偿纠纷上诉案"中的司法处置方式应是司法实务之常态，即以本权直接抗辩占有人之占有物返还请求权。然而自法理层面，只要认为法学尚属科学，即不应与此现实司法状态相妥协，而应对交互侵夺之法理予以剖析清楚，并将对此类案件的处理建立在科学的法理之上。

论定作人的监督权

——《民法典》第 779 条的解释论

张博宬[*]

内容提要： 依照承揽合同的一般理论，承揽人以交付工作成果作为向定作人承担瑕疵担保责任的时间起点。按此逻辑，当承揽工作完成前已经或将要产生瑕疵之时，定作人即使已经发现，其对承揽人也并不享有某种预防性的请求权。我国《民法典》第 779 条规定了定作人有权在承揽工作进行中对承揽人进行监督检验，这为定作人提前介入承揽人的履行瑕疵提供了可能。但是，定作人的监督是否能作为一项权利，其具体实现方式为何，第 779 条均未予以直接回答，需要进行解释论上的作业。明确第 779 条在承揽实务上的意义，能为定作人提供一条在承揽工作完成前已现或将要产生瑕疵时，提前介入的救济路径。

关键词： 承揽合同　定作人监督权　工作成果的交付　瑕疵预防

一　问题所在：定作人何以需要监督权

承揽合同，是承揽人通过与定作人订立债权契约，约定前者完成一定之工作，后者则给付报酬[①]的一种劳务合同类型。承揽合同系以完成双方约定之工作内容，达成相应结果的债权合同，属于一种结果之债。因此，倘若承揽人没有完成工作成果，即使提供了劳务，也不能向定作人要求报

---

[*] 张博宬，清华大学法学院 2019 级民法学专业博士研究生。
[①] 参见林诚二《债法各编新解：体系化解说》（中），瑞兴图书股份有限公司，2015，第 58 页。

酬并依法承担违约责任。①

承揽人须对定作人承担瑕疵担保责任。我国台湾地区学者林诚二教授认为，承揽人的瑕疵担保责任主要包括三项内容：品质瑕疵之担保、价值瑕疵之担保、效用瑕疵之担保。② 从承揽的一般理论展开分析，承揽人若最终未能完成工作，则不享有报酬请求权，且须对工作成果承担瑕疵担保责任。因此，必须保障承揽人工作的独立性不受不当干扰，正如日本学者我妻荣教授所说，承揽人作为一个具有专门技能的独立企业家，并不受定作人的支配。③ 基于以上的理论逻辑，定作人是否应当对承揽人享有监督性质的权利，首先就是一个值得论证的问题，毕竟在绝大多数的承揽中，承揽人较定作人对承揽工作更为专业，定作人监督承揽人，从本质上讲属于一种"外行监督内行"的行为，监督的效果值得怀疑，似乎更多的只是给承揽人添乱。

然而，如果不对承揽人这种作为专家的独立性予以适当的限制和监督，则难免造成定作人权利的受损。实际上，实务中承揽人出于自身利益的考虑，侵害定作人合同利益的案件并不鲜见，常见的具体类型包括：承揽人使用不合双方约定的材料④、承揽人拖延工期情形严重⑤、分阶段履行的合同中已经完工的部分经验收不符约定⑥等等。根据我国《民法典》第781条⑦的规定，瑕疵担保责任自承揽人交付工作成果产生。第779条规定，承揽人在工作期间，应当接受定作人必要的监督检验。定作人不得

---

① 参见王利明《合同法研究》（第3卷），中国人民大学出版社，2015，第405页。
② 参见林诚二《债法各编新解：体系化解说》（中），瑞兴图书股份有限公司，2015，第104~105页。
③ 参见〔日〕我妻荣《我妻荣民法讲V3·债权各论》（中卷二），周江洪译，中国法制出版社，2008，第117页。
④ 典型案例如：内蒙古自治区巴彦淖尔市中级人民法院（2020）内08民终101号民事判决书、辽宁省沈阳市中级人民法院（2019）辽01民终4288号民事判决书等。
⑤ 典型案例如：山东省高级人民法院（2020）鲁民终717号民事判决书、海南省高级人民法院（2019）琼民终231号民事判决书等。
⑥ 典型案例如：江苏省南通市中级人民法院（2019）苏06民终2857号民事判决书、浙江省温州市中级人民法院（2018）浙03民初859号民事判决书等。
⑦ 《民法典》第781条：承揽人交付的工作成果不符合质量要求的，定作人可以合理选择请求承揽人承担修理、重作、减少报酬、赔偿损失等违约责任。

因监督检验妨碍承揽人的正常工作。若定作人依本条在承揽人工作进行中对其监督时，发现已经或即将产生瑕疵之时，定作人是否对承揽人享有某种预防性的请求权呢？若没有，这种监督的意义何在？在瑕疵程度较为严重时，定作人固然可通过预期违约制度主张解除合同，但若定作人不欲解除合同，而是希望在履行期届至前介入承揽人的瑕疵履行挽救合同的履行，预期违约制度便无能为力了。此时，一种生发于定作人监督的预防性请求权就显得颇为必要。

这种权利的存在逻辑是以监督权为前提的，因此，有必要先对定作人监督权的性质进行分析。

二 定作人监督权的性质
——工作成果交付前的督促型权利

我国《民法典》第770条[①]在描述承揽合同的概念时，使用了"交付工作成果"这一表述，此处应对"交付"这一概念做宽泛理解，实践情况中的如美容美发、翻译、演说、导游、教育等服务型的承揽中，劳务的给付均具有无形性，并无严格意义上的交付行为。日本学者我妻荣认为，承揽以对工作的完成支付报酬为要素，在这一点上，承揽区别于以他人劳务为标的的、广义上的劳务给付契约中的其他契约，特别是雇佣和委托。[②]山本敬三教授提出，在定义承揽合同时，应充分考虑无形承揽的特征。[③]

但无论是否有交付行为，从第770条的文义上看，承揽人瑕疵责任的产生是在工作成果的完成之后这一点，不生疑义。那么在工作成果完成之前，或者说是在承揽工作进行中已经或即将产生瑕疵之时，为了保障定作人的合同利益和避免社会资源的浪费，同样有必要给予定作人一种提前介

---

① 我国《民法典》第770条：承揽合同是承揽人按照定作人的要求完成工作，交付工作成果，定作人支付报酬的合同。承揽包括加工、定作、修理、复制、测试、检验等工作。
② 参见〔日〕我妻荣《我妻荣民法讲V3·债权各论》（中卷二），周江洪译，中国法制出版社，2008，第70～71页。
③ 参见新井誠、山本敬三编『ドイツ法の継受と現代日本法―ゲルハルド・リース教授退官記念論文集』，日本評論社，2009，第505页以下。

人的权利,这是定作人监督权存在的基础逻辑。

有观点认为,承揽与雇佣表面上的最明显区别是合同标的不同,前者为劳动成果,后者为劳务。① 但笔者认为,这并非二者最本质的区别,这两类合同的本质区别应是提供劳务的一方对于其工作的自主性强弱的不同,或者说在提供劳务时是否受到对方的指挥和控制。承揽人是无须接受定作人的指挥和控制的,这需要在讨论监督权时,首先将监督与指挥做明确辨析。

(一) 监督权不等于"指挥权"

实务中的一些法院在认定合同类纠纷的合同性质为承揽合同后,在判决书中除了定作人的监督权之外,还出现了诸如"定作人指挥权"这种概念的情况。② 究其原因,仍是对这两类合同的本质理解不清所造成的。在另一些案例中,人民法院清晰地看到了这种监督的本质,认为其并不等于指挥或控制,即使定作人全程在现场监督承揽人的工作,也无权对承揽人进行指挥或控制。③

在承揽关系中,承揽人最根本的合同义务,是基于其自身的专业性和经验,按照承揽合同的约定独立完成工作,这也是承揽人承担瑕疵担保责任的前提。定作人同样是出于对承揽人专业性的信赖,与之订立承揽合同,指定其完成特定的承揽工作。在绝大多数的承揽情形中,承揽人在该领域的专业性远胜定作人,如果将定作人的监督权拓展理解为"指挥权",这不仅将对承揽人独立完成工作造成影响,更会使瑕疵担保责任丧失其存在的法理基础。

申言之,若定作人得以动辄对承揽人的工作指手画脚甚至是予以"指挥",必将导致承揽人完成工作的独立性遭到干扰和破坏。进一步分析,若承揽工作是在定作人"指挥"下完成的,工作成果一旦存在瑕疵,如何

---

① 参见刘千军、谢彬《雇佣与承揽的区别及责任承担——重庆市五中院判决陈伟诉郭宗寿等财产损害赔偿纠纷案》,《人民法院报》2013年5月23日,第6版。
② 广东省东莞市中级人民法院(2020)粤19民终7488号民事判决书。
③ 吉林省高级人民法院(2016)吉民申1299号民事判决书。

确定瑕疵的存在系出于承揽人一方的原因（而非由于定作人的"瞎指挥"），并要求承揽人承担瑕疵担保责任呢？承揽人依其工作性质，享有相当程度上的独立性，天然不应接受定作人的"指挥"，这是由承揽的本质属性决定的。

因此，必须划定定作人监督权的边界，对其进行相应限制。《民法典》第779条规定的定作人监督权从性质上讲，只是一种基于合同约定或工作性质的、在必要范围内的督促型权利。监督不能影响承揽人的正常工作，在时间上贯穿承揽合同履行的始终，但仅在承揽人的工作与约定明显不符，或该工作性质出现从外部可见的明显不符时，才能产生相应的后果。

（二）定作人在行使监督权时的义务

关于定作人监督权的行使，有以下两个问题值得讨论：第一，若定作人拒绝对承揽人进行监督，是否构成对某种法定义务的违反？第二，若定作人通过监督发现了承揽工作瑕疵的存在，是否有告知承揽人的法定义务？

针对以上问题，首先需要明确的是，监督权是定作人享有的一项法定权利，而非义务。因此，定作人原则上并不负有对承揽人监督检验的义务。在我国的司法实践中，一些法院将定作人通过监督发现瑕疵后，而未通知承揽人的情形认定为定作人违反了"监督义务"，[①] 这是一种对监督权的误读。但应肯定的是，在定作人行使了监督权，发现了瑕疵但未告知承揽人的情况下，其应承担相应的责任，或者说，至少是对其自身的不利后果。

在"包头市东风绿宝园林绿化有限公司与王某、李某等建设工程施工合同纠纷案"[②] 中，定作人在承揽人施工过程中，发现了其所用的施工材料与合同约定不符，但并未提出异议或进行阻拦，此后又以材料不符约定为由拒绝支付工程款并要求返工，法院对此未予支持。当定作人发现了瑕

---

① 典型案例如：广东省广州市中级人民法院（2017）粤01民终8123号民事判决书。
② 内蒙古自治区巴彦淖尔市中级人民法院（2020）内08民终101号民事判决书。

疵但未提出异议时，应认为其已经丧失了基于监督权享有的权利，应承担由此给己方所造成之不利益。

若定作人发现承揽人的工作存在瑕疵，且严重程度达到了可能导致工作无法如约定完成的，或将导致承揽人为履行合同须花费更多成本的，或可能给承揽人或第三人造成危险且该风险异常而无法合理期待承揽人及时发现的，则依据《民法典》第509条第2款的诚信原则，定作人负有通知承揽人的义务。①

综上所述，定作人通过行使监督权发现了瑕疵的存在之时，若瑕疵并非严重，且造成瑕疵的因素并非异常，以承揽人的专业性足以及时发现并解决的情况下，定作人不告知承揽人并不构成对诚信义务的违反，但须承担由此给己方所造成之不利益（诸如因承揽人后期返工造成的迟延履行损失等）。但若此种瑕疵严重至危及合同的履行，或造成瑕疵的因素异常，承揽人难以及时发觉的，则基于诚信义务的原理，定作人负有告知承揽人该瑕疵的义务，若不告知，则构成对诚信义务的违反。

（三）小结

定作人的监督权，作为一种与承揽工作的进行相始终的权利，其目的在于保障定作人按照合同约定或基于工作性质，对承揽人的工作进行监督和检验。在此过程中，需要注意以下两点。

1. 监督权作为一项法定权利，承揽人不得以双方未在合同中约定为由，拒绝定作人的监督，但监督权的行使应以必要为限，不得妨碍承揽人的正常工作。

2. 定作人通过监督检验发现问题或瑕疵时，应及时告知承揽人。倘定作人未履行告知义务，若被发现的问题或瑕疵的严重程度仅导致定作人自身利益受损（如导致工期延后等），则定作人应自行承担此种对己方不利益的后果。若被发现的问题或瑕疵可能导致承揽人或第三人受损，而定

---

① 参见王轶、高圣平、石佳友、朱虎、熊丙万、王叶刚《中国民法典释评 合同编·典型合同》（下卷），中国人民大学出版社，2020，第65~66页。

作人未予告知之时，基于《民法典》第509条第2款的诚信原则，可以认定定作人存在过错，需要承担相应的责任。

监督不等于指挥，定作人的监督权并不是一种定作人可以随时随处对承揽人"指手画脚"的权利。承揽人并不受定作人的控制和支配，承揽人进行工作时所采用的方法、顺序等即使与该行业的一般方式有所区别，作为独立的工作者，承揽人也不应被定作人干扰。只有在达到必要的情形和场合下，监督权才能被启动。

从比较法的角度分析，这种授予定作人的针对瑕疵的预防性请求权，在《瑞士债务法》第366条第2款①、我国台湾地区"民法"第497条②中均有涉及，2002年债法现代化改革前的《德国民法典》中也曾设有相关规定。③ 接下来，本文将从比较法的角度上对这一权利的设计展开进一步的观察和分析。

三 定作人对瑕疵的预防性请求权
——比较法的观察视角

（一）德国法

2002年债法现代化改革前的《德国民法典》（以下简称"德国旧民法"）第634条第1款中曾规定，当瑕疵在工作成果被交付前已经存在时，

---

① 《瑞士债务法》第366条第2款：在工作进行中，因承揽人的过错，明显可预见工作有瑕疵或有其他违反契约之情事者，定作人得规定或诉请法院规定相当期限，请求承揽人改善或履行其工作，承揽人不在该相当期限内改善或履行其工作者，定作人得将其工作交由第三人改善或继续之，其危险和费用，由承揽人负担。
② 我国台湾地区"民法"第497条：工作进行中，因承揽人之过失，显可预见工作有瑕疵或有其他违反契约之情事者，定作人得定相当期限，请求承揽人改善其工作或依约履行。承揽人不于前项期限内，依照改善或履行者，定作人得使第三人改善或继续其工作，其危险及费用，均由承揽人负担。
③ 德国2002年债法现代化改革前，其"旧民法"第634条第1款中规定：当瑕疵在工作成果被交付前已经存在时，定作人可以指定相当期间令承揽人除去瑕疵。若承揽人未在此期间内除去瑕疵，期间经过后定作人可以主张解除合同、减少报酬，且可以承揽人的债务不履行提起损害赔偿请求。

定作人可以指定相当期间令承揽人除去瑕疵。若承揽人未在此期间内除去瑕疵，期间经过后定作人可以主张解除合同、减少报酬，且可以承揽人的债务不履行提起损害赔偿请求。德国旧民法第633条第3款中规定，承揽人除去瑕疵陷入迟延时，定作人可自行除去该瑕疵，因此所生之必要费用可向承揽人请求偿还。

以上规定表明，德国旧民法中存在定作人享有的瑕疵预防性权利，行使这一权利首先要求定作人指定相当期间令承揽人除去瑕疵，在此期间经过承揽人未除去瑕疵的情况下，定作人可选择接受存在瑕疵的工作成果并请求减少报酬，或解除合同，并同时可以请求损害赔偿。在德国民法学界存在争论的是，在工作成果交付之前，或者说是在履行期到来之前，是否应承认定作人对已经产生的瑕疵拥有"自力修复权"。①

司法实践的立场方面，德国联邦最高法院（BGH）于1993年11月16日的判决②中认为，在工作成果交付前，只有当承揽人已经对瑕疵的除去表达了"真诚且终局性"的拒绝，才可以承认定作人的这种权利。其理由为：定作人的自力修复权，应以存在给付迟延为前提，作为对德国旧民法第633条、第634条进行体系解释的结论，承揽人在双方约定的履行期届满前，原则上不存在给付迟延的情形。换言之，在旧法的体系下，对于在工作成果交付之前产生的瑕疵，只有在定作人已经不可能期待承揽人修补（即承揽人表达了真诚且终局性的拒绝）的情况下，才作为例外的认可定作人的自力修复权，此时定作人的自力修复权被承认，且无须等待履行期到来。

在债法现代化改革后，在交付（Abnahme）的概念问题上，通说仍认为其是指定作人"对承揽人就承揽合同本质义务的履行符合合同约定"的一种承认（Billigung），这一观点的支配地位并未改变。③ 然而应以什么时间点作为瑕疵责任及瑕疵请求权产生的起点，则有以下四种主要学说。

---

① Vgl. Joussen, Mängelansprüche vor der Abnahme, BauR 2009, 319.
② NJW 1994, 942 = BauR 1994, 242.
③ Schwenker, in: Handkomm., BGB, 12. neu Aufl., 2008, S.2679; Mansel, in: Bürgerlichen Gesetzbuch, 15. Aufl., 2014, S.975; jurisPK/Genius, §640 Rn. 8.

学说一，以交付或风险转移为其起点。这种学说是目前德国学界的通说，即主张以承揽人将工作成果交付给定作人作为瑕疵担保责任规定开始适用的判断时点。① 另外，在定作人受领迟延造成风险转移的情况下，即使工作成果尚未实际交付，仍可适用《德国民法典》第634条（瑕疵存在时定作人之权利）以下的规定。② 由此看来，此种观点下瑕疵责任产生的时间判断标准，并非交付，实际上是风险的转移。③

学说二，以承揽人工作完成之时作为其起点。这种观点认为，瑕疵责任成立的时间点，并非起始于真实的交付，而是从定作人角度看来工作成果已经完成，处于"可交付的状态"（Abnahmereife）之时。④ 其理由是，工作成果是否存在瑕疵，唯有当工作成果已经存在之时才可能进行检查和判断，此时对于工作成果是否符合双方承揽合同之约定，应由定作人通过检查决定。⑤

学说三，以双方约定的工作完成之日作为起点。这种观点认为，瑕疵责任和瑕疵请求权的起点原则上应是双方在合同中约定的工作完成之日。⑥

学说四，不以工作完成的角度做具体的时间点区分，而是自工作开始即为定作人瑕疵请求权产生的起点。这种观点主要受到学者福维克（Vorwerk）的支持。⑦ 福维克认为，瑕疵担保法失去了对一般意义上的履行障碍法的特别地位，应将之从基于德国旧民法而享有的有限性中剔除，从这种视角看来，交付不应再作为一般履行障碍法和瑕疵担保法的边界。学者魏斯（Weise）支持这一观点，并在此基础上分析认为，债务法现代化改革后，原来作为区分边界性质的时间点的交付或称履行期，不再具有当然

---

① Sven Hartung, Die Abnahme im Baurecht, NJW 2007, 1099.
② Folnovic, Sind werkvertragliche Mängelansprüche in der Herstellungsphase des Werks ausgeschlossen?, BauR 2008, (Fn. 564), S. 1364.
③ Folnovic, a. a. O. , (Fn. 564), S. 1360.
④ Beck'scher VOB-Kommentar Vergabe-und Vertragsordnung für Bauleistungen Teil B, 3. Aufl. , 2013, §4 Abs. 7 Rn. 6.
⑤ MünchKommBGB/Busche, §634 Rn. 3.
⑥ Sienz, Die Neuregelungen im Werkvertragsrecht nach dem Schuldrechtsmodernisierungsgesetz, BauR 2002, (Fn. 567), S. 184.
⑦ Vorwerk, Mängelhaftung des Werkunternehmers und Rechte des Bestellers nach neuem Recht, BauR 2003, (Fn. 328), S. 9f.

的正当性，再坚持此种时间点上的区分已无必要。①

笔者认为第四种学说格外值得关注。在承揽工作进行中已经产生了瑕疵时，若承揽人对于瑕疵的除去表达了终局性的拒绝，或者定作人已有充分的根据认为承揽人已无法除去该瑕疵时，便无须再以交付或风险转移进行判断时点上的区分，即使在履行期到来之前，也可以允许定作人行使瑕疵请求权，此时的瑕疵请求权就被赋予了预防性的功能。这种观点，在目前仍以交付为瑕疵责任产生判断时点原则的德国学界，也已经作为对该原则的一种例外性的补充，得到了很多学者的支持。②

这种例外被承认的原因之一在于，即使在承揽工作成果被完成并交付之前，对于其已经产生的瑕疵，同样有保护定作人利益的必要。具体方式为，在承揽工作进行阶段所生之瑕疵，允许定作人确定相当期间，令承揽人于该期间内进行修补（追完请求权）。若承揽人在期间内修补完毕自无问题，若承揽人未予理会或未完成修补工作，则允许定作人自行修补，所生之费用由承揽人负担。这种处理方式对于保护定作人的合同利益而言，具有重大意义。③

（二）瑞士及我国台湾地区的瑕疵预防请求权

《瑞士债务法》第366条第2款规定：在工作进行中，因承揽人的过错，明显可预见工作有瑕疵或有其他违反契约之情事者，定作人得规定或诉请法院规定相当期限，请求承揽人改善或履行其工作，承揽人不在该相当期限内改善或履行其工作者，定作人得将其工作交由第三人改善或继续之，其危险和费用，由承揽人负担。④

此处所说的"明显可预见工作有瑕疵"，指当工作完成时将会显现出瑕疵，而本条中"因承揽人的过错"，学说中认为应当作广义上的理解，即只要瑕疵并非系定作人提供的原料瑕疵所造成或因定作人的指示而产

---

① Weise, Mängelrechte vor der Abnahme, NJW-Spezial 2008, (Fn. 550), S. 76.
② Folnovic, a. a. O., (Fn. 564), S. 1363, 1366; MünchKomm /Busche §634 Rn. 4.
③ MünchKommBGB /Busche, §634 Rn. 4.
④ 参见《瑞士债务法》，戴永盛译，中国政法大学出版社，2016，第176页。

生，且定作人对瑕疵无过失时，即可认定为此处的承揽人有过错。[1] 另外有学说认为，承揽人于相当期间内未修补瑕疵，且满足以下情况之一的，定作人可以解除合同：完成无瑕疵工作已属客观不能，工作之完成重视承揽人个人的某种资格（承揽人实际不具备该资格），工作即使交由第三人改善或继续也无法按时完成，或第三人改善、完成工作也无法达成合同目的。[2]

我国台湾地区"民法"第497条的规定方式整体上与《瑞士债务法》第366条第2款一致。台湾学者詹森林教授在对该条进行解说时认为："工作虽尚未完成但已发生瑕疵，且该瑕疵性质上不能除去，或瑕疵虽可除去，但承揽人明确表示拒绝除去，或考量时间及费用因素，显可预期承揽人不能于清偿期前除去者，则继续等待承揽人完成工作，已无实益，甚至反而造成瑕疵损害之扩大。故于此情形，应允许定作人得例外在工作完成（及交付）前，主张瑕疵担保权利。"[3]

(三) 小结

从上述的比较法观察可以看出，对于定作人对瑕疵提前介入的问题，在德国旧民法中曾设有相关规定，后因德国在债法现代化改革中对一般履行障碍法和瑕疵担保法的关系进行调整而被删去。瑞士和我国台湾地区，更是直接设定了瑕疵预防请求权。此种瑕疵预防请求权的原理在于：在承揽工作进行中已经或将要产生瑕疵，且这种瑕疵被定作人发现之时，应承认定作人拥有出于保护其合同利益而提前介入瑕疵的权利。换言之，此时需要将以承揽人交付工作成果为产生起点的定作人瑕疵请求权适当前移，允许其在发现此种瑕疵之时，在工作进行中提前介入承揽人的履行，通过设定相当期间的方式，催告承揽人修补瑕疵，期间经过承揽人仍未修补时，定作人可将承揽工作转交第三人履行，并通过令承揽人承担费用的方

---

[1] Gaudenz G. Zindel/Urs Pulver, in: Kommentar zum Schweizerischen Privatrecht, Obligationenrecht, 1992, Art. 366, N. 32, 35.

[2] Zindel/Pulver, (Fn. 49), Art. 366, N. 40–41.

[3] 参见詹森林《承揽瑕疵担保责任重要实务问题》，《月旦法学杂志》2006年第129期，第14页。

式保护定作人的合同利益。

上述瑕疵预防请求权的原理，可以为我国《民法典》第 779 条的定作人监督权实现提供路径上的借鉴意义。

四 得以行使监督权的瑕疵类型初探

定作人得以行使监督权的原则，应是承揽人的工作出现了明显不符合同约定的情形，且应是达到了一定的严重程度。换言之，即使定作人对于承揽工作而言是"外行人"，也能明确发现承揽人的工作不符合约定之时，监督权方能发挥功效。

（一）承揽人使用的材料不符合约定

在"包工包料"型的加工、定作等涉及需要承揽人提供材料的承揽合同中，材料是否符合双方约定，对于最终工作成果产生决定性的影响。若定作人发现承揽人正在使用或者拟使用的材料不符合双方约定，足可认为必将导致瑕疵的产生，定作人可立即介入，督促承揽人更换符合约定的材料，对瑕疵进行补救，如瑕疵已无法补救，则可解除合同。

在"青海长丰建设工程有限公司与山东建通工程科技有限公司承揽合同纠纷案"[①] 中，承揽人使用了不符合双方约定的防水卷，在施工中被定作人发现。二审法院在事实认定部分对此予以了认定，并在此基础上认可了定作人解除合同的诉请。本案中的定作人基于预期违约制度请求解除合同，得到了法院的支持，但倘若其诉求并非解除合同，而是请求承揽人更换材料，则即使是在双方约定的履行期到来之前，也可通过对《民法典》第 779 条的解释达到这一效果。

在由承揽人提供材料的承揽中，材料符合双方约定同样是合同顺利履行的基础，倘若材料不符合要求，承揽工作的完成完全无从谈起。承揽人使用的材料不符合约定时，定作人有权基于监督权，要求承揽人暂停工

---

① 青海省海西蒙古族藏族自治州中级人民法院（2020）青 28 民终 548 号民事判决书。

作，令其更换符合约定的材料。

（二）承揽人的工作进度显著落后于双方约定

《意大利民法典》第1662条前半段规定：定作人有监督工程的进展而且以自己的费用检查其状态的权利。① 由此可见，工程进度原本就是意大利民法中定作人监督权的基本对象。

在"王某诉上海味股达信息科技有限公司承揽合同纠纷案"② 中，定作人提出，双方约定的网页设计开发合同应在合同签订后一个月内完成。但承揽人在进行设计开发的过程中，不仅进度严重落后于合同约定，且在常规状态下需要两名设计师才能完成的工作，承揽人仅安排了一名设计师负责，这导致定作人丧失了对方在约定的时间完成工作的合理期待。在双方多次沟通无果后，定作人依据原《合同法》第94条提出了解除合同的诉请。然而原《合同法》第94条系对法定解除权的规定，该条中规定的迟延履行主要债务导致合同解除，一般情况下应限于对已届履行期之合同主要债务的迟延履行，而本案中的承揽合同工作成果尚未届至双方约定的交付期。

上海市松江区人民法院虽然在判决中驳回了定作人的这一诉请，但其驳回该诉请的理由是：定作人未能证明承揽人落后于计划表的工作系承揽合同的主要债务。在《民法典》的视野下，如果定作人是基于《民法典》第779条提出解除合同的诉请，并且证明了承揽人的工作显著落后于合同约定的进度，其解除合同的诉求是否能够获得法院的认可呢？

笔者对此持肯定意见。定作人基本的合同利益是承揽人按照约定完成工作，具体到本案而言，即承揽人在约定的期限内完成符合约定功能的网页设计工作。在承揽人严重落后于约定日程，且安排的工作人手明显不足

---

① 参见《意大利民法典》，陈国柱译，中国人民大学出版社，2010，第293页。
② 上海市松江区人民法院（2014）松民二（商）初字第265号民事判决书。

以追赶进度的情况下,应当认定在当前情况下,定作人对承揽人如期完成工作无法怀有合理期待,定作人有权催促承揽人进行补救,增加人手以追赶工期。若承揽人对定作人的催促无动于衷,定作人因丧失对合同履行的合理期待,有权通过监督权保障己方的合同利益。

类似案例如"东莞市奥雅景观绿化工程有限公司与深圳新宏泽包装有限公司建设工程施工合同纠纷案"①。定作人提出,承揽人存在严重拖延工期的情形,在定作人设定的 10 个月的宽限期届满后,承揽人仍未完工。这种严重落后于工程进度,且经定作人指定合理期限仍未改正的行为,已导致定作人丧失了对承揽人的信赖,法院支持了定作人解除合同的诉求。倘若本案中定作人的诉求并非解除合同,而是在合理期限届满后,通过自力救济的方式(如将承揽工作转交第三方)完成承揽合同,同样需要监督权发挥其功能。

(三)已经完工的部分严重不符合约定

在一些承揽人分阶段完成承揽工作并交付定作人验收的合同类型中,对于按照性质已完工的部分,若其严重不符合双方约定,定作人有权介入并行使监督权,设定相当期间要求定作人立即予以修补,在期间经过后仍未修补的,可以行使监督权。当然,瑕疵同样应达到足以危及合同目的达成的程度。

在阶段上的可分性使得在全部工作完成前对部分工作的验收具有合理性,此时承揽人不得再以工作尚未全部完成为由,拒绝对存在瑕疵的已完成部分的修补。定作人有权指定相当期间令承揽人进行修补,如在期间经过后仍未完成修复的,定作人享有下文中论及的诸如解除合同、接受瑕疵工作成果并要求减价、自力救济等权利。

(四)小结

在上述的材料不符合约定、进度显著落后于双方约定、已完工部分严

---

① 广东省深圳市中级人民法院(2016)粤 03 民终 3126 号民事判决书。

重不符合约定三种情形出现时,定作人有权行使监督权,进而提前介入承揽合同的履行,确定合理期间,要求承揽人修复瑕疵。

在这三种情形中,之所以须对后两种加上"显著""严重"等限定性词语,系出于对承揽人独立工作这一特点的尊重。虽然在承揽人使用的材料不符合约定的情形中,几乎必然导致合同陷入重大瑕疵,但在一定范围内的工作进度落后于约定、已完工部分存在瑕疵的情形中则有所区别,并不必然导致承揽合同陷入危机。因此,在后两种情形出现时,必须判断其严重程度,只有在足以危及合同目的达成时,定作人才可通过行使监督权介入承揽人的履行,否则,从利益衡量的角度出发,仍应以尊重承揽人的独立自主工作为重。

总体而言,在上述三种情况确实出现之时,应当承认足以造成定作人对承揽合同的履行产生了合理担忧。换言之,此时承揽合同的履行已陷入危殆,有必要允许定作人立即介入承揽人的瑕疵履行,在合同彻底陷入僵局或履行不能的局面之前,尽可能挽救合同。

五 监督权的具体内容

(一) 请求承揽人修复瑕疵

《民法典》第781条规定,承揽人交付的工作成果不符合质量要求的,定作人可以合理选择请求承揽人承担修理、重作、减少报酬、赔偿损失等违约责任。在此需要阐明的是,虽然《民法典》将修理、重作、减少报酬、赔偿损失并列规定,但"合理选择"意味着对这四项权利的行使存在相应的先后顺序,并非完全任由定作人选择。

对瑕疵的修复请求权是定作人瑕疵请求权的基础内容,在德国、日本等国,当承揽工作存在瑕疵之时,均以由承揽人对瑕疵进行修复为先。此不难理解,承揽人对于自己的工作成果较他人更为熟悉、具有更强的专业性,在修复瑕疵时也多比第三方更为迅速、高效。因此,由承揽人修复瑕疵通常是成本最低的方式,这对承揽人而言也存在一种经济上的利益,德国的学界通说认可这种利益的正当性。① 对瑕疵的修复和重作之间，并非对立关系，从德国的一些判例②可以看出，当瑕疵严重到一定程度时，便很难从外部分辨修理和重作了，可以说，重作只是修理的一种特殊形式罢了。

对于定作人瑕疵修复的请求，承揽人原则上不得拒绝。但修复瑕疵所需的费用过高时，作为例外，德国、瑞士等国立法规定了承揽人有拒绝修复的权利。对此问题，《日本民法典》在2017年之前，虽然于第634条第1款同样规定了承揽人有权拒绝，但加上了"于瑕疵非重要"这一项限定条件。③

在2017年的日本民法（债权部分）修订中，在日本的法制审议会民法（债权关系）部会上，对这一问题有所讨论。审议会认为，根据《日本民法典》第634条第1款的规定，在承揽中所生的瑕疵为"重要"的情况下，即使修复该瑕疵所需的费用过高，定作人原则上仍对承揽人享有瑕疵修复请求权。但在日本民法学界一直存在着批评的声音，即认为当这种费用与承揽合同的报酬相较明显过高，且这种负担是在合同订立之初无法预料到的，便不应让承揽人承担这种损失。④

这种反对意见最终被审议会采纳，修改后的《日本民法典》第634条第1款去掉了"于瑕疵非重要"这一限制，换言之，依现行的日本民法，无论瑕疵是否重要，只要修补所需的费用与合同中的承揽人报酬相较显著过高，就承认承揽人有权拒绝修复瑕疵。由此看来，日本在立法层面上采取了与德国、瑞士一致的方式。

除了这一例外的情形，在定作人确定的相当期间经过之后，若承揽人未修复瑕疵，定作人有权选择减少报酬、解除合同或者自力救济（包括将承揽工作交由第三方）并由承揽人负担所生费用。

根据德国旧民法第634条的第1款，定作人设定的合理期间经过且承揽人未修补瑕疵时，定作人的瑕疵除去请求权随之丧失，此后定作人仅可

---

① Staudinger/Peters/Jacoby，2014，§634 Rn. 36.
② BGHZ 96，111.
③ 参见陈自强《从法律继受观点看承揽瑕疵规定》，载陈自强等著《承揽专题》，元照出版有限公司，2016，第44页。
④ 参见日本法制審議会民法（債権関係）部会（2012），部会资料46，第14~15页。

主张解除合同、减少价款以及损害赔偿。新法修改了这一规则,允许定作人自力修复瑕疵并由承揽人承担相关费用。

在此需要阐明的是,根据德国的民法理论,当定作人设定的合理期间经过后,虽然承揽人由于未在此期间内修补瑕疵而丧失了修补权,但定作人并未因此丧失对承揽人的瑕疵修补请求权,这也是德国新债法的变化之一。日本学者石崎泰雄分析认为,这种变化体现了德国债法现代化改革中,对设定相当期间承揽人的第二次提供(zweiten Andienung)机会的承认,并将承揽与买卖一体化规定的思路。[①]

在监督权的实现过程中,请求承揽人修复瑕疵在原则上仍是第一性的权利,即除非瑕疵已严重到无法修补的程度,否则定作人必须先要求承揽人修复瑕疵来救济自身的合同利益,而不能直接请求本节下文提及的其他权利。

(二) 减少报酬

当瑕疵的修复已属不能或承揽人拒绝修复瑕疵之时,若瑕疵不至对合同目的的实现产生决定性影响,定作人在原则上仍无法解除合同。但是,对于瑕疵的存在而导致工作成果价值的降低,定作人可以主张减少相应比例的约定报酬,以达到双方合同利益的再平衡。包括我国《民法典》在内,德国、瑞士和我国台湾地区等的民事立法中均存在对减少报酬的具体规定,其内容虽有所区别,但都认可在定作人接受存在瑕疵、价值降低的工作成果之时,定作人有向承揽人主张减少其相应比例报酬的权利。

《日本民法典》对承揽工作瑕疵的处理方式并未包括减少报酬,而是规定在无法修补或者修补存在困难时,定作人须依照损害赔偿的方式向承揽人主张权利。[②]《瑞士债务法》第368条第2款[③]授予了定作人在减少报

---

① 参见石崎泰雄「瑕疵担保責任と債務不履行との統合理論－ウィーン国連売買契約.ドイツ債務法改正最終草案における理論構成」,早稲田法学70巻3号,1995,第294頁。
② 参见山本敬三『民法講義Ⅳ－2 契約』,有斐閣,2005,第683頁。
③ 《瑞士债务法》第368条第2款:承揽人交付的工作成果的瑕疵或对合同的违背并不很严重的,定作人按照价值减少的比例降低工作报酬;或者无须过分花费就能修复的,要求承揽人自费修复;承揽人有过错的,定作人还有权要求赔偿损失。

酬和瑕疵修补之间进行选择的权利（瑕疵未严重致使合同目的无法达成时）。我国台湾地区"民法"第494条①规定，承揽人不于定作人所定期限内修补瑕疵、拒绝修补或瑕疵无法修补者，定作人得解除合同或请求减少报酬。台湾学者陈自强教授认为，此条的规定虽然与德国旧民法第634条第1款的规定不尽相同，但基本精神一致，即瑕疵担保责任以瑕疵修补优先，唯有拒绝修补或不能修补时，方得请求减少报酬或解除契约。②

由此看来，定作人的减价请求权是一种第二性的权利，系在承揽人拒绝修补瑕疵或瑕疵无法修补，且瑕疵本身对工作成果为非重要的情况下，作为接受瑕疵工作成果的一种补偿，定作人可向承揽人主张的权利。

在实务中，减价请求权遇到的最实际问题即应减报酬额度的计算问题。要讨论这个问题，首先需要明确的是，在当今市场价格波动频繁的商品社会，应以哪个时间点作为价格计算的基准。

在这一问题上，德国旧民法第472条规定，针对买卖合同的减额请求权，应以合同订立之时为计算减价的时间标准。虽然旧法对承揽合同没有特别的规定，但在学说上存在着应适用买卖合同的合同订立时标准，与以工作成果交付之时为标准的对立。而在债法改革之后，在现行《德国民法典》第638条第3款之中，则明确了承揽合同与买卖合同相同，应以合同订立之时作为减价计算的时间标准。③

针对减额的实际计算问题，若将减少报酬后的实际应付额设为X，则在确定X的数值时，涉及以下三项关联项：设双方合同中的合意报酬（vereinbarter Werklohn）为A，存在瑕疵的成果物实际价值（real Wert）

---

① 我国台湾地区"民法"第494条：承揽人不于前条第一项所定期限内修补瑕疵，或依前条第三项之规定拒绝修补瑕疵或其瑕疵不能修补者，定作人得解除契约或请求减少报酬。但瑕疵非重要，或所承揽之工作为建筑物或其他土地上之工作物者，定作人不得解除契约。
② 参见陈自强《从法律继受观点看承揽瑕疵规定》，载陈自强等著《承揽专题》，元照出版有限公司，2016，第45页。
③ 针对德国债法现代化改革中的这种调整方式，日本学者冈孝在其论著『契約法における現代化の課題』，法政大学出版局（2002）中分析认为，其理由在于更为靠近交易双方订立合同之时的意思，如定作人低于市价订立了合同，则应在减价请求权中认可基于其能力而取得的有利条件，支持当事人的意思自治。

为 B，如承揽无瑕疵之时其应有的价值为 C（Sollwert），则 X 与 A 的比值，应等于 B 与 C 的比值，即此四者应满足以下关系：X/A = B/C。

换言之，在计算减少报酬后的应付报酬 X 时，其公式应为：X = A × B/C。

试举一例如下。甲乙双方订立一加工承揽合同，约定由承揽人乙为定作人甲手工打造一批硬木家具，合同约定报酬为 80 万元（A）。乙完成工作并交付后，经验收，甲发现家具存在瑕疵，专业人士评估认定存在瑕疵的家具市场价值为 75 万元（B），若在无瑕疵的情况下，该批家具的市场价格应为 100 万元（C）。

则此时，甲方最终应支付的价款 X = 80 万（A）×75 万（B）/ 100 万（C），得出结果为 60 万元，即甲方可请求减少乙方的报酬额为 20 万元。

在监督权实现的情形下，定作人可对已被发现的瑕疵进行评估，如瑕疵无法修补或承揽人拒绝修补瑕疵时，则在定作人接受工作成果之时，可向承揽人主张减少报酬额，这在实务中可以避免一些定作人支付货款后再主张减价的麻烦，有利于提高交易效率，减少诉累。

（三）定作人自力修复瑕疵——最具价值的内容

所谓定作人的自力修复，是指当工作成果出现瑕疵，且定作人确定的合理期间经过后，若承揽人仍未修复瑕疵，定作人便可自行修复瑕疵，并由承揽人承担由此产生的费用。我国《民法典》第 781 条中未设定作人自力修复的内容，但从司法实践的角度看，人民法院支持由承揽人支付定作人自行修复瑕疵费用的判例并不鲜见。

在"上海永格装饰工程有限公司与苏州壹诺美家具有限公司定作合同纠纷案"[1]中，定作人向承揽人定制了一批家具，后定作人通过现场照片证明，已经交付的部分工作成果（门板）存在损伤、不平整等问题，定作人自行修复了上述瑕疵。两审法院均支持定作人提出的由承揽人向其支付

---

[1] 江苏省苏州市中级人民法院（2020）苏 05 民终 3981 号民事判决书。

20000元修复瑕疵费用的诉请，以此作为对定作人自力救济的补偿。

再如"巴菲特装饰工程有限公司与杨某装饰装修合同纠纷案",① 定作人与承揽人签订房屋装修合同，承揽人交付的成果经鉴定机构检测，存在多处质量问题，整体质量不符合国家质量验收规范的要求。定作人认为承揽人履行合同严重不符合双方约定，不值得信任，故自行修复了瑕疵，并请求法院判令承揽人承担修复瑕疵所花费的全部费用。两审法院均支持了这一诉请，判决承揽人赔偿合理支出60余万元。

以上两个案例表明，我国的司法实践中不乏支持定作人自行修复并由承揽人支付相应费用的判例。当然，其裁判理由多是引用原《合同法》第262条，即《民法典》第781条中的"赔偿损失"，因此在判决书上多采用"赔偿定作人相应费用的损失"的表述。

定作人的自力修复并非没有任何限制条件。仍以上文提及的"王某诉上海味股达信息科技有限公司承揽合同纠纷案"为例，定作人在承揽工作进行中发现，承揽人的工作严重落后于双方约定的合同进度。此时，定作人可以设定合理期间，督促承揽人尽快按照约定进度完成网页设计工作。此时的合理期间一般早于承揽合同中约定的履行期，如承揽人的瑕疵修复已陷入迟延履行（承揽合同约定的履行期间已经经过）的境地，则应按迟延履行的相关规定处理。② 德国旧民法第633条第2款中规定，定作人自力修补瑕疵的要件之一为"承揽人对瑕疵的修复陷入迟延"，而新法中删去了这一要件，只要确定的合理期间经过，定作人就可以自力修补瑕疵。在期间经过之前，定作人不得将工作转交于第三人进行。

其原因在于，承揽人修复瑕疵不仅是义务，也是一种权利，且承揽人对瑕疵的修复和定作人的自力修复本身是相互排斥，不可并存的。③ 换言之，唯有当承揽人拒绝修复或在定作人设定的相当期间内未修复瑕疵时，定作人方可自力修复瑕疵，并由承揽人承担费用（或赔偿其费用损失）。具体的操作方式可借鉴《瑞士债务法》第366条第2款、我国台湾地区

---

① 浙江省金华市中级人民法院（2020）浙07民终1787号民事判决书。
② Honsell, (Fn. 53), S. 203.
③ MünchKommBGB/Busche, §634 Rn. 16.

"民法"第497条的规定。即定作人发现承揽工作中存在瑕疵时,若在设定的合理期限内承揽人未予修复,或拒绝修复,应允许定作人自力修复或交由第三方修复、继续该工作,由此产生之费用,由承揽人负担。笔者认为,监督权的这一功能最能体现其独立价值。

在《民法典》的承揽合同一章框架下,定作人于工作进行中发现瑕疵,其诉求并不一定是解除合同,也可能是希望借由提前行使瑕疵修复请求权,督促承揽人履行合同,或在承揽人仍不履行时采取诸如另行将工作委托第三方的方式来挽救承揽合同,而现有的法律法规无法为其提供依据。这一问题,恰可通过对监督权进行解释作业来解决。

当承揽人于合理期间内未修复瑕疵的情况下,赋予定作人自力修复或转交第三方修复瑕疵、继续工作的权利,使承揽工作获得提前被"解放"和救济的机会,不仅有助于补全对定作人合同利益的保护路径,也有利于减少对社会资源的浪费。

(四)解除合同

根据《德国民法典》第634条第3款的规定,当工作成果中存在瑕疵之时,定作人有权解除合同。这种解除权从性质上看应属形成权范畴,旧法上将之称为"定作人的解除"(Wandelung)。[1]

但须注意的是,此种瑕疵必须是重大的,已足以对定作人实现承揽合同目的产生实质阻碍。《德国民法典》第323条第5款规定,债务人未依合同本旨提出给付者,其违反义务并非重大之时,债权人仍不得解除合同。换言之,当瑕疵本身对工作成果而言是重大的,或者瑕疵的存在对于实现承揽合同的目的造成实质影响,或将导致定作人一方的合同目的因此而无法达成,定作人必然无法接受这样的工作成果。

关于瑕疵重大与否的判断标准问题,德国学界的观点认为,若从瑕疵是否仅限于局部或及于全部(工作成果)判断,经常难以辨明。因此,应仅以瑕疵对于合同目的的实现是否构成重大影响为标准,判断定作人是否

---

[1] MünchKommBGB/Busche, §634 Rn. 18.

解除合同，换言之，应以瑕疵对合同目的实现的影响角度判断其"重大"与否，而非以瑕疵是部分的还是整体的做判断。[1] 当瑕疵重大时，自然应允许定作人解除合同，尽早将自己从履行已然无望的合同中解放出来。

在监督权的行使过程中，如发现瑕疵已经存在且重大到影响合同目的的实现，而经定作人确定的相当期间承揽人未予修复瑕疵、承揽人拒绝修复瑕疵或瑕疵已无法修补之时，则即使在履行期到来之前，定作人也可以解除合同。

（五）小结

综上所述，监督权作为一项贯穿于承揽工作全程的，以预防瑕疵对合同履行造成阻碍的督促型权利，在承揽合同履行的过程中，对定作人而言具有提早发现、介入并解决瑕疵、降低其对合同履行的整体性风险的重大价值。应明确监督权的具体实现路径，避免其沦为一种"空中楼阁"式的权利。

具体而言，可以通过赋予定作人在承揽工作进行中的瑕疵修复请求权、减少报酬请求权、自力修复权、解除权等，发挥定作人对承揽工作的督促功能。

以上四项权利的行使是有先后顺序的，当瑕疵出现时，定作人首先应与承揽人协商并设定合理期间，请求承揽人修复瑕疵。若承揽人未于合理期间内修复瑕疵，或经过修复瑕疵仍未被消除，在该瑕疵已达至影响合同目的实现的程度时，定作人有权解除合同；若瑕疵未至影响合同目的实现的程度，定作人可以选择自力修复并由承揽人支付相应费用，也可以接受存在瑕疵的工作成果，并要求减少因瑕疵存在而使工作成果价值减损部分的报酬额。

在这四项权利之中，自力修复权虽未在《民法典》第781条中明文规定，但其已在司法实践中被承认，且因其具有拯救陷入瑕疵履行的承揽合同之独特价值和实际意义，应得到充分重视。

---

[1] BT-Drucks. 14/6040 S. 186-187.

六　结论

承揽合同是一种包含诸多子类型的重视工作成果型的合同类别,以工作成果的产生和交付作为合同本质属性和目的。承揽人基于其专业技能和经验独立完成工作,不应接受定作人的指挥。然而,实务中的承揽人利用这种独立性侵害定作人合同利益的情形大量存在,以交付作为承揽人瑕疵责任产生的判断时点,不利于定作人合同利益的保护和对瑕疵履行中的承揽合同的救济。

《民法典》第779条规定了定作人享有对承揽人工作进行监督的权利,这种权利贯穿承揽工作的始终,是一种为防止承揽人在合同履行中利用其独立工作的特性违约的,带有预防性质的督促型权利。当承揽人的工作出现使用材料不符合双方约定、工作进度显著落后于双方约定的进度、已经完成的部分严重不符合双方约定等问题时,应承认定作人有权确定合理期间,要求承揽人对瑕疵进行修复。若期间经过承揽人仍未修复瑕疵或拒绝修复瑕疵的,定作人有权依照瑕疵的严重程度,或解除合同,或接受存在瑕疵之工作成果并请求减少价款,或自力修复(包括交由第三方修复和继续工作)并由承揽人支付相应费用。

对定作人监督权性质和实现路径的讨论,有助于为司法实践中因承揽合同瑕疵履行产生的纠纷提供解决思路,承认承揽合同中的定作人有条件地提前介入存在瑕疵的承揽工作,有利于保护其法益,减少社会资源的浪费,平衡双方的合同利益。

域外法

论英国合同法中"事实上的默示条款"

王隶沛*

内容提要：通过分析案件的事实背景和探寻当事人的真意，英国法院会对内容存在缺失的合同引入"事实上的默示条款"，从而填补合同漏洞。与成文法强制规定的"法律上的默示条款"不同，"事实上的默示条款"仅与个案合同及其事实背景有关。英国的默示条款制度已发展了一个多世纪，最早可以追溯到1864年。长期以来众多英国法官和学者都致力于找到"事实上的默示条款"的正确引入方法。但由于法官个体理解不同、判例法相对易变等，引入方法在很长时间内并未被标准化。直到2015年，英国最高法院才正式确立了以"商业效用测试"和"好事的旁观者测试"为核心的"事实上的默示条款"的引入制度。

关键词："事实上的默示条款" 默示条款 合同漏洞填补 英国合同法

一 问题的提出

法院该如何正确填补合同漏洞是一个值得思考的问题。在我国合同法的相关研究中，"默示条款"一词并不常见，更有观点认为"默示条款"这个理论本身就不被我国司法实践承认。[①] 在我国，"合同漏洞填补"这种说法更广为人知。但究其本质，我国的"合同漏洞填补"与英国法院引

---

* 王隶沛，英国爱丁堡大学商法硕士。
① 杜立聪：《合同默示条款法律分析》，《特区经济》2007年第3期，第263页。

入的"默示条款"的作用是一致的。多数情况下,合同漏洞填补被认为是一种特殊的合同解释方法。①《中华人民共和国合同法》(1999)第125条与第61条(《中华人民共和国民法典》第466条与第511条)分别对合同解释和合同漏洞填补作出了相关规定,进而形成了依照事实补充合同漏洞的一套思路。较英国"事实上的默示条款"(Terms Implied in Fact)的引入制度,我国合同漏洞填补制度确有其独到的优势。例如,当事人可以通过自行达成补充协议来填补合同漏洞,这充分体现了合同自治原则。但我国的填补制度也有其不足之处。首先,法官应采用何种具体的方法来干涉并填补存在漏洞的合同,现行法律规定相对模糊,可操作性不强。再者,通过上述两条规定可知,在合同解释和填补合同漏洞时,我国法律更看重合同中的明示条款,即合同中有关条款的含义及所使用的词句。在大陆法系的国家中,将合同中的明示条款作为确定"事实上的默示条款"的关键因素是很常见的。② 不过,如果法官过于注重合同的明示条款,往往容易忽略案件的事实背景和当事人的真意。相比之下,英国法官在填补合同漏洞时,更着重考虑案件事实背景与当事人的意向。同时,英国法律对于"事实上的默示条款"的引入已有一套相对成熟的体系。本文旨在对英国合同法中"事实上的默示条款"的引入制度进行深度剖析,希望借此为我国合同法的发展提供有益参照。

二 英国引入"事实上的默示条款"的两大基本测试

(一)"商业效用测试"的发展

1. 红松鸡案③

红松鸡案是最早涉及"事实上的默示条款"的英国判例之一。"商业

---

① 崔建远:《论合同漏洞及其补充》,《中外法学》2018年第6期,第1449页。
② 参见陈起阳《合同漏洞填补研究》,吉林大学2019年博士学位论文,第66页。
③ 本段涉及"红松鸡案"的事实及法官判决意见的内容,均参见英国判例 The Moorcock (1888) 13 P. D. 157.;The Moorcock (1889) 14 P. D. 64。

效用测试"（Business Efficacy Test）作为英国法院引入"事实上的默示条款"的两大基本方法之一，便是从该判例发展而来的。① 该案涉及一位船东（原告）与一家码头管理团队（被告）的商业纠纷。双方曾就原告的船在被告的码头卸货一事达成合意。码头的栈桥一直延伸到泰晤士河中，但被告对河床并无管辖权，河床由当地政府有关机构管理。由于河水水位回落，原告的货船在码头停靠时搁浅，造成船底受损。一审法院审理查明，本案被告曾做出默示许诺，其已尽合理的注意义务，栈桥下的河床不会损坏船底，故依法判决，被告有责。被告不服，提出上诉。二审法院依法裁定：驳回上诉，维持原判。

英国高等法院的一审法官及英国上诉法院的二审法官，一致认为被告有责，但四位法官给出意见的思路不尽相同。在英国高等法院，巴特法官判定被告有责是因为被告在合同签订之前已存在虚假陈述的行为，而并非因为合同违约。② 他认为被告至少曾暗示其对河床已经尽了合理的注意义务，以确保河床不会损坏船底。

而英国上诉法院的伊舍勋爵、鲍恩法官和弗莱法官则一致认为，被告有责是因为其违背了合同当中隐含的默示条款，而并非由于虚假陈述。案卷主事官伊舍勋爵基于诚实原则给出法律意见。③ 他认为，被告较原告而言，更易查明码头水况，从而测定河床情况。伊舍勋爵认为涉案合同中应加入一个最基本的义务，即被告至少应尽合理的注意义务，探明河床状况并解决河床不平问题；或尽提示义务，告知原告不适合在此卸货。

鲍恩法官则在审理此案过程中，提出了一个非常重要的观点。他认为通过法律引入默示条款的意义在于，为产生纠纷的合同提供继续履行的商业效用；同时，引入的默示条款一定是合同双方作为商人在任何情况下都会或应当会考虑到的。"双方"一词是该观点的核心。鲍恩法官认为，引

---

① 参见 Andrew Phang, "Implied Terms, Business Efficacy and the Officious Bystander-A Modern History", [1998] *Journal of Business Law*, p. 3。
② Richard Austen-Baker, *Implied Terms in English Contract Law* (Edward Elgar Pub. 2017), p. 138.
③ Richard Austen-Baker, *Implied Terms in English Contract Law* (Edward Elgar Pub. 2017), p. 139.

入的默示条款必须体现双方合意，而非单方意思表示。本案中，双方当事人在签订合同时，都应知道，原告的船只有在顺利靠岸后才能有效利用被告码头的栈桥。若无法达成上述目的，原告便纯粹是花钱买危险，双方合同的对价就不能成立。

此外，鲍恩法官注意到了被告对河道并无管辖权的事实。鲍恩引用了霍戈斯诉伯纳德一案的判决。① 该案的主审法官认为，向一个人施加超出其控制范围的责任是不合理的。② 所以鲍恩认为不应该要求被告想办法使河床适合原告停船。在他看来，应该施加在被告身上的默示责任是：被告应尽合理的注意义务去探明河床是否适合原告停船，如果不适合，应尽告知义务向原告说明。弗莱法官意见与鲍恩法官一致。

显然，四位法官均认为被告有责，但他们对案件的关注点不尽相同。案卷主事官伊舍勋爵的关注点是生意上的诚实信用。从他给出的判决意见可以看出，他认为向合同引入"事实上的默示条款"的核心在于将双方在合同成立时遵守诚实信用作为前提条件。换言之，伊舍勋爵认为引入合同的默示条款必须满足一个条件，即该条款应当被囊括在一个善意订立的合同中。不过在红松鸡案发生的时代，诚实信用原则基本不被英国法律认可。③ 即便在现在，英国法律也仅在极个别种类的合同中会强制要求当事方做到诚实守信。④ 这也许就是伊舍勋爵的相关意见并不被后世广泛认可的原因之一。当然，也可能是因为伊舍勋爵并没有如鲍恩法官一样，明确地提出"商业效用"一词。不过，即便伊舍勋爵的观点最终没有成为主流，其主张的核心思想还是与鲍恩法官一致，即合同的漏洞不应成为阻止双方履行合同、达成合同目的的障碍。

鲍恩法官也认为法律对合同的干涉必须与当事人的意向一致。不过相较于伊舍勋爵，鲍恩法官并不在意合同双方达成协议时是否做到了诚实信

---

① Coggs v. Bernard (1703) 2 Lord Raymond 909.
② Coggs v. Bernard (1703) 2 Lord Raymond 909, p. 918.
③ 参见 Richard Austen-Baker, *Implied Terms in English Contract Law* (Edward Elgar Pub. 2017), p. 140。
④ 参见 Justine Usher, Annabel Evans and Kirsty Payne, *Good Faith-Is There A New Implied Duty In English Contract Law?* (2013), p. 1。

用，而仅关注合同双方在达成合同之时的意向。他只希望通过向合同引入"事实上的默示条款"来保证合同具有最基本的效力和可履行性。

2. "商业效用测试"

鲍恩法官的判决意见被视为该案判决的关键。其意见后被总结提炼，形成了红松鸡案原则，进而形成了后来的"商业效用测试"。该测试被用作英国法官向合同中引入"事实上的默示条款"的一个参照标准。在探究"商业效用测试"之前，有必要先就红松鸡案原则进行分析。该原则存在两种不同表述方法。

（1）当有必要采取引入默示条款的方式来给予一个合同商业效用的时候，默示条款旋即被引入。

（2）确有必要给予一个合同商业效用时，默示条款才会被引入。[1]

两种表述方法的区别在于引入"事实上的默示条款"的意愿程度不同。第一种表述相对宽容，第二种表述则更有约束性。[2] 但这两种表达方式并不冲突。第一种表达可被看作一种许可，即法官被允许在需要通过默示条款来给予合同商业效用时向合同引入默示条款。而第二种说法对前一种说法又做出了限制，即法官只有在确有必要时才能通过引入默示条款给予合同商业效用。综上，红松鸡案原则即：只有当存在给予一个合同商业效用的必要性，又确有必要通过引入默示条款来给予所需商业效用时，默示条款才能被引入。

"必要"一词反复出现，那怎样的合同才具有引入默示条款的必要性呢？根据鲍恩法官分析，该问题的关键在于"对价的失效"。合同双方在签订合同时，均不会希望对价失效。若出现此类情况，法官便可以通过引入"事实上的默示条款"来填补合同漏洞。这里的对价失效并不一定是合同双方的所有对价均失效。[3] 换言之，即使部分合同责任与义务已被履行，

---

[1] Richard Austen-Baker, "Implied Terms in English Contract Law: The Long Voyage of the Moorcock", (2009) 38 *Common Law World Review*, p.61.

[2] Richard Austen-Baker, *Implied Terms in English Contract Law* (Edward Elgar Pub. 2017), p.141.

[3] 参见 Richard Austen-Baker, "Implied Terms In English Contract Law: The Long Voyage of the Moorcock", (2009) 38 *Common Law World Review*, p.79。

合同仍可出现对价失效的情况。

此外,如前所述,鲍恩法官认为默示条款的内容应基于双方的合意。问题在于,若法院深入探寻,并判断当事人的真实意愿,当事人极有可能会反驳,并声称自己在签订合同之时并无此意。如红松鸡案的被告即可辩称其从未有任何想去探明河床情况的意向。故这里的双方意向实则是法官对当事人可能意向的一种推测,而这种意向至少得是有可能在双方签订合同之时曾被提出过。① 这也是为什么这里的意向有时也被称作合同双方的"客观意向"。② 通过上述对红松鸡案原则的分析,"商业效用测试"的完整框架即非常明了。

(1) 在合同对价失效的前提下,法官可以引入"事实上的默示条款"。

(2) "事实上的默示条款"必须体现当事人的客观意向,且该意向在双方签订合同时,有曾被提出过的可能性。

(3) 若"事实上的默示条款"被引入合同,引入的条款必须"在商业意义上"足够必要,以便赋予合同商业效用。③

可以说,"商业效用测试"是一个极为严格的必要性测试。④ 整个测试的核心即引入"事实上的默示条款"只为给予存在问题的合同商业效用,让合同继续有效,具有可履行性。

(二)"好事的旁观者测试"的发展

1. 雷吉特诉联合制造(拉姆斯伯顿)有限公司案⑤

雷吉特诉联合制造(拉姆斯伯顿)有限公司案是 20 世纪关于"事实

---

① Richard Austen-Baker, "Implied Terms In English Contract Law: The Long Voyage of the Moorcock", (2009) 38 *Common Law World Review*, p. 80.

② 参见 Richard Stone and James Devenney, *The Modern Law of Contract* (12th edn., Routledge 2017), p. 212。

③ Richard Austen-Baker, *Implied Terms in English Contract Law* (Edward Elgar Pub. 2017), p. 147.

④ 参见 Richard Stone and James Devenney, *The Modern Law of Contract* (12th edn., Routledge 2017), p. 215。

⑤ 本段涉及"雷吉特诉联合制造(拉姆斯伯顿)有限公司案"的事实及法官判决意见的内容,均参见英国判例 Reigate v. Union Manufacturing Company (Ramsbottom), Limited and Elton Cop Dyeing Company, Limited, [1918] 1 K. B. 592。

上的默示条款"最具代表性的英国判例之一。该案系原告雷吉特与被告联合制造（拉姆斯伯顿）有限公司的合同纠纷。雷吉特与联合制造（拉姆斯伯顿）有限公司订立合同，约定雷吉特以每股1英镑的价格购买1000股联合制造（拉姆斯伯顿）有限公司的股票，同时雷吉特需向联合制造（拉姆斯伯顿）有限公司引进一系列新产品。作为回报，联合制造（拉姆斯伯顿）有限公司任命雷吉特为英国部分地区的独家产品代理人，任期七年。两年后，联合制造（拉姆斯伯顿）有限公司需要雷吉特帮忙获取资金投入以维持公司运作，但雷吉特未成功获取到资金。于是联合制造（拉姆斯伯顿）有限公司建议雷吉特放弃在曼彻斯特地区的独家代理权，以保全公司，该建议遭雷吉特明确拒绝。联合制造（拉姆斯伯顿）有限公司最终无力继续经营，主动申请破产清算。雷吉特遂诉至法院，认为联合制造（拉姆斯伯顿）有限公司主动申请破产清算的行为已构成对双方合同的实质性违约。

一审法官柏赫彻审理后认为，被告联合制造（拉姆斯伯顿）有限公司无权主动终止其商业行为，更无权一并终止雷吉特的代理权，其主动申请破产清算的行为已构成对双方合同的违约。二审英国上诉法院支持了该判决。

柏赫彻法官认为，此案不同于普通的代理关系案件，本案原告雷吉特之所以能成为被告公司的代理，是由于他提供了对价（即向公司入股），相当于原告出钱"购买"了代理权。同时，柏赫彻法官认为，无论被告基于何种原因主动申请破产清算，该行为直接导致了双方合同终止，即构成违约。

英国上诉法院的法官们则采用了两种不同的思维方式来分析此案。皮克福德法官和班克斯法官采用顺向思维方式。皮克福德法官着重关注：依照合同约定，被告联合制造（拉姆斯伯顿）有限公司是否有权在合同规定的七年内随时终止其商业运作。他认为在某些情况下，公司主动提出破产清算并不能直接终止雇佣合同。斯克顿法官也赞同该观点。本案中，皮克福德法官认为，即便被告公司有权在合理情况下拒绝原告雷吉特介绍的订单，但总不可能在约定的七年内拒绝掉原告向其介绍的所有订单。在这七年之中，每成功介绍一笔订单都将会给原告带来可观的收益，而被告公司一旦停止运作，原告的收益便会受到直接影响。再者，被告公司曾试图让原告交出代理权，这也间接证明被告公司在当时就具有了不再继续保持合同关系的意向。综上所述，皮克福德法官得出结论，认为被告公司主动申请破产清算以及其他相关行为均已构成实质性违约。班克斯法官基本同意皮克福德与柏赫彻的观点，只不过他并不认为原告雷吉特出钱"购买"了被告公司的代理权。他强调合同中明确约定：本合同终止的唯一条件是原告死亡。公司运作不当并不属于双方约定的合同终止条件。同时，他认为，本合同有多处条款均体现出双方有将合同持续履行七年的意向。综上，班克斯法官给出判决意见，认为被告公司的行为已构成违约，应对原告雷吉特负责。

斯克顿法官肯定了前三位法官对于合同中明示条款的理解和分析，但他运用逆向思维的方法，对该案进行了更为全面的剖析。他提出了一个问题：合同中是否存在默示条款规定该合同只有在被告公司继续运营的前提下才能保持有效？鉴于双方在合同中已明确约定了合同终止的条件，法官斯克顿认为这足以证明双方在合同终止的问题上已经过了深思熟虑，而合同中两条明示条款即双方对于合同终止的全部约定。所以，他认为合同双方当事人并无将"本合同只有在被告公司继续运营的前提下才能保持有效"这一默示条款纳入合同的意向。他强调，法官审理合同类案件时，并不能随意引入当事人未明确说明的条款，除非双方的意向中包括这样一条默示条款。最终，斯克顿法官给出判决意见，认为该合同的七年履行时效与公司运营状况无关，故依法认定被告联合制造（拉姆斯伯顿）有限公司的行为已构成违约。

虽然斯克顿法官在审理该案时并未提及红松鸡案，但实则沿用了"商业效用测试"的审理思路。当分析是否存在引入默示条款的可能性时，他关注的两个重点分别为"有无引入条款的必要性"和"该默示条款是否能体现当事双方的意向"。不过法官斯克顿并未生搬硬套现有的规则。为更好地推测合同当事方的意向，他构建出一套独特的方法。

斯克顿法官在判决书中载明："默示条款只有在符合以下情形时，才能被引入合同。在磋商阶段，若有第三人向当事双方提问道'如果发生了这样（本案中的）情形，那你们应该如何处置呢？'当事方会异口同声地回答'这不是明摆着的嘛！这样的话我们就会……这简直太明显了，以至于我们都懒得将其写在合同里。'"①

"这不是明摆着的嘛！"是本段的重点。这表明斯克顿法官认为合同中引入的默示条款要足够明显、清楚，以至于双方都理应想得到，且必须是无须多说、人所共知、心照不宣的。

此判例出现前，"商业效用测试"是法官唯一可利用的用于引入"事实上的默示条款"的测试，且是一个必要性测试。斯克顿法官是继红松鸡案之后首位开辟了新思路的法官，而他所创造的测试是一个显然性测试。②诚然，斯克顿法官的测试并非一套独立完整的方法，而仅作为判断当事人意向的一项测试，用于补充"商业效用测试"。不过该测试的创立，极大地推动了英国默示条款引入制度的发展，并为"好事的旁观者测试"（Officious Bystander Test）的建立打下了坚实基础。

2. 希拉诉南部铸造有限公司案③

希拉先生被南部铸造有限公司任命为执行董事，任期十年。两年后，南部铸造有限公司被联盟公司成功收购，原公司章程被取缔，新章程赋予了两位大董事和公司秘书长开除其他董事的权力。南部铸造有限公司随后将希拉解雇。希拉不服，以不正当解雇以及促成该不正当解雇为由，将两家公司一并诉至法院。

一审法官汉弗莱斯审理后认为，被告南部铸造有限公司无权开除原告希拉，同时判处两家被告公司各自赔偿原告损失12000英镑。英国上诉法院二审维持原判。英国上诉法院认为，原告希拉和被告南部铸造有限公司的合同中包含这样一条默示条款：南部铸造有限公司不能通过更改组织章程来赋予该公司或其他任何人在合同履行期间将原告撤职的权力。因此二

---

① Reigate v. Union Manufacturing Company (Ramsbottom), Limited and Elton Cop. Dyeing Company, Limited, [1918] 1 K. B. 592, p. 605.
② 参见 Andrew Phang, "Implied Terms, Business Efficacy and the Officious Bystander-A Modern History", *Journal of Business Law*, 1998, p. 19。
③ 本段涉及"希拉诉南部铸造有限公司案"的事实及法官判决意见的内容，均参见英国判例 Shirlaw v. Southern Foundries (1926), Limited, [1939] 2 K. B. 206.; Southern Foundries (1926), Limited Appellants v. Shirlaw Respondent, [1940] A. C. 701。

审法院维持原判,并对上诉方请求减少赔偿金额的诉求不予支持。再审英国上议院同样维持了该判决。

英国上诉法院麦金农法官在该案判决书中给出的意见时常被其他法官在后续类似案件中引用。麦金农法官做出假设:若有第三方在希拉和南部铸造有限公司签订合同时提供签订建议,那会出现什么情况呢?麦金农法官设想,该第三方可能会质问当事双方:"若在合同中加入一个条款,补充说明公司不应创造条件将希拉免职,同时希拉也无权辞职,这样的条款是否合理?"麦金农法官认为,此种情况下,南部铸造有限公司和希拉都会同意将该条款写入合同。站在原告希拉的角度,鉴于他认可合同中两条竞业禁止条款,那么他在签订合同时肯定不同意公司有权在任期内将他撤职。站在公司的角度,公司必定希望能够拴住希拉,让其能够在公司工作整整十年。换言之,被告公司在订立合同时绝不希望希拉离开,因此,该公司必定在签订本合同时默示了这样的意思表示。

戈达德法官认可麦金农法官的假设方法。他认为合同中必须有这样一条默示条款,即被告南部铸造有限公司不会更改公司章程。戈达德法官作出该判决的原因与麦金农法官基本一致。此外,他还着重讨论了限制希拉行为的竞业禁止条款并得出结论:当事双方签订合同时,并无阻碍希拉一直任职的潜在意向。

3. "好事的旁观者测试"

"好事的旁观者测试"是由麦金农法官在希拉诉南部铸造有限公司一案的判决意见上发展而来的一项测试。[①] 如前所述,麦金农法官曾在案件中引入假设:若当事双方在签订合同时,有第三方提供建议,将会是怎样的情况?该假设来源于他曾为引入"事实上的默示条款"所自创的一套理论方法。他在判决中引用了自己的一篇文章用于解释此种方法。

"简单来看,任何可以被视为默示条款,而无须在合同中明确载明的事项,均应是显而易见、无须赘述的。故若一个'好事的旁观者'在合同

---

① Andrew Phang, "Implied Terms, Business Efficacy and the Officious Bystander-A Modern History", *Journal of Business Law*, 1998, p. 13.

当事方磋商时建议他们针对一些问题添加明示条款（而当事方认为这些问题无须赘述），则合同双方就会不耐烦地回答'这不是明摆着的嘛！'"①

麦金农法官认为该方法十分严谨，因此法官运用此测试向合同引入默示条款是十分稳妥的。通过他对该测试的表述可知，他希望能将引入"事实上默示条款"的方法更加形象具体化。显然，麦金农法官创立此方法的初衷是希望该测试能与"商业效用测试"一样有用，甚至能直接取代后者。

不过，事情并没有他想象的那么简单。"好事的旁观者测试"通常被认为是一项十分严苛的测试，故法官在尝试运用此测试时经常遇到阻碍。此测试的首要问题在于，并非所有的"事实上的默示条款"都如此明显。② 其核心是，引入的默示条款所规定的事项必须在双方订立合同时就已足够明显。故此，该测试也被称作显然性测试。不过试想，若一个"好事的旁观者"可以就一份合同的法律问题发表意见，那么无论是合同本身还是需被引入的默示条款，对于该旁观者而言都不能过于复杂。实际上，很多时候需要引入的默示条款均涉及过筋过脉、十分细节的法律问题，往往并不会像麦金农法官设想的那样明显。

再者，实际运用中，法官并非很轻易就能找到一个适合由"好事的旁观者"提出的问题，并据此引入默示条款。③ 例如在希拉诉南部铸造有限公司一案中，即便戈达德法官同意采用麦金农法官的方法，但他与麦金农法官的结论也并不一致。麦金农法官认为该案合同中的默示条款应是：在合同履行期间，公司不会将希拉免职，同时希拉无权辞职。但是，戈达德法官却认为，合同中的默示条款是：公司不得更改其公司章程。

此外，对于法官而言，要厘清当事双方在订立合同时理应同意什么事项是很困难的。④ 由于引入默示条款不可避免地会对其中一方有利，因此

---

① Shirlaw v. Southern Foundries (1926), Limited, [1939] 2 K. B. 206, p. 227.
② 参见 Richard Stone and James Devenney, *The Modern Law of Contract* (12th edn., Routledge 2017), p. 215。
③ 参见 Richard Stone and James Devenney, *The Modern Law of Contract* (12th edn., Routledge 2017), p. 215。
④ 参见 Richard Stone and James Devenney, *The Modern Law of Contract* (12th edn., Routledge 2017), p. 215。

法院在审理期间很难确定出一项当事双方会果断对旁观者说出"这不是明摆着的嘛"的条款。当事双方也很容易去否认此种推测的共识。

尽管麦金农法官尝试创立与"商业效用测试"不同的测试,但其实这两个测试之间并没有本质上的区别。"好事的旁观者测试"被认为是对"商业效用测试"的具体化阐述,[1] 抑或是一种描述性的表述。[2] 尽管如此,"好事的旁观者测试"仍被视为英国合同法中引入"事实上的默示条款"的另一项主要测试。

三 其他发展

(一) 丹宁勋爵及其"合理性测试"

在利物浦市议会诉欧文一案中,[3] 丹宁勋爵试图创立一种全新的基于合理性的测试,以代替"好事的旁观者测试"。[4] 通过他的观察研究,他认为法院在引入"事实上的默示条款"时,并没有严格地遵照"商业效用测试"或者"好事的旁观者测试"。丹宁勋爵列举出了几个判例,他发现在处理这些案件时,法院从未询问过当事双方的真实意图。在他看来,即便法院真有询问过,亦无太大意义。此外,他还发现法院处理这些案件时从未真正考量过是否有必要赋予这些交易商业效用。在他看来,对于其中部分案件,赋予它们商业效用是合理但并非必要的。丹宁勋爵认为,也许法官在处理案件时很容易就能看出有向合同引入"事实上的默示条款"的必要,但引入条款的内容和范畴才是真正值得思考的问题。条款的内容

---

[1] 参见 Andrew Phang, "Implied Terms, Business Efficacy and the Officious Bystander-A Modern History", [1998] *Journal of Business Law*, p. 24。

[2] 参见 Richard Austen-Baker, *Implied Terms In English Contract Law* (Edward Elgar Pub. 2017), p. 169。

[3] 本段涉及"利物浦市议会诉欧文案"的事实及法官判决意见的内容,均参见英国判例 Liverpool City Council v. Irwin [1976] Q. B. 319.; Liverpool City Council v Irwin and Another [1977] A. C. 239.

[4] John McCaughran, "Implied Terms: The Journey of the Man on the Clapham Omnibus", 70 *The Cambridge Law Journal*, 2011, p. 609。

和范畴并不能通过询问各方意图，或考虑"什么是必要的"来解决。他认为，找到默示条款的正确范畴和内容的唯一途径是思考"到底引入什么样的条款是合理的"。

但是，与他很多特立独行的判决意见一样，这一意见同样没有被英国上诉法院其他法官采纳。罗斯基尔法官认为，法院不能仅因为"法官认为这样做是合理的"，就随便引入默示条款。他认为合理性确实很重要，但前提是具有引入"事实上的默示条款"的必要性。在上议院，威尔伯福斯勋爵认为丹宁勋爵的思考富有创新精神，但实现正义不必剑走偏锋。他认为现有的必要性测试显然更为稳妥。克罗斯勋爵补充道，法院不能为了使合同变得更好更公平，就随意地为合同加上一个看似合理的条款。至于萨蒙勋爵，即便他非常敬佩丹宁勋爵促使法律发展的行为，他对于丹宁勋爵此次创新的看法仍是"与所有权威背道而驰"。

（二）霍夫曼勋爵和他的"单个问题测试"

在伯利兹总检察长诉伯利兹电信有限公司一案（简称"伯利兹电信案"）的判决中，① 霍夫曼勋爵提出了一种新的测试。在他看来，无论法院运用"商业效用测试"还是"好事的旁观者测试"引入条款，都并不重要。这两种测试均可被归纳总结为一个问题。

"实际上只有一个问题值得思考，即将合同作为一个整体，在相关背景下，应该如何合理地理解合同。"②

鉴于霍夫曼勋爵希望从整体上理解合同，不难看出，他认为引入"事实上的默示条款"实则属于合同解释的范畴。③ 霍夫曼勋爵在判决中提到了西蒙勋爵在枢密院对 BP 炼油厂（西港）私人有限公司诉黑斯廷斯郡一

---

① 本段涉及"伯利兹总检察长诉伯利兹电信有限公司案"的事实及法官判决意见的内容，均参见英国判例 Attorney General of Belize and others v. Belize Telecom Ltd and another，[2009] 1 W. L. R. 1988，p. 1999。

② Attorney General of Belize and others v. Belize Telecom Ltd and another，[2009] 1 W. L. R. 1988，p. 1995。

③ 参见 Richard Stone and James Devenney，*The Modern Law of Contract*（12th edn.，Routledge 2017），p. 217。

案中给出的判决意见。西蒙勋爵在该案中总结了几项法官引入"事实上的默示条款"时条款必须满足的条件:

"(一)默示条款必须合理,公平。(二)该条款必须能赋予合同商业效用。如果合同可以在不引入默示条款的情况下继续履行,则不引入任何默示条款。(三)默示条款包含的事项必须是十分明显、心照不宣的。(四)条款包含的事项必须能够清晰表达。(五)引入的默示条款不得与合同的任何明示条款相抵触。"①

霍夫曼勋爵认为这些条件实际上都表达了同一个意思,即默示条款必须阐明合同的真实含义。不过值得注意的是,与"商业效用测试"或"好事的旁观者测试"侧重于找到当事人的真实意图(或是推定的当事人意图)不同,霍夫曼勋爵认为合同的含义不一定必须等同于当事人的真实意图。换言之,他更关注合同的明示条款,以及了解所有背景的理性人会如何理解合同。

不过,在马莎百货诉法国巴黎银行一案(简称"马莎百货案")的判决中,②霍夫曼勋爵对伯利兹电信案的判决意见仅被视为具有启发性的法律讨论,并不作为法院引入"事实上的默示条款"的权威指导。英国最高法院的诺伊贝格勋爵认为,合同解释与向合同引入默示条款是不同的,后者不应被归类为前者的一部分。是否应向合同中引入默示条款应在解释合同的明示条款之后再视情况而定。

四 当前英国法律立场

针对马莎百货案,诺伊贝格勋爵对引入"事实上的默示条款"的法律做出了明确阐述。该法官研究了许多判例及不同的方法和测试。他认为,截至目前,"商业效用测试"、"好事的旁观者测试"以及西蒙勋爵的总结

---

① B. P. Refinery (Westernport), "Proprietary Limited v. The President Councillors and Ratepayers of the Shire of Hastings", 180 C. L. R. 266, 1977, p. 283.
② 本段与下段涉及"马莎百货诉法国巴黎银行案"的事实及法官判决意见的内容,均参见英国判例 Marks and Spencer plc v. BNP Paribas Securities Services Trust Company (Jersey) Limited and another, [2015] UKSC 72。

等司法实践，一致代表了"一种清晰、一致且规范的制度"。与此同时，诺伊贝格勋爵针对西蒙勋爵的总结作出了六条补充。此前的司法实践结合诺伊贝格勋爵的补充意见即代表了当前英国法律对引入"事实上的默示条款"的立场。

1. "商业效用测试"和"好事的旁观者测试"仍然适用。但仅需要满足任一测试即可。它们互为替代。

2. 如果使用"好事的旁观者测试"，该假想的"旁观者"应做到事无巨细。

3. 只有在缺少该默示条款会导致合同缺乏商业上或实践上的连贯性时，该默示条款才能被引入合同。

4. 默示条款包含的内容并不严格取决于当事方的真实意图，而取决于处在当事人位置上的理性人应有的意图。

5. 不能仅仅因为默示条款会使合同变得更公平而将其引入合同，也不能仅仅因为有人认为当事方理应同意该条款就将其引入合同。

6. 如果引入的默示条款满足西蒙勋爵总结中的其他条件，则该默示条款通常是合理且公平的。

五　结语

历经一个半世纪，英国法官成功探索出一套相对稳定和完整的"事实上的默示条款"的引入制度。虽然默示条款的引入制度曾饱受争议，并历经多次修改，但英国最高法院在马莎百货案中，将以前的判例、原则及测试进行归纳总结，并加以补充完善，使"事实上的默示条款"的引入制度得以固定下来。尽管目前的制度仍存在被改动或推翻的可能性，但其总体上是成熟可靠的。这也是笔者深入研究英国合同法中"事实上的默示条款"引入制度的原因。

目前，我国合同法没有涉及"事实上的默示条款"的规定，现有的合同漏洞填补制度也尚待完善。反观包括英、美、德、法在内的许多发达国家的合同法，其均对"事实上的默示条款"有着较为细致的规定，各国学者也对"事实上的默示条款"有较为深入的研究。当今经济活动愈发复杂,合同也随之多样化,此时,为避免出现法律滞后的现象,并保障经济活动的顺畅进行,构建一套成熟的"事实上的默示条款"的引入制度对一个贸易大国而言即显得尤为重要。倘若能将英国"事实上的默示条款"的引入制度进行深入学习,取其精华,为我国现有合同漏洞填补制度提供借鉴,那对我国合同法和经济贸易的发展均会大有裨益。

日本法上的保险冷静期制度及启示[*]

陈昊泽[**]

内容提要：保险自由化进程中，日本保险冷静期制度诞生于行业自律规范，逐渐形成了以《日本保险业法》第 309 条为首的多层次规范体系，具体规定了保险冷静期制度的适用范围、权利行使方式、书面交付义务、期间与起算点及适用效果，要求制度实质性保障保险消费者利益，做好保险消费者与保险人间的利益平衡。在性质上，虽然日本保险冷静期制度被规定在监管法中，能连携适合性原则下的信息提供义务起到销售行为规制效果，但是其主干制度属于私法制度，与《日本民法典》《日本消费者合同法》解除权制度形成体系保护。中国保险冷静期制度正处在由规章、规范性文件上升至法律的过程中，基于日本立法经验，提出应放弃"犹豫期"转采"冷静期"的命名方式，明示保险冷静期制度的法定性，以公私法双轨建构保险冷静期制度。在具体制度的设置上，应纳入要约撤回权，以实质性为依托设置适用范围、起算点、期间及适用效果等内容。

关键词：保险冷静期　日本保险业法　要约撤回权　合同解除权

保险运行中，信息不对称是双向的，既包括保险人对投保人的信息不完全，也包括投保人对保险知识、保险条款等专业信息及保险业的经营状况了解不足而产生的信息不对称。[①] 对于后者，尤其当投保人为保险消费者时，为了保障保险消费者在理解保险商品的基础上缔结保险合同，各国

---

[*] 本文受中央高校基本科研业务费专项资金资助项目"普惠保险协同社会治理现代化研究"（20720191065）资助，获中国法学会保险法学研究会 2020 年年会论文三等奖。

[**] 陈昊泽，厦门大学法学院 2020 级民商法学博士研究生。

[①] 参见何丽新、傅超伟《审视保险人说明义务》，《中国海商法年刊》2006 年刊，第 220～221 页。

保险立法普遍引入保险冷静期制度。中国保险冷静期制度的历史较为短暂,2000年《中国保险监督管理委员会关于规范人身保险经营行为有关问题的通知》首次提及"犹豫期"制度,其后陆续出台的十余部规章和规范性文件亦有所涉及,然而总体存在立法分散、层级较低、内容匮乏、强制性弱等问题。[1] 2015年《中华人民共和国保险法(征求意见稿)》(以下简称《征求意见稿》)第48条意图将犹豫期上升为法律制度,[2] 然而具体规则却过于抽象、简陋,[3] 不能实现保险人与保险消费者的利益平衡,最终没有进入2015年《中华人民共和国保险法》的正式立法条款。回到现行研究,学界对保险冷静期制度关注较少,而完整的国别研究更存在空白。着眼域外,1974年日本即将保险冷静期制度作为行业自律规范,四十余年间形成了以《日本保险业法》(以下简称《保险业法》)为主,以《日本保险业法施行令》(以下简称《施行令》)、《日本保险业法施行规则》(以下简称《施行规则》)[4] 为补充的制度体系。笔者拟从比较法的角度系统研究日本保险冷静期制度,由法理出发,揭示制度的应然样态,

---

[1] 主要论文参见尹迪《从约定到法定:人身保险犹豫期制度的构建》,《法商研究》2020年第3期,第113~126页;王春梅《人身保险合同犹豫期条款分析——以〈保险法修改草案〉为视角的分析》,《苏州大学学报》(哲学社会科学版)2017年第6期,第72~79页;孙雨尧《从保险纠纷案件看我国保险业冷静期的设置》,《中国保险》2017年第8期,第58~61页;张怡超《人身保险合同中的犹豫期条款问题研究》,《保险职业学院学报》2015年第4期,第60~64页;胡大雁《我国保险领域冷静期制度发展现状、检视与展望》,《西南金融》2014年第11期,第31~35页;马辉《保险合同犹豫期制度的完善》,《上海金融》2012年第5期,第85~91、118页。

[2] 《征求意见稿》第48条:"保险期间超过1年的人身保险合同,应当约定犹豫期,投保人在犹豫期内有权解除保险合同,保险人应当及时退还全部保险费。犹豫期自投保人签收保险单之日起算,不得少于20日。"

[3] 由于重心放在对日本法的分析上,此处并不欲对我国保险冷静期制度的具体问题展开分析,仅举一例说明问题。《征求意见稿》第48条与其他规范性文件虽然在形式上形成上位法与下位法的阶层关系,但其具体内容由规范性文件演化而来,第48条对于各规范文件的适用指导有限,各规范文件也难以成为第48条的落实。仅在法律层面对比,《征求意见稿》第48条仅有82字,而《日本保险业法》第309条有1640字,排除日文冗杂的影响,疏繁仍然立辨。

[4] 《施行令》由日本政府颁布,《施行规则》由日本政府各部门颁布,《施行令》的效力高于《施行规则》,《施行令》先对法律进行细化,而后若还有颁布《施行规则》,则由其进一步细化。

以期为中国保险冷静期制度的建构与完善提供参考。

一 日本法上保险冷静期制度的立法概况

20世纪50年代后期，战后日本经济开始复兴，在商品大量生产、大量销售、大量消费的背景下，消费者问题亦显在化。① 商品销售的主要形式之一是访问贩卖，② 因其销售人员的不当销售滋生大量消费者受害事件。③ 冷静期制度起源于1964年《英国租赁贩卖法》（The Hire Purchase act），1972年日本修改《日本分期贩卖法》时借鉴英国做法，在第4条之三导入冷静期制度：营业场所以外场所签订分期买卖合同的要约人在业者方收到要约书之日起4日内可以撤回要约或解除合同。冷静期的适用范围被限定在"分期销售④+访问贩卖"的狭窄范围内，难以为消费者提供周延保护。对此，1976年日本制定《日本访问贩卖法》，在第6条规定冷静期制度，以此为开端，逐步在各法律内导入冷静期制度。⑤ 各法设置冷静期制度共通点主要在于：其一，主要目的在于减少销售人带有强硬甚至欺诈性质的恶劣销售，⑥ 即以行为规制为转移；其二，交易场所限定在营业场所以外，这是基于此种情况下容易造成消费者意思形成不全的考量；其三，适用范围限定在特定商品、服务，这是由于不同情况下消费者受保护

---

① 当时日本接连发生严重损害消费者利益的事件，如1955年的森永奶粉中毒事件、1960年的假牛肉罐头事件、1962年的酞胺哌酮畸形儿事件、1968年的米糠油中毒事件等。参见王江云、谢次昌、雷存柱《消费者的法律保护问题》，法律出版社，1990，第11~12页。
② 关于"访问贩卖"概念，《日本特定商交易法》将之定义为"贩卖业者或服务业者在营业场所以外的场所（例如消费者的仕家）缔结契约，销售商品、特定权利或提供服务"。
③ 参见岛田和夫「わが国における消費者問題の変容」现代法学29号44-45页（2015）。
④ 分期销售的标准是消费者向业者2月以上3次以上完成费用支付。
⑤ 如《日本住宅用地建筑物交易业法》第37条之二、《日本特定商品等的委托保管等交易合同法》第8条、《日本高尔夫会员合同适正化法》第12条、《日本投资顾问业法》第17条、《日本金融商品交易法》第37条之六以及《保险业法》第309条。2000年《日本访问贩卖法》修改为《日本特定商交易法》，其冷静期制度成为各法的基本参照。
⑥ 参见清水巖「クーリング・オフ制度の37年と課題」月刊国民生活2号13页（2010）。

的需要差别较大；① 其四，期间以 8 日为最低期限；② 其五，与书面交付义务相联携；其六，设置了相应的行政、刑事制裁。③

战后日本建立战后型保险系统，政府对保险业采取"整体协调路线"，奉行"同一商品，同一价格"原则，保险公司间的竞争集中在销售渠道上，"人情义理"销售方式大行其道。特别在战后初期，生命保险公司以战争寡妇为中心构建营业组织，④ 女性推销员成为保险销售的主力。⑤ 这些推销员往往没有接受专业教育，缺乏专业知识，主要通过"人情和话术"销售保险。⑥ 不当销售使得保险商品难以发挥分散风险作用，保险消费者利益亦得不到保障⑦：保险消费者往往在不了解保险合同具体内容的情况下签订合同，⑧ 发生保险事故时也往往不知道可以获得保险金，或者猛然发现原先事故不在保障范围内。⑨ 此种贩卖方式完全符合事出突然性、密室性以及特殊的推销方式等特征（下文详述）。因而，当时社会上普遍认为，生命保险业仅在销售方面竞争而大量导入外勤业务员的做法是失当的。⑩

上述背景下，当 1974 年《日本分期贩卖法》中导入冷静期制度时，日本生命保险协会亦决定将冷静期作为生命保险合同条款适当化修改的咨

---

① 例如《日本特定商交易法》排除了乘用机动车、消耗品等适用冷静期制度。
② 《日本分期贩卖法》和《日本访问贩卖法》中冷静期的期间最初为 4 日，然而当时出现了极多消费者在冷静期的期间经过后想要接触合同的事件，要求延长的呼声。据此，1984 年《日本分期贩卖法》与《日本访问贩卖法》修改，两法共同将冷静期的期间修改为 7 日，1988 年两法又将其期间增加 1 日，由此 8 日的基本期间被固定下来。此外，日本立法上也会根据交易领域调整冷静期的期间长度，如连锁贩卖交易领域与业务提供推销交易领域的期间均为 20 日。
③ 例如《日本特定商交易法》第 8 条规定了业务停止等行政制裁，第 72 条规定了罚金等刑事制裁。
④ 参见大塚忠義「戦後生保の成長要因と規制に係る考察」生命保険論集 196 号 128 頁（2016）。
⑤ 参见金瑢「規制緩和と生命保険マーケティングのイノベーション」保険学雑誌 639 号 86 頁（2017）。
⑥ 参见栗山泰史「保険募集規制改革の背景と意義」保険学雑誌第 635 号 3 頁（2016）。
⑦ 参见石田満『保険業法の研究 I』2 頁（文真堂，1986）。
⑧ 参见田村祐一郎『社会と保険』34-45 頁（千倉書房，1990）。
⑨ 参见岡田豊基「保険業法等における消費者保護」保険学雑誌 559 号 48 頁（1997）。
⑩ 参见石田満『保険業法の研究 I』2 頁（文真堂，1986）。

询事项，并于同年将冷静期制度作为行业自律规范。行业自律时期的保险冷静期制度的起算点是由初次支付保险费之日起计算，这是由于当时《日本商法典》保险章第653条、第683条第1项已认可了投保人在保险责任期间开始前脱离保险合同的权利。当时间来到20世纪90年代初，保险自由化背景下，①销售主体、渠道多样化，保险商品数量增加，保险商品内容复杂化，这给保险消费者理解保险商品带来障碍。②立法者根据以往生命保险实践中冷静期制度确保销售实效性的经验，认为应当将之上升为法律制度。③于是，在1995年《保险业法》大修改中，立法者在第309条共分10项设置了保险冷静期制度。此外，由《施行令》和《施行规则》的动态调整完善保险冷静期的具体制度。2007年，日本金融厅根据保险商品销售实践的变化，以扩充和完善保险冷静期制度为目的，修改了《施行令》和《施行规则》，调整了保险冷静期制度的适用范围。

二 日本法上保险冷静期制度的引入基准

日本学者在冷静期制度长期"野蛮生长"后，开始反思其法理基础，要求明确在各领域引入冷静期制度的基准。该基准的核心在于影响消费者意思自治的要素，传统观点着眼于销售行为，而新近观点则更关注保险合同本身性质，反思冷静期制度在合同理论中的位置。④

（一）销售行为引发的消费者意思形成欠缺

特殊的销售、推销方式造成消费者意思形成不全，是日本导入冷静期

---

① 日本保险自由化的情况具体参见何丽新、陈昊泽《日本保险的自由化及其限制——以〈保险业法〉制度变迁为切入点》，《现代日本经济》2019年第3期，第35~48页。
② 参见米山高生「戦後型保険システムの転換——生命保険の自由化とは何だったのか?」保険学雑誌604号39页（2009）。
③ 参见落合诚一「募集制度」竹内昭夫编『保険業法の在り方ト』243页（有斐閣，1992）。
④ 参见斉藤洋子「クーリングオフ制度の民法における位置づけ」tonnement2号228页（1998）。

制度的最初动因。① 竹内昭夫教授指出，这是为了给在心理不设防的情况下受到销售人的销售攻势而非本意地提出要约或缔结合同的消费者以重新考虑的时间。② 在网络不发达的时代，交易方式主要分为营业场所内的交易和营业场所外的交易，后者多由销售人主导，容易造成信息的不全面与不能比较，因而被立法者作为规制的主要对象。具体而言，学者将影响因素分为三类。第一，事出突然性，指在交易交涉之前消费者完全没有收集交易相关信息的机会，从而阻碍意思自治。③ 典型的情境是访问贩卖中销售人突然闯入消费者生活处所开展合同交涉，在心理准备和商品信息均不足的情况下，面对销售人关于交易优势的一再劝说，消费者很难冷静判断。④ 第二，密室性，指空间相对闭锁而使得销售行为给予消费者过大的心理压迫感而造成消费者在缔结合同时意思不全。⑤ 第三，特殊的推销方式，主要包括高压推销、欺诈推销和利用消费者心理弱点等的推销。此种推销方式不一定达到欺诈、强迫的程度，但切实影响消费者的意思自治。⑥

（二）合同本身的信息不对称

随着社会实践的发展，商品种类与销售渠道不断扩充，越来越多的人认识到消费相关的合同本身即存在着相关信息、知识的不对称性。⑦ 消费者交易中存在着原生的信息不对称，而合同内容的专门性、复杂性进一步加剧了信息的不对称性。具体而言，在合同的持续期间上，分为一次性的

---

① 参见伊藤進「クーリング・オフ制度と契約理論」法律論叢 4＝5 号 358 頁（1991）。
② 参见竹内昭夫「訪問販売と消費者保護」ジュリスト 808 号 11 頁（1984）。
③ 参见清水巌「消費者契約とクーリング・オフ制度」阪大法学 149＝150 号 380－381 頁（1989）。
④ 参见大村敦志『消費者法（第 2 版）』98 頁（有斐閣，2003）。
⑤ 参见清水巌「消費者契約とクーリング・オフ制度」阪大法学 149＝150 号 385 頁（1989）。
⑥ 参见鶴藤倫道「事業者・消費者間の電子商取引へのクーリング・オフ導入の可否」神奈川法学 2 号 591 頁（2002）。
⑦ 参见近藤充代「消費者取引類型とクーリングオフ権」日本福祉大学経済論集 8 号 24 頁（1994）；丸山絵美子「クーリング・オフの要件・効果と正当化根拠」専修法学論集 79 号 2 頁（2000）。

商品交付和持续性的服务；在合同的标的上，分为能够实物感知的商品和抽象的服务、权利；在合同的金额上，分为高额性与少额性，高额性常与严重的损害相联系，凸显保护的必要性。

应当注意的是，随着电话、互联网的普及，是否在通信销售上设置冷静期制度成为讨论焦点。反对说认为，通信销售不具备事出突然性和密室性，消费者可以在充分研究业者方提供的资料的基础上提出要约，意思表示相对自由，不需要设置冷静期制度。① 支持说则认为通信销售中消费者在合同缔结前往往缺乏"实际看到商品本身"这一最重要的信息。② 最终，2008年《日本特定商交易法》修改，将冷静期制度部分适用于通信销售。由此，冷静期制度的法理认知重点转向合同性质，这也影响了理论上更多关注冷静期制度的私法效果（下文详述）。

（三）日本保险冷静期制度诞生的立法动因

基于上述分析框架，保险导入冷静期制度的必要性是显在的。保险销售中存在着产生不当销售行为的风险，同时，保险合同较普通合同的信息不对称性往往更为显著。第一，保险合同缔结的单方面性。保险合同的缔结通常是保险销售人积极推销的结果，冷静期制度可以保障保险消费者有仔细思考是否缔结合同的机会。③ 第二，保险合同相较于一般的消费者合同，存在复杂性和不可视性。④ 第三，保险销售人与保险消费者间专业知识的差距。第四，保险合同属于附和合同，其性质决定了其容易在保险人与投保人间发生纠纷，需要通过规制加以避免。⑤ 第五，保险本质即为保

---

① 参见河津八平「消費者保護と特定商取引法（2）」九州国際大学法学論集1号140頁（2007）。
② 参见川地宏行「通信販売における情報提供義務とクーリングオフ」専修法学論集102頁（2003）；杜怡静《从消费者保护法第十九条之一增订检讨无条件解约权之相关规定——兼以日本法之规定为参考素材》，《月旦民商法杂志》2003年第1期，第114页。
③ 参见山下友信『保険法（上）』358頁（有斐閣，2018）。
④ 参见金融庁「中間論点整理～適合性原則を踏まえた保険商品の販売・勧誘のあり方～」，https://www.fsa.go.jp/news/newsj/17/hoken/f-20060301-1.html，（2020.10.03）。
⑤ 参见小川宏幸「保険業規制の対象、目的および公共性－銀行業規制および証券業規制との比較」生命保険論集177号96頁（2011）。

障机能，要求能够促进个人生活和企业活动的安定向上。① 因此，保险销售规制的第一要义是保护投保人的利益，为此需要以事前预防为核心，帮助投保人选到符合其需求的保险商品。②

三　日本法上保险法冷静期的制度构造

所谓冷静期制度，实际上是"有约必守"的合同基本精神的例外，③标志着现代民事立法理念的转向。近代民事立法在合同自由原则下不考虑合同当事人的具体特性而一律将之作为对等主体，④ 而消费者保护理念下，消费者是相对于业者的"弱者"，应当给予倾斜保护。⑤ 冷静期制度的意义正在于给予消费者重新考量是否缔结合同的机会。⑥《保险业法》的冷静期制度与《日本分期贩卖法》《日本特定商交易法》一脉相承，并根据保险的性质而有所修正。⑦《保险业法》第309条是对保险冷静期主要制度的规定，《施行令》与《施行规则》加以补充完善，三者通过在各制度组成部分中的动态调整，实现整体制度对保险消费者利益的实质性保障，做到保险消费者和保险人间的利益平衡。

（一）保险冷静期制度的适用范围

博登海默指出，法律的基本作用之一乃是使人类为数众多、种类纷繁、各不相同的行为与关系达到某种合理程度的秩序。⑧ 保险冷静期制度并非对所有投保人和投保方式一视同仁，其目标在于保护保险消费者，作

---

① 参见大谷孝一『保険論』（第3版）』105頁（成文堂，2012）。
② 参见落合誠一「募集制度」竹内昭夫編『保険業法の在り方』214-215頁，243頁（有斐閣，1992）。
③ 参见杨东《金融消费者保护统合法论》，法律出版社，2013，第249页。
④ 参见草地未紀「消費者保護政策の今日の展開——消費者契約法の成立と消費者の自立をめぐって」岡山大学大学院文化科学研究科紀要10号127頁（2010）。
⑤ 参见竹内昭夫『現代の経済構造と法』14-31頁（筑摩書房，1975）。
⑥ 参见圓山茂夫「わが国のクーリング・オフ40年史」国民生活11号1頁（2013）。
⑦ 参见榊素寬「保険業法逐条解説（XXXXIX）」生命保険論集198号119頁（2017）。
⑧ 〔美〕E. 博登海默：《法理学——法律哲学与法律方法》，邓正来译，中国政法大学出版社，2017，第501页。

为例外的制度，当投保人缺乏保护必要性时，则通过类型化除外适用。《保险业法》第309条第1项第2号至第6号，将除外适用分为六类情况：其一，投保人为了营业或者事业，或者将缔结保险合同作为营业或事业而进行要约的；其二，一般社团法人、一般财团法人、依特别法设立的法人、非法人的社团、非法人的财团及国家、地方公共团体进行要约的；其三，保险期间在1年以下的；其四，保险合同是法令要求投保人加入的；其五，投保人在保险公司、特定保险销售人或保险中介人的营业场所、事务所要约的；其六，其他根据政令认定不会欠缺对投保人保护的情况。

第六类情况根据《施行令》第45条又细分为八类：其一，要约人事先通知保险业者要访问营业场所，并告知其是以保险合同的要约为目的的情况；其二，要约人要求在自己指定的场所进行保险合同的要约的情况；① 其三，要约人通过邮递及其他内阁府令规定的方式要约的情况；② 其四，要约人将保险合同相关的保险费存入保险业者的银行账号的情况（该行为是由于保险业者方要求的除外）；其五，保险公司指定医师诊查被保险人作为保险合同成立条件，而该诊查已结束的情况；其六，该保险合同是根据《劳动者财产形成促进法》第6条规定缔结的情况；③ 其七，该保险合同是为了担保金钱消费借贷合同、租借合同及其他合同而缔结的情况；其八，该保险合同是对已经缔结的保险合同的更改、更新的情况。

保险商品代表性的销售方式主要包括访问贩卖、窗口贩卖及通信销售。遗憾的是，保险冷静期制度不适用于窗口贩卖与通信销售。事实上，长时间以来，冷静期制度也并不适用于普通商品通信销售，这是由于立法者站在因销售行为引发的消费者意思形成不全的视角，认为业者并未主动推销，那么对消费者的意思自治就不存在干涉。随着互联网的普及，商品

---

① 2007年《施行令》重新思考了交易场所与冷静期的关系，冷静期制度虽然排除适用于营业场所，但不能一概而论，消费者来到营业场所不必然有明确的投保意愿，其可能来营业场所是为了购买保险以外的目的或只是偶然来到营业场所。因此，2007年《施行令》认为只要不属于以上两种情况，则仍可以适用冷静期制度。

② 举轻以明重，日本立法上亦不认可投保人网络投保时适用冷静期制度，由此引发了网销保险是否适用保险冷静期制度的问题。

③ 此处的法理在于，财产形成保险合同是由法律规定要求缔结的合同。

销售的实践也在发生变化，在线消费中业者推销的主导性更强，① 消费者的冲动消费行为已不少见。通信销售中，广告是消费者的唯一信息来源。若广告记载信息不充分、不明确，则极容易引发事后的纠纷。并且，其内容本身即存在着信息不对称，消费者无法了解到商品实物这一最本质的信息。2008 年《日本特定商交易法》修改，在第 15 条之二第 1 项确立了通信销售的法定退货权制度，若商品广告中没有关于退货（要约的撤回或合同的解除）的特别约定的，消费者可以利用法定退货权制度，在负担运费的情况下退货。也就是说，法定退货权制度原则上认可冷静期制度的原理，但是同样认可以特别约定排除适用的做法。② 可以看到，法定退货权制定的诞生是鉴于网络购物中大量的退货需求，更多地认为消费者购买商品存在自主性，其保护必要性较弱，由此实现双方的利益平衡。

一般商品销售领域冷静期制度适用的逻辑同样可以作用于网销保险，并且从实践来看，存在着保险人通过合同条款的形式自发扩充冷静期制度的情况。第一，根据保险种类的扩充，这主要是适用于投资性保险合同的特定早期解约制度，其机理与保险冷静期制度异曲同工。保险人一般会在合同中约定，保险消费者自保险合同成立 10 天以后的一定期间内，不必支付解约手续费或返还已经支付的手续费，并全额返还投保人已经支付的保险费。第二，根据保险销售方式的扩充，实践中窗口贩卖、通信销售并非一律不适用保险冷静期制度，保险人在部分保险商品上也会通过合同条款的形式约定保险冷静期制度。由此，引入保险冷静期制度具有实践可行性的基础，若上升为制度，则需要由监管法规细化范围。从时代考量，2020 年以来，新冠病毒引发的肺炎疫情席卷全球，同样对日本保险销售实践产生重大影响，传统的窗口贩卖、访问贩卖寥若晨星，而通信销售则烈火烹油，尤其是互联网消费实践中矛盾增加，投诉率较往年激增，③ 反思是否在网销保险中引入冷静期制度的时刻已经来临。

---

① 参见圆山茂夫「わが国のクーリング・オフ40 年史」国民生活 11 号 4 页（2013）。
② 松本恒雄＝斎藤雅弘＝町村泰贵『電子商取引法』151 页（勁草書房，2013）。
③ 国民生活センター「ネット通販にはクーリング・オフ制度がないことを再認識し、利用時には注意を」，https://www.is702.jp/news/3742/，（2021.02.09）。

综合来看,保险冷静期制度并不保护所有投保人,甚至不一味地保护保险消费者,而是存在着利益的权衡,在提供保护的同时要求避免滥用、恶用冷静期制度的情况。冷静期制度排除适用的因素主要为:投保主体、主观意思、保险种类。投保主体上,保险冷静期仅适用于消费者。主观意思上,若投保人的投保意思明确,且其意思形成过程是自由的,则不适用保险冷静期。金谷重树教授指出,其意思是否确定不一定要通过话语和文字表达,而可以基于情况对是否存在意思自由进行推测。[1] 保险种类上,冷静期制度虽然是生命保险与损害保险共通适用的制度,但是一年期间的限制,造成对于大量损害保险不适用于损害保险。虽然冷静期所希望保护的消费者权益并不因为合同期间的长短而发生变化,[2] 但是短期保险保障的内容一般较为确定、易于理解,且消费者受保护的必要性亦较小。[3] 此外,由于法律对缔结特定保险合同的明文规定,立法者判断此时消费者应当理解该合同的内容,此时意思明确,不必适用冷静期制度,典型的例子是机动车赔偿强制保险。

(二) 保险冷静期权利的行使方式

《日本民法典》第97条第1项确立了非对话的意思表示在到达时生效的原则。鸠山秀夫教授解释道,非对话的双方间存在空间和时间的距离,到达主义中意思表示已经进入对方的支配范围,能适当保护表意者与相对方的利益。[4] 而根据《保险业法》第309条第4项,保险合同要约的撤回等的意思表示,在记载撤回保险合同的要约等书面材料发信之时,发生效力。由此,保险冷静期权利的行使方式为书面形式,非对话的双方间要约的撤回采用发信主义。田口城教授指出,这是为了实质性确保投保人深思熟虑而做的制度设计。[5]

---

[1] 参见金谷重树『消費者法の基礎』7頁(晃洋書房,1993)。
[2] 参见榊素寛「保険業法逐条解説(XXXXIX)」生命保険論集198号133頁(2017)。
[3] 参见細田浩史『保険業法』498頁(弘文堂,2018)。
[4] 参见鳩山秀夫『日本民法総論』387-389頁(岩波書店,1974)。
[5] 参见田口城「生命保険契約のクーリング・オフ制度」生命保険経営1号38頁(2011)。

另一方面，应注意的是保险冷静期权利必须通过书面形式行使。以法定形式警惕、保护草率交易者，并为可能发生的交易纠纷提供必要证据，是法定形式的基本功能。① 保险冷静期的书面行使方式即为了避免事后纠纷的制度考量，其核心在于是否能留下客观证据证明保险消费者在冷静期内行使冷静期权利，电话、口头、电子邮件②等方式被认为难以留下正式的记录。③ 从实践来看，该书面方式需要记载权利行使人的姓名、合同缔结时间、商品名称、销售企业名称、合同金额、通知解除保险合同、时间等内容，并且需要通过邮局寄出，方可生效。其理由在于，需要通过邮局邮戳这一具有公信力的渠道，证明保险消费者行使保险冷静期权利的时间。

（三）保险人冷静期制度相关的书面交付义务

根据《保险业法》第 309 条第 1 项第 1 号规定，保险人有交付记载撤回保险合同要约或解除保险合同相关事项书面材料的义务，此义务的履行为冷静期期间的起算点之一，应注意的是该义务属于前合同义务。反之，若保险人未履行书面交付义务，则投保人的撤回权或解除权不受该期间的限制。根据《施行规则》第 240 条，书面材料必须记载《保险业法》第 309 条的规定，其字体应当达到 8pt（约 2.82cm），且在交付时应当告知投保人要仔细阅读其中内容，或者采用能够让投保人了解其中内容的方式交付。在书面交付的方式上，《保险业法》第 309 条第 2 项进一步规定了保险人在获得投保人同意的情况下，可以通过信息通信技术等方式履行书面交付义务。此时，根据《保险业法》第 309 条第 3 项，当相关文件写入投保人的电子计算机时，视为到达该投保人。

---

① 朱广新：《书面形式与合同的成立》，《法学研究》2019 年第 2 期，第 75 页。
② 电子邮件虽然能够由 Message ID 体现发信时间，但问题在于其信息具有易伪造性、易修改性和依附性，其真实性容易产生纠纷，故而作为保险冷静期权利行使方式不够可靠。参见汪振林、张程绪《基于时间属性的电子邮件真实性鉴定研究》，《重庆邮电大学学报》（社会科学版）2014 年第 2 期，第 36~41 页。
③ Enjin「クーリング・オフのやり方がすぐわかる！申し込むまでの3つのステップ」，https://enjin‐classaction.com/column/detail/? columnId = 606&category = scam，（2021.02.10）。

（四）保险冷静期的期间与起算点

《保险业法》第 309 条第 1 项第 1 号规定了保险冷静期的起算点为保险人交付书面材料之日与投保人进行要约之日中的后者，期间为 8 日。8 日虽然是日本冷静期立法的惯用做法，但是其时长是否能够满足消费者的需求，堪可质疑。可以作为参照的是，《美国纽约州保险法》（New York State Consolidated Laws）第 3203 条将冷静期的期间规定为，投保人收到保单后的 10 日以上 30 日以内（医疗保险为 10 日以上 20 日以内）；《英国经营手册》（Conduct of Business Sourcebook）14.2.1R 为收到合同信息之日、已经缔结生命保险合同的通知之日中的较迟的日期起的 30 日内（损害保险合同为 14 日内）；《法国保险法典》L.132－5－1 条为收到合同缔结的通知之日起 30 日内（生命保险合同以外的为 14 日内）；《欧盟生命保险指令》（Directive 2002/83/EC）第 35 条将个人保险的通知规定在收到合同缔结通知之日起 30 日内，但是期间在 6 个月以内的合同及其他没有保护投保人必要的合同则不适用。我国台湾地区"保险法"2019 年的修改中，亦对于两年以上人身保险的投保人设置了自保险合同书交付之日起 14 日内的期间。此外，在日本保险销售实践中，各保险公司对于合同中冷静期条款的设置亦普遍延长至 10 日。

以投保人的要约之日作为起算点之一是将投保人意愿确定之日作为冷静期的开端，而同时以书面交付之日作为起算点之一则保障了投保人知晓冷静期事项是其行使冷静期权利的前提，可以看出法律对于冷静期制度实质性的追求。根据日本东京地方裁判所判例，若存在投保人根据保险人要求嗣后重新提交投保单的情况，除非仅存在对投保单形式上的修正，保险冷静期应重新计算，否则违反了让消费者深思熟虑保险合同的立法趣旨。[①] 在实践中，由于生命保险合同的保险费的给付并非强制，所以很多保险公司也会以第一次支付保险费之日作为起算期。

[①] 参见山下友信『保险法（上）』359 页（有斐阁，2018）。

（五）保险冷静期制度的适用效果

与保险冷静期制度较为近似的是保险任意解除权制度，二者均发生于保险合同成立后，二者项下投保人均可以自发解除保险合同，但是二者的适用效果有本质不同。《日本保险法》分别在第 27 条、第 54 条、第 83 条规定损害保险、生命保险、伤害疾病定额保险项下投保人的任意解除权制度。在效果上，任意解除权是形成权，[①] 一旦投保人行使任意解除权，保险合同面向未来解除，损害保险与伤害疾病定额保险下，投保人已支付的保险费不再返还，而在生命保险下，保险人通常会向投保人支付保单现金价值。[②] 也就是说，若通过任意解除权制度，保险消费者通常要承受较大代价才能解除合同。

相较之下，保险冷静期制度具有法定性、单方面性、无因性、免责性、直接性和强行性，这在保险冷静期制度的适用效果上得到全面体现。根据《保险业法》第 309 条第 1 项，投保人冷静期权利的行使首先带来撤回要约或解除合同的效果。其未仅设置合同解除权，在于冷静期的起算点应以消费者可以开始冷静思考的时间点为转移，而非业者收到要约后的行为。因要约撤回或合同解除，涉及投保人、保险销售人、保险人等多方利益的处置。

首先，是投保人解约责任免除。根据《保险业法》第 309 条第 5 项、第 8 项，保险公司不能因冷静期权利行使向投保人请求支付损害赔偿、违约金，保险中介人及其他保险销售人如果因投保的撤回而需要向保险公司支付损害赔偿费等费用的，不能向撤回投保的人请求。其次，是保险人、保险销售人对保险费的返还。根据《保险业法》第 309 条第 6 项、第 7 项，投保人行使冷静期权利的，保险公司、保险销售人应当尽速返还已受领的保险费。再次，是保险费返还的例外情形。根据《保险业法》第 5 项

[①] 参见志田惣一「解約返戻金」倉澤康一郎編『金融・商事判例増刊号 生命保険の法律問題』137 頁（経済法令研究会，1995）。

[②] 参见山下友信＝竹濱修＝洲崎博史＝山本哲生『保険法第 3 版補訂版』315 頁（有斐閣，2015）。

但书、第6项但书和《施行规则》第242条，保险人可以请求投保人给付相当于到解除前为止期间的费用，若保险费已经交付，则保险公司可以不返还这部分保险费的金额。这是由于立法者区分了商品上的冷静期与服务上的冷静期，认为服务上的冷静期不能回复原状，那么完全溯及地撤回、解除是不适当的。① 最后，是冷静期内发生保险事故的处置。根据《保险业法》第309条第9项，投保人行使冷静期权利前已发生保险金支付事由的，除了投保人已知道的情况外，其权利行使不生效力。这是为了防止投保人因不知道保险金支付事由的发生而失去请求保险金的机会。

四　日本法上保险冷静期制度的法律性质

日本学界在论述冷静期制度的性质时多站在私法合同法角度，却又在公法监管法性质的《保险业法》中规定了保险冷静期制度，由此引发保险冷静期制度定性问题。这一问题的破解，在于对保险冷静期制度的设置目的、价值及方式的理解与分析。解决这一问题对把握我国保险冷静期制度的定性亦有所助益。

（一）保险冷静期制度性质的学说整理

日本历史上对冷静期制度的性质存在六种学说。第一，附解除条件的合同说。该说认为商品交付前附冷静期的合同虽已成立、生效，产生了拘束力，但是其上附加了消费者可以依其意思在一定期间内使合同失效的条件。② 第二，附停止条件的合同说。该说认为附冷静期的合同在成立后并未生效，而是随着冷静期间经过始生效力。③ 第三，意思形成过程说。该说认为冷静期间是消费者意思形成的过程，在此期间内其意思并未发生效

---

① 与之相对应的是，根据《日本特定商交易法》第9条，消费者行使冷静期制度的效果是完全的原状回复。
② 参见加賀山茂「訪問販売等のトラブルと法的問題点」法律のひろば6号20頁（1986）。
③ 参见浜上則雄「訪問販売法における基本問題」，淡路剛久编『現代契約法大系（第四卷）』305頁（有斐閣，1985）。

力,若冷静期间经过,则意思成熟,合同成立;若在冷静期间内行使冷静期权利,则合同无效。即同样认可其使合同成立时间推后的法律效果。[1]第四,预约合同说。该说认为附冷静期的合同仅在双方之间成立的是预约合同,而冷静期届满时若没有行使取消权,则成立本约合同。[2]第五,特殊的合同解除权说。该说认为冷静期权利是一种解除权,其权利带来的解除效果与无行为能力、欺诈、强迫一样,使已经生效的合同自始不存,但是其解约的效果具有消费者合同的特殊性。[3]第六,通常的要约撤回权、合同解除权。该说认为冷静期权利与通常的要约撤回权与合同解除权相同,仅在权利行使条件上有所不同。[4]要约撤回权的承认意味着冷静期制度包含着将要约人从要约中解放出来的法理,成为通说。综上,学说往往采用民法理论理解冷静期制度,经历了源于一般民法理论、突破民法一般理论、回归民法一般理论的过程,即冷静期制度在条件上带有消费者法属性,而权利内容上则属于民法上时间相连的两项权利。

(二) 保险冷静期制度的私法效果分析

前文已分析了保险冷静期制度本身的适用效果,而本部分则将之置于民法体系下整合分析。冷静期制度以迅速且公平地解决纠纷为要义,[5]最终归于将消费者从以较通常低下判断力进行交易而受害的危险中解放出来。[6]针对要约人、合同当事人的救济,在《日本民法典》层面,一方面,第525条规定对话中和无规定承诺时间时要约的拘束力,在一般情况下反对要约人依单方意思撤回要约。另一方面,合同成立后仅在例外情况下才能解除,如违反公序良俗、欺诈、强迫、债务不履行、瑕疵担保责任以及合同另有约定的情况。进一步而言,《日本消费者合同法》在《日本

---

[1] 参见大村敦志『消費者法(第2版)』85頁(有斐閣,2003)。
[2] 参见田村濯郎「フランス訪問販売法におけるクーリング・オフ」島根法学3号74頁(1985)。
[3] 参见長尾治助『英国消費者私法の研究』977頁(成文堂,1974)。
[4] 参见伊藤進「クーリング・オフ制度と契約理論」法律論叢4=5号370頁(1991)。
[5] 参见竹内昭夫『現代の経済構造と法』18頁(筑摩書房,1975)。
[6] 参见長尾治助「クーリング・オフ権の法理」立命館法学5=6号75頁(1985)。

民法典》基础上，基于业者消费者间信息的质、量及交涉力的区别，为规制不当合同条款而认可行使条件较低的消费者解除权，[1]其条件包括误认、对消费者造成困扰的行为、合同内容过量等。最后，冷静期制度又在两法的基础上进一步放宽限制，在要约过程中或合同缔结后的一定期间，即便没有受到任何不利，没有提出任何理由，也可以无条件地撤回要约或解除合同。[2]质言之，从纵向上看，从《日本民法典》，到《日本消费者合同法》，再到《保险业法》，其权利行使条件不断降低。冷静期制度也是对其他二者的补全，在冷静期间内消费者对欺诈、错误、误认等的举证责任可以减轻，由此二者不能填补的缝隙得以弥合。[3]从横向上看，三种权利同时存在，即便不符合冷静期制度的适用条件，若符合进一步条件，保险消费者还能受到《日本消费者合同法》《日本民法典》的保护。

（三）学界对《保险业法》规定冷静期制度合理性的论断

保险冷静期制度规定在行业监管法性质的《保险业法》中，学者多从合理性角度论述该问题。在性质上，冷静期制度既具有行业监管的行政法色彩，又具有民事法的效力。[4]那么，保险冷静期制度放在保险业法或保险合同法的实质并不在其性质归属，而在于在既有的体制框架内如何完整地纳入冷静期制度。[5]内山敏和教授指出，冷静期制度具有规制效果，要求减少业者方的原因使消费者在缔结合同时意思形成不全的情况。[6]村田敏一教授指出，保险冷静期制度在广义上属于保险销售行为规制，并且有进一步由政令委任的形式机动地划定除外范围的必要性，因此继续放在

---

[1] 参见消费者庁「消費者契約法逐条解説」，https://www.caa.go.jp/policies/policy/consumer_system/consumer_contract_act/annotationa/，(2020.10.08)。
[2] 参见竹内昭夫『消費者信用法の理論』117頁（有斐閣，1995）。
[3] 参见大村敦志『消費者法（第2版）』85頁（有斐閣，2003）。
[4] 参见右近潤一「書面不備に基づくクーリングオフ権の行使を妨げる事由」The Faculty of Economics and Business Administration Journal 第5号69頁（2017）。
[5] 参见小林道生「保険契約法の現代化と保険募集における情報提供規制」保険学雑誌599号112頁（2007）。
[6] 参见内山敏和「消費者保護法規による意思表示法の実質化（1）：クーリング・オフを素材として」北海学園大学法学研究第1号33頁（2010）。

《保险业法》中具有合理性。①

(四) 保险冷静期制度性质之我见

消费者保护问题不仅需要通过民事规则加以解决,行政规则乃至刑事规则均是必要的。② 一方面,销售行为规制是保险冷静期制度成立的重要前提与基础,这主要反映在书面交付义务上。应注意的是,在《保险业法》第 309 条中仅规定了违反书面交付义务的效果,书面交付义务实质上属于《保险业法》项下信息提供义务的一环。1995 年《保险业法》第 300 条第 1 项禁止保险公司、保险销售人告知投保人或被保险人虚假信息,或不告知保险合同条款中的重要事项,从消极层面规定了信息提供义务,这是第 309 条第 1 项第 1 号的基础之一。2006 年《金融厅对保险公司的综合监督指导》,将"重要事项"的告知义务细化为保险销售人在签订保险合同时向保险消费者交付合同概要和注意唤起信息的义务,而冷静期制度的内容即属于注意唤起信息的一种。2014 年《保险业法》销售规制导入适合性原则而全面变革,在第 294 条与第 294 条之二分别导入信息提供义务和意向把握义务,要求确认保险消费者的意向,提供具有重要性、关联性的信息,这是保险消费者理解保险商品符合其意向的前提。

但另一方面,以上事实并不成为保险冷静期制度规定在《保险业法》的理由。第一,从法律效果角度,信息提供义务除产生公法效果外,还产生私法效果,这超越了保险监管法的管辖范围。山下友信教授指出,保险监管法注重的是行为,违反保险监管法规制的直接效果是刑事罚、行政罚等,而并不规定私法上的效果。③ 第二,从制度内容角度,若剥离前端的书面交付义务,则保险冷静期的主干制度属于私法制度。其规制效力是间接的。质言之,保险消费者拥有冷静期权利,保险销售人即便采取不当的销售方式,也不能达到其销售目的。第三,从法律编纂的角度,《保险业

---

① 参见村田敏一「保険募集法制見直し論の焦点」生命保険論集第 176 号 62 頁 (2011)。
② 参见徐肖天『中国における消費者撤回権制度の理論的基礎——日本法との比較的研究を通じて』早稲田大学博士論文 111 頁 (2017)。
③ 参见山下友信『保険法 (上)』241 頁 (有斐閣, 2018)。

法》将保险冷静期放在"杂则编"而非"保险销售编"明示了立法者并非将保险冷静期制度作为销售规制。综上,笔者认为更好的立法方式是将保险冷静期制度规定在保险合同法中,并在保险业法中对书面交付义务设置相应的规则。据笔者推测,立法者将保险冷静期制度规定在《保险业法》中有其时代因素。1995 年《保险业法》大修改时保险合同法尚规定在《日本商法典》商行为编的保险章中,其规则在战后型保险系统转向自由化保险系统的过程中尚无需大改,仅为保险冷静期制度等少数保险合同法制度而修改《日本商法典》未免浪费立法资源。而当 2008 年《日本保险法》制定时,冷静期制度早已置于《保险业法》《施行令》《施行规则》中,形成了完整的法律体系,其定位更加难以被撼动。①

五 日本法上保险冷静期制度对中国的启示

所谓立法模式,即一个国家和地区的法律对主体行为进行规范的惯常思维定式和具体行为序列。② 基于完整而非片段的考察,才能更好达到"明得失"的效果,笔者研究日本保险冷静期制度的缘起正在于此。前人已有多篇文章谈及中国保险冷静期的立法情况和问题,此处不加赘言。基于对日本保险冷静期前世今生的横纵分析,笔者认为中国应以实质性为依托,具体审视保险冷静期制度的体系定位和制度建构,做好保险消费者和保险人间的利益平衡。

(一) 日本法上保险冷静期制度的优势与问题

日本从《保险业法》到《施行令》、《施行规则》建立起完善的保险冷静期制度。《保险业法》项下的冷静期主干制度至今未修改,确保了法律的稳定性,而调整范围和履行细节则交由《施行令》《施行规则》根据

---

① 村田敏一教授在以《日本保险法》立法为主题的文章中,讨论了保险业法与保险法规则分担的问题。参见村田敏一「保険募集法制見直し論の焦点」生命保険論集 176 号 61 頁 (2011)。

② 李志文:《船舶所有权法律制度研究》,法律出版社,2008,第 68 页。

实践需求灵活变化。确认与维护消费者享有的权利，其目的不仅在于保护消费者群体本身代表的社会利益，还在于保障保险市场的秩序与效率。[①] 日本保险冷静期制度最大的优势正在此，贯彻实质性不仅是基于消费者保护理念，还是进一步要求做到业者与消费者间的利益平衡，保护但不偏袒消费者。在此之上，从法律制度连携的角度，保险冷静期结合《日本民法典》《日本消费者合同法》的合同解除权制度及《保险业法》上的适合性原则，构建起了完备的保险消费者投保保障制度体系（见图1）。同时，日本保险冷静期制度并非臻于完美，仍有可斟酌的余地。其一，制度定位。将冷静期制度规定在《保险业法》中的做法不适恰。其二，期间过短。保险作为服务，不可目视，只可意会。其系统复杂，应设置长于一般商品销售的冷静期间。其三，保险冷静期不适用于网销保险。2008年《日本特定商交易法》修改中已将重点放在合同本身性质，维持《保险业法》不适用于网销保险的做法已不合时宜。

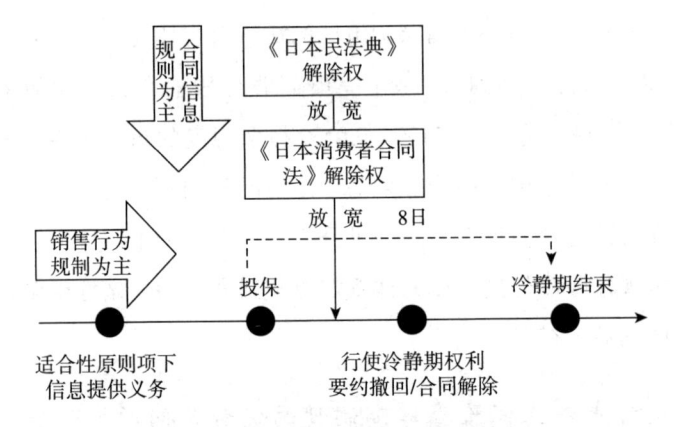

图1 日本保险冷静期制度协调情况

（二）中国采用"保险冷静期"命名较为合理

"犹豫期"和"冷静期"均只是通俗表达，衡量标准一方面在于制度为大众所理解和接受的程度。中国普遍采用"犹豫期"的表述，追溯至

---

① 参见尹迪《从约定到法定：人身保险犹豫期制度的构建》，《法商研究》2020年第3期，第117页。

1994年台湾地区"消费者保护法"中引入的"犹豫权"制度。遗憾的是，其具体含义在各类文件与研究中多语焉不详。《现代汉语词典》中，"犹豫"指"拿不定主意"。① 其语义范围更大，难以圈定其制度的适用范围。在情势瞬息万变的商业交易中，无论是商主体还是消费者，均可能犹豫。与之相对的，无论是在英国诞生时，还是传入日本后，该制度均维持了"冷静期"（cooling-off/クーリング・オフ）的表达，大村敦志教授将之解释为给予一定期间"冷静头脑仔细思考"。② 这实际上描绘出一个容易冲动消费导致自身损害的弱势的消费者形象。王春梅教授提出将"保险消费者"概念导入保险冷静期制度的论断十分正确，③ 只有可能存在意思形成不完全的情况，才需要冷静期制度加以保护。在这一意义上，"保险冷静期"的表述更为合理。

（三）中国应将冷静期作为保险消费者的法定权利

在日本保险冷静期既作为合同条款，也是法定制度。而《征求意见稿》第48条并非直接赋予投保人冷静期权利，而是对保险人课以在合同中约定冷静期的法定义务。冷静期制度不能直接作用于投保人，而是必须通过保险合同条款作用于投保人。那么，在保险人未在合同条款中约定冷静期条款的情形下，投保人很难凭借《征求意见稿》第48条主张自身权利。这反映出立法者想要在保险合同法项下直接规制保险人行为的两难处境。并且，考虑到以往规定的简化，想要各保险公司对冷静期条款有同一基本认识亦很难做到。事实上，保险冷静期制度与消费者撤回权制度存在传承关系，④ 笔者认为，应当明示保险冷静期制度具备与消费者撤回权同样的直接法定性，而冷静期制度立法后，其适用范围不应通过保险人的经营决策，而应通过司法解释、部门规章等方式加以调整。

---

① 《现代汉语词典》（第7版），商务印书馆，2016，第1584页。
② 参见大村敦志『消費者法（第二版）』82页（有斐閣，2003）。
③ 参见王春梅《人身保险合同犹豫期条款分析——以〈保险法修改草案〉为视角的分析》，《苏州大学学报》（哲学社会科学版）2017年第6期，第73~75页。
④ 参见范庆荣《新〈消保法〉对保险领域的影响》，《保险研究》2015年第3期，第78页。

（四）中国应以公私法双轨建构保险冷静期制度

日本法上保险冷静期的定性问题，在中国看似不是一个问题，实则有重大影响。《征求意见稿》明示了保险冷静期制度归属于保险合同法制度。然而，中国保险冷静期制度源于行业自律，主要体现在行业监管的部门规章和规范性文件中，要求起到行为规制效果，存在保险合同法与保险业法的协调问题。如前所述，日本保险冷静期制度属于公私结合的制度，书面交付义务是其基础，而其主干是要约撤回权和合同解除权制度。具体到中国语境，《征求意见稿》仅将冷静期制度定位为私法制度。根据现行《保险法》第17条，保险人对冷静期条款仅须履行说明义务。如此规定是不足备的，以日本立法为镜，对于冷静期制度应当达到"提示 + 明确说明"①的程度。② 并且违反明确说明义务的法律后果不应为"不产生效力"，而应为"消费者行使冷静期权利不受该期间限制"。《征求意见稿》未考虑公法维度，应明确刑事、行政的制裁，以确保制度强制力。

（五）中国保险冷静期主干制度的构建方式

《征求意见稿》第48条并未全面规定冷静期制度的各组成部分，而是将之委托给规章、规范性文件或合同条款。规章和规范性文件充其量作为法律的补充，仅能以点带面，在法律无明文规定的情况下，还可能因与《立法法》第80条第2款冲突而无效。仅将冷静期制度定于合同条款则可能因没有普遍性的范本而导致保险市场混乱，因保险合同附合合同的性质而导致对保险消费者的保护流于形式。

1. 保险冷静期制度应包括要约撤回权

《征求意见稿》将冷静期起算点设置为单一起算点，投保人签收保险单之日起算，这隐含着保险合同已成立生效的前提。这一时期划分使得保险冷静期权利弱化为合同解除权，这是将保险冷静期作为合同条款的必然

---

① 参见温世扬、武亦文《保险法》（第3版），法律出版社，2016，第114~117页。
② 例如，银保监会2019年修订的《健康保险管理办法》（中国银行保险监督管理委员会令2019年第3号）中，第39条对冷静期的明确告知义务和第44条的回访是有益的指导。

结果。事实上,保险冷静期制度的说明是保险销售人的前合同义务,若不对保险消费者赋以撤回权,则将使得要约提出后至合同缔结前这一时段的消费者保护存在缺漏。

2. 应以实质性为依托调整冷静期的适用范围

《征求意见稿》的适用范围虽然较以往的规章、规范性文件有所扩张,但仍限定于"保险期间超过1年的人身保险合同"。此种立法方式有一定优势,标准明细,易于把握,不采用传统的根据销售方式决定是否设置冷静期制度的思路,而是直指保险合同信息不对称的本质。在《中华人民共和国消费者权益保护法》(以下简称《消保法》)第25条已经规定了通信销售项下消费者无理由退货权的背景下,保险冷静期制度更不应当依据销售方式对消费者的权利行使造成限制。然而,此种立法方式明显弊大于利,将种类限定于人身保险,没有区分消费者和非消费者,且没有对适用保险冷静期的情形进行除外限缩,忽视了保险冷静期制度实质性的要求。事实上,保险冷静期的适用范围应综合投保主体、主观意思、保险种类加以考量,在缺乏保障必要性的情况下,不应设置保险冷静期。试举一例说明此问题:某甲以赛车为业,为自身投保意外险,是否可以适用保险冷静期制度?从《征求意见稿》角度来看,只要该保险期间超过一年,即可适用。然而,从实质性角度,既然某甲属于专业人员,那么应当知晓各种风险利害,应推定其投保意思明确,不宜适用。

3. 保险冷静期的起算点与期间问题

《征求意见稿》将保险冷静期的起算点规定为"投保人签收保险单之日",此举将制造道德风险空间,可能导致投保人拖延签收保单直至保险期间即将届满或在理财类保险中出现理财产品亏损时,再提出犹豫期解除权以收回全部保费。① 笔者认为,签收保险单这一时点与投保人意思形成的关联性较小,而日本立法思路能够提供借鉴,投保人做出投保的意思表示时代表着其意思已然形成,而直到其了解到保险冷静期制度前,其都不可能行使冷静期权利,因此以后者为起算点更为合理。在期间长度的设置

---

① 参见马辉《保险合同犹豫期制度的完善》,《上海金融》2012年第5期,第88页。

上，中国采用 20 日为最低标准，既与国际通行的冷静期的期间长度相符，也能够给保险消费者以充足的反思时间，应予以保留。

4. 保险冷静期制度的适用效果不能一概回归合同缔结前

《征求意见稿》将投保人行使保险冷静期权利的效果规定为"保险人应当及时退还全部保费"，这实质上忽视了保险作为服务的不可逆性，对保险业者课以较重负担。尤其在具有投资性质的保险中，保险人可能因此付出高额代价。除非保险销售人在销售过程中存在不当行为造成保险消费者意思形成不全的情况，保险消费者在冷静期内已享受了保险人提供的服务，应当支付相应费用。将冷静期制度与《保险法》第 15 条的任意解除权做区分，其关键不在于解除的无因性，而在于代价的最小化。更为适当的立法方式是，冷静期内消费者应当支付到保险合同解除之日为止的保险费。

结　语

随着化解系统性风险工具的普及，保险俨然成为一种生活方式，关系到千家万户的日常生活。日本经历了对冷静期制度长期的试错、总结、提炼、升华，形成了体系严整的冷静期制度，而中国冷静期制度实践也已走过二十个年头。保险冷静期制度源于销售行为规制要求，成于保险消费者的要约撤回权与合同解除权，终于保险消费者保护与保险业发展的平衡。本文梳理了日本保险冷静期制度体系，分析了时代背景与制度成因，在公私法的框架内完整反映其优势与问题。回到中国，保险冷静期制度在立法理念上应保护而非偏袒保险消费者，做好保险业者与保险消费者间的利益平衡，防范道德风险，让保险冷静期制度发挥实效。保险冷静期属于构造限定且明晰的制度，在具体制度的建构上，应当厘清权利及边界、义务与制裁。

译 文

论民族主义对公司法的形塑[*]

〔巴西〕玛丽安娜·帕根德勒 著[**]

薛前强 骆广兴 译[***]

内容提要：民族主义对公司法的影响显示了治理结构的重要性，其方式远远超过主导文献的代理成本这一考虑因素。事实证明，民族主义与公司法之间的联系出奇持久。尽管近来公众对全球化趋势有抵触情绪，但民族主义情绪没有过去历史时期那样明显。新兴的技术进步可能会减少作为民族国家基础的领土边界的重要性。此外，控制型民族主义的一个核心前提是，控制型精英与母国之间存在紧密的忠诚关系和共同利益。然而，具有强烈世界主义倾向的全球精英的崛起及其世界性导向不仅可能影响居住地，更可能影响公司的设立决定。通过"倒置"交易改变公司住所的税收驱动因素激增，这进一步表明国家与公司之间的联系正变得越来越脆弱。即使民族国家和民族主义在未来可能不再重要，但只要民族主义持续存

---

[*] 本文发表在《印第安纳法律杂志》2020年第2期。本文翻译工作得到中央民族大学校级青年教师科研能力提升计划项目"少数民族企业应对社会突发紧急公共事件法律机制研究"（2021QNPY60）；国家社科基金重大项目"社会主义市场经济中的公共商行为及其规制"（14ZDC019）；中央民族大学"铸牢中华民族共同体意识"研究专项的经费资助。摘要和关键词为译者添加。

[**] 〔巴西〕玛丽安娜·帕根德勒，巴西圣保罗格图里奥·巴尔加斯基金会法学院法学教授，纽约大学法学院全球法学教授，欧洲公司治理研究所（ECGI）研究员。感谢 Ian Ayres、Sheila Cerezetti、Kevin Davis、Paul Davies、Luca Enriques、George Georgiev、Jeffrey Gordon、Zohar Goshen、Henry Hansmann、Klaus Hopt、Michael Klausner、Curtis Milhaupt、John Morley、Katharina Pistor、Claire Priest、Dan Puchniak、Hyeok-Joon Rho、Roberta Romano、Bruno Salama、David Schleicher、Leo Strine 以及2019年美国法律和经济协会（ALEA）年会和哥伦比亚大学、FGV 和耶鲁大学法学院的教师研讨会的参与者，感谢他们非常有益的意见和建议。还要感谢圣保罗研究基金会（FAPESP）基于赠款2019/05340-0的财政支持。本文文责自负。

[***] 薛前强，中央民族大学法学院讲师；骆广兴，中央民族大学硕士研究生。

在，它对公司法和公司治理结构的影响、束缚就有可能持续下去。该认识足以开启一个全新的研究议程，将公司法更广泛的地缘政治和发展后果及其对经济和社会的更广泛影响纳入其中。

关键词： 公司法　公司治理　民族主义　跨国并购

绪　论

虽然世界经济已历经数十年的一体化进程，但当前，民族主义情绪和保护主义政策又重新复苏并流行起来，引发公众对全球化未来的质疑。这种紧张情绪由来已久且影响深远。长期以来，各国不断在是采取自由贸易政策还是保护主义政策之间徘徊，结果是，这对经济发展和社会进步产生重大影响。当前面对全球化局势，民族主义势力再次抬头，这很可能是属于我们"当前时代的斗争"。①

关于经济全球化对公司治理影响的讨论由来已久。趋同论的支持者认为，通过加强产品市场和资本市场的竞争，经济全球化将促使各国采取高效的公司治理实践，使外部投资者的利益得到优先考虑，这将可能导致"公司法的历史终结"。② 反对者则认为，尽管经济全球化正不断加强，公司经济效率持续提高，但对于制度变迁的路径依赖和来自利益集团的压力

---

① Sarah Frier, "Zuckerberg Asks Harvard Grads to Fight Isolationism", Nationalism, Bloomberg, May 25, 2017, https://www.bloomberg.com/news/articles/2017-0525/zuckerberg-asks-harvard-grads-to-fight-isolationism-nationalism [https://perma.cc/9PJJ7RHH]; Yuval Noah Harari & Chris Anderson, "Nationalism vs. Globalism: The New Political Divide", TED (Feb. 2017), https://www.ted.com/talks/yuval_noahharari nationalism vs globalism the new political divide [https://perma.cc/9L8R-SHSP].

② See e.g., Jeffrey N. Gordon & Mark J. Roe, Introduction, in *Convergence and Persistence in Corporate Governance* 1-2 (Jeffrey N. Gordon & Mark J. Roe eds., 2004); Henry Hansmann & Reinier Kraakman, "The End of History for Corporate Law", 89 *Geo. L. J.* 439 (2001); see also Raghuram G. Rajan & Luigi Zingales, "The Great Reversals: the Politics of Financial Development in the Twentieth Century", 69 *J. Fin. Econ.* 5 (2003) （一项有影响力的实证研究表明，当经济处于封闭状态时，现有企业将反对金融发展，而当经济对跨境贸易和资本流动开放时则不会）。

将允许公司治理保持传统差异且在某种程度上持续存在。[①] 实际上，上述两大阵营都注重公司法在降低代理成本方面的作用，但鉴于各国公司现有所有权结构的不同和各自利益集团力量对比的差异性，二者对于单一的高效模式是否会融合统一存在分歧。

然而，在这场论战中，国家政治结构中的关键因素被忽视，更忽视了公司安排作为经济民族主义的工具和表现形式之作用。在本文中，笔者记录并解释了民族主义思潮在横向世界范围的空间维度和纵向历史范围的时间维度对塑造公司法所产生的普遍影响，并将之称为"民族主义对公司法的控制"现象。该现象表明，民族主义对公司法的影响是悠久的、广泛的和具有张力的，并给全球化的"齿轮"撒上砂砾。

民族主义，即在本文中被理解为通过施加保护主义政策偏向领土内部人员而非外部人员的政治政策，其身影从所有权结构和收购辩护到法律选择和投资者保护皆可见到，[②] 并在上述治理实践的最重要特征上留下印记。利用公司法机制确保国内对商业公司的控制是一项尤为突出的策略。如法国和德国在 20 世纪初首先采用了多数表决权股和无表决权股，以抵御国外资本对本地公司的控制。从挪威到巴西，大多数司法管辖区（jurisdictions）企业国家所有权背后的关键动机是确保对公司实现国内控制和把战略性企业的总部所在地设为本国。对国外跨国并购的恐惧深刻地影响了世

[①] See e. g. , Lucian Arye Bebchuk & Mark J. Roe, "A Theory of Path Dependence in Corporate Ownership and Governance", 52 *Stan. L. Rev.* 127 (1999).

[②] 本文将"nationalism"与"economic nationalism"，"protectionism"和"economic patriotism"粗略地等同使用，以方便识别，see Helen Callaghan, Economic Nationalism, Network-Based Coordination, and the Market for Corporate Control: Motives for Political Resistance to Foreign Takeovers (Max-Planck-Institut fir Gesellschafts for schung, Working Paper No. 12/10, 2012). 由于这个定义的范围很广，足以包括次国家或超国家的政治统一体，因此，一个更准确的、虽然较少使用的术语是经济爱国主义，（与经济民族主义不同，经济爱国主义对所主张的爱国主义单位的确切性质是不可知的：它也可以指超国家或次国家的经济公民身份）。然而，与本文所使用的民族主义概念不同的是，Clift 和 Woll 对经济爱国主义的定义在政策内容上是中性的，允许通过自由的经济政策来追求经济爱国主义，只要他们倾向于公民而不是外国人。Ben Clift & Cornelia Woll, "Economic Patriotism: Reinventing Control over Open Markets", 19 *J. Eur. Pub. Pol'y* 307, 308, 309, 313 (2012).

界范围内的反收购/收购立法,以至于当前许多法律改革都明显带有外国收购者的名字,如法国的《达能修正法案》(Danone amendment)、意大利的《乳杆菌法令》(Lactalis decree)和英国的《吉百利法》(Cadbury law)。

学界通常认为,美国公司法并未反映民族主义的控制,但与其类似的州级爱国主义(当然,也可称为国家主义,而非民族主义)的力量实际上也从根本上左右着公司法的发展方向。美国公司曾多次受到州级反收购立法的影响,从而可以应对州外竞购者的敌意威胁。反对外国所有权的民族主义话语偶尔也会在美国联邦立法中留下印记,上至19世纪美国第一和第二银行剥夺外国投资者权利的章程条款,下到1968年《威廉姆斯法案》(Williams Act)中颁布的对敌意收购的监管限制。

推动公司法频频改革的主要原因,可能在于民族主义或一体化目标,而非出于文献中占主导地位的代理成本理论之考虑。虽然民族主义对公司治理改革的影响并非新的主题(且其也不可能是新的主题,毕竟公共讨论中经常被引用),但实际上,现有关于这一议题的论述却较为稀少。仅对个别国家进行的少数案例研究确实曾涉及这一议题,这就给人一种错误的印象,即民族主义与公司法之间的相互作用局限在特定的管辖范围[①]或者这种相互作用的重要性不大。[②] 事实上,这种现象无处不在,影响深远,因此值得进行系统性关注。总的来说,至少有以下三个因素促成了民族主义对公司法的形塑。

第一,外国投资者的政治赤字。由于只有公民才有投票权,公司治理的政治经济因素与其他一切事物一样,都是不利于外国利益的。在缺乏国际协调的情况下,法律结果往往倾向于国内方而非国外方,倾向于地方福利而非全球福利。在公司治理领域,立法者倾向于优先考虑国内经理人、

[①] 在历史学家中,将民族主义与各个国家的民族历史混为一谈,从而忽视民族主义是一种系统现象,也是很普遍的。John Breuilly, "Introduction: Concepts, Approaches, Theories", in *the Oxford Handbook of the History of Nationalism* 1 (John Breuilly ed., 2013)(民族主义被专业的历史学家视为国家历史的一个方面,而不是一个独立的主题)。

[②] 可以肯定的是,民族主义冲动的作用是欧盟公司法中一个反复出现的主题——尤其是因为其主要目标正是克服保护主义倾向,促进经济一体化。一本考察21世纪发展的著名作品集,see *Company Law and Economic Protectionism: New Challenges to European Integration* (Ulf Bernitz &Wolf-Georg Ringe eds., 2010)。

控股股东和工人的利益,而不是外国投资者的利益。虽然外国人的政治赤字(导致双边投资条约激增,以保护外国投资人资产免于日后被征用)在国际法中是众所周知,但迄今为止,公司治理文献完全忽视了这一点。相反,它认为全球化将不可避免地促使各国向外国投资者施加/提供越来越多的保护。

第二,国内势力的强大联盟。通过公司法推行民族主义政策,得益于国内精英利益集团和劳工利益集团在保留本地企业控制权方面所形成的强大联盟,以及民族主义情绪对民众的吸引力。企业收购可能不受欢迎,但外资收购更容易引发骚动和政治行动。通过公司法追求民族主义,该目标不一定是真实的或增进福利的,民族主义往往成为纯粹私人利益的烟幕弹。然而,如果把民族主义的论点当作纯粹的空话或机会主义言论,则甚为可笑。当前,关于外国直接投资和外国收购所带来的经济影响证据良莠混杂,这为民族主义公司法增添了一层合法的外衣。①

第三,公司法用作隐形贸易保护主义(stealth protectionism)的工具。对经济一体化的宪法承诺和国际上对互惠的关注有利于将公司法用作一种隐蔽的贸易保护主义工具。公司法规则可以在实际上是偏向保护主义的,而在表面上却没有歧视性。从国内或超国家的角度看,法律公开歧视境外利益的做法并不合法,从国际关系的角度来看也是不妥的。各国通常一方面希望本国商业巨头不受外国收购威胁,另一方面却又鼓励本国企业在国外追求目标,积极活动。因此,公司法是一种有效但不太明显的保护主义干预形式。公司法的规则和所有权结构有多重目的——虽然表面上看往往是非歧视性的,但其可以作为一种有力的工具,用来保护本国公司免受外国资本的威胁。

本文并不试图解决止在进行的关于民族主义政策利弊之争论,民族主义政策在某些情况下可能是有害的,而在另一些情况下可能是增进福利的。相反,本文意在强调民族主义对公司法的塑造,及其他对关于公司治理决定性因素的现有理论的重大影响。本文提请公众关注公司法演变的传

---

① 见下文第二部分。

统理论中所缺少的一个关键因素，提出未来公司治理出现反弹的可能性，通过借助一系列更广泛的经济和地缘政治考虑，最终使公司制度的规范性分析变得更富争议和张力。

关于公司治理决定因素的主流争论倾向于两种不同的宏观解释。效率解释论（efficiency accounts）认为，公司法的结果反映了基本的经济需求，特别是降低经理、股东和债权人之间的代理成本，而这正是困扰公司形式的问题。① 根据这一观点，世界各国的法律制度都趋向于最能降低代理成本、增加公司价值的制度。② 政治解释论（political accounts）则强调政治利益集团在塑造公司治理中的作用。③ 这类研究通常强调历史、意识形态和路径依赖在制定法律和经济制度具体内容中的作用，主要关注管理者、股东和工人作为相关选民的特殊利益集团和政治权力。

民族主义对公司法的影响表明，这些传统的观点过于狭隘。由于只关注代理成本，效率解释论忽视了公司法影响社会福利的其他可能方式，如影响经济一体化、国家安全和地方发展。同时，现有的政治解释论也忽视了民族主义公司政策对民众吸引力以及更广泛的平民阶层与公司治理结果之间的利益关系。因此，民族主义的控制力凸显了公司治理安排的重要性，它超越了在该领域占主导地位的对公司效率层面和政治层面的关注。

民族主义力量的强大还表明，关于全球化对公司法影响的既有预测可能是有缺陷的。现有预测完全是在两种情况下交替进行：一种是向更有效的公司法靠拢，以更好地保护外部投资者；④ 另一种则是在全球化的强大

---

① For an exposition of this perspective, see e. g., John Armour, Henry Hansmann, Reinier Kraakman & Mariana Pargendler, "What Is Corporate Law?", in *the Anatomy of Corporate Law*: *A Comparative and Functional Approach* 1 (2017).
② 见 Hansmann & Kraakman《公司法的历史终结》一文，第440页。
③ 对于政治账户的解读，见 Peter Alexis Gourevitch & James J. Shinn, *Political Power and Corporate Control*: *the New Global Politics of Corporate Governance* (2005); Mark J. Roe, *Strong Managers, Weak Owners* (1994); Marco Pagano & Paolo F. Volpin, "The Political Economy of Corporate Governance", 85 *Am. Econ. Rev.* 1005 (2005).
④ 如见 Hansmanm & Kraakman《公司法的历史终结》一文；Merrit Fox, "The Rise of Foreign Ownership and Corporate Governance", in *the Oxford Handbook of Corporate Law and Governance* 35 (Jeffrey N. Gordon & Wolf-Georg Ringe eds., 2017).

推动下，公司治理中的传统差异仍有可能存在。① 然而，当外国产权的增加与外国投资者政治赤字相结合，那么就可能会导致一种不同且不可预见的情况出现：既不像传统假设的那样公司法走向趋同，也不像传统假设的那样公司法地方主义持续存在，② 而是会出现反弹。一旦外国投资者开始主导当地的资本市场（现实是，这种情况越来越多③），则可能会有更大的政治压力，导致对投资者进行不友好的公司法改革——而笔者认为这种趋势很可能正在发生。

本文余下内容如下。第一部分简要概述了公司法与民族主义之间的关系，并从几个主要司法管辖区的历史经验中展示二者之间的相互作用。这些片段仅仅是说明性的，但它们表明了民族主义与公司法之间的联系可以非常密切。第二部分总结了关于外国公司控制经济效应的证据，表明就其并无定论。第三部分解释了为什么公司法可以成为实现民族主义目标的一个很有吸引力的工具，并探讨了对这一现象可能采取的监管对策。第四部分分析了这些发现对未来公司法修改的影响。最后，第五部分对民族主义与公司法之间的未来前景进行了思考。

一 民族主义和公司法：历史和比较经验

民族主义与公司法之间的关系是复杂和多向的。闭关锁国（autarky）和全球化可对公司法和公司治理安排产生不同的间接影响：闭关锁国抑制投资者的保护和金融发展；反之，全球化则促进投资者保护和金融发展。④ 然而，公司治理改革不仅仅是贸易自由主义或保护主义政策的副产品，公

---

① 见 Bebchuk 和 Roe 的内容，第 137 页。
② 对于以这些术语撰写的颇具影响力的论文集，参见 *Convergence and Persistence in Corporate Governance* (Jeffrey N. Gordon & Mark J. Roe eds., 2004); see also Jeffrey N. Gordon, "Convergence and Persistence in Corporate Law and Governance", in *the Oxford Handbook of Corporate Law and Governance* (Jeffrey N. Gordon & Wolf Georg Ringe eds., 2017)（有争论称，在过去的十五年里存在着趋同的分化）。
③ 见下图1。
④ See Henry Hansmann & Reinier Kraakman, "The End of History for Corporate Law", 89 *Geo. L. J.* 439 (2001) 及相关内容。

司法本身也可以通过促进或阻碍跨境投资，成为民族主义或经济一体化的渠道。经济开放（或缺乏开放）对公司法的间接影响是众所周知的，但公司法在形成经济一体化方面的作用仍未得到充分研究。①

事实上，鉴于公司与民族国家之间的关系可能如此复杂，关注民族主义对公司法改革的影响也将令人讶异。② 公司是一个由国家创建的法律实体，可以与个人、公司和其他国家发生关系。最大的商业公司通常是跨国企业，它们横跨不同的司法管辖范围进行经营。由此产生的问题是，究竟该如何充分联结跨国企业国籍的归属和对国家法律、主权权力与保护的适用？

就该问题不同的学说有着不同的答案。一些司法管辖区，特别是英国和美国，已经将注册地国家作为公司国籍的主要决定因素。相比之下，欧洲大陆国家历来选择主要营业地（sidge rel 或"实际所在地"）作为相关标准。③ 然而，这两个法域阵营不时地放弃这种理论上的纯粹性（其本身是由民族主义考虑因素形成的或缺乏民族主义考虑因素形成的④），以探究对公司国籍的控制权，特别是像规制公司战略部门或者处于战争时期。⑤

公司控制权法律概念的提出最早是出于保护国家安全而不是减轻代理成本之目的。⑥ 然而，正如公司法律师所熟知的那样，很难在所有情况下建立一个通用的检验标准来确定公司控制权。不足为奇的是，相关法规和司法判决基于历史背景和相关行业等因素对国家持股和董事会成员采用了

---

① 一个明显的例外，see Jeffrey N. Gordon, "The International Relations Wedge in the Corporate Convergence Debate", in *Convergence and Persistence in Corporate Governance*（认为经济一体化的最佳途径是推广由广泛控股的公司组成的盎格鲁－撒克逊模式，这些公司的控制权是有争议的）。

② See e. g., Mihir A. Desai, "The Decentering of the Global Firm", 32 *World Econ.* 1271, 1272 (2009)（公司在其成立的国家、上市的国家、投资者基地的国籍、总部职能的所在地等方面的界定特征不再统一，也不再局限于一个国家）。

③ 自1999年以来，欧洲法院（European Court of Justice）裁定，实座理论与欧盟保障的成立自由不相容，倾向于将公司所在地作为相关法律规则的选择。

④ 见下注相关内容。

⑤ See e. g., Detlev F. Vagts, "The Corporate Alien: Definitional Questions in Federal Restraints on Foreign Enterprise", 74 *Harv. L. Rev.* 1489, 1505 (1961).

⑥ Fabio Konder Comparato & Calixto Salomao Filho, Poder de Controle na Sociedade Anonima 515 (4th ed., 2005).

不同的门槛要求。促使这些国家探究公司控制权的核心思想是控制公司的国籍体现了公司对国家的忠诚度。

民族主义可以采取不同的形式来对公司治理产生影响。首先且最重要的形式是民族主义旨在维护国内对主要商业公司的控制。在基本层面上，不管其对公民经济福利的影响如何，国内控制权可以是国家权力和国家自豪感的象征，是民族主义的缩影。公民喜欢国内控制权的原因可能与为国家运动队加油的原因相同。

其次，国内控制也可以从其作为增加国民福利的工具属性与民族主义联系起来。本地经理和控股股东从控制权中受益，并通过避免不必要的外国收购而获益。① 然而，仅从控制者获利这一角度不能解释公司治理中民族主义的流行吸引力。对普通民众来说，某家公司掌握在本国而非外国精英手中可能会无足轻重。

另一个更有争议的假设是，国内控制对国家福利有更普遍的积极影响，因为本国企业在就业、投资、慈善捐款和地缘政治效忠等方面对当地经济有更大的承诺。正如下文第二部分所讨论的那样，关于这个问题的理论争论和经验证据都没有定论。现在只能说，民族主义的大众号召力，控股股东、经理人和工人的利益，以及假定的对整个国家的利益，共同构成了有利于国内控制商业公司的强大政治联盟。

公司法可以通过多种方式帮助保留国内控制权，如依靠所有权结构的结构性防御措施来抵御敌意收购，包括多数表决权股票、无投票权股票、投票权上限、交叉持股和股东协议等形式。如毒丸计划这类收购防御措施可以阻止对所有权分散的目标公司实施恶意收购。各国偶尔也会对公司董事和经理的国籍提出要求。

民族主义对公司法的形塑也会促使国家所有权的形成。在许多司法管辖区，国家所有权背后的主要动机是将公司控制权和其总部保持在本国国土上。② 一些国家石油公司（National Oil Corporations，简称 NOCs）代表

---

① 相反，与敌意收购绝缘会增加代理成本，损害国内公众股东的利益。
② 详细本文一（一）、一（三）及一（七）部分。

了全球石油储备的绝大份额,这是通过征用外国投资者的资金进行兼并而实现的,是民族主义情绪和外国投资者政治赤字的产物。① 时至今日,政府如果继续收购核心公司的股权,其目的通常主要是抵御外国资本入侵。② 由于公司所有权结构是公司法上的一个起决定性作用的重要内容,且对不同法律规则的效率程度有所影响,对公司改革的政治经济也有重要影响。③

民族主义的力量也可以在保护国内控制权之外对公司法进行塑造。法律上,民族主义积极寻求维护国内公司法对在某一国家经营的公司之适用。虽然这种做法可能有其他良性的理由(如防止在控制外部性方面出现"朝底竞争"的情况),但这种做法实际服务于不同的保护主义目标:(1)提高外国公司的进入成本;(2)创造对当地律师和其他服务提供者的俘虏性需求;(3)避免规避实质上体现民族主义的公司法。因此,实座理论(real seat doctrine)的适用可以理解为一种法律民族主义。然而,提供注册国和管辖地法律之间的选择权利可以打击法律民族主义,但其并不能消除民族主义的影响,原因在于公司往往在本国具有政治影响力,因而倾向选择在其本国注册,并可以保护主义的方式行使这种政治力量。④

最后,民族主义会对公司法和治理产生间接和偶然的影响。早在1960

---

① Paasha Mahdavi, "Why Do Leaders Nationalize the Oil Industry? The Politics of Resource Expropriation", 75 *Energy Pol'y* 228, 236 – 39 (2014)(报告说,通过国有化浪潮出现的国家石油公司控制着世界石油储量的百分之七十三至百分之九十五)。

② See e. g., Helene Fouquet & Mark Deen, "Macron Nationalizes Shipyard, Spooking Outsiders", Bloomberg Politics (July 27, 2017, 1: 23PM), https://www.bloomberg.com/news/articles/2017 – 07 – 27/macron-nationalizes-shipyard-in-domestic-step-spooking-outsiders [https://perma.cc/RVS6 – RJ27](讨论法国最近因意大利公司的竞标而将一家船厂国有化的问题)。

③ 见 Armour 等文, Bebchuk & Roe, supra note 3; Mariana Pargendler, "State Ownership and Corporate Governance", 80 *Fordham L. Rev.* 2917 (2012)(说明国家作为股东的利益如何影响公司法)。杰弗里·戈登认为,所有权结构对跨国经济一体化至关重要,受控制的公司比被广泛持有的公司更容易受到保护主义行为的影响,容易受到敌意收购。拥有根深蒂固的控股股东的公司可能会继续在运营决策中追求效率低下的母国(民族主义)偏见,比如工厂的选址或研发活动。相比之下,公司控制市场可以阻止由民族主义者激发的、所有权分散的公司管理效率低下,因为低迷的股价会吸引敌意的甚至可能是外国的竞购者。见前注 Gordon 文第161页。

④ 见下文相关注释及相关文献。此外,管制竞争所产生的均衡本身可能受到本国民族主义或保护主义倾向的影响。

年代,印度民族主义法规就要求外国公司将其持有的股份剥离到 40% 以下。① 这样做的间接效果是,鼓励了跨国公司通过公开募股方式出售其多余的股权,促进了印度资本市场的发展。② 更广泛地说,对外资持股的限制和国家对外国投资的控制可以大大减少某些国家和行业控制权的可竞争性,从而降低收购在减少代理成本和促进有效管理做法方面的作用。

下文的叙述将说明民族主义在不同时间和地点对公司法和公司治理的影响。下文内容纵向上涵盖了一个较长时期,横向上涉及几个著名的司法管辖区,目的是表明民族主义的此种影响是长期且普遍存在的。实际上,下文所涉及的国家中,民族主义公司法政策的例子数量要远远超越既有的讨论,所选择的法域也仅仅是为了便于说明问题之考虑。坦白地说,下文重点选取了比较公司治理文献中引起重大关注的司法管辖区,但其实许多其他国家也有着类似的模式。③

本文强调民族主义在公司立法中的重要性之目的,并不是要强调它是治理结构背后的唯一抑或是最重要的推动力。毕竟公司治理的具体安排是一个复杂的现象,受多种因素共同影响。故本文目的是强调民族主义在既有公司治理安排的讨论中,往往无奈地沦为一个被忽略、轻描淡写或被视作畸变的关键要素。

(一) 法国

为了研究经济民族主义对公司法发展的影响,本文将从法国这个民族主义情绪特别强烈的司法管辖区开始。法国公司治理制度的典型特征是国

---

① Tarun Khanna & Krishna G. Palepu, "The Evolution of Concentrated Ownership in India", in *A History of Corporate Governance Around the World* 302 (Randall K. Morck ed., 2007).

② Tarun Khanna & Krishna G. Palepu, "The Evolution of Concentrated Ownership in India", in *A History of Corporate Governance Around the World* 302 (Randall K. Morck ed., 2007).

③ See e.g., Randall Morck, Gloria Tian & Bernard Yeung, "Who Owns Whom? Economic Nationalism and Family Controlled Pyramidal Groups in Canada", in *Governance, Multinationals and Growth* 45-47 (Lorraine Eden & Wendy Dobson eds., 2005) (探讨加拿大民族主义的兴起与广泛持有公司的撤退之间的联系背后的原因); Li-WenLi & Curtis J. Milhaupt, "We Are the (National) Champions: Understanding the Mechanisms of State Capitalism in China", 65 *Stan. L. Rev.* 697, 746 (2013) (描述中国国有企业集团的公司治理结构如何最大化国家层面的目标,而不是企业层面的目标)。

家所有权（state ownership）和终身投票权（tenured voting right），二者特点在很大程度上可以归因于民族主义目标。过去数十年间，公然支持保护主义的公司法改革正成为头条新闻，这在法国有着悠久的历史渊源。

甚至在法国普通公司法出现之前，对外国控制的担忧就已经促使大公司形成了内部治理规则。为了避免受到外部影响，1808年法国银行通过法定章程来阻止外国人参加股东大会和担任管理职位。[1] 银行的所有股权都采取了注册股份的形式，以便公司能够了解股东的国籍，[2] 其他大型公司也采取了类似做法。[3]

民族主义的驱动也影响了国内法律制度对本地注册公司的适用。早期的法国公司试图通过在英国注册公司来规避国家（籍）制度的限制，英国可以说是"19世纪下半叶的特拉华州"，[4] 甚至红磨坊（Moulin Rouge）也曾在某一时刻寻求英国的特许状。[5] 然而，这种努力因新出现的确定公司国籍的"实际所在地"学说而受挫。该学说拒绝承认在国外注册的法国公司。此外，在某些行业，法国国籍的归属除了要满足该公司总部设在法国外，还要求法国公民对该公司形成有效控制。[6]

与其他管辖区类似，股东投票权制度也是为了应对对外资控股的恐惧而形成的。多数表决权股在20世纪20年代初首次在法国流行，时值法郎贬值，法国公司成为易受外国收购攻击的目标。[7] 法国政府率先在20世纪20年代向法国航海协会（the Socitd frangaise de Navigation rh6nane）和摩洛哥铁路公司（the Compagnie des chemins de fer du Maroc）发行超级表决权股。[8] 国家还鼓励私营企业采用多数表决权股，因为"这是国家利益所决定的"。[9] 当时的学者为使用多数投票权股票进行了特别辩护，认为这

---

[1] Marcel-Edouard Cuq, Lanationalite Des Societes 79 (1921).
[2] Marcel-Edouard Cuq, Lanationalite Des Societes 79 (1921).
[3] Marcel-Edouard Cuq, Lanationalite Des Societes 79 (1921).
[4] Elvin R. Latty, "Pseudo-ForeignCorporations", 65 *Yale L. J.* 137, 166 (1955).
[5] Elvin R. Latty, "Pseudo-ForeignCorporations", 65 *Yale L. J.* 137, 166 (1955).
[6] CUQ, 见 Marcel-Edouard Cuq, Lanationalite Des Societes 79 (1921), 第80~81页。
[7] Henri Mazeaud, Le Vote Privilegie Dans Les Societes De Capitaux 10 (2nd ed., 1929).
[8] Henri Mazeaud, Le Vote Privilegie Dans Les Societes De Capitaux 10 (2nd ed., 1929).
[9] Henri Mazeaud, Le Vote Privilegie Dans Les Societes De Capitaux 10 (2nd ed., 1929), 第51页。

是确保法国控制那些"对国家发展特别有用的公司"的手段。①

多数表决权股的发行不受管制,这从一开始就备受争议,但并未持续多长时间。法国不允许发行传统的多投票权股票,而是建立了"终身投票权"的签字制度:通过章程规定,公司可以给予持股一定年限(一般为两年)②的登记股东双重投票权。"终身投票权"从代理成本的角度看,③ 其优点值得商榷,但这种机制具有明显强化国家投票权的效果,因为国家通常是长期持有者。双重表决权的大量使用,外加所有权上限的广泛存在,有助于保护法国公司在股票市场上外国所有权水平上升的情况下免受外方收购。④

尽管过去几十年中,欧盟不断向法国施加自由化压力,但法国逆反式地推行了若干保护主义改革。近年来,法国颁布的最重要的公司法改革的目的是直接回应外国竞购者引人注目的收购威胁。仅仅是百事公司将对达能公司(一个以酸奶产品著称的企业集团)发起竞购的传闻,就于2005年再次引起了法国对"经济爱国主义"(economic patriotism)理念的捍卫。⑤ 这一事件不仅引发了对"战略部门"⑥的监管保护,还引发了公司法规则的变化。同年,法国证券监管机构颁布了所谓的法国收购法——《达能修正案》(Danone Amendment),要求传闻中的竞购者在收购过程中尽早说明自己的意图,或提起或放弃(put up or shut up),即要么迅速提

---

① Henri Mazeaud, Le Vote Privilegie Dans Les Societes De Capitaux 10 (2nd ed., 1929),第53页。
② Harold H. Neff, "A Civil Law Answer to the Problem of Securities Regulation", 28 *Va. L. Rev.* 1025, 1051 (1942)(描述了1930年和1933年通过的禁止发行具有特别投票权的股票的法规)。
③ 保留投票权的主要理由是避免公司管理中的短期性弊端。对于终身制表决安排的可取性,有相反的看法,see Jesse M. Fried, "The Uneasy Case for Favoring Long-Term Shareholders", 124 *Yale L. J.* 1554, 1560 (2015)。
④ Ben Clift, "French Corporate Governance in the New Global Economy: Mechanisms of Change and Hybridisation Within Models of Capitalism", 55 *Pol. Stud.* 546, 562 (2007). 认为这种治理手段起到了"限制外国资本对法国公司的影响"的作用。
⑤ 见前注 Clift & Woll 文第321页。
⑥ Decret 2005 - 1739 du 30 decembre 2005 reglementant les relations financiares avec l'étranger et portant application de Particle L. 151 - 3 (V) du code monetaire et financier [Decree 2005 - 1739 of December 30, 2005 Regulating Financial Relations with Foreign Countries and Implementing Article L. 151 - 3 (V) of the Monetary and Financial Code], Journal Officiel Delarepubliquefrancaise [J. O.] [Official Gazette of France], Dec. 31, 2005, p. 20779.

出收购要约,要么在六个月内不提出收购要约。①

2006年,印度米塔尔集团对法国钢铁巨头阿塞洛的敌意收购造成了巨大创伤。尽管遭到了强烈的政治反对,但收购还是成功了——从法律角度来看,这一收购尤为重要。同年,法国为阻止收购推出了第一种类型的股东权利计划,该计划被昵称为"你好,布列塔尼"(Bons Breton,由发起该计划的财政部长命名),或者更露骨地说是"你好,爱国者"(Bons Patriotes)。② 2014年,法国议会颁布了公开的保护主义法律《佛罗朗日法》(loi Florange,旨在"重新占领实体经济"),指向的是2012年阿塞洛-米塔尔(Arcelor Mittal)关闭佛罗朗日市一家工厂产生的争议。③

除了要求公司在关闭工厂之前尽一切努力寻找买主之外,《佛罗朗日法》还影响了一些公司法规则。《佛罗朗日法》放弃了法国的无挫折规则(no-frustration rule),允许股东权利计划在竞标前获得批准,从而使股东能够对现任管理层做出承诺。④ 新法规还加强了雇员的知情权和咨询权,这可能会减慢甚至阻止敌意收购竞标。⑤

最后,该法规颠覆了现有默示规则,规定除非股东以三分之二的绝对多数投票退出,否则持有至少两年的股票将自动获得双重投票权。这一变化明确旨在维护或加强法国在具有战略意义的公司中的影响力,同时允许其剥离部分持股,以偿还不断增加的国家债务。⑥ 改革后,大多数公司恢复了按比例投票的默认规则,而拥有大量国家股份的公司(主要是国家商业巨头公司)则看到了双重投票权,因为国家经常通过购买市场股票来阻

---

① Arnauld Achard, Takeover Bid Directive: Implementation in France, Lexology (Oct. 4, 2011), https://www.lexology.com/library/detail.aspx? g = c651e3el-af04-4be5-9808-Of5d2ec7275d.
② 为了讨论它们的性质,参见 Paul Davies, Klaus Hopt & Wolf-Georg Ringe, "Control Transactions", in *Anatomy of Corporate Law*, 前文第216~217页。
③ See Loi 2014 - 384 du 29 mars 2014 visant a reconquerir l'6conomie reelle No. 2014384 of 29 March 2014 [Law Number 2014 - 384 of March 29, 2014 Aiming at Reconquering the Real Economy] ("Loi Florange"), https://www.legifrance.gouv.fr/affichTexte.do? cidTexte = JORFTEXT000028811102。
④ 见前注 Davies 文,第216页。
⑤ 见前注 Davies 文,第209页。
⑥ Agence Des Participations De L'etat, L'etat Actionnaire (2014 - 2015)。

止地位逆转。① 法国政府明确表示,其行使投票权可以"加强国家战略与每个国家持股公司付诸实施的战略之间的一致性"。②

国家所有权的出现,其直接目标是将该国商业巨头公司置于法国控制之下。③ 电力公司对苏伊士运河的控制权之争就是一个例证。为了抵御意大利竞争者 Enel 的竞购,法国政府推动苏伊士运河和国家控制的 GDF 合并。这项交易遭到了左派的强烈反对:虽然国家保留了合并后公司百分之三十五的股权,却导致了 GDF 的私有化,这违背了之前对工会的承诺。④ 这一事件表明,民众对维护公司国内控制权的热情往往比意识形态和特殊利益集团对国家所有权的偏好更为强烈。

最近,法国政府提议对《民法典》进行一系列改革,目的是减轻法国公司治理的财务状况和短期主义导向,据称这是受到盎格鲁-撒克逊人做法的启发。⑤ 拟议的立法试图克服对股东价值的关注,具体规定"公司的管理应符合其自身利益,考虑其活动的社会和环境后果",并增加工人对公司董事会的参与机会。⑥ 与文献中的普遍预测相反,这一拟议的偏离股东价值的转变是在外国大力参与法国资本市场的背景下出现的,⑦ 官方报告中特别提到了"盎格鲁-撒克逊基金"的存在。⑧

(二) 德国

德国的公司法律和公司治理实践也对民族主义情绪特别敏感。如同法

---

① Marco Becht, Yuliya Kamisarenka & Anete Pajuste, Loyalty Shares-A Coasian Bargain? Evidencefrom the Loi Florange Experiment 20 (European Corp. Governance Inst., Working Paper No. 398/2018, 2018).
② Agence des Participations de L'etat,见前文相关注释序言部分。
③ 最近的有关专栏可见前注及相关内容。
④ 相关讨论, see Ilene Knable Gotts, "Caveat Emptor: Transaction Parties Need to Consider Foreign Investment Laws as Part of Pre-Deal Planning", in International Antitrust Law and Policy: Fordham Competition Law 173 (Barry E. Hawk ed., 2014)。
⑤ Nicole Notat & Jean-Dominique Senard, L'entreprise, Objet D'interet Collectif 3 (2018).
⑥ Nicole Notat & Jean-Dominique Senard, L'entreprise, Objet D'interet Collectif 3 (2018),第 6~7 页。
⑦ 见下文图 1 及相关内容。
⑧ Nicole Notat & Jean-Dominique Senard, L'entreprise, Objet D'interet Collectif 3 (2018),第 3 页。

国一样,第一次世界大战后,由于担心德国马克贬值导致外国收购,德国政府扩大了多数表决权股的范围。① 对潜在的外国影响的担忧影响了公众舆论和德国法院,即使在公司开始以超常的倍数发行多表决权优先股时,法院一般也拒绝干预。② 虽然保护德国人的所有权是这种做法的主要理由,但多数表决权股也在那些没有面临确切的外国威胁的公司中得到应用。③

纳粹政权时期的后续法律以及1965年的《德国公司法》限制了多数表决权股的使用,虽然有着某些例外,但当时收购的威胁已经明显减少。④ 20世纪70年代,当德国公司在中东石油美元的推动下再次变得容易被外国收购时,多数表决权股和投票权上限作为收购防御手段得到了复兴。⑤ 直到1998年《公司透明度和控制自由化法》(Gesetz zur Kontrolle und Transparenz im Unternehmensbereich-KonTraG) 的出台,德国法律才禁止表决权上限和多数表决权股票。⑥

虽然废除加强控制的手段在其他欧洲国家面临着相当大的阻力,却出人意料地得到了德国政府的支持。⑦ 然而,一旦德国公司在外国竞标者面前出现新的脆弱性表现,那么对加强市场纪律的热情就不会长久。1999年,英国沃达丰公司破天荒地收购了德国传统电信公司曼内斯曼,这是德国历史上第一次由外国竞标者成功地提出敌意投标,这增强了民族主义的

---

① A. B. Levy, *Private Corporations and Their Control* 1170 (Karl Mannheim ed., 1950).
② A. B. Levy, *Private Corporations and Their Control* 1170 (Karl Mannheim ed., 1950),第171页;Wolf-Georg Ringe, "Deviations from Ownership-Control Proportionality Economic Protectionism Revisited", in *Company Law and Economic Protectionism: New Challenges to European Integration*, supra note 6, at 217 (以每股数百或数千票为例)。
③ A. B. Levy, *Private Corporations and Their Control* 1170 (Karl Mannheim ed., 1950).
④ Caroline Fohlin, "The History of Corporate Ownership and Control in Germany", in *A History of Corporate Governance Around the World* 262 (Randall K. Morck ed., 2005).
⑤ Caroline Fohlin, "The History of Corporate Ownership and Control in Germany", in *A History of Corporate Governance Around the World* 262 (Randall K. Morck ed., 2005),第263页(多数表决权股)。Thomas J. Andrd, Jr., "Cultural Hegemony-The Exportation of Anglo-Saxon Corporate Governance Ideology to Germany", 73 *Tul. L. Rev.* 69, 168 (1998) (投票权上限)。
⑥ Ulrich Seibert, "Control and Transparency in Business (KonTraG): Corporate Governance Reform in Germany", 10 *Eur. Bus. L. Rev.* 70, 72 (1999).
⑦ Ulrich Seibert, "Control and Transparency in Business (KonTraG): Corporate Governance Reform in Germany", 10 *Eur. Bus. L. Rev.* 70, 72 (1999).

敏感性。① 在通过公司改革拆除结构性保护后,德国使其本地公司变得脆弱,于是德国成为《收购指令》(Takeover Directive)中董事会中立条款的强大对手,而该条款最终成为可选择条款。② 德国 2002 年的《收购法》(Takeover Act)声称支持董事会中立,实际上却允许采用经监事会批准的防御性措施。③

最后,在公司董事会中,德国工人代表的标志性制度也具有明显的民族主义色彩。在德国的"准均势编排"(quasi-parity codetermination)制度中,在员工人数超过 2000 人的公司监事会中,职工董事人数占一半。④ 不仅职工普遍倾向于反对外资收购,德国法律还特别限制外国驻德员工数量和工会的劳动董事任命权。⑤ 这种对外国雇员的差别待遇最近经受住了欧洲法院(ECJ)的挑战。⑥

(三)斯堪的纳维亚半岛和瑞士

民族主义和保护主义的压力也对其他欧洲国家产生了深刻的影响。以瑞典为例,该国强烈(并成功)反对在欧盟层面采用"一股一票"的标准,在《收购指令》中引入强制性的"突破规则"⑦(breakthrough rule)。长期以来,学者们一直在争论瑞典公司所有权高度集中的动机,因为瑞典是一个保护控股股东与合理保护外部投资者的法律制度并存的司法管辖区。罗纳德·吉尔森(Ronald Gilson)把瑞典控股股东的统治地位归因于控制所带来的非金钱私人利益,例如社会地位,而这种利益是由一个小

---

① 见前注 Gordon 文第 187~189 页,第 195~197 页。
② 见下文相关内容。
③ 见 Davies 等文第 219~220 页(应注意到,在共同决定的董事会中,员工代表倾向于支持经理人的利益,而不是股东利益)。
④ Mitbestimmungsgesetz [Law on Employee Participation], May 1976, BGBL I at 1153, §§ 1 & 7 (W. Ger.).
⑤ See Luca Enriques, Henry Hansmann, Reinier Kraakman & Mariana Pargendler, "The Basic Governance Structure: Minority Shareholders and Non-Shareholder Constituencies", in *Anatomy of Corporate Law: A Comparative and Functional Approach*.
⑥ Case C-566/15 Erzbergerv TUIAG, judgment of July 18, 2017.
⑦ Rolf Skog, The European Union's Proposed Takeover Directive, "The 'Breakthrough' Rule and the Swedish System of Dual Class Common Stock", in *Scandinavian Studies in Law* 298 (2004).

司法管辖区中占统治地位的家族所享有的。① 马克·罗伊（Mark Roe）则认为，社会民主与所有权集中是相辅相成的，因此大股东可以抵消劳工压力。②

然而，彼得·赫格菲特（Peter Hogfeldt）关于瑞典公司治理演变的案例研究，突出了社会民主与所有权集中之间共生关系的民族主义层面。他解释说：“只有当最大的公司仍在瑞典的控制之下时，社会民主党人才能从私营部门获得必要的资源和对其社会和经济政策的间接支持，从而使资本不至于外流。”③ 同时，瑞典富裕家族将对社会民主政策的支持看作为继续控制公司而付出的微小代价。④

对外国所有权的重大限制历来是瑞典模式的一个组成部分，对治理结构有深刻影响。⑤ 外资在瑞典公司的所有权仅限于最多拥有20%投票权的特殊"非限制性股份"，而"限制性股份"只能由瑞典个人和机构持有。⑥ 所以，为了调和这种限制与筹集大量外国资本的需要，一些瑞典公司，如爱立信和SKF，采取了投票权和现金流权极端分离的方式，以B股的形式携带每股千分之一的投票权。⑦ 1944年的法律改革规定了每股10票的最高倍数，但对现有的公司不溯及既往，结果爱立信直到21世纪仍继续发行带有千分之一表决权的股票。⑧

---

① Ronald J. Gilson, "Controlling Shareholders and Corporate Governance: Complicating the Comparative Taxonomy", 119 *Harv. L. Rev.* 1641, 1645 (2006).
② Mark J. Roe, Political Determinants of Corporate Governance: Political Context, Corporate Impact 96 (2006).
③ Peter Hogfeldt, "The History and Politics of Corporate Ownership in Sweden", in *A History of Corporate Governance Around the World* 522 (Randall K. Morck ed., 2007).
④ Peter Hogfeldt, "The History and Politics of Corporate Ownership in Sweden", in *A History of Corporate Governance Around the World* 522 (Randall K. Morck ed., 2007).
⑤ Peter Hogfeldt, "The History and Politics of Corporate Ownership in Sweden", in *A History of Corporate Governance Around the World* 522 (Randall K. Morck ed., 2007), 第534页。
⑥ Peter Hogfeldt, "The History and Politics of Corporate Ownership in Sweden", in *A History of Corporate Governance Around the World* 522 (Randall K. Morck ed., 2007).
⑦ Peter Hogfeldt, "The History and Politics of Corporate Ownership in Sweden", in *A History of Corporate Governance Around the World* 522 (Randall K. Morck ed., 2007).
⑧ Gerhard Schnyder, "Does Social Democracy Matter? Corporate Governance Reforms in Switzerland and Sweden (1980 – 2005)" 18 (Ctr. for Bus. Res., Univ. of Cambridge, Working Paper No. 370, 2008).

随着 1993 年因加入欧盟而取消对外国的限制，上市公司的外国所有权急剧增加，但出现了其他类型的治理替代物，即更多地依靠多数表决权股，以确保瑞典对公司的持续控制权。① 外国投资者一再谴责这种制度是"瑞典极端民族主义的一个例子"。然而，政府在这个问题上的政策仍然没有改变。②

民族主义政策在挪威和瑞士的公司治理格局中也发挥了重要作用，这两个国家并不是欧盟的正式成员。挪威将上市公司中的外国所有权限制在百分之三十三的有表决权的股份这一比例上，直到 1995 年欧洲经济区（EEA）的自由贸易协定制定后才对外国投资实行平等待遇。③ 为了在放弃外资所有权限制的同时吸引外资，挪威公司开始向公众发行大量无投票权的股票。④

挪威还因其对国家所有权的拥护而著称，其国家所有权水平在发达国家中名列前茅，并可与新兴市场的国家所有权水平相媲美。⑤ 作为国有企业治理的典范，挪威对国家持股的承诺在很大程度上是出于保留地方对重要行业控制权的愿望。在奥斯陆证券交易所上市的 8 家挪威国有企业中，有 6 家企业宣称，除了投资回报之外，主要目的就是将总部职能保留在挪威。⑥

与挪威和瑞典相比，瑞士传统上避免了对外国所有权的限制和其他形式的对外国投资者的监管歧视。⑦ 瑞士提供了一个利用公司法作为隐形保护主义的典型例子，表明了公司法中的民族主义要素如何帮助一个国家获

---

① 见 Hogfeldt 文第 535 页。但同样请见 Skog 文第 303 页，认为自从瑞典放宽外资收购限制，外国收购者的数量有所增加。

② Joakim Reiter, "Changing the Micro Foundations of Corporatism: The Impact of Financial Globalisation on Swedish Corporate Ownership", 8 *New Pol. Econ.* 103, 117 (2003).

③ Bernt Arne Odegaard, "Price Differences Between Equity Classes: Corporate Control, Foreign Ownership or Liquidity?", 31 *J. Bank. & Fin.* 3621, 3627 (2007).

④ Bernt Arne Odegaard, "Price Differences Between Equity Classes: Corporate Control, Foreign Ownership or Liquidity?", 31 *J. Bank. & Fin.* 3621, 3628 (2007).

⑤ Thomas Dowling et al., "Norway: Selected Issues", IMF Country Report No. 14/260 (2014), https://www.imf.org/en/Publications/CR/Issues/2016/12/31/Norway-Selected-Issues-41874.

⑥ See Curtis Milhaupt & Mariana Pargendler, "Governance Challenges of Listed State Owned Enterprises Around the World: National Experiences and a Framework for Reform", 50 *Cornell Int'l L. J.* 473 (2017).

⑦ Peter J. Katzenstein, *Corporatism and Change* 156 (1987).

得"世界性形象",而这种形象却具有"欺骗性"。① 公司法机制有助于维持建立反对外国收购的民族保护主义壁垒与瑞士公司对外国目标的积极追求之间的"惊人的不协调"。②

在很长一段时间里,一整套公司法机制使瑞士公司有效地抵御了外国竞标者的收购。③ 直到20世纪90年代,大多数瑞士公司的章程规定禁止外国投资者拥有记名股票(与无记名股票相对),而无记名股票则没有投票权。④ 当公司在20世纪80年代开始废除这些自愿性的外国所有权限制以吸引国际资本时,它们就开始实施严格的所有权上限来作为收购防御措施。⑤ 直到2008年,公司法要求大多数董事会成员必须是瑞士国民并居住在瑞士。⑥

从历史上看,瑞士法律规定的最强大和最独特的收购防御措施是包容性措施(Vinkulierung),这是一项章程规定,赋予董事会充分的自由裁量权,可以任何理由拒绝登记(从而拒绝行使股东权利)转让的股份。⑦ 至少从20世纪20年代开始,包容性措施就被用来"遏制被认为是对瑞士公司的过度外国影响"。⑧ 在二战期间,包容性措施作为一种避免纳粹控制公司并将其列入"敌方名单"⑨ 的机制,得到了广泛的应用。学者们普遍承认,包容性措施的主要目的是"限制外国投资者对瑞士公司的影响"。⑩

---

① Peter J. Katzenstein, *Corporatism and Change* 156 (1987).
② See also Rebecca G. Peters, "Protection Against Hostile Takeover and the Exercise of Shareholder Voting Rights in Switzerland", 11 *U. Penn. J. Int'l L.* 519 (1990).
③ 见 Katzenstein 文第157页(一个非瑞士人要接管瑞士的一家常驻公司似乎是不可能的)。
④ 见前 Peters 文第529页。
⑤ 同前注 Nestle 文第524及第523页。如 for instance, capped the ownership of registered shares at three percent of total capital for both Swiss and foreign investors。
⑥ Peter v. Kunz, Switzerland. "The System of Corporate Governance in *Comparative Corporate Governance: A Functional and International Analysis*", 879 (Andreas M. Fleckner & Klaus J. Hopt eds., 2013).
⑦ 见 Peters 文第531~532页。
⑧ Gerhard Schnyder & Frédéric Widmer, "Swiss Corporate Governance: Institutional Change in the Law and Corporate Practices", in *Switzerland in Europe* 109 (Christine Trampusch & André Mach eds., 2011).
⑨ 见 Peters 文第541页。
⑩ Gerhard Schnyder & Frédéric Widmer, "Swiss Corporate Governance: Institutional Change in the Law and Corporate Practices", in *Switzerland in Europe* 109 (Christine Trampusch & André Mach eds., 2011),第15页。

雀巢公司于1988年率先取消了自家章程中对外国所有权的限制，但这只是在雀巢公司对英国能得利公司（Rowntree）的收购中引起了重大的争议，并鉴于它本身实行对外国收购者的防御措施担心遭到报复之后才取消的。① 虽然1991年的改革限制了包容性措施的范围，② 但直到今日，该机制仍为法律所允许，并偶尔出现在公司法实践中。③ 虽然瑞士公司目前比过去更容易受到敌意收购的影响，但外国收购的威胁继续促使保护主义的法律改革。④

（四）英国

英国因其特别活跃的公司控制权市场和自由的公司收购法脱颖而出，这些法律长期以来奉行董事会在面对敌意收购时保持中立的原则。⑤ 英格兰的工业化进程早于其他国家，因此，它首先能够放弃民族保护主义的做法，以促进国内工业的发展。⑥ 它还拥有一个特别发达的金融部门，可以从跨国收购和强大的机构投资者那里获得好处，这些机构投资者喜欢活跃的收购市场。它的自由市场经济不像欧洲大陆的协调市场经济那样容易被敌意收购所破坏。⑦ 此外，由于实行统一的政治制度，它不存在破坏美国

---

① Gerhard Schnyder & Frédéric Widmer, "Swiss Corporate Governance: Institutional Change in the Law and Corporate Practices", in *Switzerland in Europe* 109 (Christine Trampusch & André Mach eds., 2011), 第66页。
② Gerhard Schnyder & Frédéric Widmer, "Swiss Corporate Governance: Institutional Change in the Law and Corporate Practices", in *Switzerland in Europe* 109 (Christine Trampusch & André Mach eds., 2011), 第15页。Schnyder在议会中进行的辩论清楚地表明，这项规定旨在保持将外国投资者排除在瑞士公司之外的可能性。这是包容性措施的传统目标，而没有在法律中明确规定国籍可以作为拒绝的理由。Schnyder前文，第16页。
③ 见前文Kunz文第909页。
④ 见前文Kunz文第909页。应注意到外国公司的恶意收购企图是如何导致证券法在21世纪初迅速改变的。
⑤ See John Armour & David A. Skeel, Jr., "Who Writes the Rules for Hostile Takeovers, and Why? The Peculiar Divergence of U.S. and U.K. Takeover Regulation", 95 *Geo. L. J.* 1727, 1775 (2007); see also Davies et al., at 221.
⑥ Ha-Joon Chang, "Kicking Away the Ladder: The 'Real' History of Free Trade, Foreign Policy in Focus" (Dec. 30, 2003), https://fpif.org/kicking-away-the-ladder-the-real-history-of-free-trade/.
⑦ 关于这个论点的阐述，见下文注释及相关文献。

收购法发展的那种国家层面的保护主义。①

然而，民族主义仍然在英国的公司法和公司治理中留下了印记。随着第一次世界大战的爆发，对与敌国贸易的限制给英国公司法的两个核心原则带来了压力：公司作为一个实体与其股东之间的严格分离，以及注册地作为公司住所和适用法律的决定因素。在1916年著名的 Daimler Co. v. Continental Tyre & Rubber Co. 一案的裁决中，上议院愿意打乱这两个标准，认为在英国注册的公司仍然有资格成为"敌人"，因为它的董事和股东是德国人，并且居住在德国。② 这项裁决是为了国家安全而不是机构管理成本的考虑，这似乎成为对公司控制权概念的第一次司法阐述。③

对大公司的收购有时也会引起人们的注意。福特美国公司对福特英国公司的收购和克莱斯勒对罗特斯公司的收购，在20世纪60年代引起了政府的关注。这些交易只有在新的所有者承诺保持公司"英国性"时才会进行，通过诸如最低数量的英国董事和增加出口目标以帮助国家国际收支平衡的机制。④ 作为对这些外国收购的回应，英国政府推动了BMC软件公司和利兰汽车公司的合并，以创建一个更大、更有竞争力的全英国汽车公司。⑤ 1981年，当香港上海汇丰银行（HSBC）试图收购苏格兰皇家银行时，英格兰银行反对这一交易，认为苏格兰皇家银行应该保持"英国特色"。⑥ 垄断与合并委员会最终否决了这一交易，认为其违背了公众利益，

---

① 见下文第二部分。
② [1916] 2 AC 307 (Lord Parker of Waddington).
③ 见前文 Comparato & Salomao Flho 文第515页。
④ Lukas Andreas Linsi, "How the Beast Became a Beauty: The Social Construction of the Economic Meaning of Foreign Direct Investment Inflows in Advanced Economies, 1960－2007", at 249 (Aug. 2016) (unpublished Ph. D. dissertation, London School of Economics and Political Science) (on file with the Indiana Law Journal).
⑤ Lukas Andreas Linsi, "How the Beast Became a Beauty: The Social Construction of the Economic Meaning of Foreign Direct Investment Inflows in Advanced Economies, 1960－2007", at 249 (Aug. 2016) (unpublished Ph. D. dissertation, London School of Economics and Political Science) (on file with the Indiana Law Journal), 第250页。
⑥ Lukas Andreas Linsi, "How the Beast Became a Beauty: The Social Construction of the Economic Meaning of Foreign Direct Investment Inflows in Advanced Economies, 1960－2007", at 249 (Aug. 2016) (unpublished Ph. D. dissertation, London School of Economics and Political Science) (on file with the Indiana Law Journal), 第261页。

这是典型的民族主义原因。① 虽然最终在没有监管部门反对的情况下进行了交易，但1986年雀巢公司收购巧克力制造商能得利公司的交易引起了议会的激烈辩论，内容是：鉴于这家瑞士公司不受外国收购的影响，因此损害英国国家利益和双方缺乏互惠。②

英国与其他国家相比历来对外国收购持欢迎态度而非限制重重。然而，这种欢迎的态度正在迅速改变。尤其是美国食品巨头卡夫公司对吉百利公司的敌意收购，重新唤起了人们对外国收购的焦虑，促使英国重新审视其自由的公司收购法规。

吉百利公司是一家标志性英国公司，③ 在被收购时，只有一小部分员工在英国。④ 卡夫公司不仅完成对吉百利公司的收购，还在完成收购后的几天内违背了继续开放萨默代尔工厂的承诺。⑤ 这一立场的逆转导致工厂搬迁到波兰，最终引起了公众和议会的强烈抗议，并导致收购小组正式发表公开批评的声明。⑥ 该事件还引发了下议院的两次调查，卡夫公司在调

---

① Lukas Andreas Linsi, "How the Beast Became a Beauty: The Social Construction of the Economic Meaning of Foreign Direct Investment Inflows in Advanced Economies, 1960 – 2007", at 249 (Aug. 2016) (unpublished Ph. D. dissertation, London School of Economics and Political Science) (on file with the Indiana Law Journal). see also Barry J. Rodger & Angus Macculloch, *Competition Law and Policy in the EC and UK* 329 (4th ed. 2009) (委员会发现拟议的合并操作可能对公共利益造成最终控制，爱丁堡、苏格兰的公司减少了就业机会。在苏格兰受到恐惧心理影响，创建了一个分支的经济体)。

② 见前注及相关内容。

③ 长期担任吉百利董事长的阿德里安·吉百利爵士（Sir Adrian Cadbury）在20世纪90年代领导制定了英国具有里程碑意义的《公司治理最佳实践守则》（Code of Best Practice on Corporate Governance），即《吉百利守则》（Cadbury Code）。要讨论自19世纪以来吉百利杰出的公司历史，see Colin Mayer, *Firm Commitment* 79 – 82, 93 (2013) （描述该公司由贵格会教徒创建，并通过为其员工建造伯恩维尔镇等方式推广道德价值）。

④ See Cadbury Accepts \$21.8B Takeover by Kraft, CNN (Jan. 19, 2010, 12: 24 PM), http://www.cnn.con2010/BUSINESS/01/19/kraft.cadbury/index.html [https://perma.cc/T38L-DDBJ] ("The company now employs around 45, 000 people in 60 countries, including around [5700] staff at eight manufacturing sites in the UK and Ireland").

⑤ Ben Morris, "The Cadbury Deal: How It Changed Takeovers", BBC (May 2, 2014), https://www.bbc.connews/business-27258143 [https://perma.cc/LMK4-V27M].

⑥ "Panel Statement from the Takeover Panel on Kraft Foods Inc. Offer for Cadbury PLC" (May 26, 2010), http://www.thetakeoverpanel.org.uk/wp-content/uploads/2009/12/2010 – 14.pdf [https://perma.cc/4WYR-TZ5Y] （发现卡夫食品在其原始声明的表述中没有达到所要求的注意标准）。

查中同意保留从英国的工作岗位和工作条件到继续赞助伦敦奥运会的举办等几项承诺。① 下议院随后发表了一份题为《卡夫是否为吉百利工作》的报告,评估这家美国公司是否履行了承诺,而这明显是一个欺负外国买家的例子。②

对外国收购的政治反应足够强烈,促使一个本以股东利益为导向的,由本市投资银行家管理的收购小组,首次颁布了考虑雇员利益的规则。其中包括强化"或提起或放弃"规则条款,禁止分手费(break-up fees)等交易保护措施,加强披露要求,以帮助阻却收购活动。③ 重要的是,《收购守则》现在迫使投标人披露其在就业、就业条件、公司营业地和总部方面的意图;要求目标董事会就投标对这些事项的影响发表意见;并使雇员代表和养老金计划受托人能够就投标对就业和养老金计划的影响发表单独意见。④

2014年美国辉瑞公司对英国制药巨头阿斯利康发起的敌意收购要约再次产生了强烈的政治阻力,并引发了对《收购守则》的进一步修改。下议院要求辉瑞公司 CEO 保证在要约收购过程中保留在英国的工作岗位和研发投入,但这种承诺是否具有法律约束力尚不确定。⑤ 对此,收购小组再次修改规则,除了非约束性的"意向声明"外,还允许竞购人就收购后的行动方案做出可执行的"要约后承诺"(post-offer undertakings),以安抚政治家和公众对外资收购后果的担忧。⑥ 2016年,日本企业软银公司在

---

① Business, Innovation and Sklls Committee, "Is Kraft Working for Cadbury?", 2010 – 12, HC 871, at 3, 6 (UK).
② Business, Innovation and Sklls Committee, "Is Kraft Working for Cadbury?", 2010 – 12, HC 871, at 3, 6 (UK).
③ David Kershaw, "Corporate Law and Self-Regulation", in *the Oxford Handbook on Corporate Law and Governance* 880 (Jeffrey N. Gordon &Wolf-Georg Ringe eds., 2015).
④ The City Code on Takeovers and Mergers (2016), Rules 2.7, 2.11, 24.2 and 25.2.
⑤ Graeme Wearden, "Pfizer-AstraZeneca: Ms Question Pharma Chiefs on Takeover", Guardian (May 13, 2014, 11:36AM), https://www.theguardian.com/business/blog/2014/may/13/pfizer-astrazeneca-mps-grill-pharma-chiefs-over-takeover-live [https://perma.cc/A7FT-X3ZZ].
⑥ Gillian Fairfield, "Statements of Intention Under the UK Takeover Code-Say What You Mean and Do What You Say", Herbert Smith Freehills (Nov. 28, 2014), https://www.herbertsmithfreehills.com/1atest-thinking/statements-of-intention-under-the-uktakeover-code—say-what-you-mean-and-do-what [https://perma.cc/3TDF-KSZC].

美国以 320 亿美元收购英国芯片设计公司 ARM 控股时，首次使用了要约后承诺，承诺将 ARM 在英国的员工人数增加一倍，并将其总部设在剑桥五年。①

卡夫公司对英国巨头联合利华的敌意竞购面临政治阻力，② 引发了修改《收购守则》的新呼声。③ 英国首相特蕾莎·梅（Theresa May）在 2017 年的保守党宣言中发誓要改革收购和合并的规则。④ 就连偏爱市场主义的刊物《经济学人》也扭转了对外资收购的看法。虽然最近几期曾谴责民族保护主义倾向，并宣扬自由收购市场的好处，⑤ 但 2017 年的一篇社论显示出明显的改变，明确质疑自由贸易和公司控制权市场之间的类比，因为"拥有临界质量的全球公司很重要"。⑥ 它认为，"全球大公司的存量是有限的，很难被取代"，因此，"如果阿斯利康被收购，英国可能无法创造一个新的药物巨头"。⑦ 随后在 2018 年对《收购守则》进行了修订，进一步

---

① Sean Farrell & Julia Kollewe, "ARM Shareholders Approve SoftBank Takeover", Guardian (Aug. 30, 2016, 12：56 PM), https：//www.theguardian.com/business/2016/aug/30/arm-shareholders-softbank-Takeover-tech-lord-myners [https：//perma.cc/843T-VSUK].

② Arash Massoudi & James Fontanella-Khan, "The ＄143bn Flop：How Warren Buffett and 3G Lost Unilever", FIN. TIMES (Feb. 21, 2017), https：//www.ft.com/content/d846766ef81b-i1e6-bd4e-68d53499ed71 [https：//perma.cc/8L3W-835F].

③ Scheherazade Daneshkhu, Jim Pickard & Arash Massoudi, "Unilever Calls for Revamp of UK Takeover Code After Kraft Bid", FIN. TIMES (Mar. 14, 2017), https：//www.ft.com/content/f85e6438-08bl-11e7-ac5a-903b21361b43 [https：//perna.cc/E9PM-PRGF].

④ He Conservative and Unionist Party Manifesto 2017, 17, https：//s3.eu-west2.amazonaws.com/conservative-party-manifestos/Forward+Together+-+Our+Plan+for+a+Stronger+Britain+and+a+More+Prosperous…pdf [https：//perma.cc/C6W3-57X7].

⑤ "Fear and Favour：Foreign Takeovers", Economist (July 23, 2016), https：//www.economist.com/britain/2016/07/23/fear-and-favour [https：//perma.cc/H6V65LQF]；"Small Island-for Sale：Foreign Takeovers in Britain", Economist (Mar. 25, 2010), https：//www.economist.com/briefing/2010/03/25/small-island-for-sale [https：//perma.cc/2RGZ-W8WD].

⑥ "Britain Has Second Thoughts About Foreign Take overs：A Lack of Big Multinational Companies Does Not Bode Well for the Post-Brexit Economy", Economist (Mar. 2, 2017), https：//www.economist.com/business/2017/03/02/britain-has-second-thoughts-about-foreigntakeovers [https：//perma.cc/TM55-6RDC]（与自由贸易类似的是，资源会迅速从濒临倒闭的大公司重新分配到快速增长的公司，但当应用到企业控制的市场时，就不那么简单了）。

⑦ "Britain Has Second Thoughts About Foreign Take overs：A Lack of Big Multinational Companies Does Not Bode Well for the Post-Brexit Economy", Economist (Mar. 2, 2017), https：//www.economist.com/business/2017/03/02/britain-has-second-thoughts-about-foreigntakeovers [https：//perma.cc/TM55-6RDC].

提高了关于竞购人对目标公司研发职能和总部所在地的披露要求。①

对外国收购的恐惧越来越大，导致英国重新评估其收购政策的核心原则。② 这表明，对外国控制的友好态度不是持续的，而是内在不稳定的，容易受到政治变化的影响。

(五) 欧盟

过去几十年来，欧盟深入参与了公司法的改革。虽然欧盟一级制定公司法的目的是促进各种政策目标的实现，但毫无疑问，促进经济一体化以及消除跨界合并障碍的相关目标是最重要的。③ 降低代理成本和促进资本市场的效率充其量只是次要的作用。

欧盟关于公司法的各种倡议值得注意，因为它是世界上第一个也是唯一通过利用遏制公司法来达到保护主义目的，并最终促进区域经济一体化的多边努力的组织体。欧盟保障商品、服务、机构和资本四个方面的自由流动。政策制定者很快认识到，公司法很容易侵犯后两项自由（即机构设立的自由和资本流动的自由），以至于欧洲公司法开始被视为"内部市场的基石"。④ 为了进一步促进经济一体化，欧盟公司法旨在消除公司控制市场的保护主义壁垒，降低遵守不同法律标准的成本，避免可能出现的监管"竞次"现象。⑤

在旨在消除资本自由和企业自由的公司法障碍方面，欧盟的记录喜忧

---

① 收购委员会守则委员会就意图及有关事项的声明所做的回应声明，http://www.thetakeoverpanel.org.uk/wp-content/uploads/2017/12/FinalRS2017-2.pdf ［https://perna.cc/9R68-NXXA］。
② 收购委员会守则委员会就意图及有关事项的声明所做的回应声明，http://www.thetakeoverpanel.org.uk/wp-content/uploads/2017/12/FinalRS2017-2.pdf ［https://perna.cc/9R68-NXXA］。英国长达三十年的自由收购市场试验正在悄然结束。
③ See Martin Gelter, EU Company Law Harmonization Between Convergence and Varietiesof Capitalism33 (European Corp. Governance Inst., Working Paper No. 355/2017, 2017) ［纵观整个时期（自20世纪60年代以来），欧盟公司法的协调基本上是一个自上而下的技术官僚项目，被认为是实现共同市场的必要条件］。
④ 欧洲委员会给欧洲议会、理事会、欧洲经济和社会委员会和各区域委员会的信函：《行动计划：欧洲公司法和公司治理——为更积极参与的股东和可持续发展的公司提供现代法律框架》at 4, COM (2012) 740 final (Dec. 12, 2012)。
⑤ See Martin Gelter, Centros, "The Freedom of Establishment for Companies and the Court's Accidental Vision for Corporate Law", in EU Law Stories (Femanda Nicola & Bill Davies eds., 2017)。

参半。这突出表明，在努力克服民族主义对公司法的控制方面，存在着政治上和概念上的挑战。虽然欧洲法院（ECJ）通过取缔实际席位原则和减少黄金股的大多数用途，在一定程度上遏制了民族主义倾向，但《收购指令》为消除公司控制权内部市场的保护主义障碍而进行的立法尝试被广泛认为是失败的。接下来，笔者将逐一论述。

20世纪以来，欧盟公司法的一个重要发展是法律选择（choice of law）的兴起。在欧洲法院的干预之前，大多数成员国都接受了真正的所在地原则，该原则要求公司受其主要营业地管辖区的公司法管辖。因此，实际所在地原则排除了法律选择。①

在 Centros Ltd. v. Erhvervs-og Selskabsstyrelsen 案及其后续案件中，② 欧洲法院认为，实际所在地原则不符合欧盟的公司设立自由原则，该原则允许公司在其选择的任何成员国成立。成员国之间对公司章程的实际竞争似乎仍然相当有限，至今没有出现"欧洲特拉华州"。③ 然而，欧洲法院的案件促使成员国取消了对私营公司的最低资本要求这一限制，试图阻止新成立的公司逃往缺乏类似规则的英国。最低资本制被认为是欧洲大陆公司法的一个长期特点。④

除了打击阻碍法律选择的法律保护主义外，欧盟法律还试图以黄金股和收购防御措施的形式遏制控制保护主义。黄金股最早产生于20世纪80年代的英国私有化过程中，它实质上赋予了政府对公司基本决策（如合

---

① 更确切地说，真实所在地学说将法律的选择与主要营业地的选择捆绑在一起，使适用法律的变更在没有迁移的情况下是不可能的（因此，它变得异常昂贵）。
② Case C – 212/97, Centros Ltd. v. Erhvervs-og Selskabsstyrelsen, 1999 E. C. R. 1 – 1459; see also Case C – 210/06, Cartesio Oktato ds Szolgaltato bt, 2008 E. C. R. 1 – 9641; Case C167/01, Kamer van Koophandel en Fabrieken voor Amsterdam v. Inspire Art Ltd, 2003 E. C. R. 1 – 10155; Case C – 208/00, Ubersee ring BV v. Nordic Constr. Co. Baumanagement GmbH, 2002 E. C. R. 1 – 9919.
③ 关于妨碍欧洲监管竞争的因素的讨论，see Martin Gelter, "The Structure of Regulatory Competition in European Corporate Law", 5 *J. Corp. L. Stud.* 247 (2005).
④ Wolf Georg-Ringe, "Corporate Mobility in the European Union-A Flashin the Pan? An Empirical Study on the Success of Lawmaking and Regulatory Competition", 10 *Eur. Company & Fin. L. Rev.* 230 (2013) (casting doubt on the vigor of regulatory competition in the European Union after Centros).

并、资产出售和解散）的否决权，而这种否决权与其在公司中的现金流权利是不相称的，甚至是独立的。授予黄金股的理由大概是为了保护广大公众的利益，尽管政府的干预正是通过公司法的机制进行。① 但自 2002 年以来，欧洲法院在一系列关键性的判决中，系统地否定了成员国使用黄金股的行为，认为其违反了资本流动的自由。② 欧洲法院的黄金股判例意义重大，因为它取缔了保护国家工业的重要机制，而且对欧盟审查公司法具有潜在的广泛影响。③

欧洲法院随后在 Commission v. Germany 一案中对德国所谓的《大众汽车法》（The Volkswagen Act）提出了具有里程碑意义的挑战，对公司治理安排进行了更广泛的审查。④ 1960 年的《大众汽车法》将该公司私有化，该法规定了三个章程条款，后因不符合欧盟法律而受到攻击。这三个条款分别是：（1）投票权上限为总资本的 20%；（2）对于根据一般公司法需要 75% 批准的基本决定，要求 80% 的超级多数投票权；（3）联邦政府和下萨克森州拥有特别的董事会任命权。⑤ 法院就此指出，虽然实行投票权上限是公司法的一个公认的手段，但股东可利用的权力（股东可自由决定是否希望利用这一权力）与通过立法强加给股东的具体义务是有区别的。⑥

在大众汽车案之后，学者们曾预测，欧洲法院下一步将对国内公司法

---

① 然而，英国政府认为，黄金股是一个纯粹的私人公司法律机制的应用程序，法院拒绝并指出其并没有出现作为公司法律的正常操作的结果，这不是按照国务卿批准的私有化法令执行的结果。Case C - 98/01, Comn'n v. United Kingdom, 2003 E. C. R. 1 - 4641, at para. 48.
② See e. g. , Case C - 98/01, Comn'n v. United Kingdom, 2003 E. C. R. 1 - 4641; Case C483/99, Comn'n v. France, 2002 E. C. R. 1 - 4781; Case C - 367/98, Comn'n v. Portugal, 2002 E. C. R. 1 - 473 1. The only golden share controversy to withstand ECJ scrutiny so far has been Case C - 503/99, Comn'n v. Belgium, 2002 E. C. R. 1 - 4809，法院认为，"相关立法所追求的目标，即在危机发生时保护能源供应，不可否认地属于合法公共利益的范围"。Case C - 98/01, Comn'n v. United Kingdom, 2003 E. C. R. 1 - 4641，见第 46 部分。
③ See e. g. , Stefan Grundmann & Florian M~slein, "Golden Shares: State Control in Privatised-Companies: Comparative Law, European Law and Policy Aspects", 2001 *Eur. Banking & Fin. L. J.* 623（2001）（可能所有适用于上市公司的条款都可以根据欧洲法律进行检验）。
④ Case C - 112/05, Comm'n v. Germany, 2007 E. C. R. 1 - 8995.
⑤ 为了更详细地讨论，see Jonathan Rickford, "Protectionism, Capital Freedom, and the Internal Market", in *Company Law and Economic Protectionism*, 见前注相关注释第 67 ~ 78 页。
⑥ Case C - 112/05, Comm'n v. Germany, 2007 E. C. R. 1 - 8995.

进行全面审查，废除可能限制资本自由流动的各种公司法规则。① 然而，尽管有这样的警告，欧洲法院从未尝试过对公司法进行如此广泛的"质量控制"（quality control），以对抗一体化的目标。正如下文第三部分所阐述的那样，这不足为奇。鉴于公司法安排的多重目的性，消除收购的所有结构性障碍将对当前的做法造成难以置信的破坏，而且难以实施。其结果是，近年来，欧盟各国为保护主义目的而使用一般公司法规则的情况不仅持续存在，而且还在加强。

消除公司控制权市场结构性障碍的努力在经过尝试后也失败了。这一领域的主要监管举措是《收购指令》，其目的是促进跨境交易。正如欧盟委员会所阐明的那样，该指令的主要目的不是降低公司一级的代理成本，而是促进单一资本市场的形成和提高欧洲的竞争力。②

欧盟委员会1997年提出的"收购指令"提案曾获得一定的推动力，但在2001年德国政府改变主意后，该提案在立法进程的最后阶段出人意料地被否决。这种反对的背景是当时沃达丰公司对曼内斯曼公司的敌意收购，唆使大众汽车和巴斯夫等德国大公司向政府游说，担心它们也会落入外国资本手中。③ 德国认为，拟议的"收购指令"中的董事会中立性规则使其公司在外国收购过程中处于风险不对称地位。④ 虽然最近的改革增加了德国公司控制权的可竞争性，但其他管辖区的潜在目标仍存有结构性保护措施。⑤

针对欧洲议会2001年以一票之差否决该指令的情况，委员会召集了一个公司法专家高级别小组，就这一问题提供独立咨询意见。专家组的报

---

① Eg., Wolf-Georg Ringe, "Company Law and Free Movement of Capital", 69 *Cambridge L. J.* 378 (2010). But see Iaron Van Bekkum, Joost Kloosterman & Jaap Winter, "Golden Shares and European Company Law: The Implications of Volkswagen", 5 *Eur. Company L.* 6, 12 (2008) (arguing that Volkswagen does not apply to purely private arrangements).

② Commission Proposal for a Directive of the European Parliament and of the Council on Takeover Bids, COM (2002) 534 final (Oct. 2, 2002); see Paul Davies, Edmund-Philipp Schuster & Emilie van de Walle de Ghelcke, "The Takeover Directive as a Protectionist Tool?", in *Company Law and Economic Protectionism*.

③ 见前注 Skog 文第296页。

④ 见前注及相关文献。

⑤ 见前注及相关文献。

告开篇就指出,"欧盟的一个重要目标是建立一个一体化的资本市场",对收购竞标的监管是这种一体化市场的一个关键因素。① 为了安抚人们对之前提案"公平竞争环境"的担忧,专家组坚持董事会中立,但提出了一个所谓的突破性规则,即一旦竞标者获得公司75%的现金流权,就会解除对一股一票标准的偏离。②

委员会根据专家组的建议提出的新方案再次遭遇重大阻力。德国继续反对董事会中立。法国和瑞典的公司严重依赖表决权差异,反对突破性规则,因为它未能为拥有大股东或采用金字塔结构的公司提供公平的竞争环境。

僵局导致了一项妥协,基本上使《收购指令》的主要内容不具约束力。它允许各国选择退出"突破规则"和"董事会中立规则",但条件是个别公司可以重新选择加入这些规则。③ 它还引入了对董事会中立性规则适用"互惠"例外的可能性,即如果收购方不受类似制度的约束,则该规则不适用。④ 虽然互惠的概念在国际关系中受到珍视,并影响到大众对外国投资的态度,⑤ 但《收购指令》对它的接受是对经济民族主义的明确回应,尽管这种回应很奇怪。⑥

《收购指令》的最后版本说明了克服民族主义对公司法的影响的困难性,即使为此目的而做出了长期多边努力。最后,由于将禁止收购抗辩的规定变成了可有可无的规定,《收购指令》就失去了它的作用。用负责该提案的专员的话说,它"不值一文"。⑦ 引人注目的是,《收购指令》出台

---

① High Level of Co. Law Experts, Report of the High Level Group of Company Law Experts on Issues Related to Takeover Bids 2 (2002).
② High Level of Co. Law Experts, Report of the High Level Group of Company Law Experts on Issues Related to Takeover Bids 2 (2002), 第4页.
③ 见 Davies 等文第107页。
④ 关于非欧盟例外适用的解释不确定性的讨论,见 acquirers 文第129页。
⑤ 见下文注释及相关文献。
⑥ 见 Davies 等文第148页、第129~130页等。尽管关于公司法规则的后果和理由存在相当大的不确定性,但指令中的互惠机制作为一项规则,不可能被合理地解释为对代理成本的回应。
⑦ Vanessa Edwards, "The Directive on Takeover Bids-Not Worth the Paper It's Written On?", 1 Eur. Company & Fin. L. Rev. 416, 416–17 (2004).

后，大多数国内法律改革都采用了更多而不是更少的收购防御措施。① 最近，对东方收购的担忧与日俱增，也导致欧洲国家（最著名的是德国和法国）推动通过欧盟立法、通过非公司法手段来监督和限制外国投资。②

（六）日本

日本传统的公司治理制度以交叉持股、以银行为中心的金融体系和终身雇佣为基础，这引起了学者的极大关注。日本的公司制度也因高度不受外国影响脱颖而出。该国的外国直接投资水平非常低，外国收购的发生率也非常低。③ 日本是战后唯一还没有出现一次成功敌意收购的发达经济体。④

这种国内控制的巩固与名义上缺乏保护主义政策和日本企业对外直接投资的高水平并存。日本的公司治理制度代替了对外国投资者的公开限制，而是做了大部分工作——一种被一位学者称为"经济民族主义私有化"（privatization of economic nationalism）的隐形保护主义战略。⑤ 事实上，日本的交叉持股制度是在20世纪60年代和70年代初，当日本因加入经合组织而开放资本市场时，作为抵御外国收购的一种措施而故意产生的。⑥

---

① Report on the Implementation of the Directive on Takeover Bids, at 10, SEC (2007) 268 (Feb. 21, 2007) （以一种看似保护主义的方式执行该指令的成员国数量之多，令人意外）; 同样见 Davies 等文第 153 页。
② European Parliament Press Release, Foreign Investment to be Screened to Protect EU Countries' Strategic Interests (May 28, 2018).
③ Dan W. Puchniak, "The Efficiency of Friendliness: Japanese Corporate Governance Succeeds Again Without Hostile Takeovers", 5 *Berkeley Bus. L. J.* 195, 219 n. 135 (2008).
④ Dan W. Puchniak & Masafumi Nakahigashi, "The Enigma of Hostile Takeovers in Japan: Bidder Beware", 15 *Berkeley Bus. L. J.* 4, 8 (2018).
⑤ Christopher Pokarier, "Open to Being Closed? Foreign Control and Adaptive Efficiency in Japanese Corporate Governance", in *Corporate Governance in the 21st Century: Japan's Gradual Transformation* 197, 200 (Luke Nottage et al. eds., 2008) (emphasis omitted) （描述了"一个经济民族主义政府在海外推动本国企业的外国直接投资政策自由化的同时，在国内建立了孤立的排他性防御"）。
⑥ See Paul Sheard, "The Economics of Interlocking Shareholding in Japan", 45 *Richerche Economique* 421, 426 (1991) （资本自由化的前景以及对它将导致外国公司敌意收购的担忧——在日本的管理层和决策者中产生了恐慌心理，并引发了公司共同努力增加其手中的股份比例）; Gen Goto, "Legally 'Strong' Shareholders of Japan", 3 *Mich. J. Priv. Equity & Venture Cap. L.* 125, 153 n. 168 (2014); Randall Morck & Masao Nakamura, "Banks and Corporate Control in Japan", 54 *J. Fin.* 319, 320 (1999)。

公司治理制度在"结构性障碍倡议"(SII)中占有突出地位,该倡议产生于1980年代末美日双边贸易谈判的一个回合中,目的是解决对日本的外国投资的大多数障碍的非正式性质的看法。①

即使自20世纪90年代银行业危机以来,交叉持股减少,外国投资增加,银行被迫剥离其股份,②但公司法和所有权结构仍然是反对外国收购的有力武器。交叉持股在规模较小的公司中仍然很重要,这些公司最容易受到外资收购或受到对冲基金的影响。③此外,当日本企业在21世纪初似乎暴露在外资收购的阴影之下时,经济产业省(METI)召集专家成立了企业价值研究小组,制定了应对措施。"由于外国企业收购日本企业的欲望增加",政府文件解释说,"为了应对会对地区就业产生不利影响的收购,有必要制定合理的收购防御措施"。④然而,研究小组的四项指导原则之一是不歧视外国公司和日本公司,同时提高公司价值、全球标准和扩大选择。⑤

这一努力的结果是经济产业省和法务省颁布了《收购准则》,该准则在很大程度上依靠特拉华州的法律来认可和规范收购抗辩的使用。⑥该准则旨在消除对收购抗辩在日本的有效性的疑虑,批准使用以前受到日本法院质疑的保护措施。⑦通过借鉴特拉华州的法律,日本接受了全球标准,这些标准不具有歧视性,却给予管理层很大的回旋余地,以抵御外国收购

---

① Curtis J. Milhaupt, "Is the U. S. Ready for FDI from China? Lessons from Japan's Experience in the 1980s", in *Investing in the United States: A Reference Series for Chinese Investors* 11 (2008).
② 见前注相关文献。
③ Curtis J. Milhaupt, "Is the U. S. Ready for FDI from China? Lessons from Japan's Experience in the 1980s", in *Investing in the United States: A Reference Series for Chinese Investors* 11 (2008),第146页。
④ Curtis J. Milhaupt, "In the Shadow of Delaware? The Rise of Hostile Takeovers in Japan", 105 *Colum. L. Rev.* 2171, 2182 - 83 n. 36 (2005).
⑤ Curtis J. Milhaupt, "In the Shadow of Delaware? The Rise of Hostile Takeovers in Japan", 105 *Colum. L. Rev.* 2171, 2182 - 83 n. 36 (2005), 第2195页。
⑥ Curtis J. Milhaupt, "In the Shadow of Delaware? The Rise of Hostile Takeovers in Japan", 105 *Colum. L. Rev.* 2171, 2182 - 83 n. 36 (2005), 第2173页。在过去的十年里,由于随后的法庭判决以及对东京证券交易所上市规则的修订,《收购指南》的重要性有所下降。《上市规则》在很大程度上纳入了《收购指南》。见 uchniak & Nakahigashi 文第23页。他们认为,日本允许的收购抗辩的范围存在很大的不确定性。
⑦ 见 Milhaupt 文第2196~2197页。

威胁。① 此后,日本政府明确鼓励采用毒丸计划来抵御外国收购者。②

从更大的范围来看,日本并购活动进一步突出了民族主义考虑的重要性。自20世纪90年代末以来,日本经历了一波通过友好并购交易进行整合的大潮,但外国收购仍然很少。③ 公然歧视外国买家的公司法改革,阻止或限制它们利用税收优惠的换股方式,对这一结果起到了重要作用。④

鉴于外资持股有可能破坏日本独特的公司治理体系,对日本外资持股的担忧是可以理解的。产业合作和终身雇佣的传统特征在很大程度上取决于日本同质的企业文化中所蕴含的忠实股东基础。外资业主在公司治理中更可能缺乏类似的利益相关者导向的承诺。在"资本主义的冲突"(clash of capitalisms)中,20世纪90年代,日本国内外国投资的增加与更大程度的裁员和资产剥离有关,特别是在那些与公司集团和金融机构缺乏密切联系的公司。⑤

(七) 巴西

上述讨论表明,在高度发达的法域中,民族主义对公司法的影响十分普遍,而这些法域一直是比较公司治理的重点。同样的现象也存在于发展中国家,这些国家尤其以不时地接受经济民族主义以努力追赶而著称。⑥ 以巴西为例,在巴西《公司法》的颁布过程中,民族主义目标是最重要的,并对巴西的所有权结构产生了明显的影响。国家所有权、不同的投票权、股东协议和对外国所有权的限制,都是用来将大公司控制在当地人手中的手段,深刻地影响了公司治理状况。

在1976年颁布的《公司法》中,政策制定者公开认为巴西的《公司

---

① 见 Milhaupt 文第 2205~2206 页。
② "Under Pressure: Japan's Basic Industries", *Economist*, Sep. 7, 2006, at 65.
③ 见 Puchniak 文第 222 页。尽管政府试图促进日本企业之间的友好并购,但它对外国并购和敌意收购采取了相反的态度。
④ 见 Puchniak 文第 222~223 页。
⑤ Christina L. Ahmadjian & Gregory E. Robbins, "A Clash of Capitalisms: Foreign Shareholders and Corporate Restructuringin 1990s Japan", 70 *AM. Soc. Rev.* 451 (2005).
⑥ Mancur Olson, "Economic Nationalism and Economic Progress", 10 *World Econ.* 241, 241 (1987) (文章指出经济民族主义在欠发达国家更受欢迎)。

法》是"创建和加强国家私营企业的重要工具"。① 当时的财政部长姆里奥·亨里克·西蒙森（Mhrio Henrique Simonsen）对私人控制的大型国内公司的缺乏表示不满。截至1972年，在巴西最大的20家公司中，11家是国有企业，7家由外国投资者控制，只有两家由巴西私人资本控制。②

经济民族主义激发了各种独特的公司法规则的应用。公司章程将控股股东"损害国家利益"的行为限定为"滥用控制权"导致控股股东责任的情形之一。③ 因此，根据法律的官方动机说明，该章程试图对经理和股东施加一种考虑国家利益的"新的忠诚义务"，这种义务同样适用于在巴西经营的国内和外国公司。④ 法规还包括一个象征性的且易规避的条款，禁止外国公司全资拥有子公司，目的是"明确法规禁止本国公司的利益从属于外国公司"。⑤ 此外，只有巴西居民才能担任公司官员和财政委员会（conselho fiscal）成员，这一限制在2001年以前一直适用于董事会成员（conselho de administragio）。⑥

民族主义情绪也是巴西接受国家所有权的决定性因素。在巴西不发达的资本市场上，大型企业的私有制前景往往不被看好。面对外国所有权和国家所有权的选择，政治支持倾向于后者。

1953年，在以"石油是我们的"为口号的强烈民族主义运动之后，联邦政府成立了巴西国家石油公司——它后来成为世界上最大的石油公司之一。⑦ 在其历史上的大部分时间里，外国人不能持有巴西石油公司的股

---

① Exposicao de Motivos ao Decreto-Lei No. 196, de 24 de junho de 1976（pelo Ministro da Fazenda）［hereinafter Exposicao de Motivos］.
② Mario Henrique Simonsen, *A Nova Economia Brasileira*（1974）.
③ Lei No. 6.404, de 15 de Dezembro de 1976, Dlario Oficial da Uniao［D. O. U.］de 17.12.1976（Braz.）, art. 117, § 1, a［hereinafter Law 6.404］.
④ 见 Exposicao de Motivos 文第178页。该文件明确指出，控股股东往往是外国公司或集团，由于其来源，其往往被排除在社会制裁之外。
⑤ 见 Exposicao de Motivos 文第178页。如果一家外国公司持有该公司99%或以上的股份，而另一家公司（通常属于同一集团）持有1%或以下的股份，则可以规避这一规定。
⑥ Law 6.404, art. 146.
⑦ Lei No. 2.004, de 3 de outubro de 1953, Diario Oficial da Uniao［D. O. U.］de 3.10.1953（Braz.）（repealed by Lei No. 9478/97）.

份。① 虽然在1997年的一次改革中，最终允许了外国人的所有权，而且巴西石油公司于2000年开始在纽约证券交易所发行美国存托凭证，但法律仍然要求政府通过持有巴西石油公司多数表决权的股份，成为该公司的控股股东。②

即使在20世纪90年代新自由主义政策导致了私有化的浪潮的鼎盛时期，对国家控制权的关注也没有消失。许多国有企业被出售给受股东协议约束的国内（有时是外国）投资者集团。在这些受股东协议严格约束的集团中，国有企业的养老基金以及巴西国家开发银行的股权部门占据了重要地位。③ 因此，在这些公司私有化之后，政府在巴西公司网络中的中心地位有所提升。④

这些所有权安排在很大程度上依赖于公司法的新机制。2001年，公司法的法律改革大大加强了股东协议的效力，除其他外，允许股东协议约束董事的投票。⑤ 政府在出售其"皇冠上的宝石"时，如矿业公司淡水河谷和飞机制造商巴西航空工业公司，一定要在收购时加入需要其同意的黄金股（以及巴西航空工业公司的投票上限），以使这些公司免受外国收购。此外，在21世纪初，政府花费了数十亿美元进行雄心勃勃的股权和债务注入，以促进本国商业巨头公司的发展。⑥ 虽然后来出现了腐败指控，但民族主义产业政策长期以来为政府的这种巨额支持提供了合法性。

与其他国家类似，现金流和表决权的分离也有助于维护巴西的国内控制权。例如，在巴西石油公司，即使大部分股份掌握在私人（目前主要是外国）投资者手中，通过使用无表决权的优先股，联邦政府也能够对该公

---

① Lei No. 2.004, de 3 de outubro de 1953, Diario Oficial da Uniao ［D. O. U.］ de 3.10.1953 (Braz.) (repealed by Lei No. 9478/97). art. 18.

② Lei No. 9.478, de 6 de agosto de 1997, Diario Oficial da Uniao ［D. O. U.］ de 7.8.1997 (Braz.), art. 62.

③ Sergio G. Lazzarini, Capitalismo de Lagos (2010).

④ Sergio G. Lazzarini, Capitalismo de Lagos (2010).

⑤ LeiNo. 10.303, de 31 deoutubrode 2001, art. 118, D. O. U. de 1.11.2001 asamended.

⑥ Mariana Pargendler, "Governing State Capitalism: The Case of Brazil", in *Regulating the Visble Hand? the Institutional Implications of Chinese State Capitalism* (Benjamin L. Liebman & Curtis J. Milhaupt eds., 2016).

司行使无争议的公司控制权。① 然而,外国所有权的普遍存在似乎对保护投资者的态度产生了负面影响。尽管最近发生了与腐败丑闻有关的证券欺诈事件,但该公司始终被描述为受害者,而不是肇事者。② 与此同时,评论员谴责巴西石油公司在纽约证券交易所发行美国存托凭证是"对主权的不可接受的攻击",认为美国针对该公司的证券集体诉讼违反了巴西的公共秩序,不应该在巴西得到承认。③

(八) 美国

近代以来,与欧洲大陆、亚洲和发展中国家相比,民族主义的影响力在美国公司法和治理中发挥的作用相对较小。④ 这在很大程度上解释了公司治理文献中忽视这一主题的原因,因为这些文献仍然主要以美国为中心。然而,即使民族主义对外国公司所有权的影响在美国不那么明显,但它们仍然在公司治理安排上留下了痕迹。尤为重要的一点是,与发达经济体和发展中经济体相比,美国历史上的外国直接投资水平(FDI)较低。⑤ 此外,与以民族特性为支撑的保护主义措施相比,美国针对境外当事方的类似保护主义倾向一直是以州一级公司立法为主导力量,这往往缺乏吸

---

① 巴西国家石油公司约38.4%的资本(或超过其自由流通股的57%)由外国投资者持有。Shareholding Structure, "Petrobras Investor Relations", https://www.investidorpetrobras.com.br/pt/visao-geral/composicao-acionaria [https://perma.cc/JP8U-MRAK].

② Carlos Henrique Abrao & Erica Gorga, SamarcoRe, Petrobras Vitima, ESTADO (Dec. 31, 2005, 3: 00 AM), https://opiniao.estadao.com.br/noticias/geral, samarco-re—petrobrasvitima, 10000005959 [https://perma.cc/Z6AU-M62P].

③ Walfrido Jorge Warde Jiinior, Em Defesa da Petrobras, pelo Brasil, Carta Maior: Politica (Feb. 16, 2005, 12: 00 AM), https://www.cartamaior.com.br/?/Editoria/Politica/Emdefesa-da-petrobras-pelo-Brasil/4/32882 [https://perma.cc/K4R7-9VHL].

④ 至少在第二次世界大战之前,美国的贸易政策是高度保护主义的。See Michael Borrus & Judith Goldstein, "United States Trade Protectionism: Institutions, Norms and Practices", *Nw. J. Int'l L. & Bus.* 328, 329 (1987) [他说,在战后时期,美国可以以穆罕默德·阿里(Mohammed Ali)在黄金时代只需要一场公平的战斗的同样理由致力于自由贸易:没有人能碰他们]。

⑤ Ha-Joon Chang, "Regulation of Foreign Investment in Historical Perspective", 16 *Eur. J. Dev't Research* 687 (2004). 第一次世界大战之前,大多数外国资本注入美国,采取了绿地投资的形式。尽管今天在美国的外国直接投资水平不断增长,但与其他国家相比仍然不算高。Graham & Marchick, infra note 249, at 27. 然而,外国(尤其是英国)持有的债券是19世纪美国公司的重要资本来源,尤其是铁路公司。

引力。

当美国在 19 世纪还是一个发展中经济体时，公众民族主义的关切对公司治理安排产生了明显的影响。美国第一银行是美国早期历史上的一家重要公司，也是联邦政府的财政代理人，其章程明确剥夺了外国投资者的权利。① 亚历山大·汉密尔顿在为禁止外国股东通过代理投票的章程条款辩护时，他强调"美国缺乏防止外国影响渗透到银行的相关防范措施"，并警告"除公民外，似乎很难与适当的谨慎措施相协调［原文如此］，即允许除公民外的任何人有资格担任国家银行的董事，或允许非居民的外国人能够通过其代理人的投票来影响董事的任命"。②

汉密尔顿本来是外国资本的支持者，③ 他认为银行"不是单纯的私人财产问题，而是对国家最重要的政治机器"。④ 虽然外国资本在银行持有的股份比例最终达到了其总资本 70% 以上，但银行仍完全在美国的控制之下。⑤ 然而，对外国影响的担心还是成为美国国会决定不重新特许银行的一个关键因素。⑥

1816 年美国第二银行成立时，国会再次阻止外国股东投票。⑦ 然而，新银行吸引了外国（主要是英国）投资者的相当大的兴趣，该银行近三分之一的股票由外资持有。⑧ 外国所有权的普遍存在是安德鲁·杰克逊（Andrew Jackson）总统拒绝续期美国最大商业银行章程的主要理由。⑨ 杰

---

① 亚历山大·汉密尔顿（Alexander Hamilton）曾考虑将北美银行（Bank of North America）作为一家全国性银行，但它缺乏针对外国影响的特许限制，这有助于证明建立一个新机构的必要性。Mira Wilkins, *The History of Foreign Investment in the United States to 1914*, at 38 (1989).
② 财政部长亚历山大·汉密尔顿将制造业问题报告的最终版本传达给了众议院（Dec.14, 1790）。
③ 关于他一年后对外国制造业投资的强烈辩护，见美国财政部长关于制造业的报告：Presented to the House of Representatives, December 5, 1791, at 21。
④ 见前注 Hamilton 文第 197 页。
⑤ 见前注 Wlkins 文第 61 页。
⑥ 见前注 Wlkins 文第 61 页。
⑦ 见前注 Wlkins 文第 61 页。
⑧ 安德鲁·杰克逊（Andrew Jackson）总统，关于美国银行的否决权消息（July 10, 1832）可在耶鲁大学法学院图书馆中找到（已经有将近三分之一的股票掌握在外国人手中，在选举中没有代表）。
⑨ 见前注 Wlkins 文第 62 页。

克逊在他对寻求重新包管银行的法案的否决电文中，20多次提到了外国所有权及其不便。① 1864年的《国家银行法》建立了联邦银行特许制度以资助内战时，在将国家银行的董事职务限制为美国公民的规则中再次出现了民族主义的考虑。②

在19世纪初期，外资持股在银行业之外并不那么常见，但是仍然有民族主义的痕迹。③ 政治对外资表现出的保护主义本能主要在州一级发挥作用。这种紧张关系在众多的争议中可见一斑，这些争议涉及什么构成对所谓外国公司——理解为不是由另一个国家而是由另一个国家特许成立的公司——所处的州法律允许的歧视。

整个19世纪初期，商业公司的建立都需要立法机关的特别许可，而特许的前提是其可以促进地方改善，这通常会带来垄断特权。④ 这些早期的公司都是地域性机构，在创始人的居住地建立，并在州内开展大部分（或全部）业务。⑤ 有些章程明确要求公司董事和其他管理人员必须是本州居民，股东和董事会会议必须在本州举行。⑥

更基本的是，当时盛行的法律理论是，作为国家的创造物，商业公司只存在于成立公司的主权国家的领土边界内。⑦ 这项规则也延续到许多一般的公司成立法规中，这些法规旨在通过降低对特别立法章程的要求，使公司成立程序自由化。⑧ 然而在州外经营的权利仍然是一种特权，只有一

---

① 见Jackson文。如果我们必须要有一家私人股东持股的银行，那么对合理政策的每一个考虑和对美国人感情的每一次冲动都会告诫我们，银行应该是纯粹的美国银行。它的股东应该完全由我们自己的公民组成，他们至少应该对我们的政府友好，愿意在困难和危险的时候支持它。
② 见前注Wlkins文第583页。
③ 见前注Chang文第691页。
④ Henry N. Butler, "Nineteenth-Century Jurisdictional Competition in the Granting of Corporate Privileges", 14 *J. Legal Stud.* 129, 138 (1985).
⑤ Frederick Tung, "Before Competition: Origins of the Internal Affairs Doctrine", 32 *J. Corp. L.* 33, 56 (2006).
⑥ Frederick Tung, "Before Competition: Origins of the Internal Affairs Doctrine", 32 *J. Corp. L.* 33, 56 (2006), 第56~57页。
⑦ Bank of Augusta v. Earle, 38 U.S. 519, 588 (1839)（一个公司不可能在其创建时所依据的主权边界之外而合法存在，这是千真万确的）。
⑧ 见前注Tung文第62页。

些特别的章程才会授予。① 在19世纪60年代最高法院做出商业条款判例之前,各州在税收和监管问题上系统性地歧视外国公司。②

内部事务规则(internal affairs rule)在美国联邦制度中的出现——美国公司法的关键组成部分③——主要是历史的偶然,而不是为了促进对竞争的监管或抑制机构代理成本的蓄意政策之结果。④ 19世纪60年代阐述该学说的早期裁决包含一项管辖权规则,根据该规则,只有公司成立州的法院才有权处理其内部事务。⑤ 至关重要的是,该学说出现时,与特许国的领土关系占主导地位,公司对在哪里成立公司的选择有限。⑥

这一时机解释了对内部事务规则缺乏保护主义压力的原因。鉴于该规则最初制定是对普遍存在的公司流动性限制,即使是贸易保护主义的美国各州也没有理由通过冲突规则来保护自己的公司法在其领土内的适用。⑦ 这种情况与欧洲出现的实座理论(real seat doctrine)形成了鲜明的对比,实座理论的发展是为了限制当时正在进行的公司跨境流动。⑧ 19世纪末,新泽西州采取了积极的战略,向外国公司提供自由的特许经营权,提出并不要求或期望公司在该州设立,从而吸引外地的公司成立,并引发了接下来的监管竞争。⑨

在美国,各州对公司章程的规制竞争能否脱颖而出,取决于宪法在约束各州地方保护主义倾向方面的强弱。这是美国制度格局中一个关键的、但往往被忽视的组成部分。一些法院甚至认为,内部事务规则是美国宪法规定

---

① 见前注 Tung 文第62页。
② 见前注 Tung 文第58~60页。
③ Roberta Romano, *The Genius of American Corporate Law* (1993).
④ 见前注 Tung 文第33页,认为该学说的起源与监管竞争无关。
⑤ 见前注 Tung 文第66页。
⑥ 见前注 Tung 文第37页。
⑦ Richard Buxbaum, "The Origins of the American 'Internal Affairs' Rule in the Corporate Conflict of Laws", in *Festschrift for Gerhard Kegel Zum 75. Geburtstag 26 Juni 1987*, at 84 (Hans-Joachim Musielak & Klaus Schurig eds., 1987).
⑧ Richard Buxbaum, "The Origins of the American 'Internal Affairs' Rule in the Corporate Conflict of Laws", in *Festschrift for Gerhard Kegel Zum 75. Geburtstag 26 Juni 1987*, at 84 (Hans-Joachim Musielak & Klaus Schurig eds., 1987),第85页。
⑨ 见前注 Tung 文第38、45、57页。

的。① 虽然这种观点得到了学者们的支持,② 但其他评论家对内部事务规则的宪法地位提出了质疑,尤其是因为内部事务从来都不是纯粹的"事务"。③

然而,宪法对经济一体化的承诺限制了各州歧视州外公司的能力,这对公司法产生了重大影响。美国最高法院1869年在Paul v. Virginia④一案中的判决有效地刺激了公司章程的市场主义原则。⑤ 如上所述,在此之前,外国公司的地位是非常不确定的。⑥ 虽然保罗案正式认定,一个州可以合法地排除不被认为从事非州际商业的外国公司,但其推论是"州无权排除一个公司从事州际商业"。⑦ 这实际上允许从事州际业务的外国公司(这些公司最容易受到东道国保护主义行为的影响)在对己不利时通过公司法章程保护自己。

然而,监管竞争的兴起并没有消除各州的保护主义本能,也没有消除它们限制外国公司力量的法律能力。虽然最高法院限制了各州歧视州外代理人或阻止州际商业的能力,但并没有阻止各州排除外国公司在州内开展其他形式的业务。⑧ 各州通常要求对从事银行、保险和公用事业公司等受管制的行业进行地方特许经营。⑨

---

① Eg,Draper v. Gardner Defined Plan Trust,625 A. 2d 859,867(Del. 1993)(提出内部事务规则的生命力和宪法基础)McDermott v. Lewis,531 A. 2d 206,216(Del. 1987)(声明适用内部事务规则是宪法原则的授权);see also Edgar v. Mite Corp.,457 U. S. 624,645 – 46(1982)(伊利诺伊州对管理外国公司的内部事务没有兴趣)。

② See e. g.,Henry n. Butler & Larry E. Ribstein,*The Corporation and the Constitution*,at xi(1995)(认为内务原则是商业条款的必然结果,"这可以解释为以牺牲非居民利益为代价,保护当事方免受州立法的影响")。

③ See e. g.,Jed Rubenfeld,"State Takeover Legislation and the Commerce Clause:The 'Foreign' Corporations Problem",36 *Clev. St. L. Rev.* 355,380 – 82(1988)。

④ 75 U. S. 168(1869)。

⑤ 见前述Butler文第136页。

⑥ 见前注及相关文献。

⑦ Harry G. Henn,*Handbook of the Law of Corporations and Other Business Enterprises* 19(1970);另见前注Butler文第155页。Paul v. Virginia一案企业特权立法的影响是巨大的。

⑧ Herbert Hovenkamp,"Antitrust Policy,Federalism,and the Theory of the Firm:An Historical Perspective",59 *Antitrust L. J.* 75,85(1990)。

⑨ See Ronald J. Gilson,Henry Hansmann & Mariana Pargendler,"Regulatory Dualism as a Development Strategy:Corporate Reform in Brazil,the United States,and the European Union",63 *Stan. L. Rev.* 475,519 – 20(2011)(国家特许银行制度与工业公司自由选择法律制度对比)。

然而，即使国家对外国公司施加了各种限制，它们通常也缺乏对外国股东的类似限制，原因可能是它们在美国非常罕见。① 这种不对称的待遇使企业家能够利用一种新的组织形式——控股公司——创建跨州企业，同时遵守各州的特许要求。在这种结构下，为了监管，经营公司仍然是当地的，只有股东（控股公司）是外地的。②

控股公司还促进了金字塔式所有权结构的出现，即 A 公司持有 B 公司的多数表决权股份，B 公司持有 C 公司的多数表决权股份，以此类推。公司金字塔允许公司控制权集中于那些在公司中经济利益不大的股东手中。金字塔结构在 20 世纪初的美国公用事业公司中特别常见，不过在 20 世纪 30 年代民族主义激发的税收和监管改革的综合作用下，金字塔结构被拆除了。③

公司治理学者都知道金字塔结构今天在美国已经逐渐衰落（即使它们在其他国家仍然盛行），④ 对其起源却不太了解。虽然有多种因素起作用，但当时的观察家们强调其目的主要针对的是外国公司的监管限制，而金字塔结构当时有效帮助其规避了这些限制。⑤ 威廉·里普利（William Ripley）在其畅销书《主街与华尔街》（*Main Street and all Street*）中很大程度上为管理层创造公用事业金字塔开脱了责任。他认为，"这种过度扩张的情况，与其说是公用事业管理部门的责任，不如说是美国人民的责任"，因为"许多州都要求公共事业由本地公司来经营，否则，他们可能会被剥夺享受诸如征用权等权利"。⑥

新发现的对外国公司限制的规避，加上以新泽西州和后来的特拉华州

---

① 见前注 Hovenkamp 文第 86 页。
② 见前注 Hovenkamp 文第 85 页。
③ 见前注 Roe 文第 107~108 页；Steven A. Bank & Brian R. Cheffins, "The Corporate Pyramid Fable", 84 *Bus. Hist. Rev.* 435, 438, 442 (2010) [他们认为金字塔结构只在公用事业部门重要，1935 年的《公用事业控股公司法案》（Public Utility Holding Company Act）对金字塔结构的消亡负有责任]。
④ 见前注 Enriques 等文第 82 页。
⑤ James C. Bonbright & Gardiner C. Means, "The Holding Company: its Public Significance and Regulation" 33 (1932)（他认为，设立控股公司是为了应对"各国希望将各种类型的企业所有权保留在国内公司之下而造成的法律障碍"）。
⑥ William Ripley, *Main Street and Wall Street* 296 (1927).

为首的特许竞争的兴起，大大减轻了州保护主义对公司法的影响。民族保护主义的考虑也在所谓的蓝天法（Blue Sky Law）的颁布中发挥了作用，这些州一级的法规旨在通过信息披露的强制规定和对案情的行政审查来遏制证券欺诈性发行。20 世纪 30 年代联邦证券监管部门颁布蓝天法，这可以说是 20 世纪 80 年代收购热潮之前国家在公司监管方面最重要的努力。①

蓝天法究竟是对证券欺诈泛滥现象的一种公益性反应，还是来自利益集团压力的巧妙产物，仍然是个饱受争论的话题。无论如何，保护主义的动因显然促成了蓝天法的通过。在没有重大丑闻或危机的情况下，保护外部投资者的法律改革一般很难实现，因为与经理人和控股股东相比，投资者是一个分散的群体，面临着重大的集体行动问题。②然而，蓝天法所提供的保护具有片面性：只有州内投资者才能从蓝天法的监管保护中获益，而公司发起人往往在州外。③

与蓝天法旨在保护投资者的传统观点相反，乔纳森·梅西（Jonathan Macey）和杰弗里·米勒（Geoffrey Miller）认为，特殊利益在蓝天法的制定中发挥了重要作用。④小银行和本地借款人可以从蓝天法立法中获益，因为蓝天法是在信贷稀缺时期减少境外证券公司资金竞争的一种手段。⑤堪萨斯州开创性地设立蓝天法背后的一个明确动机来自保护主义。监管企业家道利（J. N. Dolley）对该法的通过起到了重要作用，他明确指出，有数百万美元"从堪萨斯州被转移至州外公司"。⑥

虽然美国各州对地方商业巨头及其总部也有高度的保护主义，但它们

---

① Jonathan R. Macey & Geoffrey P. Miller, "Origin of the Blue Sky Laws", 70 *Tex. L. Rev.* 347, 348（1991）.
② 为了研究实施投资者保护改革的政治障碍，见前注 Gilson 等文第 231 页。
③ 见前注 Macey & Miller 文第 349 和 352 页。蓝天法最早也是最严格的采纳者是那些缺乏健全的证券业的农业州。
④ 见前注 Macey & Miller 文。
⑤ 见前注 Macey & Miller 文第 350 页。
⑥ 见前注 Macey & Miller 文第 369 页。（"[M]oney…was being taken by the promoter from our State to the headquarters of his company, a large [percent] of it going to New York and the East."）quoting J. N. Dolley, "Blue Sky Law", 77 *Am. Banker* 1705, 1705（1912）.

对普遍促进美国民族主义反对非美国资本的兴趣较小。① 其结果是，主要是由联邦政府促进或维护美国公司所有权的相关政策。由于美国的公司法已成为州法的问题，美国似乎比其他国家更多地依靠行政法而不是公司治理机制来保护其民族企业。

然而，值得注意的是，1968年《威廉姆斯法案》（Williams Act）的颁布——这是迄今为止唯一针对敌意收购的美国联邦立法——将针对哥伦比亚电影公司的外国收购威胁作为其不规范的收购市场危险的典型案例。虽然威廉姆斯参议员在1965年首次提出了旨在阻止要约收购的立法，但最终颁布的法案版本是由加利福尼亚州的库切尔（Kuchel）参议员共同提出的，当哥伦比亚电影公司面临巴黎和巴斯银行的要约收购时，库切尔成为要约收购制度的强烈批评者。② 库切尔在1966年写给证券交易委员会的信（该信附在法案中）中，强调了哥伦比亚电影公司对加利福尼亚州经济的重要性，并警告说，"这种对任何美国企业或行业的生杀大权被直接或间接掌握在外国集团手中，显然是违背国家利益的"。③ 他还特别提到了"哥伦比亚事件"，认为现有的证券制度"为各种外国利益集团进入这里，参与控制各种通讯媒体的企图提供了可能"。④

虽然提及外国收购威胁对争取政治支持很有用，但哥伦比亚电影公司从未面临落入法国控制的真正风险。当时以及过去，收购失败的原因在于联邦法律中早已规定的外国所有权限制。1934年的《通信法》（The Communications Act）禁止外国股东拥有美国广播公司五分之一以上的股份，

---

① 如见前注 Milhaupt 文。其注意到20世纪80年代各州政府比联邦政府更欢迎日本的外国直接投资。但是，这种趋势也有各种例外情况，例如纽约州的法律对从事金融业的非美国公司进行了歧视。另见前注 Wilkins 文第579~580页。
② 113 Con. Rec. S858（1967）.认为收购企图对加利福尼亚州和国家的经济福利具有深远的影响。
③ 113 Con. Rec. S858（1967），第858页。引用哥伦比亚的工资，总收入和成千上万的工人，并认为对哥伦比亚存在的任何潜在威胁，当然对其在加利福尼亚州的员工，以及无数与哥伦比亚有业务往来的相关公司，都是同样的威胁。
④ Full Disclosure of Corporate Equity Ownership and in Corporate Takeover Bids: Hearing son S. 510 Before the Subcomm. on Sec. of the Comm. on Banking and Currency, 90th Cong. 44 (1967) (statement of Sen. Kuchel).

这一限制适用于哥伦比亚电影公司作为电视台的间接所有者。①《通信法》只是第一次世界大战后颁布的各种针对外国所有权和控制权的行业限制之一，其中还包括海运、飞机制造和石油工业。② 除了银行业外，安全方面的考虑表面上也推动了这些限制的应用，尽管外国直接投资在美国经济中的作用相对较小。③

在颁布防止外国控制无线电和电信的正式立法之前，追求国内控制的做法已非正式地发展起来，例如1919年通用电气公司在美国海军的鼓励下，迫使当时由英国控制的美国马可尼公司出售其无线电专利。④ 购买并随后将这些资产转让给新成立的美国无线电公司（RCA），为了达到海军的目的，在自己不承担控制权的前提下确保国内对无线电工业的控制，⑤ 美国无线电公司的章程规定，外国人不得持有超过该公司20%的股票，也不得担任该公司董事或高级职员，并授予政府代表"在董事会中讨论和陈述政府对提交董事会的事项的看法和利益的权利"。⑥ 这种国内企业替代外国所有权的做法，是美国在20世纪成功抵制国家所有权吸引力的原因之一。⑦

---

① Born-Again Columbia Pictures, Wash. Post (Jan. 15, 1978), https://www.washingtonpost.com/archive/politics/1978/01/15/born-again-columbia-pictures/79318b88-f999-4be7-918b-8abc9644lf3d/ [https://Perma.cc/L7PF-54P6]（describing the frustrated takeover attempt by the Banque de Paris et des Pays Bas in 1936）; Columbia TriStar Motion Pictures Companies History, Fundinguniverse, http://www.fundinguniverse.com/company-histories/columbia-tristar-motion-pictures-companies-history/ [https://penna.cc/EN2T-T783]（describing the 1936 and the 1966 takeover attempts）.

② Edward M. Graham & David M. Marchick, *U.S. National Security and Foreign Direct Investment* 11-13 (2006).

③ Edward M. Graham & David M. Marchick, *U.S. National Security and Foreign Direct Investment* 11-13 (2006), 第9页（US direct investment abroad in 1930 was almost six times greater than FDI in the United States）.

④ Edward M. Graham & David M. Marchick, *U.S. National Security and Foreign Direct Investment* 11-13 (2006), 第10页。描述了1912年马可尼的广播资产被没收，以及随后在国会采取行动的威胁下将无线电专利出售给通用电气。

⑤ Edward M. Graham & David M. Marchick, *U.S. National Security and Foreign Direct Investment* 11-13 (2006).

⑥ Erik Barnouw, *A History of Broadcasting in the United States* 59 (1966).

⑦ 可以肯定的是，美国在战时也将敌方公司暂时国有化。See Stacey R. Kole & J. Harold Mulherin, "The Government asa Shareholder: A Case from the United States", 40 *J.L.&Econ.* 1, 1 (1997).

自 20 世纪 70 年代以来，应对外国威胁的主要方式是联邦出于国家安全考虑，对外国直接投资进行行政审查。① 为了应对美元贬值导致的美国企业脆弱性的增加，福特总统于 1975 年成立了美国外国投资委员会（CFI-US），负责监督外国投资的影响，但该委员会无权阻止收购。② 在 20 世纪 80 年代，公众对日本收购美国公司的担忧日益增加——在富士通拟收购半导体制造商仙童（Fair Child）公司之后达到顶峰，促使国会颁布了 1950 年《国防生产法》（the Defense Production Act）的《埃克森·弗洛里奥修正案》（Exon Florio Amendment）。《埃克森·弗洛里奥修正案》授权总统阻止威胁国家安全的收购。③ 1992 年，在一家法国国有企业试图收购一家国防承包商失败后，国会颁布了一项新的修正案，授权外国投资委员会在可能影响国家安全的交易中，当收购方是"受外国政府控制或代表外国政府行事"时，有权对其进行强制性调查。④

在 21 世纪初，出于国家安全的考虑，公众的抗议和政治压力使通过非正式手段进行的重大外国收购频频归于失败。⑤ 鉴于这些事件以及外国国有企业和主权财富基金对美国公司的胃口越来越大，国会于 2007 年颁布了《外国投资和国家安全法》（the Foreign Investment and National Security Act），加强了外国投资委员会的审查程序，并规定了其向国会报告的义

---

① 有关不断发展的监管框架的更详细描述和评估，see Alan P. Larson & David M. Marchick, *Foreign Investment and National Security: Getting the Balance Right* (2006); George Stephanov Georgiev, "The Reformed CFIUS Regulatory Frame work: Mediating Between Continued Openness to Foreign Investment and National Security", 25 *Yale J. on Reg.* 125 (2008)。
② The Committee on Foreign Investment in the United States (CFIUS), US Dep't of the Treasury, https://home.treasury.gov/policy-issues/international/the-comiittee-on-foreigninvestment-in-the-united-states-cfius [https://perma.cc/5RA7-CV9J]。
③ Omnibus Trade and Competitiveness Act of 1988, Pub. L. No. 100 – 418, § 5021, 102 Stat. 107, 1425 [codified as amended at 50 U.S.C. app. § § 2158 – 70 (2000)]。
④ National Defense Authorization Act for Fiscal Year 1993, Pub. L. No. 102 – 484, § 837, 106 Stat. 2315, 2463 – 65 (1992) [codified at 50 U.S.C. app. § 2170 (b) (2000)]。
⑤ 2005 年，国有企业中国海洋石油总公司（CNOOC）曾对石油巨头优尼科（Unocal）发起收购，但在遭到强烈反对后，该公司撤回了收购要约。2006 年，国有的迪拜港口世界（Dubai Ports World）收购了经营美国港口的英国 P&O 公司，但最终由于美国国会的反对而被迫撤资。

务。① 这一变化大大增加了外国投资委员会的调查数量，上述做法似乎阻止了外国收购行为。② 最近颁布的《2018年外国投资风险审查现代化法案》（FIRRMA）极大地扩大了对美国外国投资的审查范围，要求外国投资委员会审查，包括对处理关键技术、关键基础设施或美国公民个人数据的公司的非控制性外国投资。③

总而言之，美国也未能幸免于对外国所有权的民族主义敌意。④ 虽然美国的外国直接投资水平历来处于低水平，但对外国公司存在的大多数关注都是以外国所有权限制和联邦政府对外国投资的行政审查来应对的，而非通过公司法。但有新的证据表明，联邦政府为保障国家安全，对外资国防承包商的公司治理结构进行了强力干预。⑤

同时，各州作为公司法的制定者，对20世纪80年代的敌意收购浪潮反应强烈。自从特拉华州超越新泽西州成为最受欢迎的注册州后，美国公司传统上要么在本州注册，要么在特拉华州注册。⑥ 这就意味着，对于非特拉华州的目标公司来说，敌意竞购通常会使州外竞购者和公众股东的利

---

① Foreign Investment and National Security Act of 2007, Pub. L. No. 110-49, 121 Stat. 246 (50 U. S. C. app. § 2061).

② David Godsell, Does the Threat of Takeover Discipline Managers? New Evidence from the Foreign Investment and National Security Act 2-3 (unpublished manuscript) (2018), https://www. fox. temple. edu/wp-content/uploads/2018/01/Godsell-David-Does-the-Threatof-Takeover-Discipline-Managers. pdf [https://perma. cc/PTF2-LULY].

③ H. R. Rep. No. 115-784, pt. 1 (2018).

④ 见前注 Larson & Marchick 文第3页。皮尤公众与媒体研究中心（Pew Research Center for the People and the Press）的一项民意调查显示，到2005年前后，53%的美国人认为外国投资者拥有美国公司对美国不利。

⑤ Andrew Verstein, "The Corporate Governance of National Security", 95 *Wash. U. L. Rev.* 775, 787-88 (2018)（描述了在受外国所有权、控制或影响的承包商中严重依赖政府任命的董事等机制。这种特殊的制度是契约性质的，没有法定依据）。见 Andrew Verstein 文第792~793页。

⑥ Lucian Arye Bebchuk & Alma Cohen, "Firms' Decisions Where to Incorporate", 46 *J. L. & Econ.* 383, 386 (2003); Robert Daines, "The Incorporation Choices ofIPO Firms", 77 *N. Y. U. L. Rev.* 1559, 1572 (2002)（发现近95%的公司在特拉华州注册成立）; see Ofer Eldar & Lorenzo Magnolfi, Regulatory Competition and the Market for Corporate Law, AM. Econs. J: Macroeconomics (forthcoming 2020), https://ssrn. com/abstract = 2685969 [https://perma. cc/HH8Q-9YLE]（发现大多数公司继续在特拉华州或他们的家乡注册，尽管内华达州已经获得了相当大的州外公司的市场份额）。

益与当地管理者和工人的利益对立起来。鉴于外国投资者在政治力量上的缺失，以及国内精英和劳工利益之间形成强大的政治联盟，州立法机构通常倾向于后者也就不足为奇了。

正是这些力量促使大多数州颁布了保护性立法，因为在这些州，敌意收购的威胁经常来自国外。它们在美国联邦体系中存在，而在英国的中央集权政府体系中缺失，这有助于解释这两个以盎格鲁－撒克逊人为主的金融发达的司法管辖区对敌意收购的监管为什么采取了相反的方法。① 即使是最热衷于监管竞争的倡导者，也指出了其在美国收购背景下的不足之处。②

事实上，促使各州进行反收购立法最常见的情况是，一家州外公司担心或正在试图收购一家本地大公司。③ 康涅狄格州应安泰人寿保险公司的要求颁布了反收购法规，明尼苏达州应代顿·哈德森（Dayton Hudson）的要求也颁布了反收购法规，这样的例子不胜枚举。④ 马萨诸塞州则针对英国 BTR 公司对总部设在马萨诸塞州的诺顿公司的收购企图，在紧急会议上改革了公司法，对该州所有特许公司实行交错董事会。⑤ 反对诺顿公司收购的运动——动员了经理、工人和政治家——戏剧性地打出了民族主义牌，将 BTR 的招标与革命战争期间英国对美国的入侵相提并论，将其等同于"外国势力干涉我们塑造自己（命运）能力的又一次行动"。⑥

---

① See Armour & Skeel, supra note 104, at 1730（由于收购委员会的自我监管努力主要迎合了投资银行家和机构投资者的利益，他将监管结果的分歧归咎于英国立法者的身份）。
② Roberta Romano, "The Political Economy of Takeover Statutes", 73 *Va. L. Rev.* 111, 189 (1987)（认为，从各州反收购法规的角度来看，州一级对公司的监管并非完全是好事）。
③ See Mark J. Roe, Takeover Politics, in *The Deal Decade: What Takeovers and Leveraged Buyouts Mean for Corporate Governance* 321, 338-39 (Margaret M. Blair ed., 1993); id., at 111, 123, 136-37; Henry N. Butler, "Corporation-Specific Antitakeover Statutes and the Market for Corporate Charters", 1988 *Wis. L. Rev.* 365 (1988).
④ 见前注 Butler 文第 375 页，及前注 Romano 文第 123 页。
⑤ Robert Dames, Shelley XinLi & Charles C. Y. Wang, Can Staggered Boards Increase Value? Evidence from the Massachusetts Natural Experiment 13 (Harvard Bus. Sch., Working Paper No. 16-105, 2018).
⑥ Robert Dames, Shelley XinLi & Charles C. Y. Wang, Can Staggered Boards Increase Value? Evidence from the Massachusetts Natural Experiment 13 (Harvard Bus. Sch., Working Paper No. 16-105, 2018), 第 11 页（citing Governor Michael Dukakis）。

州层面的反收购法规给其他州带来了外部性①：它们以持续就业的形式产生了集中的地方利益，而其效率成本是分散的，不成比例地由州外竞标者和股东承担。这有助于解释为什么各州对反收购立法的热情远高于联邦政府。② 联邦立法者面临的情况有所不同，因为在 20 世纪 80 年代的收购浪潮中，大多数竞标者是美国公司而不是外国公司。③ 即便如此，也有各种专门针对外国人收购的联邦收购法案，④ 这些法案的提出通常是为了挫败正在进行的敌意收购企图。⑤

美国宪法在缓和各州在这一领域的保护主义倾向方面也发挥了重要作用。当 20 世纪 80 年代的收购热潮促使一些州的保护主义立法泛滥时，最高法院进行了干预。在 Edgar v. MITE 案⑥中，最高法院宣布伊利诺伊州第一代州接管法的判例无效。该法规要求在发起收购要约之前进行预先备案和行政审查，并以具有广泛的管辖权为必要条件。⑦ 它不仅涵盖了在伊利诺伊州注册的公司，还涵盖了 10 个伊利诺伊州股东或其主要办事处在伊利诺伊州的外国公司。⑧ 怀特法官指出，"即使芝加哥里维特公司的股东中没有一个是伊利诺伊州的居民，伊利诺伊州的法律从表面上看也是适用的"，法院的意见认为，该法律对州际商业造成了负面伤害。⑨

各州没有被这一打击吓倒，迅速通过了旨在经受住宪法审查的第二代法规。虽然各州采用了不同的规则来阻止敌意收购，但第二代反收购立法

---

① 见前注 Romano 文第 140 页。J. Gregory Sidak & Susan E. Woodward, "Corporate Takeovers, the Commerce Clause, and the Efficient Anonymity of Shareholders", 84 *Nw. U. L. Rev.* 1092, 1093（1990）.

② 见前注 Roe 文第 332 页。

③ U. S. Gen. Accounting Office, Foreign Investment: Foreign Hostile Takeovers of U. S. Firms（1988）（报告说，1984 年至 1988 年，77 次恶意收购中只有 17 次是外国收购，191 次恶意收购企图中只有 25 次是外国收购）.

④ 见前注 Romano 文第 79 页。

⑤ Roberta Romano, "The Future of Hostile Takeovers: Legislation and Public Opinion", 57 *U. Cinn. L. Rev.* 457, 470 n. 35（1988）（这些法案的动机可能是排外情绪，与监管收购的努力无关，因为它们最常被引入阻止正在进行的恶意收购）.

⑥ 457 U. S. 624（1982）.

⑦ 457 U. S. 624（1982），第 624 页。

⑧ 457 U. S. 624（1982）.

⑨ 457 U. S. 624（1982），第 642 页。

依靠的是公司法机制（而不是行政审查），并且只适用于在该州注册的公司。① 因此，它们是利用公司法促进隐形保护主义的缩影。在 CTS Corp. v. Dynamics Corp. of America 一案（简称"CTS 诉讼案"）中，美国最高法院在支持印第安纳州的控制权股份收购法规时认为，该法规最常适用于州外投标人的事实不足以使其对州际商业产生歧视。② 法院似乎对这一事实印象特别深刻，因为该法规看起来像是"州公司法中规范股东投票权的通用条款"。③ 虽然法院允许印第安纳州颁布意图和效果都是保护主义的立法（即使表面上不是这样），但它强调了内部事务规则在促进资本市场和经济一体化方面的作用。④

自 CTS 诉讼案以来，各州颁布了第三代法规，限制企业合并，确认毒丸计划等收购抗辩，并允许公司董事会考虑选民的广泛利益。奇怪的是，有几个州的选区法规特别允许董事在考虑雇员、顾客、社区等利益之外，还要考虑州和国家的经济利益。⑤ 各州还以其他方式努力保持对大公司的地方控制权，宾夕法尼亚州为阻止好时（Hershey）慈善信托公司出售其在好时公司的控股权而采取的特殊保护主义措施就说明了这一点。⑥

特拉华州并没有像其他州那样受到保护主义压力的影响，并显然成为美国各州公司章程竞争的赢家。与其他州相比，特拉华州接纳了更多的潜在竞购者，⑦ 但竞购者中几乎没有目标公司的工人、经理或股东，特拉华

---

① 见前注 Romano 文第 115~117 页。
② 481 U.S. 69, 88-89 (1987)（因为《印第安纳法案》对州外的要约人所施加的负担，没有什么比它对处境相似的印第安纳要约人施加的负担更大的了，我们拒绝接受《印第安纳法案》歧视州际商业的论点）。
③ Jonathan R. Macey, "State and Federal Regulation of Corporate Takeovers: A View from the Demand Side", 69 *Wash. U. L. Q.* 383, 405 (1991).
④ CTS Corp., 481 U.S. at 90. But see Sidak & Woodward, supra note 272, at 1107, 对这一决定提出批评，认为印第安纳州法令违反了休眠商业条款，使非居民股东的损失大于印第安纳州的利益。
⑤ 例如，肯塔基州、明尼苏达州、内华达州、俄亥俄州和怀俄明州的反收购法规。诚然，考虑到毒丸计划的充分可用性，各州反收购法规的实际意义现在是辩论的对象。See Emiliano M. Catan & Marcel Kahan, "The Law and Finance of Antitakeover Statutes", 68 *Stan. L. Rev.* 629, 629 (2016).
⑥ See Jonathan Klick & Robert H. Sitkoff, "Agency Costs, Charitable Trusts, and Corporate Control: Evidence from Hershey's Kiss-Off", 108 *Colum. L. Rev.* 749, 768 (2008).
⑦ 见前注 Romano 文第 468 页。

州接受反收购法的时间比其他州晚，限制也更多。这意味着特拉华州供给的是以市场为导向的公司法，其驱动力是该州希望吸引注册公司，并使其以特许经营费获得的收入最大化。与之相比，其他各州通常提供以政治为导向的公司法，这种法律是由当地选民的利益所决定的，因此表现出强烈的保护主义倾向。①

尽管对收购抗辩的利弊争论不休，但大多数学者认为，特拉华州的收购判例更多体现的是管理主义而非社会最优理论，② 而且就本文主旨而言，重要的是——至少部分是其他州提供的保护主义法律所带来的竞争压力的产物。③ 具有讽刺意味的是，如日本等其他司法管辖区，后来也接受了特拉华州公司法中的保护主义因素，以追求自己的民族主义目标。④

总的来说，美国公司法之所以成为现在的样子，是因为宪法对经济一体化的深刻承诺减轻了各州的保护主义冲动，尽管如此，保护主义冲动还是在公司法上留下了明显的痕迹。⑤ 宪法对经济一体化的承诺也保证了美国公司在国内的产品和服务市场上面临着更强的竞争，从而取得了比外国同行更高的生产力。美国跨国公司的经济实力反过来又是其他法域民族主义反应背后的重要力量，尽管中国最近已经取代美国成为最强劲的外国收购者，促使美国对其实行保护主义政策。

---

① See Ronald J. Gilson, Henry Hansmann & Mariana Pargendler, Corporate Chartering and Federalism: A New View 15 – 16 (2015) (unpublished manuscript), https://ecgi.global/sites/default/files/video-related/paper-hansmann.pdf ［https://perma.cc/VEW7-4VEP］. For a detailed analysis of the incentives of corporate lawmakers in Delaware, see Roberta Romano, "The Market for Corporate Law Redux", in *the Oxford Handbook of Law and Economics* 358 (Francesco Parisi ed., 2017).

② See e.g., Bernard Black & Reinier Kraakman, "Delaware's Takeover Law: The Uncertain Search for Hidden Value", 96 *Nw. U. L. Rev.* 521, 565 – 66 (2002).

③ Marcel Kahan & Ehud Kamar, "The Myth of State Competition in Corporate Law", 55 *Stan. L. Rev.* 679, 740 (2002); 可见前注 Roe 文第 351 页。他参照霍特林的竞争模型，根据该模型，竞争对手有动机将自己定位在最重要的竞争对手身边，以占据对方的竞争空间。

④ 见前注及相关内容。

⑤ See e.g., Mckinsey Global Institute, "Service Sector Productivity (1992)",（将美国较高的生产率水平归因于国内市场的竞争加剧）; 可见前注 Olson 文第 243 页。因为"贸易壁垒的里程比其高度更重要"，因此美国等大型经济体受到贸易保护主义政策的影响较小。

二 控制性民族主义的经济效应

正如读者在第一部分中所看到的那样,世界各国政府通过公司治理安排竭力推行民族主义政策,但这些努力是否合理?关于民族主义政策的经济影响,特别是对国际贸易的影响,有大量的文献。经济学家的传统观点可以追溯到亚当·斯密(Adam Smith)和大卫·李嘉图(David Ricardo),他们认为保护主义贸易壁垒不仅会减少全球财富,而且会使实施保护主义限制的管辖区陷入贫困。根据这一观点,各管辖区即使单方面开放边界也会受益,尽管互惠可以作为一种讨价还价的工具,从其他管辖区获得更大的让步,扩大自由贸易的范围和收益。① 从国际角度看,另一个由来已久的论点是,国际贸易促进和平。②

虽然这种观点仍有支持者,但后来出现了一些重要的限定条件。首先,有理由保护发展中国家的"新生产业"使它们有机会与国外成熟的同行竞争。③ 其次,战略贸易政策也有其道理,如政府政策影响寡头竞争的条件,将外国公司的超额收益转移到国内公司。④ 这就意味着,制定得当的政府干预可以帮助一个国家以牺牲另一个国家的利益为代价来增加其福利,不过这种"以邻为壑"的政策往往会使国家陷入囚徒困境,干预可以

---

① 正如英国经济学家琼·罗宾逊(Joan Robinson)所说,"如果其他人将石头扔进自己的港口,那就没有理由把石头扔进自己的港口了"。Jagdish Bhagwati, *Going Alone: The Case for Relaxed Reciprocity in Freeing Trade* 101 (2002).

② See e.g., Baron de Montesquieu, *The Spirit of the Laws* 316 (Hafner Pub. Co. 1966). 对于相关实证分析的文章,可参见 Solomon W. Polachek & Carlos Seiglie, "Trade, Peace and Democracy: An Analysis of Dyadic Dispute", in *Handbook of Defense Economics in a Globalized World* (Todd Sandler & Keith Hartley eds., 2007) (为"贸易国家合作更多而战斗更少"的说法找到经验支持). But see John Maynard Keynes, "National Self-Sufficiency", 22 *Studies: an Irish Q. Rev.* 177, 179–80 (1933) (似乎今天不明显,一个伟大的国家努力集中对外贸易的捕获,一个国家的经济结构的渗透的资源和外国资本主义的影响,并且密切依赖我们自己的经济生活波动的经济政策的国家是国际和平的保障措施和保证。根据经验和远见,更容易提出相反的观点)。

③ 见前注 Chang 文。

④ For an overview of this literature, see Paul R. Krugman, "Is Free Trade Passe?", 1 *J. Econ. Persp.* 131 (1987).

是个别理性的，但不如协调选择不干预来得有利。再次，即使是最好的自由贸易也会产生赢家和输家，没有补偿的损失可能会增加不平等，从而降低总体福利。① 最后，与此相关的是，自由贸易可能会削弱国家法律所体现的社会规范和讨价还价。②

鉴于在制定合理的政府干预措施方面存在经验上的困难，以及政治进程被特殊利益集团控制的风险，大多数经济学家继续支持自由贸易，至少将其作为一个政府失灵的世界性"经验法则"。③ 尽管许多壁垒依然存在，在促进对自由贸易的多边法律承诺方面仍取得了巨大进展，最终于1995年成立世界贸易组织。然而，国际贸易法主要侧重于对货物和服务流动的跨界限制。国际贸易法对限制国际投资的现有障碍几乎没有什么作用，而国际投资缺乏一个多边法律框架。④

关于外国直接投资的优点的规范性辩论不如贸易方面的辩论那么激烈，但其复杂性不亚于贸易议题。外国直接投资被定义为外国投资者对东道国企业施加公司影响的跨界股权投资。⑤ 这就将外国直接投资与单纯的

---

① See Paul R. Krugman, "Trade and Wages, Reconsidered", 2008 *Brooking Papers on Econ. Activity* 103, 135, 认为贸易"已经成为加剧美国和其他发达国家不平等的力量"。But see Florence Jaumotte, Subir Lall & Chris Papageorgiou, "Rising Income Inequality: Technology, or Trade and Financial Globalization?", 61 *IMF Econ. Rev.* 272, 291 (2013)（发现贸易开放减少不平等）。

② See e. g., Dani Rodrik, It's Time to Think for Yourself on Free Trade, Foreign Pol'y (Jan. 27, 2017, 7:57AM), https://foreignpolicy.com/2017/01/27/its-time-to-think-foryourself-on-free-trade/ [https://perma.cc/YQ35-MN7D].

③ 见前注 Krugman 文第 132 页。

④ See Zachary Elkins, Andrew T. Guzman & Beth A. Simmons, "Competing for Capital: The Diffusion of Bilateral Investment Treaties, 1960–2000", 60 *Int. Org.* 811, 812 (2006)（与贸易和货币关系不同，几乎没有关于外国直接投资的多边规则）。然后，外国直接投资通常通过双边投资条约（BITs）来管制准入、待遇、征收和争端的解决。然而，由于投资协定范围有限，对外国所有权的多项限制得以持续存在。关于国际贸易和对外投资法律框架存在重大差异的原因，see Beth A. Simmons, Bargaining over BITs, "Arbitrating Awards: The Regime for Protection and Promotion of International Investment", 66 *World Pol.* 12 (2014)（将更严格的投资制度归因于这一领域更大的信誉问题，因为有更多的时间保持一致的偏好）。

⑤ See Org. for Econ. Co-operation & Dev., *OECD Benchmark Definition of Foreign Direct Investment* 22 (4th ed., 2008).

证券投资区别开来,后者不带有任何影响或控制权。① 外国证券投资既能给东道国带来利益,② 也能带来风险,它对公司法也有间接影响,③ 但通常不像外国直接投资那样突出。

外国直接投资有两种形式:绿地投资(涉及建立新的企业)和对现有企业的兼并和收购(M&A)。这两种外国直接投资方式都可能引起争议,但对现有本地公司的收购尤其容易引起分歧。④ 公司法是可以用来阻碍绿地投资和并购的工具,但正如我们所看到的,这些工具对后者尤其重要。

民族主义对外国直接投资的抵制需要进一步解释。与假设外国生产的国际贸易不同,外国直接投资不一定意味着将工作外包给另一个管辖区。今天普遍的理解是,外国直接投资在某些情况下取代国际贸易,但在其他情况下则是对国际贸易的补充。⑤ 然而,即使是思想自由的观察家也偶尔认为,外国直接投资取代国内对主要公司的控制的理由比自由贸易的理由要弱。⑥ 然而,这就引出了一个问题:为什么外国对本地公司的控制显得如此麻烦?对一般人来说,某家公司是由本地而不是外国精英控制的,这有什么关系?对此,一个简单的答案是,这应该不重要。对外国控制的抵制只是当地精英坚持其公司特权的结果。在这种观点下,广大公众对外资收购的不赞成,就缺乏合理的依据。在马克思看来,民族主义本质上是一种使资产阶级利益合法化的上层建筑策略。⑦

---

① See Org. for Econ. Co-operation & Dev., *OECD Benchmark Definition of Foreign Direct Investment* 22 (4th ed., 2008).

② See Int'l Monetary Fund, the Liberalization and Management of Capital Flows: an Institutional View (Nov. 14, 2002), https://www.imf.org/external/np/pp/eng/2012/111412.pdf [https://perma.cc/D42B-HH2M](讨论与国际资本流动相关的效率效益以及宏观经济和金融稳定风险)。由于外国证券投资比外国直接投资更具流动性,它也更容易受到破坏性流出的影响,损害东道国的金融稳定和宏观经济结果。

③ 见前注及相关内容。

④ 见前注 Milhaupt 文第 13 页;Nathan M. Jensen & Rend Lindstadt, Globalization with Whom: Context-Dependent Foreign Direct Investment Preferences (Working Paper, 2013)(讨论一项调查实验发现,"对新投资的支持远高于对美国公司的收购")。

⑤ See Sonal S. Pandya, "Political Economy of Foreign Direct Investment: Globalized Production in the Twenty-First Century", 19 *Ann. Rev. Pol. Sci.* 455 (2016)(他指出,虽然贸易和外国直接投资过去是替代品,但在全球生产网络中,外国直接投资贸易的互补性增加了)。

⑥ 见前注及相关内容。

⑦ See Shlomo Avineri, "Marxism and Nationalism", 26 *J. Cont. Hist.* 637, 640 (1991).

然而，理论上的论点和一些经验证据表明，公司所有权和控制权的国籍可能会产生影响。从职能角度看，公司所有权之所以重要，是因为它赋予股东剩余的控制权，以决定公司在合同义务和适用的政府法规要求之外的行为方式。在实践中，根深蒂固的经理人和控股股东对公司追求财务回报或保护利益相关者利益的程度，以及它将采用何种战略来促进其目标的实现，保留了很大的自由裁量权。[1]

至少在理论上，国内控制人更有可能行使其剩余控制权以促进当地福利，这其中有不同的原因。第一，本地股东和管理者更有可能促进其他利益相关者的利益，即使他们没有从中获得经济利益。这是因为他们从有利于其社区的行动中获得了更多的控制权的非金钱性私人利益——良好的声誉、影响和认可，从保留当地总部到促进良好的工作条件和慈善捐款不等。

第二，与此相关的是，国内控制者共享当地的主流文化和价值观，因此更愿意也更能够依靠现有的社会规范来促进协调。与德国和日本的市场安排类型相比，在更加重视政府和公司间协调的经济体中，这种作用将更加明显。与这一观点相一致，协调型市场经济体对外资收购的抵制力似乎要比自由型市场经济体强得多。[2]

第三，本地经理人，特别是控股股东更有可能与国家或地方的政治制度建立共生关系。他们的财富更有可能与国家的稳定和成功联系在一起，在与政府的其他交往中，他们更容易配合国家推行公共政策以换取利益。[3] 无论从真诚忠诚还是从交换条件来看，地方控股股东和经理人往往与国家利益更加一致，从而进一步促进民族主义目标的实现。

可以肯定的是，除了依靠地方控制者自发的忠诚或非正式的交换条件

---

[1] See e. g. , Einer Elhauge, "Sacrificing Corporate Profits in the Public Interest", 80 *N. Y. U. L. Rev.* 733（2005）.

[2] 见前注 Callaghan 文第 17 页。采用"多种资本主义"框架，主张"利益相关者反对外国收购取决于外国所有者对基于网络的协调构成多大威胁"。

[3] 但是，政府与地方商业团体之间的共生关系对福利的影响仍然值得怀疑。See Tarun Khanna &Yishay Yafeh, "Business Groups in Emerging Markets: Paragonsor Parasites?", 45 *J. Econ. Lit.* 331（2007）.

外，国家还有其他手段来影响公司的行为。国家总是可以通过法律和规章制度来强制要求采取某种行动。然而，所有权仍然很重要，因为像合同一样，规章制度不能完全限制与所有权相关的剩余控制权。① 此外，在国家监管力量薄弱的地方，所有权将更加重要，许多奉行民族主义政策的司法管辖区就是这种情况。有趣的是，某些拥有相对开放的收购市场和强有力的监管机构的国家——如美国，尤其是英国——似乎更愿意通过依靠对成交后行为的合同承诺来批准外国收购。②

外国直接投资的批评者认为，外国公司和本国公司表现出根本不同的行为模式。爱丽丝·阿姆斯登（Alice Amsden）将在国外经营的跨国公司描述为"官僚主义的宠物"，而内资公司则是"熊彼特式的理想"的缩影。③ 外资公司不太可能在东道国进行创新，而且往往将大部分高薪的管理和科学工作留在本国管辖范围内。④ 这种观点认为，在存在市场失灵的地方，外国直接投资是有害的，因为外国公司会排挤当地公司更有利的存在。⑤ 相反，外国直接投资的支持者则认为，外国直接投资是急需的投资、生产力提高和技术外溢的来源。⑥

---

① 这些权力的范围因州而异。See Curtis J. Milhaupt, "Property Rightsin Firms", 84 *Va. L. Rev.* 1145（1998）.
② 这种方法在加拿大也很流行，它成功地在法庭上执行了美国钢铁公司根据《加拿大投资法》做出的承诺。See U. S. Steel Corp. v. Att'y Gen. of Canada, [2011] F. C. A. 176（Can.）.
③ Alice H. Amsden, "Nationality of Firm Ownership in Developing Countries: Who Should 'CrowdOut' Whom in Imperfect Markets?", in *Industrial Policy and Development: the Political Economy of Capabilities Accumulation* 410（Mario Cimoli, Giovanni Dosi & Joseph E. Stiglitz eds., 2009）.
④ Alice H. Amsden, "Nationality of Firm Ownership in Developing Countries: Who Should 'CrowdOut' Whom in Imperfect Markets?", in *Industrial Policy and Development: the Political Economy of Capabilities Accumulation* 410（Mario Cimoli, Giovanni Dosi & Joseph E. Stiglitz eds., 2009），第 412 页（形容外资企业为"无头生物"）See also Peter Evans, *Dependent Development* 102（1979）（描述了巴西缺乏外国资本的"开拓性"）.
⑤ 见前注 Amsden 文第 414~415 页。本文将亚洲相对于拉丁美洲的优越经济表现归因于前者较低的外国管制水平。
⑥ See e. g., Paul M. Romer, "Idea Gaps and Object Gaps in Economic Development", 32 *J. Mon. Econ.* 543（1993）（arguing that FDI can help close "idea gaps" in underdeveloped economies）.

关于外国直接投资经济后果的现有文献没有定论。[1] 有证据表明，外国公司比国内公司有更高的生产率和更高的工资，但外溢效应对当地公司生产率的影响尚不清楚。[2] 外国直接投资与东道国经济增长之间似乎也没有一致的关系。[3] 有些国家在自由和敌对的外国直接投资制度下都取得了繁荣。[4] 国际货币基金组织经济学家的一项实证研究发现，贸易开放减少了不平等，而外国直接投资似乎增加了不平等。[5]

特别是关于外国收购影响的现有证据也是喜忧参半。一个主要的担忧是，外国公司将把研发活动转移到其总部。例如，美国跨国公司84%的研发预算都用在国内。[6] 实证研究并没有完全打消这种担心，特别是对发展中国家而言。[7] 外国收购者往往停止了在拉丁美洲的研发活动，但在其他情况下，其影响是中性或是积极的。[8] 外国收购对东道国生产力的提高和

---

[1] Robert E. Lipsey & Fredrik Sjdholm, "The Impact of Inward FDI on Host Countries: Why Such Different Answers?", in Does Foreign Direct Investment Promote Development? 23（Theodore H. Moran, Edward Montgomery Graham & Magnus Blomstrom eds., 2005）（关于外国直接投资如何影响东道国，这个问题的几乎每个方面，学术文献中都有广泛的实证结果，几乎没有趋同的迹象）。

[2] For an influential review of the literature, see Robert Lipsey, Home and Host Country Effects of FDI（NBER Working Paper Series, Working Paper No. 9293, 2002）, http://www.nber.org/papers/w9293.pdf [https://perma.cc/ABE4-KBZX]; See also Beata Smarzynska Javorcik, "Does Foreign Direct Investment Increase the Productivity of Domestic Firms?: In Search of Spillovers Through Backward Linkages", 94 Am. Econ. Rev. 605（2004）s（发现与早期文献相比，立陶宛的外国直接投资对生产率产生了积极的溢出效应）。

[3] 见前注 Lipsey 文第 55 页。这些研究的结果表明，外国直接投资存量或流量相对于 GDP 的增长与增长率没有任何一致的关系。see also Maria Carkovic & Ross Levine, "Does Foreign Direct Investment Accelerate Economic Growth?", in Does Foreign Direct Investment Promote Development? 197（Theodore H. Moran, Edward Montgomery Graham & Magnus Blomstrdm eds., 2005）（外国直接投资的外生成分对经济增长并不产生强劲的正向影响）。

[4] 见前注 Linsi 文第 17 页。以爱尔兰和新加坡为例，日本、韩国和中国为后者。

[5] 见前注 Jaumotte 等文第 291 页。

[6] 见前注 Fear and Favour: Foreign Takeovers 一文。

[7] ORG. for Econ. Co-operation & dev., International Investment Perspectives 2007: Freedom of Investment in a Changing World 85（2007）（关于外国收购对现有研发能力的影响问题的实证研究没有给出明确的答案）; see also Alice H. Amsden, Ted Tschang & Akira Goto, Do Foreign Companies Conduct R&D in Developing Countries?（Asia Dev. Bank Inst., Working Paper No. 14, 2001）（指出发展中国家的研发活动很少涵盖基础研究甚至应用研究）。

[8] 见前注 ORG. For Econ. Co-operation & Dev. 文第 85 页。see also United Nations, World Investment Report 2005: Transnational Corporations and the Internationalization of R&D 143–46（2005）, https://unctad.org/en/Docs/wir2005_en.pdf [https://perma.cc/PGW9-9FXJ]。

就业成果的记录也是喜忧参半。① 此外，外国收购的福利影响远远超出了研发活动的地点。它们不仅影响国内和外国工人，而且还通过对竞争和治理激励措施的影响，影响国内和外国消费者和股东。关于外国直接投资和外国收购的影响的这种不明确的情况有助于促进有利于国内控制产业的强大的国内联盟。然而，这并不能解释为什么是公司法而不是其他管理手段往往是民族主义野心的首选渠道，接下来，笔者将讨论这个问题。

三　为什么是公司法？

民族主义对公司法的控制，起初可能显得令人费解。毕竟，公司法规则既不是实现保护主义目标的必要条件，也不是充分条件。它们不是必要条件，因为国家可以，而且经常这样做，颁布对外国投资的管理限制或以其他方式歧视外国利益。它们不是充分条件，因为公司法机制不能保证在不符合公司经理和股东利益的情况下推行民族主义政策。只有当经理人和控股股东不希望失去对外国方的控制权时，双类结构和收购防御措施才能帮助实现国家目标。当公司内部人士急于以有吸引力的价格出售时，它们就不会有效果，如果收购对工人、社区和政府财政等其他国家选民造成外部影响，这就会成为一个问题。

有鉴于此，大多数（如果不是全部的话）司法管辖区继续在特殊情况下对商业公司的外国所有权施加限制。② 无论公司内部人员是否急于出售，

---

① See e. g., Martin Conyon et al., "The Productivity and Wage Effects of Foreign Acquisition in the United Kingdom", 50 *J. Ind. Econ.* 85（2002）（发现国内和国外的收购都与更高的工资和生产力的提高有关）；John P. Geluebcke, "The Impact of Foreign Takeovers: Comparative Evidence from Foreign and Domestic Acquisitions in Germany", 47 *App. Econ.* 739（2015）（德国制造业的结果表明，外国收购对就业产生了负面影响，并且生产率没有改善）；Kristi-ina Huttunen, "The Effects of Foreign Acquisition on Employment and Wages: Evidence from Finnish Establishments", 89 *Rev. Econ. Stat.* 497（2007）（发现外国并购导致较高的工资，但受过良好教育的工人的就业水平较低）。

② 有关歧视外国投资的国家法规清单，see Org. for Econ. Co-operation & dev., National Treat-ment for Foreign-controlled Enterprises: Including Adhering Countries Exception to National Treat-ment（2013）, https://www.oecd.org/daf/inv/investment-policy/national-treatment-instrument-english.pdf ［https://perma.cc/A5SS-PR63］。

这些限制都是适用的,这些限制也可以采取不同的形式。大多数国家继续实行所有权限制,禁止外国对某些战略行业的公司所有权超过一定的持股或投票权门槛。

除此之外,管辖区可能会规定外国收购须经监管审查和批准,以促进某些公共政策目标,如确保提供公共服务或国家安全。美国的外国投资委员会审查制度就践行了这种做法,其他管辖区也越来越多地采用这种做法。① 各国政府还可能试图通过非正式手段劝阻外国收购,这往往会取得很大成功。② 更有甚者,政府可能要求外国收购者对东道国的行动结束后做出特别承诺。③ 通过成交后的保证或承诺,外国收购者和买方依靠合同承诺来弥补与外国所有权相关的潜在忠诚度损失——也就是说,合同路径代替了所有权路径。

由于只针对外国所有者,这些限制似乎更符合民族主义目的,对治理格局的破坏性也更小。那么,为什么利用公司法达到民族主义目标会如此受欢迎呢?原因之一是,直截了当的外资所有权限制并不区分绿地投资和外资收购,后者争议较大,在政治上不受欢迎。而公司法的规定与绿地外国直接投资相比,更容易对外资收购造成不成比例的影响。另一个因素是,民族主义的公司法并不妨碍控制人根据自己的意愿剥离其持股的利益,因此比粗放的监管限制更有利于国内精英阶层。也许一个更根本的原

---

① See Frank Proust, Screening of Foreign Direct Investment in Strategic Sectors, European Parliament (Oct. 20, 2019), http://www.europarl.europa.eu/legislative-train/theme-a-balanced-and-progressive-trade-policy-to-harness-globalisation/file-screening-offoreign-direct-investment-in-strategic-sectors [https://perma.cc/G2EP-UTAZ] (describing recent initiatives in the European Union).

② I. Serdar Dinc & Isil Erel, "Economic Nationalism in Mergers and Acquisitions", 68 *J. Fin.* 2471 (2013) (发现欧盟各国政府明显更倾向于谴责外资收购,而非本国政府)。两位作者还发现,这种非监管性的反对不仅阻碍了有问题的交易,还对未来外国在华竞购产生了寒蝉效应。I. Serdar Dinc & Isil Erel, "Economic Nationalism in Mergers and Acquisitions", 68 *J. Fin.* 2471 (2013),第 2472 页。

③ 对于英国,见前文一(四)部分。美国相关内容,见前注 Milhaupt 文第 13 页。指出 20 世纪 80 年代在美国投资的日本公司曾公开承诺维持现有的总部和工厂,以平息当地的担忧。

因是，从国际关系的角度来看，公开歧视外国投资者的规章制度代价高昂。大多数国家既要防止外国对本国龙头企业的所有权，又要允许（如果不是鼓励的话）本国企业在国外收购目标公司。然而，这种两面三刀的立场很难站得住脚，引起人们对互惠性的担忧。

收购中的对等性之所以重要，首先是因为它体现了一种公平的理想，具有直观和流行的吸引力。最近的一项实证研究发现，对等性是公众对外国投资意见的主要决定因素。①

其次，如果没有互惠，从长远来看，来自封闭式收购市场的国家的公司将多于来自开放式收购市场的国家的公司，这不一定反映出效率优势。

在这种情况下，公司法壁垒作为一种隐形保护主义的形式发挥作用。公司法规则具有广泛的适用性，表面上看往往是非歧视性的。关于公司法的目标——是只保护股东还是更普遍地保护利益相关者——存在着重大的理论争论，以及关于实现这些目标的最佳手段具有经验上的不确定性。② 具体而言，对于巩固控股股东和经理人的公司法手段是代理成本的低效来源，还是保护长期特定投资、促进企业家愿景、解决外部股东所面临的信息和协调问题的有效工具，目前仍存在较大争议。③ 同时，人们普遍认为，公司法规则会因基本环境的不同而产生不同的效果，不同的公司特征可能需要不同的法律制度。④ 这表明，巩固国内控制权的公司法规则可以有不

---

① Adam S. Chilton, Helen V. Milner & Dustin Tingley, "Reciprocity and Public Opposition to Foreign Direct Investment", *British J. Pol. Sci.* (2017).

② See Stephen M. Bainbridge, "The Means and Ends of Corporate Governance", 97 *Nw. U. L. Rev.* 547 (2003)（概述了关于公司治理的目的，促进股东或利益相关者的利益，以及关于实现这些目的的最佳手段，股东权力或管理权力的争议）；Mariana Pargendler, "The Corporate Governance Obsession", 42 *J. Corp. L.* 359 (2016)（描述围绕公司治理实践的影响的经验上的模糊）。

③ Compare, e.g., Lucian Arye Bebchuk, "The Case for Increasing Shareholder Power", 118 *Harv. L. Rev.* 833 (2005)（维护股东话语权和竞争性控制结构的利益），with Richard Squire & Zohar Goshen, "Principal Costs: A New Theory for Corporate Law and Governance", 117 *Colum. L. Rev.* 67 (2017)（他们认为，考虑到主要成本，设备在某些情况下可以实现价值最大化）。

④ 见前注 Squire & Goshen 文第333页。在企业间存在异质性的情况下，批评"一刀切"的解决方案。

同的合理解释,有助于掩盖民族主义动机。例如,法国被指责为追求"点单"(a la carte),支持法国公司收购外国目标,同时反对外国收购法国公司。① 公司法机制是实施这一战略的一个有吸引力的工具。虽然法国的终身投票制有很强的保护主义成分,但作为一种促进长期价值的手段,它很容易被证明是非歧视性的。②

公司法所提供的遮蔽显然只是局部的。③ 双层股权结构和交叉持股等结构性防御措施可以达到民族主义目标,并引起人们对对等性的担忧,这已然不是什么秘密。20 世纪 80 年代,日本经济结构中对收购构成的障碍是一个主要的政策关切,在旨在消除对外国投资的非正式障碍的"结构性障碍倡议"中占有突出地位。④ 然而,该倡议除了对竞争法作了一些适度的修改外,几乎没有改变日本的经济和公司治理结构。对公司法保护主义作用的认识,也导致了欧洲联盟的重大政策举措,但成功者也寥寥无几。⑤

公司法并不是隐形保护主义发挥作用的唯一舞台。人们越来越怀疑,也有一些证据表明,政府通过更严格地执行国家监管标准来歧视外国公司——这种行为也很容易被外国人的政治赤字所解释(尽管不能排除其他解释)。⑥ 评论者经常表示担心,欧盟和亚洲反托拉斯法的执行是出于民族主义的考虑,美国对外国金融机构采取的《反海外腐败法》(FCPA)执法行动和

---

① Patrick Sabatier, Europe Faces Globalization-PartI: Wealthy Nations Practice Globalization a la Carte, by Pursuing Foreign Firms and Protecting Their Own, Yaleglobal Online (May 16, 2006), https://yaleglobal.yale.edu/content/europe-facesglobalization-part-I [https://perma.cc/ALK7-SHA6].
② 见前注 Mazeaud 文。
③ 混淆保护主义机制的现象并非公司法和外国直接投资所独有, See Daniel Y. Kono, "Optimal Obfuscation: Democracy and Trade Policy Transparency", 100 *Ann. Pol. Sci. Rev.* 369 (2006)(他们认为,民主国家采用非关税贸易壁垒是为了在政治上混淆是非,因为选民倾向于支持降低价格、提高实际收入的自由贸易政策)。
④ 见前注 Davies 等文及相关内容。
⑤ 见前文一(五)部分。
⑥ 例如,对外国公司实施更严厉的制裁可能是由于监测和发现不法行为的难度更大,或由于犯罪的严重程度或其防御和合作战略的质量存在难以察觉的差异。

巨额罚款也是如此。① 例如，一项对美国刑事诉讼的研究发现，外国公司受到的罚款平均是国内同类公司的 7 倍，支付的总金额超过 9 倍。② 这种通过差别执法表现出来的监管民族主义，可能会增加在国外做生意的成本，因此也对全球化和公司治理产生间接影响。

四 民族主义对公司治理发展的影响

过去三十年来，贸易自由化和资本市场国际化的兴起，引发了关于全球化对公司法影响的热烈争论。这一争论有两个阵营。趋同论的支持者认为，全球化将推动公司法向更大程度的股东保护和标准化方向发展。③ 持久论的捍卫者则认为，考虑到路径依赖和地方政治的特殊性，世界各国公司治理制度的现有差异将持续存在。④ 关于公司治理变革方向的争论甚至没有考虑到其他可能的情况，如向投资者保护较少的方向靠拢，或出现新制定的公司法间的差异性。

也有学者认为，资本市场上外资所有权的兴起，是一股毫不含糊的力量，它将走向更大的股东权利和统一的公司治理实践。⑤ 简而言之，其论点是，产品市场竞争将给企业带来降低资本成本的压力，而资本的国际竞争又将导致公司向投资者提供更有效的保护。这将促使各辖区改革法律，

---

① See e. g., Stephen J. Choi & Kevin E. Davis, "Foreign Affairs and Enforcement of the Foreign Corrupt Practices Act", 11 *J. Emp. Legal Stud.* 409（2014）（发现外国公司因违反《反海外腐败法》而受到更高的制裁）；John Engler, EU Has Gone Too Far Targeting US Companies, CNBC: Bus. News（Feb. 24, 2016, 1: 01 PM）, https://www.cnbc.com/2016/02/24/eu-has-gone-too-far-targeting-us-companiescommentary. html ［https://perma.cc/E67K-CTQC］；Jean-Michel Quatrepoint, Au Nom de la Loi Amdricaine, LE Monde Diplomatique（Jan. 2017）, https://www.mondediplomatique.fr/2017/01/QUATREPOINT/56965 ［https://perma.cc/B846-QKKZ］.

② Brandon L. Garrett, *Too Big to Jail: How Prosecutors Compromise with Corporations* 220（2014）. But see Natalya Shnitser, "A Free Passfor Foreign Firms? An Assessment of SEC and Private Enforcement Against Foreign Issuers", 119 *Yale L. J.* 1638, 1693（2009）（发现与国内发行方相比，美国证交会对外国发行方采取执法行动的可能性较小）.

③ 见前注 Hansmann & Kraakman 文第 2 页。

④ 见前注 Bebchuk & Roe 文第 13 页。

⑤ 见前注 Hansmann & Kraakman 文和前注 Fox 文。

以更好地保护外部股东，包括外国股东。

然而，这种推理没有考虑到国家政治的导入，特别是外国投资者的政治缺失。即使市场是全球性的，公司法律的制定在很大程度上仍然是地域性的。虽然企业和国家确实都有吸引外国投资者的动机，但一旦外国人的投资沉淀下来，其动机就会迅速改变。在国际事务中，众所周知的是，外国投资者会出现滞留问题。经济学家雷蒙德·弗农（Raymond Vernon）有句名言，他把外国直接投资描述为"过时的交易"（obsolescing bargain），因为"几乎从文件上的签名干涸的那一刻起，强大的力量就开始运作，使协议在政府眼中迅速过时"。① 征用或以其他方式滥用外国投资者的政治吸引力是众所周知的。② 这种前景促使人们建立了一个复杂的双边投资条约网络，以保护外国投资者不受东道国随后的监管变化的影响，从而降低其投资价值。③ 同样，经济学家最近认为，金融全球化增加了政府拖欠主权债务的动机，因为债权人更有可能是外国人。④

这种观点对公司治理的演变有着明显的影响，尽管迄今为止还被忽视。它表明，与现有的预测相反，外国投资者的兴起不会不可避免地导致投资者保护的加强。相反，当当地资本市场被外国投资者所占据时，政治经济可能会倾向于有利于经理人、控股股东和工人等国内各方的公司安排，而损害外国投资者的利益。在这种对全球化的动态看法中，结果可能既不是公司治理的趋同，也不是公司治理的持续，而是对（外国）股东导向的做法的反弹。

许多管辖区已经达到了这一阶段。如下文图 1 所示，近年来，外国所

---

① Raymond Vernon, *Sovereignty at Bay: the Multinational Spread of U. S. Enterprises* 46 – 47 (1971). 关于政府没收外国投资者的激励措施，see also David W. Leebron, "A Game Theoretic Approachto the Regulation of Foreign Direct Investment and the Multinational Corporation", 60 *U. Cin. L. Rev.* 305, 313, 325 (1991).

② See Amy Chua, "The Privatization-Nationalization Cycle: The Link Between Markets and Ethnicity in Developing Countries", 95 *Colum. L. Rev.* 223, 226 (1995)（研究经济自由化的周期性，以及针对外国投资者和当地少数民族的民族主义反弹，她称之为"内地人"）。

③ 见前注及相关内容。

④ Fernando Bromer & Jaume Ventura, "Rethinking the Effects of Financial Globalization", 131 *Quart. J. Econ.* 1497 (2016).

有权急剧增加，但并非所有国家的程度都一样。从20世纪90年代初到21世纪初，外国投资者对本地股市的参与度在美国从约5%增加到18%，在英国从16%增加到近60%，在德国从9%增加到56%，在法国从22%增加到47%，在日本从8%增加到27%，在巴西从9%增加到25%。与反弹假说相一致的是，法律和民众对外资收购的抵制也同样增加。有评论家认为，鉴于法国作为欧盟领头羊的外国直接投资接受国的地位，法国近期经济爱国主义的兴起是"奇怪且不协调"的。① 然而，外国人的政治赤字和外国投资者面临的滞留问题有助于解释外国直接投资和外国证券投资水平的上升如何反而会助长民族主义的反应。

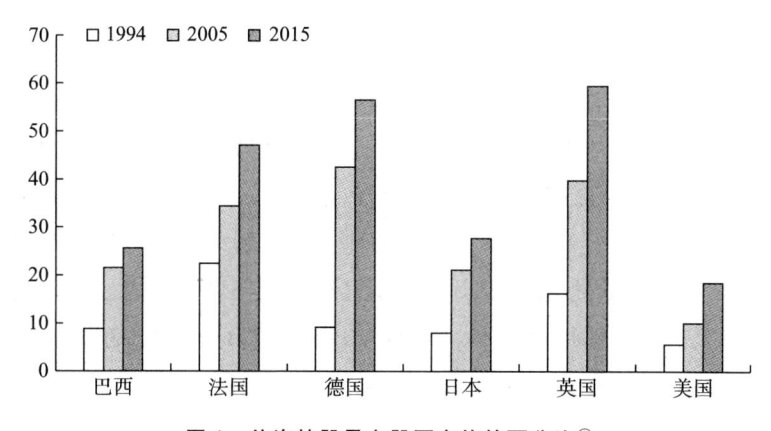

图1 外资持股量占股票市值的百分比②

当然，还有其他一些因素加剧了外国所有权的崛起与持续的市场一体化和强大的股东权利之间的紧张关系。在"公民联合诉联邦选举委员会"③一案的争议性裁决中，美国最高法院承认了公司进行政治捐款的第一修正案权利。然而，正如史蒂文斯大法官的反对意见和奥巴马总统对该

---

① 见前注 Sabatier 文。
② Data for 2005 and 2015 come from World Bank (http://data.imf.org/regular.aspx?key=60587815) and IMF indicators (http://data.imf.org/regular.aspx?key=60587815) indicators. Data for 1994 come from different sources: U. S. Department of Treasury (United States); Office for National Statistics (United Kingdom); Tokyo Stock Exchange Share ownership Survey (Japan); Gourevitch & Shinn, supra note11, at 105 (France); Banco Central do Brasil and OECD (Brazil).
③ 558 U. S. 310 (2010).

裁决的批评所承认的那样，该裁决为外国干涉美国选举创造了一条途径。①鉴于美国上市公司的外国所有权水平不断上升，这种不可取的结果正变得越来越可行。② 然而，考虑到第一修正案的权利已经扩展到商业公司，在不歧视外国拥有或控制的公司并反过来限制外国所有权的情况下，没有简单的方法来避免这个问题。③

如果外国投资者与外国政府有联系，就会加剧国民对外国投资者的恐惧。对主权财富基金的关切导致著名的公司法学者提议剥夺其权利（例如，通过暂时中止主权财富基金所拥有的投票权）作为对潜在的"主权丧失和市场扭曲"的"最低限度"反应。④ 然而，潜在的政治动机并不限于国家控制的实体，个人以及有政治关系的外国私营公司也可能表现出这些动机。⑤ 因此，这种类型的反应有可能改变公司法和治理的结构。

现有的监管框架没有能力处理这一问题。如前所述，没有适用于外国投资的多边框架。双边投资条约的国际覆盖面很广，但并不普遍。最重要的是，双边投资条约对公司法变化的适用性仍未得到验证，也不明确。公司法的修改往往是一般性的，并没有明显地歧视外国投资者。大多数公司法的修改不可能符合违反"公正和公平待遇"条约保障的间接征用的条件。一个相关的障碍涉及损害和因果关系的证明。公司法规则的多目的性，以及不同法律规则的效果存在的不确定性，使得外国投资者因公司法

---

① 558 U.S. 310 (2010)，第 465 页（斯蒂文斯，部分同意，部分反对）（"与美国选举中的选民不同，公司可能受外国控制"）; see also President Barack Obama, State of the Union Address (Jan. 27, 2010)（上周，最高法院推翻了一项长达一个世纪的法律，我相信它将打开闸门，让包括外国公司在内的特殊利益集团在我们的选举中无限制地支出）。

② 见图 1。

③ For a discussion of possible different responses to this concern, see Reuven S. AviYonah, "Citizens United and the Corporate Form", 2010 *Wis. L. Rev.* 999 (2010).

④ Ronald J. Gilson & Curtis J. Milhaupt, "Sovereign Wealth Funds and Corporate Governance: A Minimalist Response to the New Mercantilism", 60 *Stan. L. Rev.* 1345, 1369 (2008). But see Richard Epstein & Amanda Rose, "The Regulation of Sovereign Wealth Funds: The Virtues of Going Slow", 76 *U. Chi. L. Rev.* 111, 130 (2009)（将对主权财富基金的敌意归因于"老式的保护主义，或者更慷慨地说，是对外国主权投资在美国可能构成的国家安全威胁的残余担忧"）。

⑤ 对于所有权在中国语境中不能决定政府影响的论点，see Curtis J. Milhaupt & Wentong Zheng, "Beyond Ownership: State Capitalism and the Chinese Firm", 103 *Geo. L. J.* 665 (2015).

改革而遭受的损害难以证明，更无法量化。

虽然本文的分析主要集中在所考察的法域中民族主义的共同影响，但也揭示了它们在不同时间和地点的普遍性的差异。民族主义公司法在英国和美国不太明显。早期的工业化、强大的金融部门、家庭高度的股票所有权、法院和自律机构的公司法律制定以及自由市场经济的补充体制（如适应性强的劳动力和利用市场进行部门间协调），都对民族主义公司政策起到了相对缓冲作用。相比之下，工业化晚、资本市场不发达、担心外国超级大国的统治、立法机关的公司法制定等，都为民族主义对公司法的形塑提供了便利。然而，即使是一些选定的"市场主导型小辖区"——这些辖区通过迎合外国投资者的利益作为一种国家战略来掌握海外资金①——在某些领域也有其民族主义政策，瑞士的保护主义公司法和新加坡的国有企业盛行就说明了这一点。

如果目标是限制民族主义目标对公司法和治理的侵蚀，那么统一公司法的多边倡议似乎是必要的，但并非没有挑战。它将不可避免地涉及丹尼·罗德里克（Dani Rodrik）所指出的世界经济的政治三难问题，即难以同时满足经济深度融合、民族国家主权和民主政治的理想。② 特别是在公司法方面，通过消除保护主义壁垒促进经济深度融合的项目面临着明显的缺陷。

首先，当公司和司法管辖区是异质性的，最佳法律制度存在不确定性时，监管协调就有很大的弊端，这一领域就是如此。③

其次，统一项目面临着巨大的实际反对，因为赞成民族主义公司法的政治联盟也会反对国际层面的法律制度自由化。正如欧洲联盟在《收购指令》方面令人失望的经历所表明的那样，政治障碍可能是巨大的。

冉次，也许更根本的挑战是概念上的。像毒丸计划和多数表决权股这样的法律工具，虽然有助于阻止外国收购，但也有可能达到其他可辩护的

---

① See Christopher M. Bruner, *Re-imagining Offshore Finance: Market-dominant Small Jurisdictions in a Globalizing Financial World* (2016).
② Dani Rodrik, the Globalization Paradox (2011).
③ 见前注 Gilson 等文第 480 页。描述维持双重或多重监管制度的不同理由。

目的,如增加长期投资。在这一点上,尚不清楚民族主义公司治理的弊端是否足以限制降低控制权可争性的治理结构的可用性。

更重要的是,在不改变公司法和现代资本主义结构的情况下,很难将追求民族主义目标从公司治理中剔除。即使有足够的共识认为,市场一体化的好处可以证明禁止毒丸计划和双层股权结构等收购防御措施是合理的——正如欧盟专家在21世纪初得出的结论,① 这些措施也不能保证在所有情况下控制权的可竞争性。正如瑞典和其他司法管辖区当时所论证的那样,各国通过私人方和国家的绝对多数控股保留了根深蒂固的国内控制权,而董事会中性和突破性规则仍然没有改变。

一种可能的应对措施是实行修改后的突破规则,即在要约收购的情况下对每个股东实行人数表决,即每人一票,就像在欧盟的情况下所讨论的那样。② 然而,这一措施相当激烈,偏离了现金流和投票权之间的一般比例原则,而这一原则是现代公司法的核心原则,是有充分理由的。此外,即使是修改后的突破规则也无法涵盖全资公司,因为许多国有企业都是如此。

目前尚不清楚欧盟反对收购限制的斗争是否对市场一体化和公司治理产生了有利影响。欧洲法院拒绝黄金股是对资本自由流动的不合理限制,这可能会产生意想不到的后果,即鼓励国家通过收购或维持公司的股份进行干预。这种通过国家所有权进行的更强有力的干预形式,不仅可以对公司一级的决策进行更大的干预,而且还可以推动民族主义激发的一般公司法改革,如法国更强烈地接受双层表决权。③

有意思的是,最近于2018年7月签署的旨在促进自由贸易和投资的《日本-欧盟伙伴关系协定》,作为第一个包含公司治理条款的国际协定,以其独特的特点而自豪。④ 该协议涉及股东权利、获取公司控制或管理的

---

① 见前注及相关内容。
② Marco Becht, Reciprocityin Takeovers (European Corp. Governance Inst., Working Paper No. 14/2003, 2013).
③ 见前文一(一)部分。
④ European Comm'n, The Economic Impact of the EU-Japan Economic Partnership Agreement (EPA) 32 (2018). 关于日欧伙伴关系协定的讨论,see Ram Sachs, "The International Law of Corporate Governance", 32 *Pace Int'l L. Rev.* 57 (2019) (强调影响国际贸易和投资协议中公司治理的隐性和显性条款)。

关键信息、董事会的责任和独立性、公平透明的收购条件等领域。① 由此看来，列入这样的公司治理章节，正是为了缓解本条所指出的问题：利用公司法作为隐形保护主义，② 以及保护外国投资者不受现有股东保护水平逆转的需要。③ 虽然尚不清楚《日本－欧盟伙伴关系协定》中包含的通用条款是否足以实现这些目标，但这无疑是一个显著的进展。减轻民族主义对公司法的控制是一项挑战，但可能是值得的，当然值得今后考虑和持续关注。

五 结论

民族主义对公司法的影响显示了治理结构的重要性，其方式远远超过了主导文献的代理成本考虑因素。即使是传统的利益相关者理论，其中包含了工人、消费者和社区的利益，也可能仍然过于狭隘。公司法作为维持自闭状态或促进经济一体化的工具，这些选择会产生重大的经济影响。国际社会继续向投资者保护靠拢并不确定，停滞不前也不是唯一的选择；相反，反弹是一种巨大的可能性。

事实证明，民族主义与公司法之间的联系出奇的持久。在缺乏大规模多边努力的情况下，对其持续存在的最严重威胁来自民族主义本身的可能消失。尽管近来对全球化有抵触情绪，但民族主义情绪可以说没有以前历史时期那么明显。④ 新兴的技术进步可能会减少作为民族国家基础的领土边界的重要性。

此外，控制型民族主义的一个核心前提是，控制型精英与母国有着紧密的忠诚关系和共同利益。然而，具有强烈世界主义倾向的全球精英的崛起——他们的成员之间的共同点多于他们的母国邻居——提出了这一假设

---

① 见前注 European Comm'n 文第 32 页。
② 见前注 European Comm'n 文。这样的担保对投资者来说是有价值的，因为它们可以确保即使从监管的角度来看，一个行业是开放的、在管理或控制企业的方式上是没有隐藏的，这实际上将限制潜在投资者的使用或现有股东的权利。
③ 见前注 European Comm'n 文（该协议保证了公司治理框架的稳定性和可预见性，在这方面设定了很高的目标，任何未来的发展或变化都必须遵守）。
④ 见前注 Harari & Anderson 文。

是否继续可行的问题。① 安赛乐米塔尔公司（Arcelor Mittal）的印度创始人兼首席执行官拉什基米·米塔尔（Lashkimi Mittal）就住在伦敦，许多俄罗斯寡头也是如此。② 出生在德国的硅谷著名投资人彼得·蒂尔（Peter Thiel）只在新西兰呆了12天就获得了新西兰公民身份。③

新兴全球精英的这种世界性取向不仅可能影响居住地，而且可能影响公司的设立决定。通过"倒置"交易改变公司住所的税收驱动因素激增——这意味着原母国的税收损失很大，进一步表明国家与公司之间的联系正变得越来越脆弱。④ 即使是当今国际大都市，精英们的慈善捐款频频，往往也不太注重捐助者的原籍国。⑤

即使民族国家和民族主义在未来可能会失去重要性，但目前来讲，显然还没有达到这个目标。20世纪90年代关于企业国籍无关紧要的预言被证明是不成熟的。⑥ 只要民族主义持续存在，它对公司法和公司治理结构的影响、束缚就有可能持续下去。这种认识足以开启一个新的研究议程，将公司法更广泛的地缘政治和发展后果及其对经济和社会的更广泛影响纳入其中。

---

① See generally Chrystia Freeland, *Plutocrats: the Rise of the New Global Super-rich and the Fall of Everyone Else* (2012).

② See generally Chrystia Freeland, *Plutocrats: the Rise of the New Global Super-rich and the Fall of Everyone Else* (2012).

③ Eleanor Ainge Roy, "New Zealand Gave Peter Thiel Citizenship After He Spent Just 12 Days There, Guardian" (June 29, 2017, 3: 03PM), https://www.theguardian.com/world/2017/jun/29/new-zealand-gave-peter-thiel-citizenship-after-spending-just-12-days-there [https://perma.cc/S8NH-N86S].

④ See e.g., Leo E. Strine, Jr., "Corporate Power Is Corporate Purpose II: An Encouragement for Future Consideration from Professors Johnson and Millon", 74 *Wash. & Lee L. Rev.* 1165 (2017). 尽管有关企业"倒置"的辩论通常是以税收后果为框架的，但另一个担忧是，目前要求引入"倒置"的跨境合并，可能也会导致总部发生变化。See Collen Walsh, Getting a Handle on Inversion: A Q&A with Mihir Desai, Har. L. Today, (Aug. 15, 2014), https://today.law.harvard.edu/harvard-gazette-mihir-desai-getting-handle-inversion/ [https://perma.cc/SQZ5-6QRL].

⑤ 见前注 Freeland 文。

⑥ Robert Reich, *The Work of Nations: Preparing Ourselves for 21st Century Capitalism* 136 (1991)（宣称公司国籍即将无关紧要）. But see Laura Tyson, "They Are Not Us: Why American Ownership Still Matters", AM. Prospect (Dec. 5, 2000), https://prospect.org/world/us-american-ownership-still-matters/ [https://perma.cc/MT5L-N9MC]（认为赖希的预测"至多是不成熟的"，因为"国家的经济命运仍然与其国内企业的成功紧密相连"）.

图书在版编目(CIP)数据

民商法论丛.第73卷/梁慧星主编;朱广新副主编.——北京:社会科学文献出版社,2022.10
ISBN 978-7-5228-0771-3

Ⅰ.①民… Ⅱ.①梁…②朱… Ⅲ.①民商法-研究-文集 Ⅳ.①D913.04-53

中国版本图书馆CIP数据核字(2022)第173665号

民商法论丛 第73卷

主　　编／梁慧星
副 主 编／朱广新

出 版 人／王利民
组稿编辑／刘骁军
责任编辑／易　卉
文稿编辑／张　娇
责任印制／王京美

出　　版／社会科学文献出版社·集刊分社(010)59367161
　　　　　地址:北京市北三环中路甲29号院华龙大厦　邮编:100029
　　　　　网址:www.ssap.com.cn
发　　行／社会科学文献出版社(010)59367028
印　　装／三河市龙林印务有限公司

规　　格／开　本:787mm×1092mm　1/16
　　　　　印　张:25　字　数:382千字
版　　次／2022年10月第1版　2022年10月第1次印刷
书　　号／ISBN 978-7-5228-0771-3
定　　价／158.00元

读者服务电话:4008918866

版权所有 翻印必究